親子で遊べる

だいにんき

おりがみ 100

JN260908

主婦の友社

もくじ

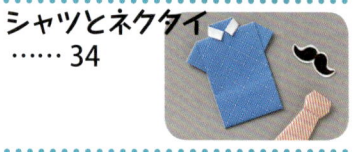

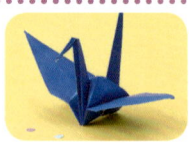

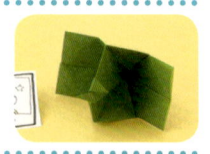

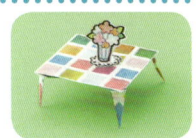

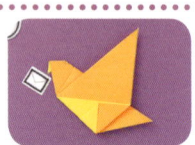

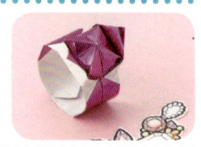

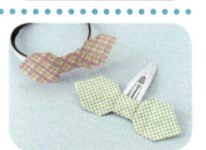

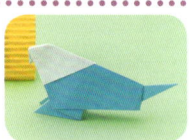

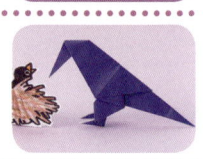

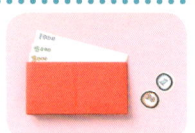

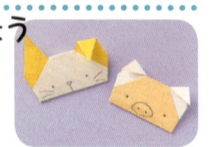

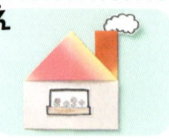

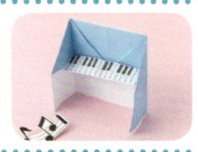

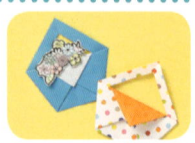

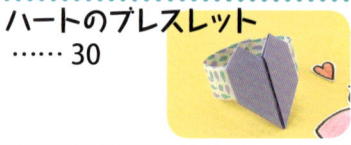

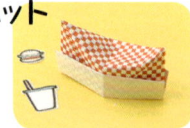

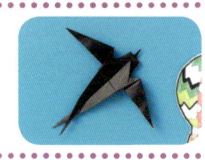

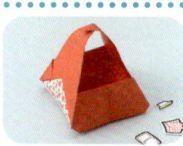

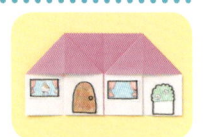

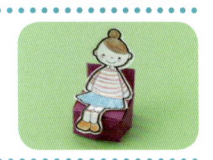

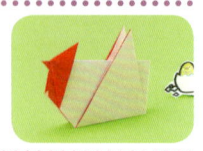

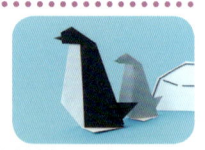

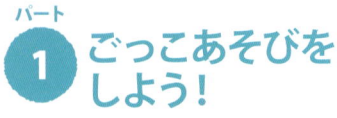

パート3 かざってたのしもう！

はな、くだもの、きせつのかざりなど

パート4 みんなであそぼう！

とばす、うごかす、たいせんものなど

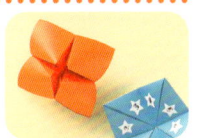

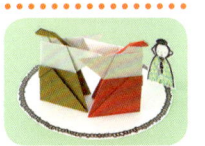

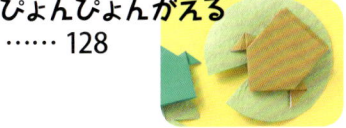

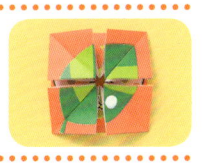

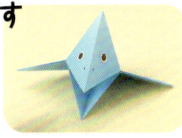

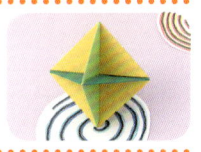

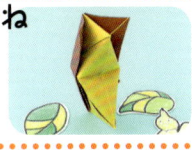

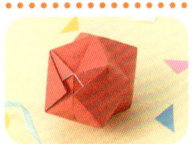

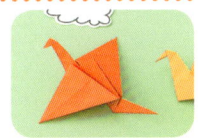

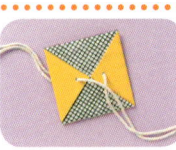

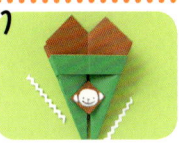

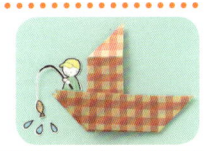

パート 5 いれて つかおう！

はこ、いれもの、ケースなど

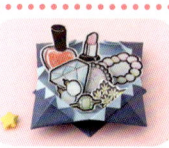

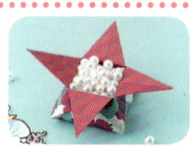

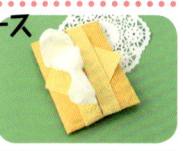

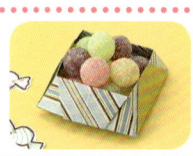

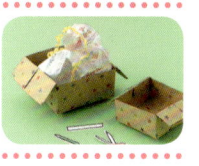

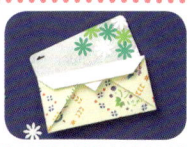

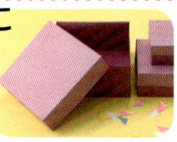

きほんのおりかたとやくそく

はじめに、きほんのおりかたをおぼえましょう。
「おりず」は、おるときのおてほん。おりかたのやくそくが、きごうになっています。
おぼえておくと、おるのがかんたんになります。

たにおり

てんせんがうちがわに
くるようにおります。

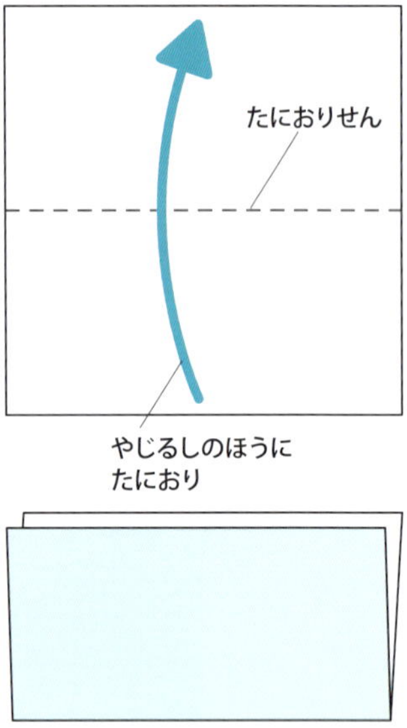

やまおり

てんせんがそとがわに
くるようにおります。

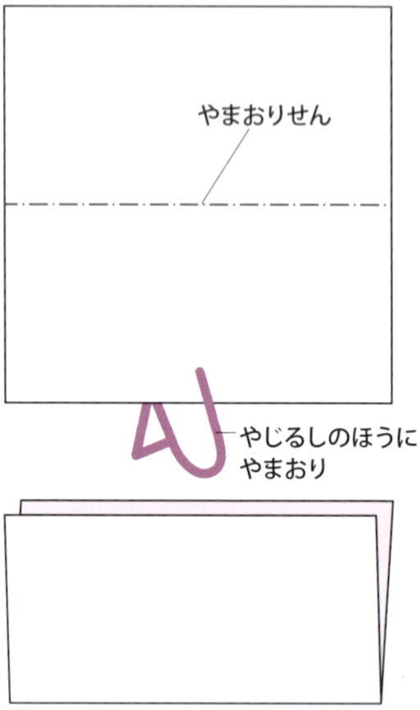

おおきくおるには？

「かぶと」などを
おおきくおりたいときは、
しんぶんしやつつみがみから
おおきなましかくをつくっておってね。
❶さんかくにおります。
❷あまったところをきります。
❸ひろげると、おおきなましかくに。

おりすじをつける

つぎのめじるしになるように、１かいおってもどし、「すじ」だけつけます。

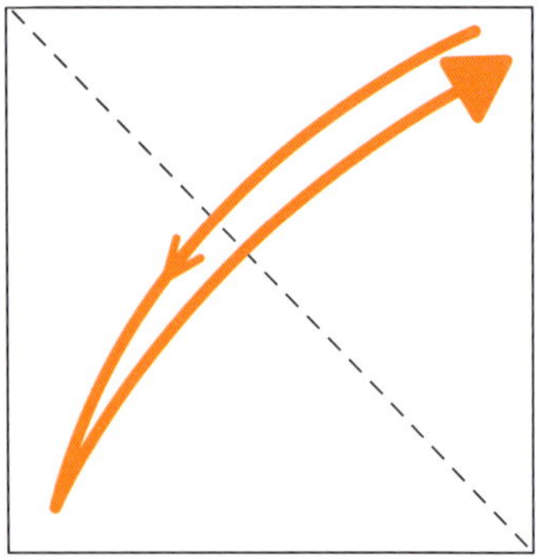

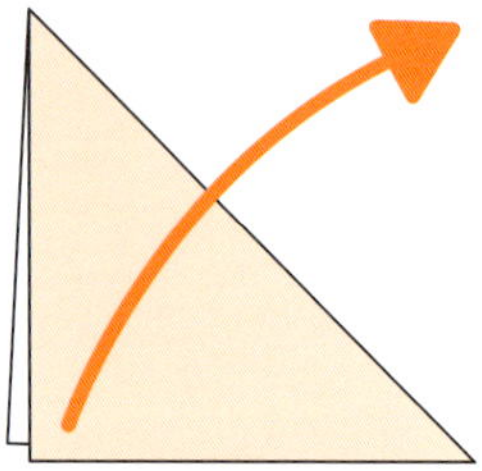

1 ひだりのてんせんで
たにおりしたあと、
もどします。

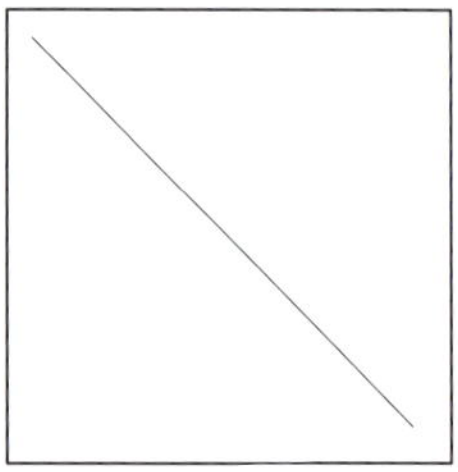

2 おりすじが
つきました。

ひらいてつぶす

●しかくをひらいて、つぶす

しかくのふくろにからゆびをいれ、やじるしのほうへひらいてつぶします。

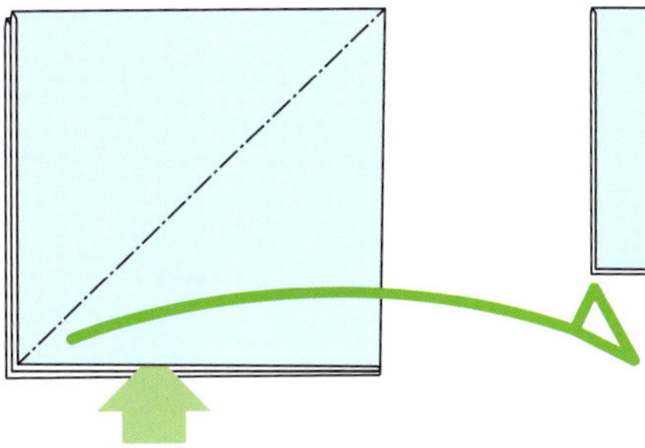

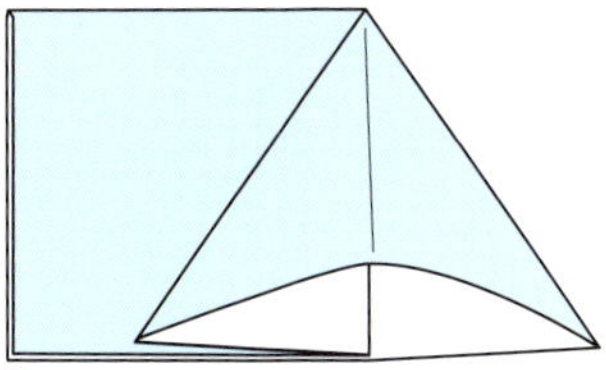

1 ゆびをいれて
ひらいたところ。

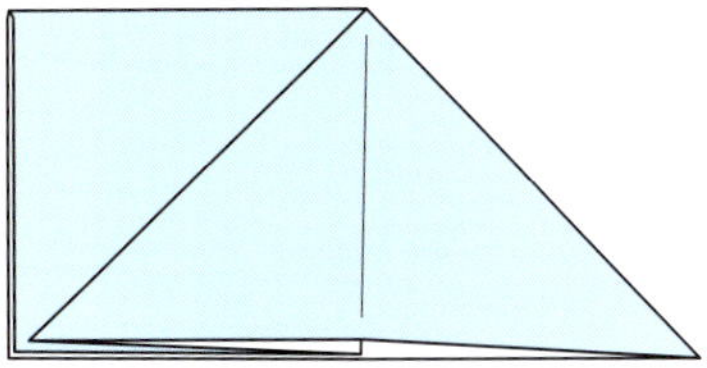

2 うえから
つぶします。

●さんかくをひらいて、つぶす

さんかくのふくろにからゆびをいれ、やじるしのほうへひらいてつぶします。

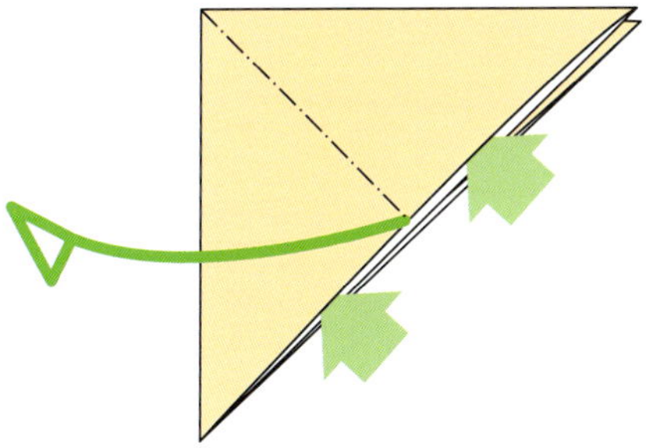

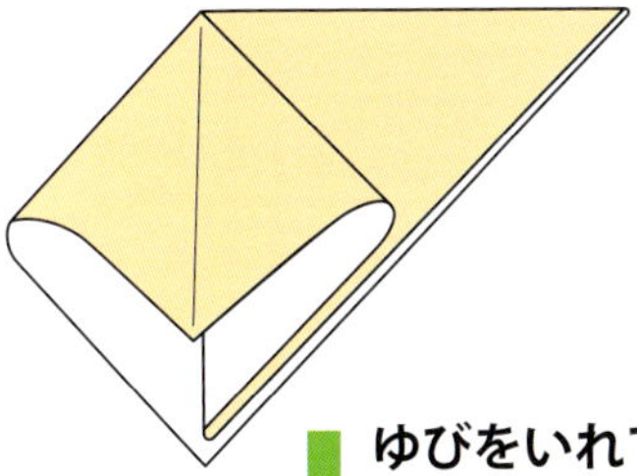

1 ゆびをいれて
ひらいたところ。

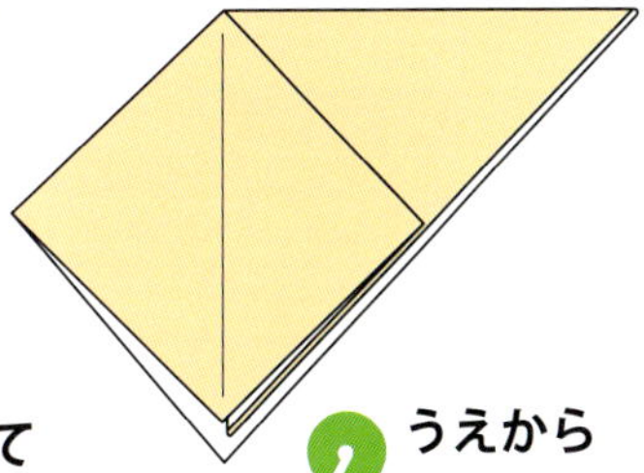

2 うえから
つぶします。

だんおり

おりあがりがだんになるように、やまおりとたにおりをつづけております。

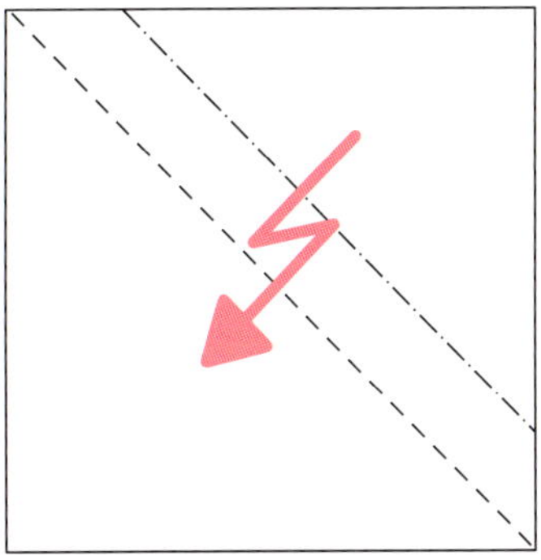

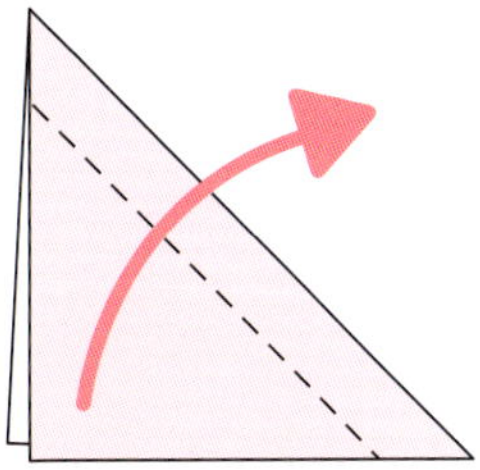

1 ひだりのてんせんで
たにおりをしたら、
おりかえします。

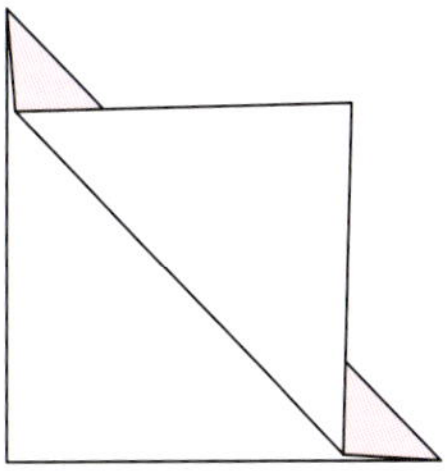

2 だんおりの
できあがり。

なかわりおり

２つおりのあいだに
おりいれます。

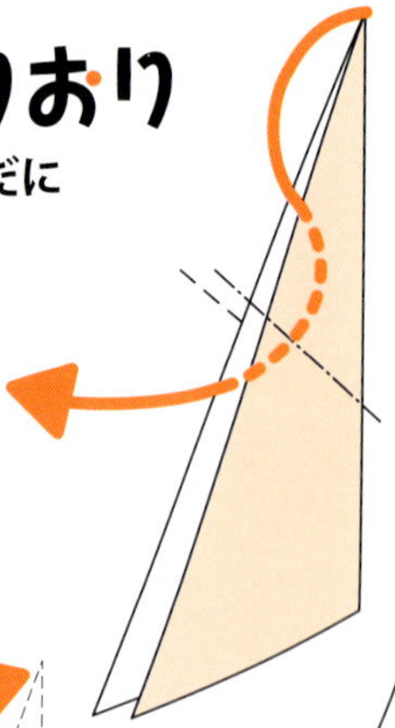

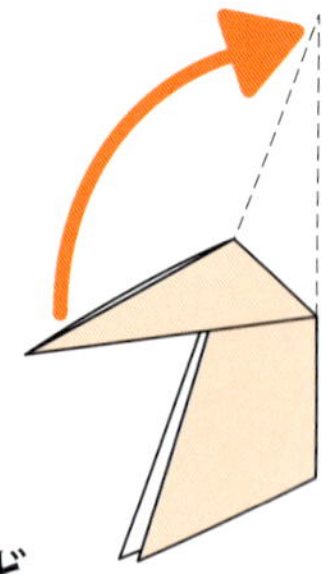

1
いちど
おってからもどし、
おりすじをつけます。

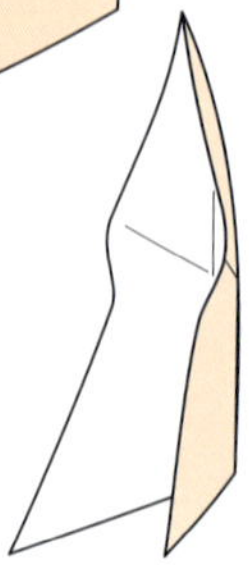

2
すこしひろげて、
おりすじのところで
なかにおりいれます。

3
もっと
おりさげて……

4
なかわりおりが
できました。

そとわりおり

２つおりのなかとそとを
ひっくりかえします。

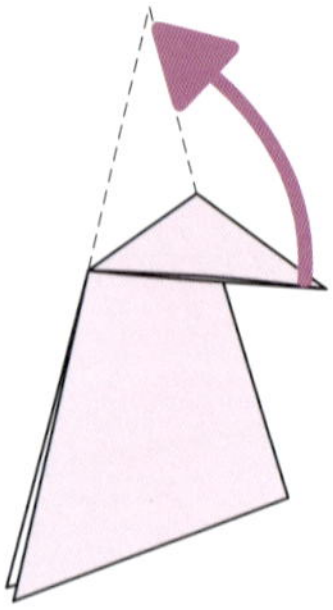

1
いちど
おってからもどし、
おりすじをつけます。

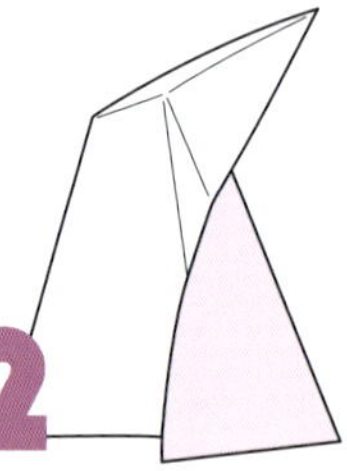

2
ひろげて、
おりすじのところで
そとがわに
ひっくりかえします。

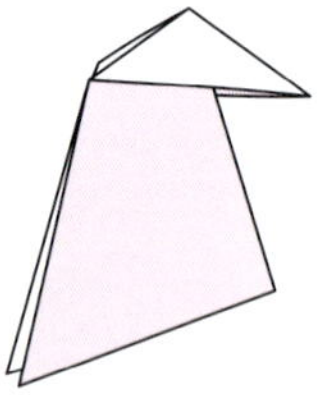

3
そとわりおりが
できました。

おりずらす

おっているめんと、ちがうめんをだします。

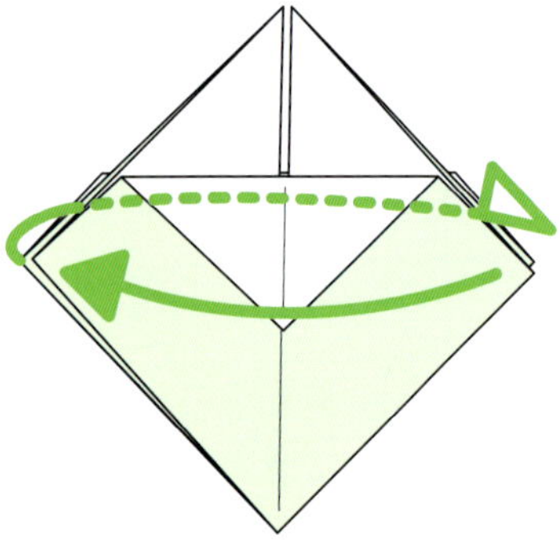

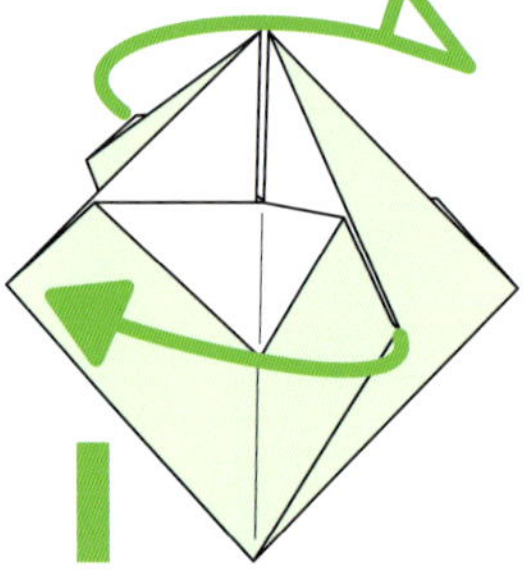

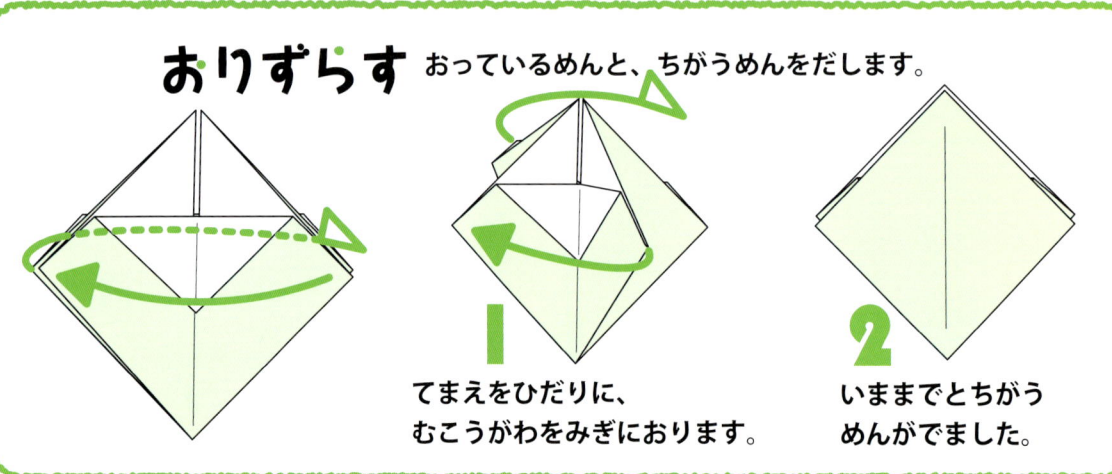

1
てまえをひだりに、
むこうがわをみぎにおります。

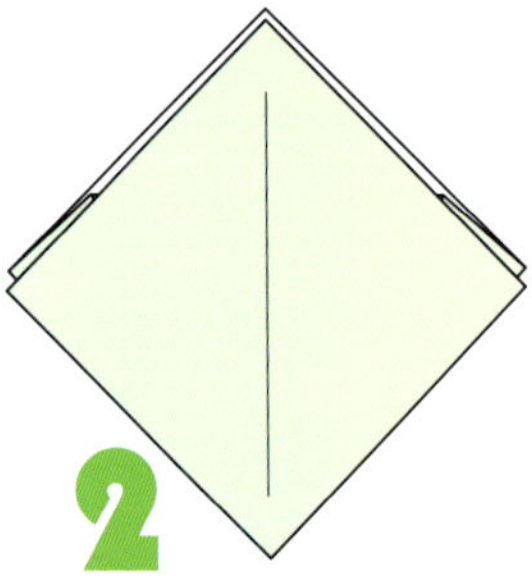

2
いままでとちがう
めんがでました。

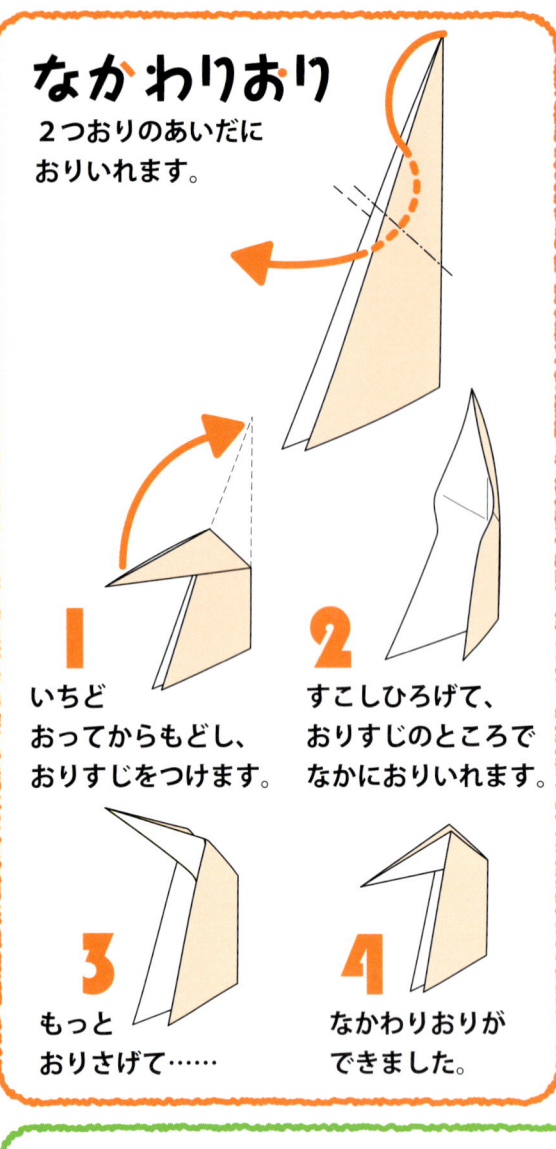

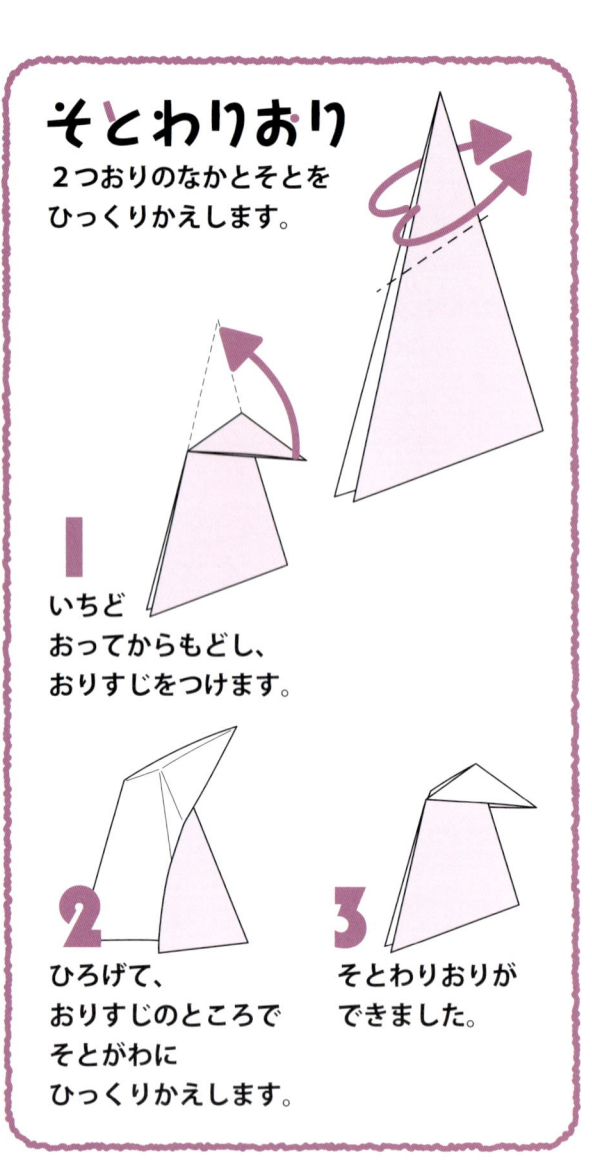

パート
1

ごっこあそびをしよう！

おみせやさん、にんぎょうあそびなど

いえ

ドアやまどをかいてね

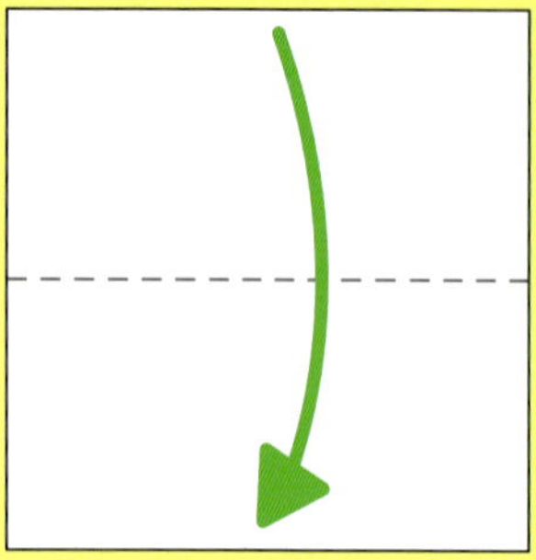

1 はんぶんにおります。

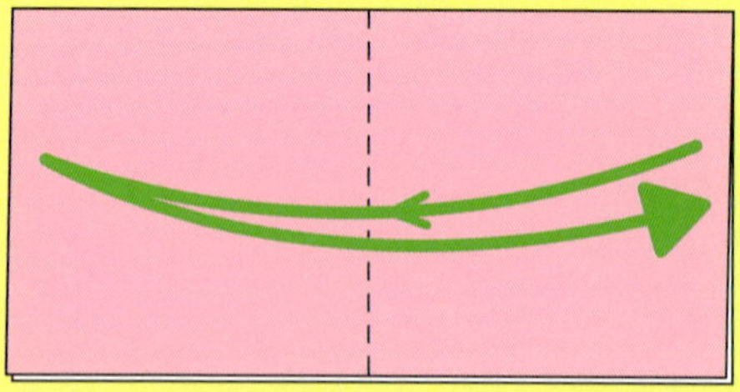

2 おりすじをつけます。

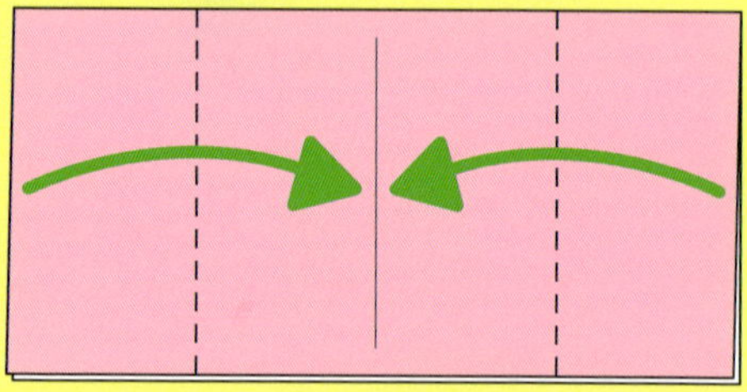

3 おりすじであうようにりょうがわをおります。

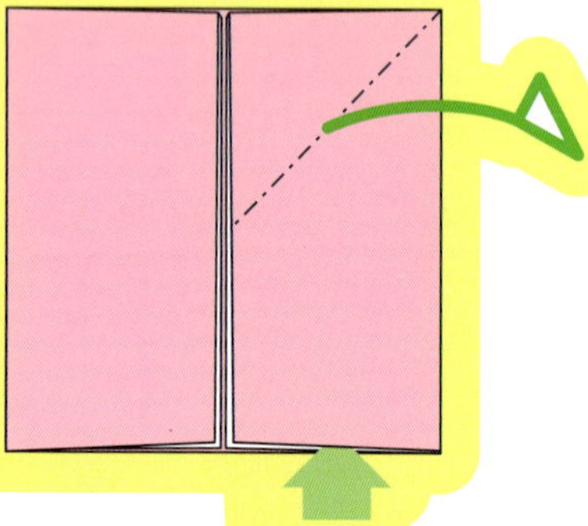

4 ⇧からゆびをいれ、ひらいてつぶします。

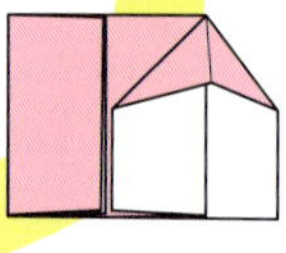

4をおっているところ

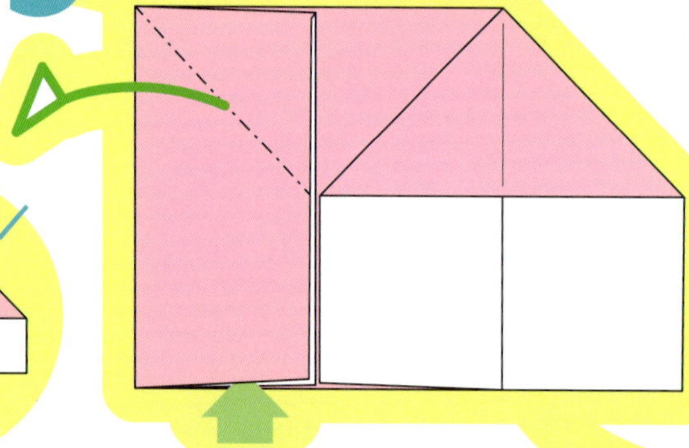

5 ひだりもひらいてつぶします。

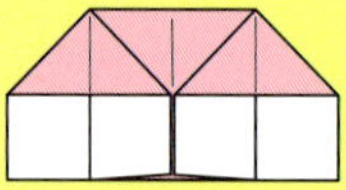

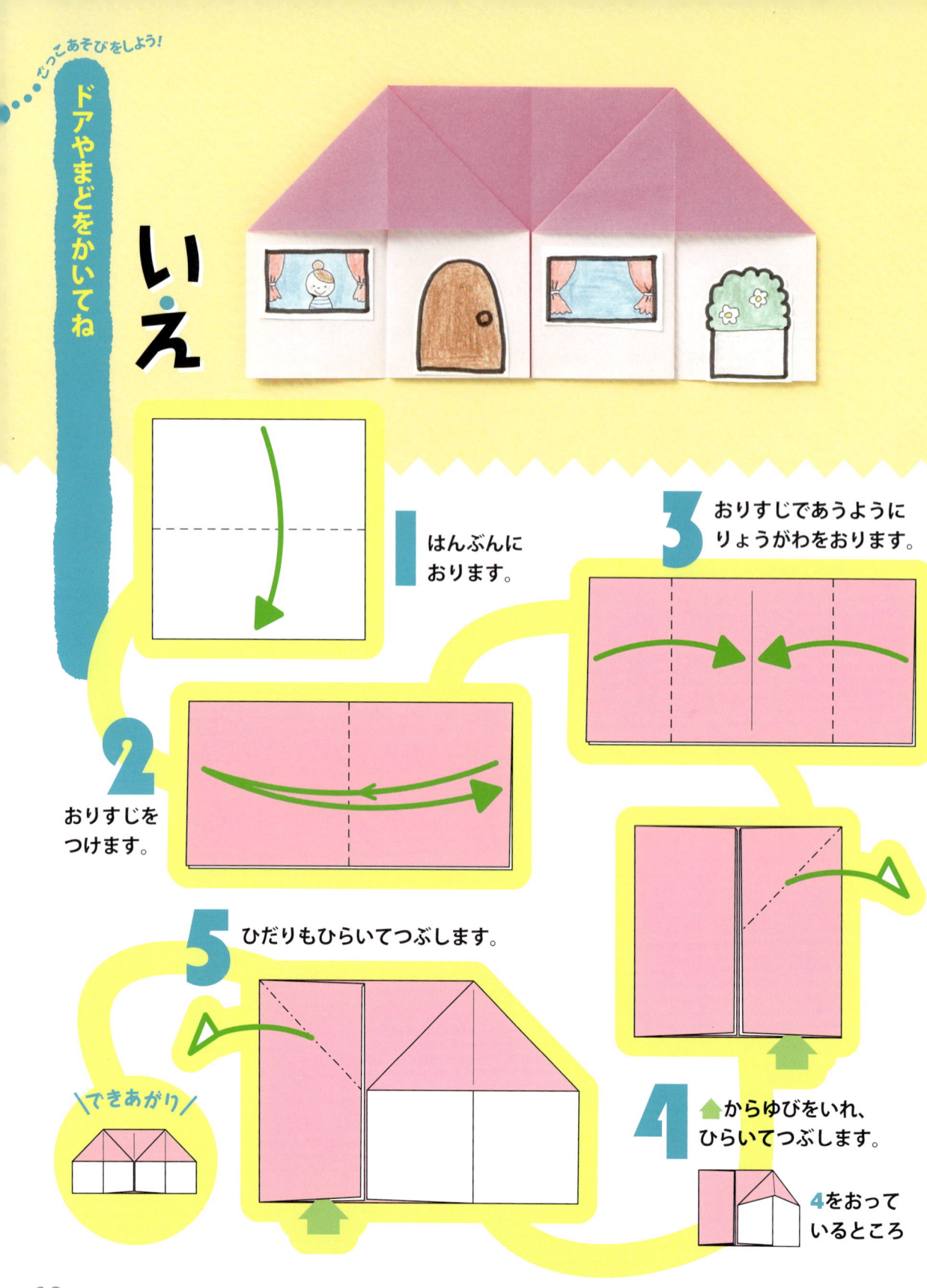

えんとつのいえ

えんとつがかわいいね！

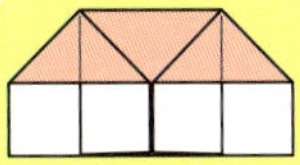

いえ（10ページ）を
おります。

1 それぞれ
そとにひらきます。

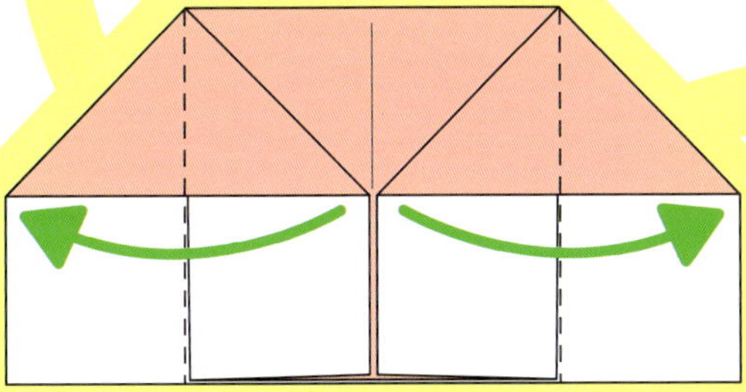

2 ぜんたいをはんぶんにおります。

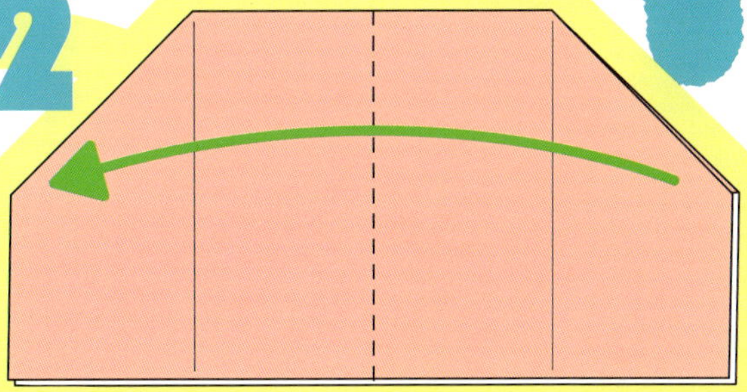

3 きりこみを
いれます。

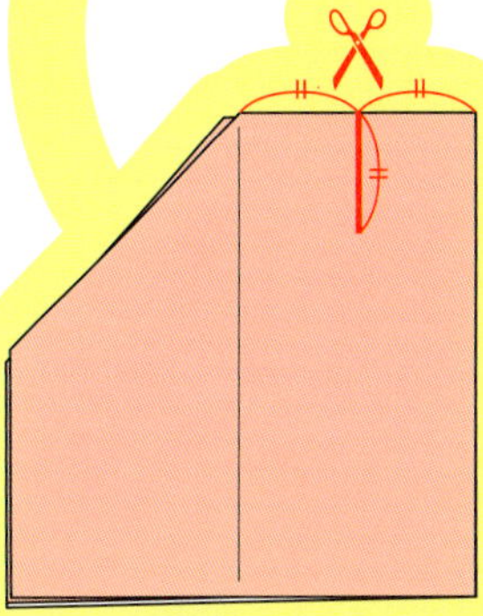

4 さんかくに
おります。

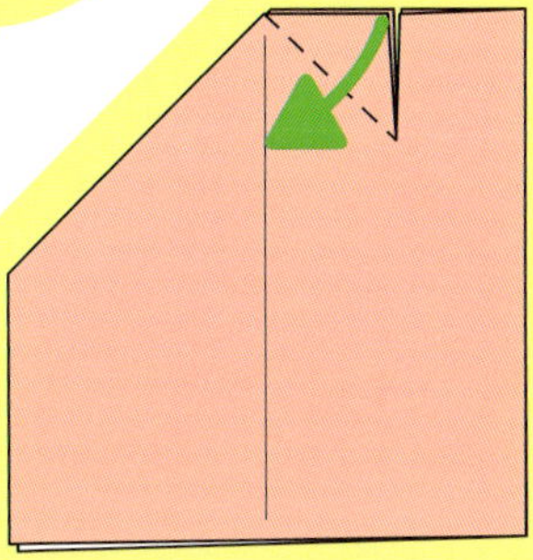

5 てまえとむこうがわの
1まいを、それぞれ
おりかえします。

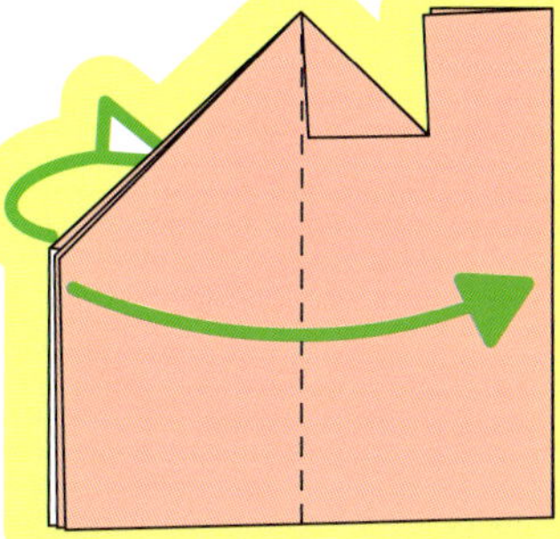

\できあがり/

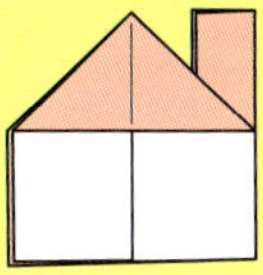

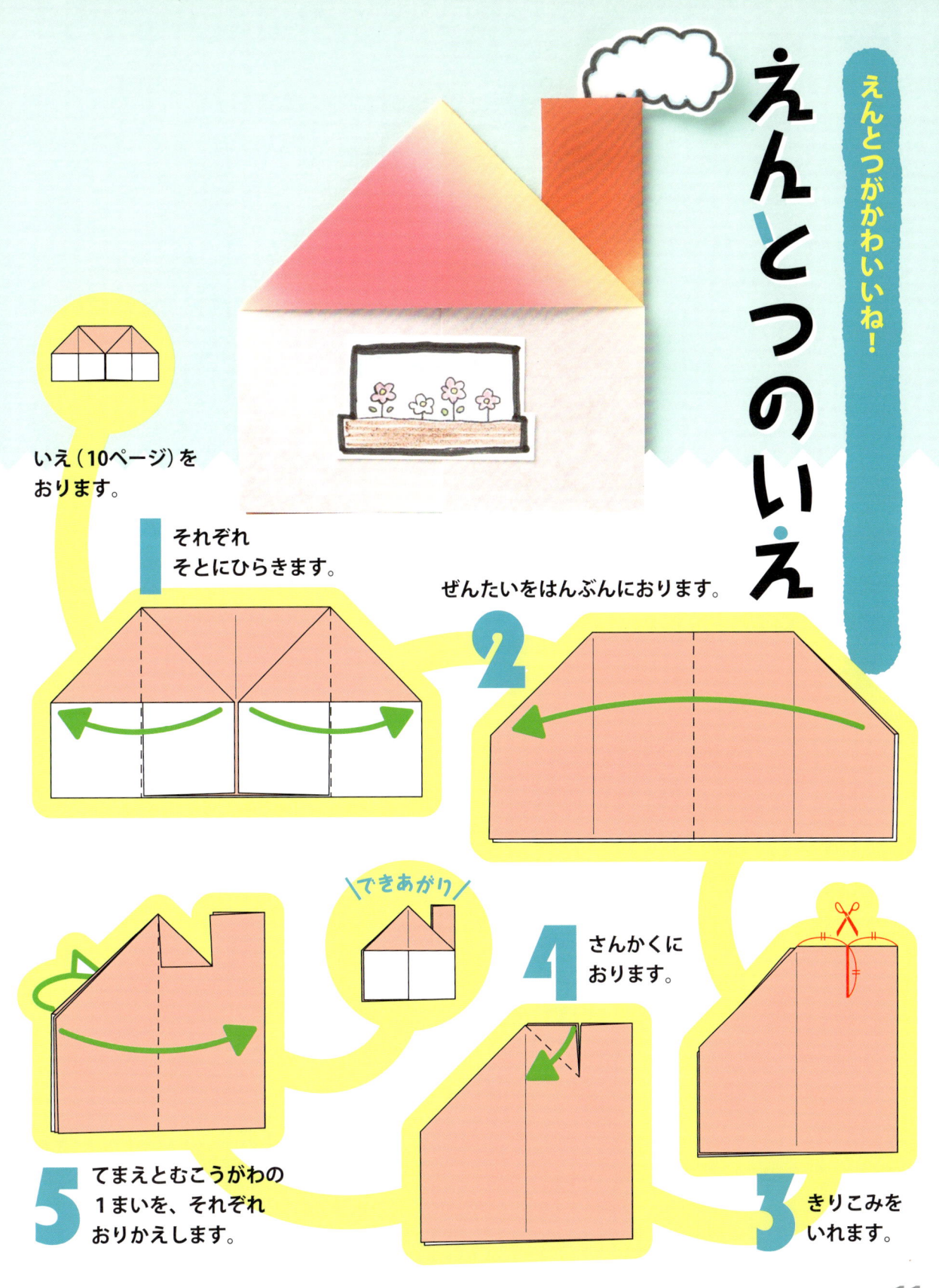

ごっこあそびをしよう!

ジュースがはいったコップで、かんぱ～い!

コップ

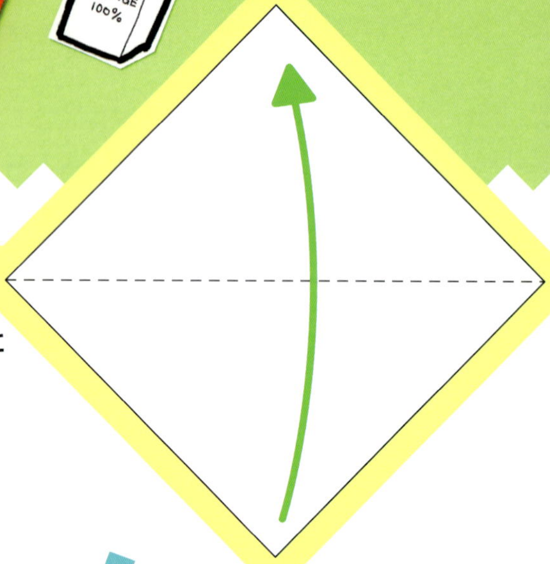

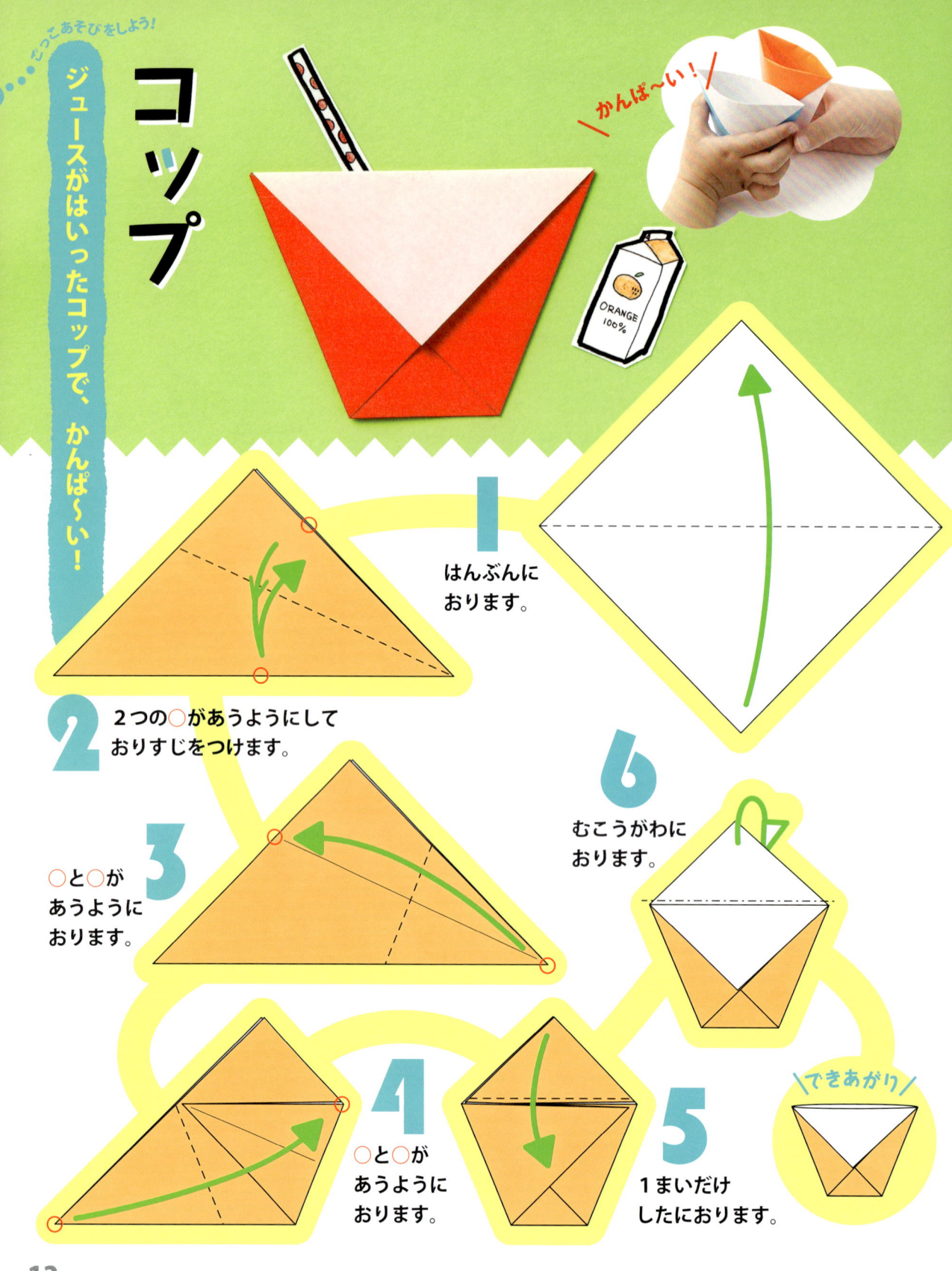

1

はんぶんに
おります。

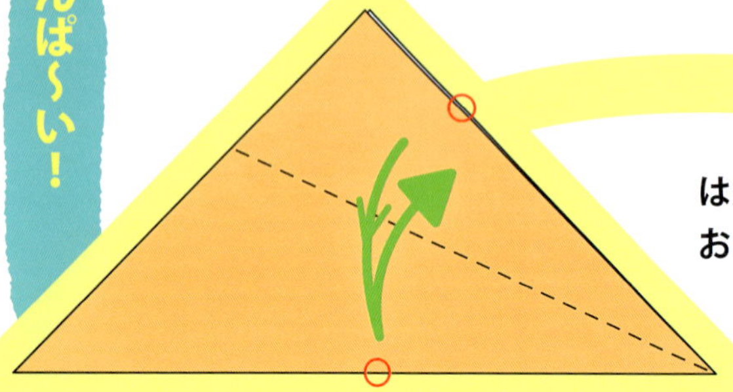

2

2つの○があうようにして
おりすじをつけます。

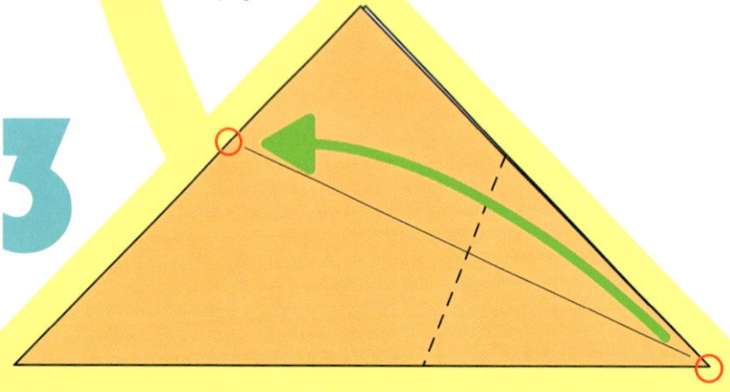

3

○と○が
あうように
おります。

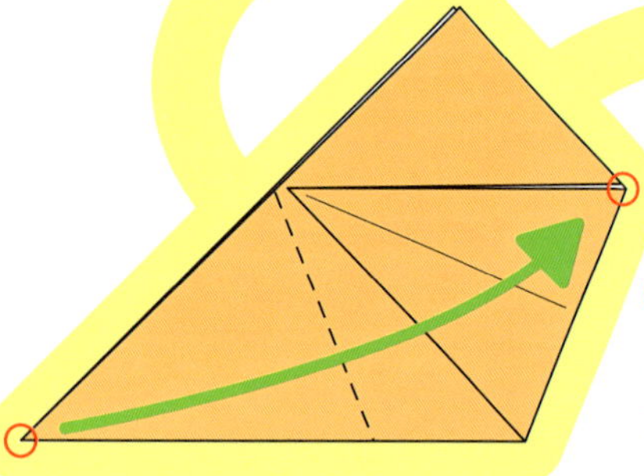

4

○と○が
あうように
おります。

5

1まいだけ
したにおります。

6

むこうがわに
おります。

できあがり

おかいものごっこにつかってね

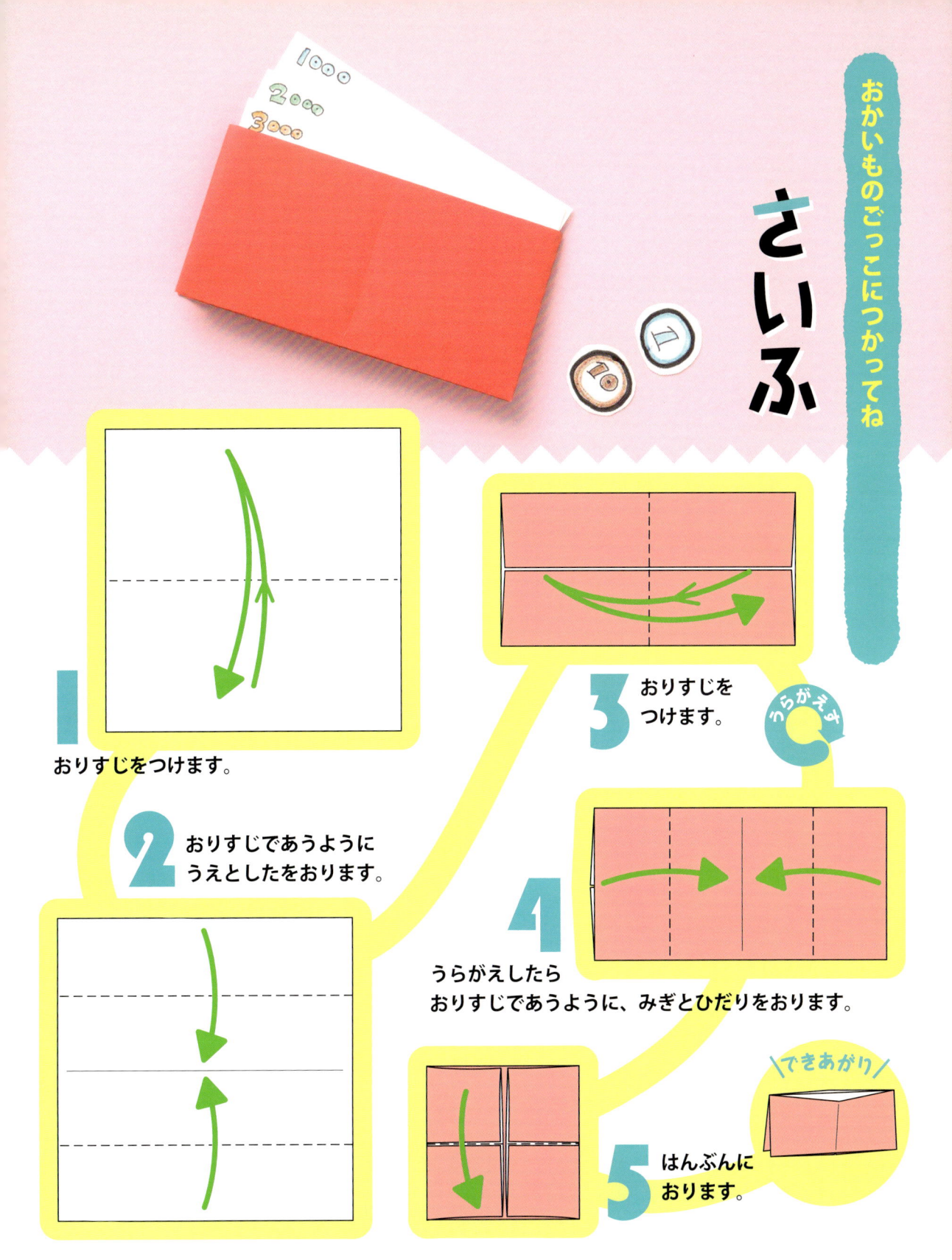

さいふ

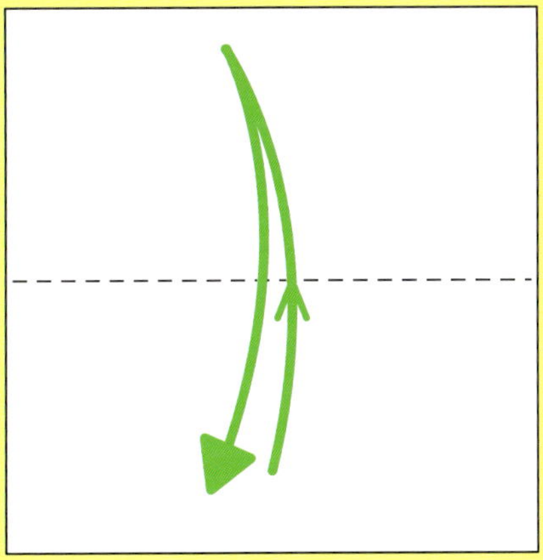

1

おりすじをつけます。

2

おりすじであうように
うえとしたをおります。

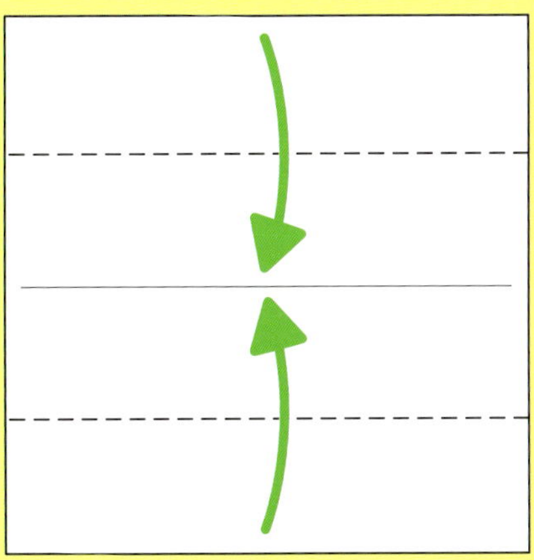

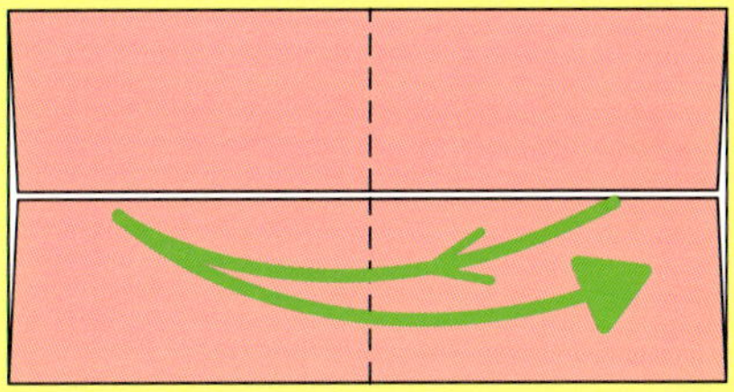

3

おりすじを
つけます。

うらがえす

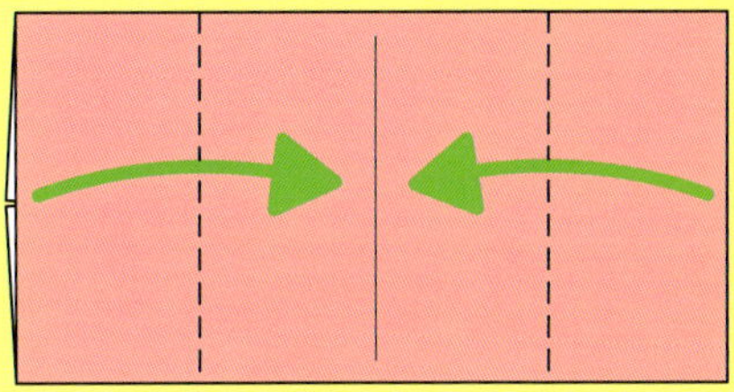

4

うらがえしたら
おりすじであうように、みぎとひだりをおります。

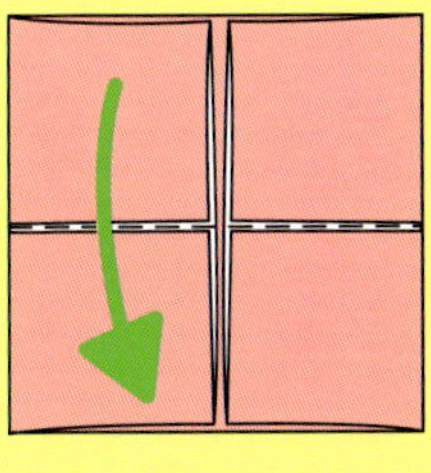

5

はんぶんに
おります。

できあがり

ごっこあそびをしよう!

アメリカンハット

おおきなかみでおると、かぶれるよ

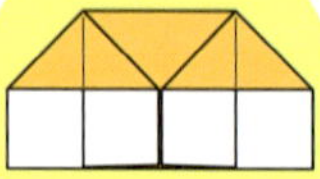

いえ（10ページ）をおります。

1 りょうがわをむこうへおります。

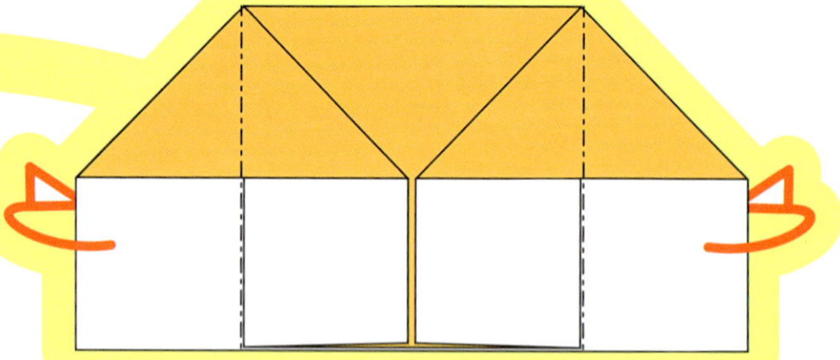

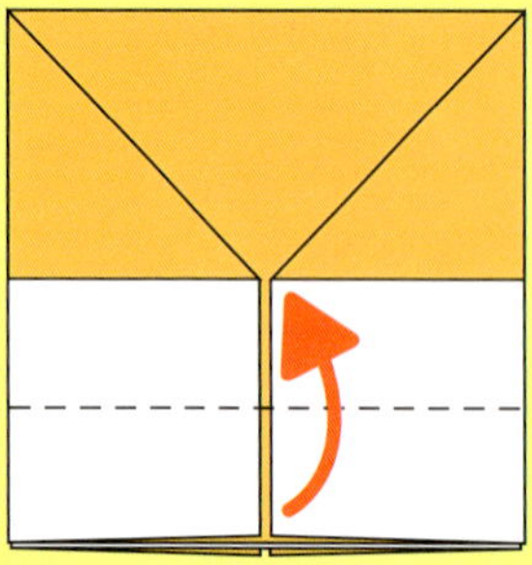

2 てまえだけうえへおります。

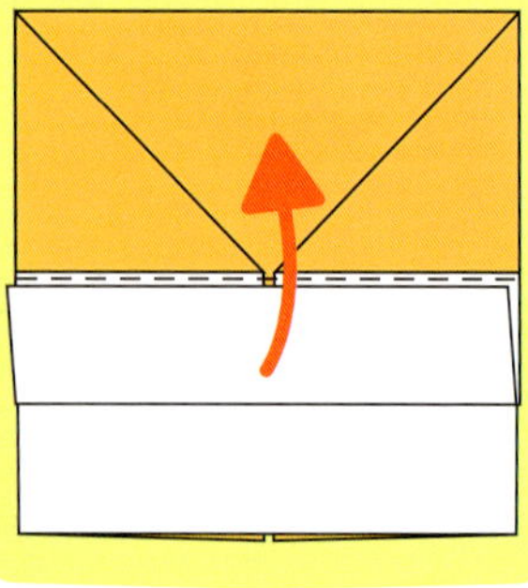

3 もういちどうえへおります。

4 うらもおなじように2～3をおります。

\できあがり/

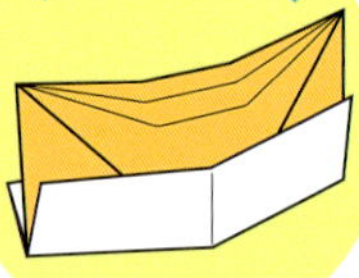

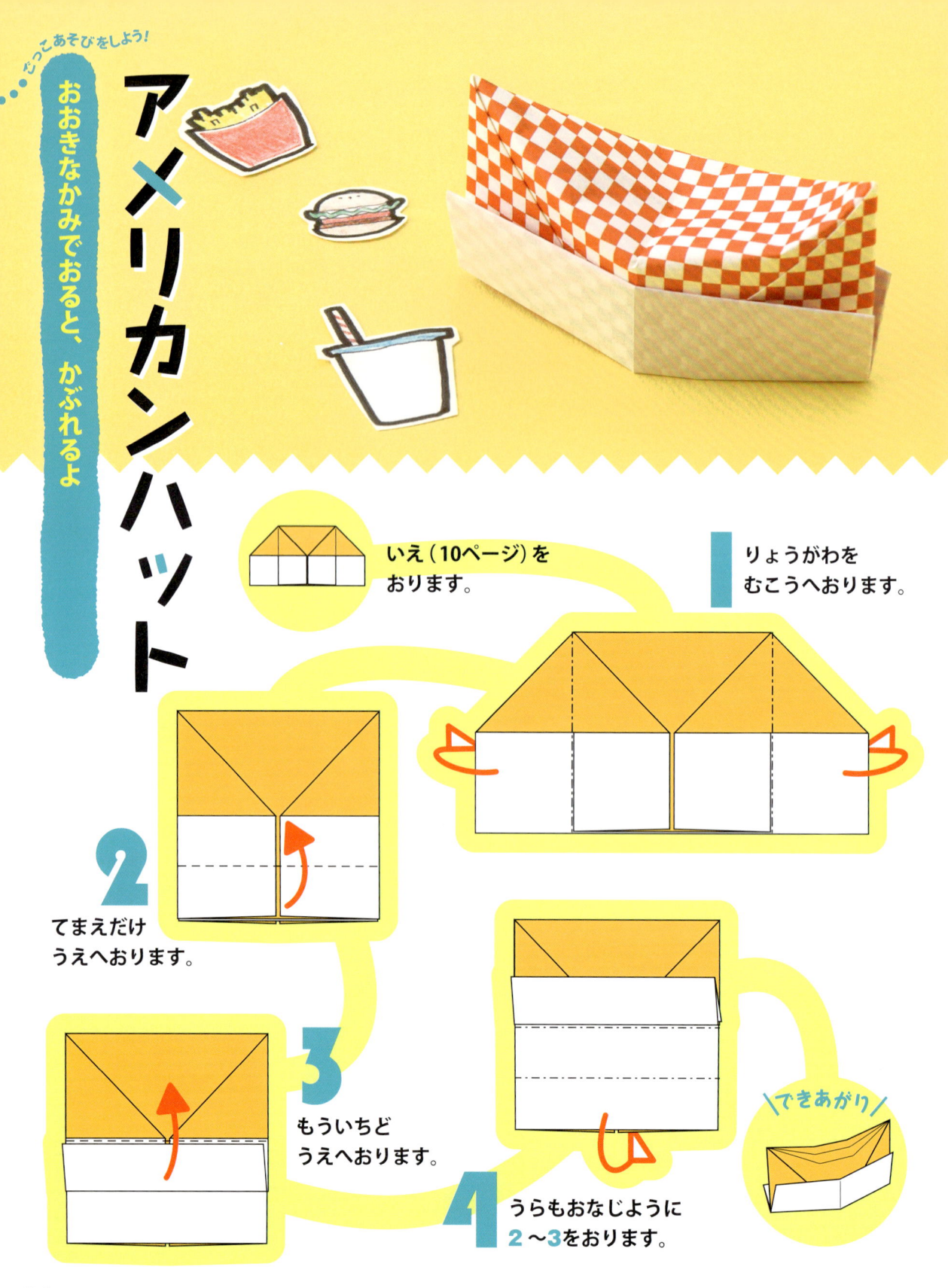

おったら、けんばんをかいてね

オルガン

いえ（10ページ）を
おります。

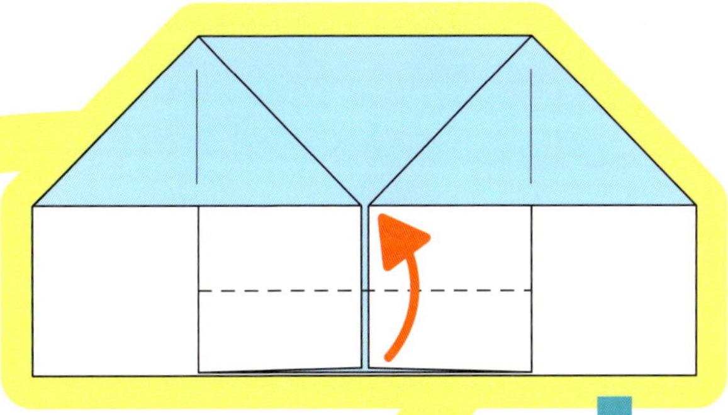

1 うえへおります。

2 もういちど
うえへおります。

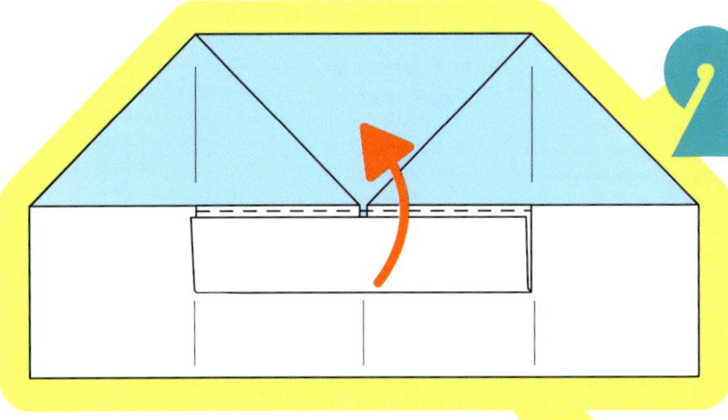

3 りょうがわと
けんばんをおこします。

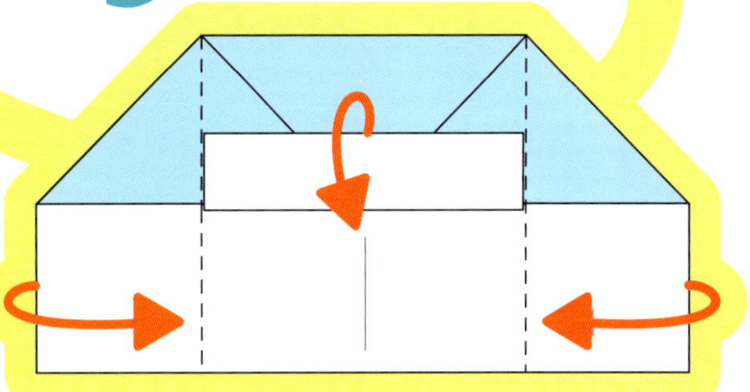

＼できあがり／

ごっこあそびをしよう!

テーブル

もようのかみでおると、すてき!

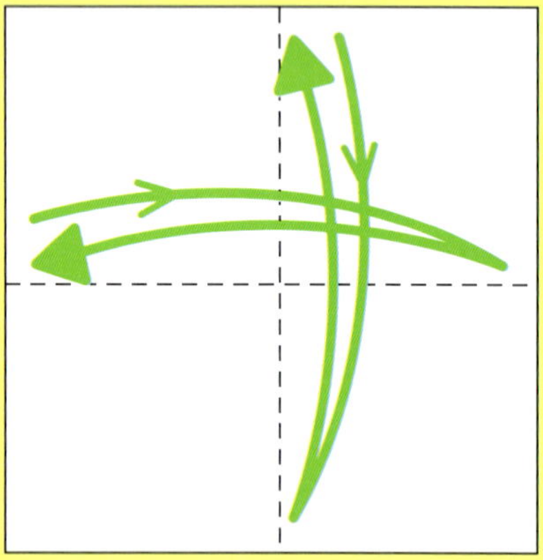

1 おりすじを２つつけます。

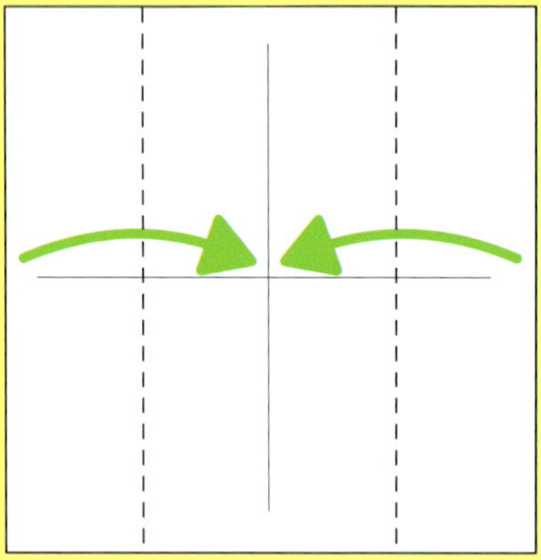

2 おりすじであうように
りょうがわをおります。

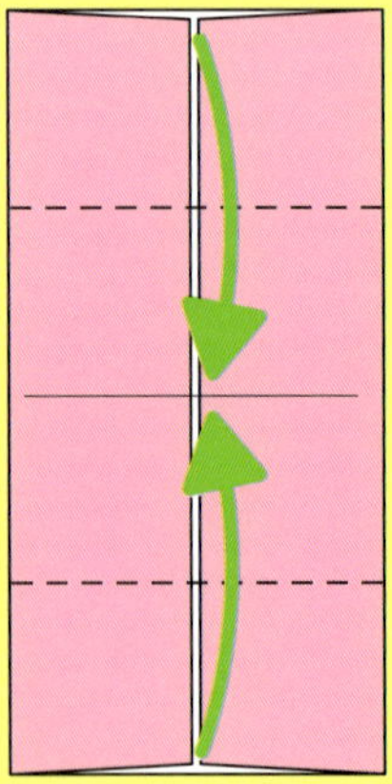

3 おりすじであうように
うえとしたをおります。

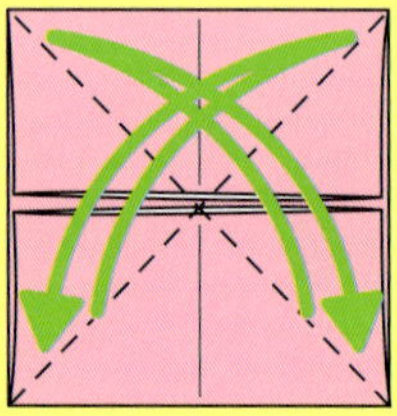

4 ななめに２つ
おりすじを
つけます。

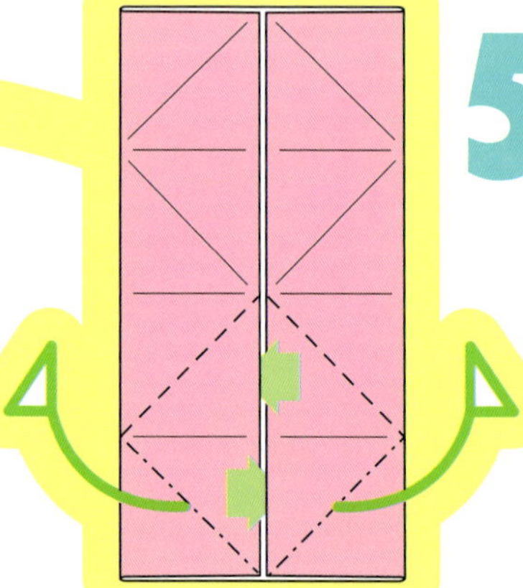

5 このかたちまで
もどしたら
したをひらいて
つぶします。

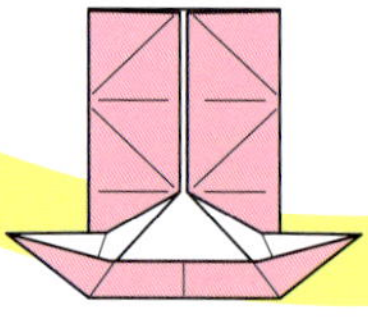

5をおって
いるところ

6

うえもひらいてつぶします。

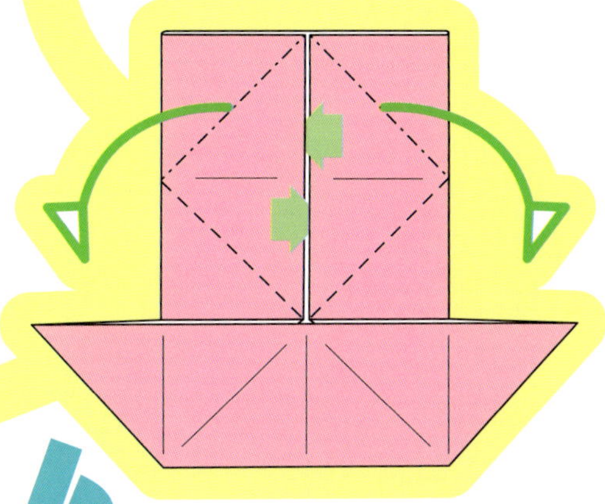

7

からゆびをいれ
ひらいてつぶします。

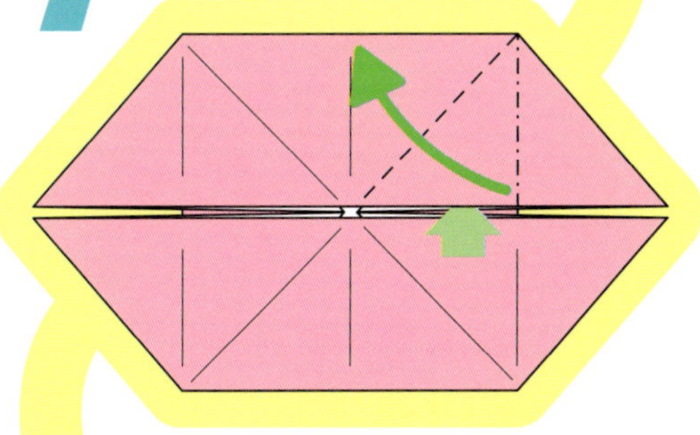

8

ほかの３つのふくろも
おなじように
ひらいてつぶします。

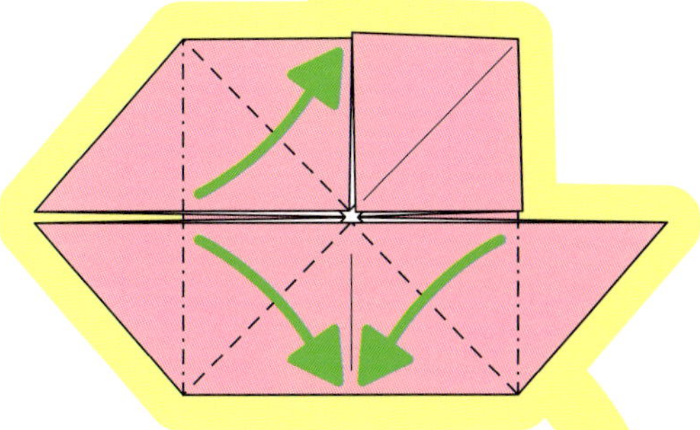

8をおったところ

9

てんせんのところに
おりすじをつけます。

10

おりすじをつかって
ダイヤのかたちに
ひらいてつぶします。

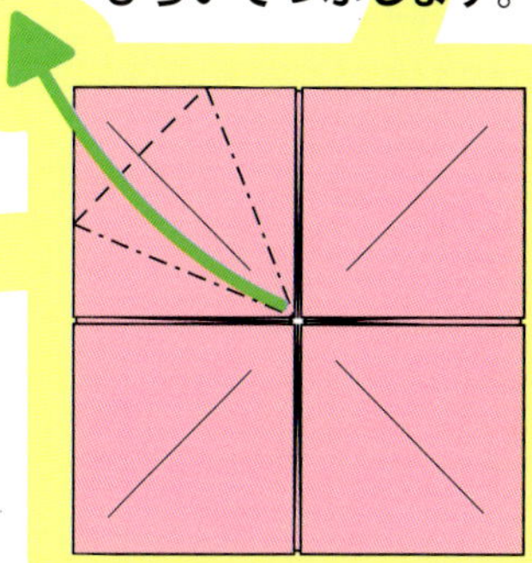

11

10をおっているところ。
ほかの３つも
おなじように
9 〜10をおります。

12

ダイヤのかたちを
ほそくおります。

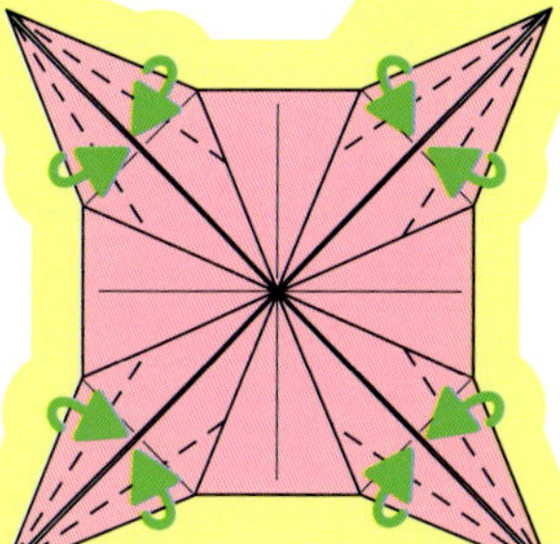

うらがえす

13

テーブルのあしを
おこします。

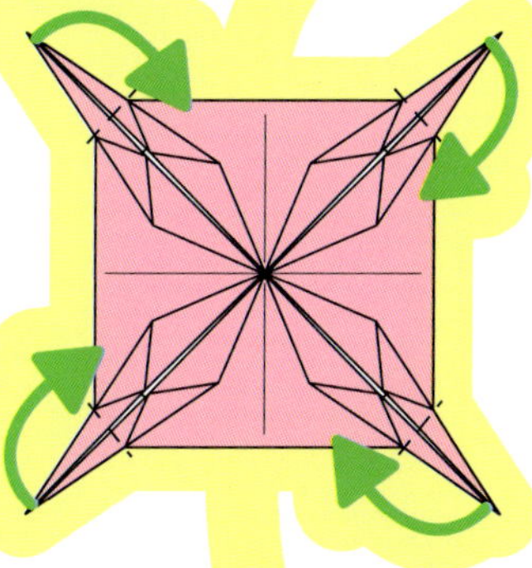

できあがり

ごっこあそびをしよう!

テーブルといっしょに、つかおうね

いす

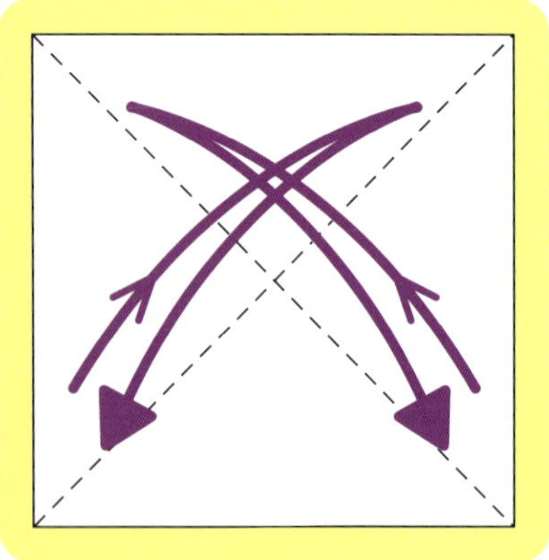

1 おりすじを２つつけます。

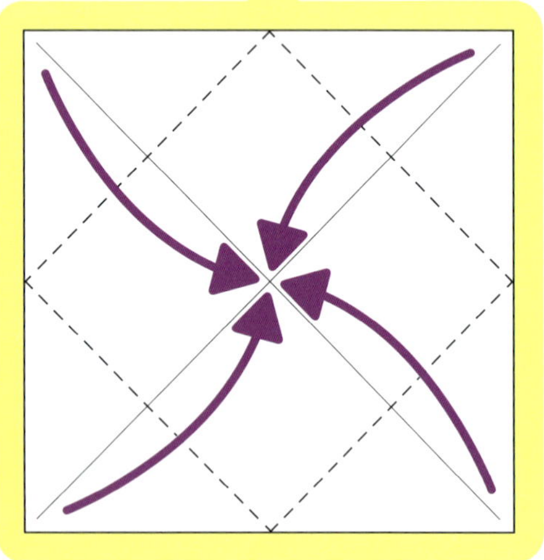

2 かどをまんなかによせております。

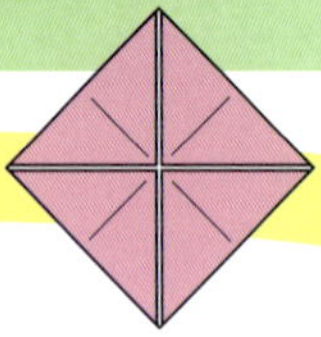

2をおったところ

うらがえす

3 うらがえしたら、もういちど、かどをまんなかによせております。

3をおったところ

うらがえす

4 うらがえしたらもういちどかどをまんなかによせております。

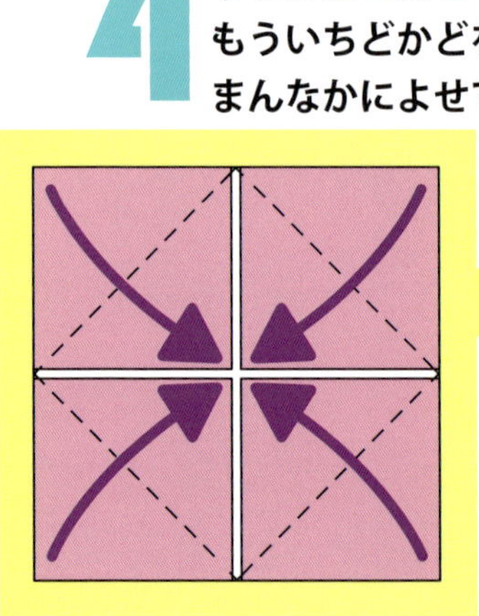

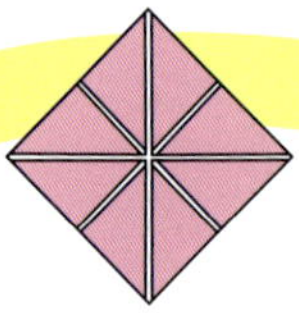

4をおったところ

5

うらがえしたら、
ふくろにゆびをいれ
ひらいてつぶします。
ほかの３つのふくろもおなじに。

うらがえす

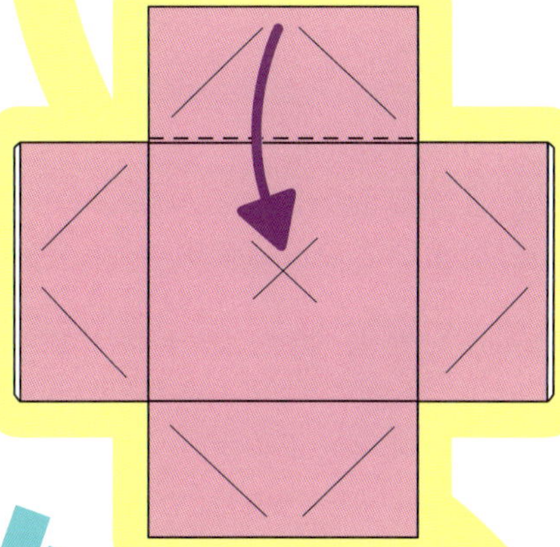

6

１つだけ、てまえにおこします。

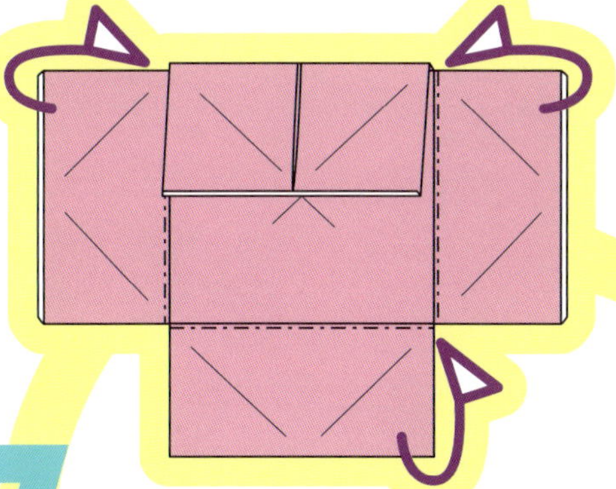

7

ほかはむこうがわへおります。

できあがり

親子であそぼ！

テーブルといすを組み合わせて「お茶の時間ですよ〜！」などと声かけすると、ごっこ遊びがもっと楽しくなります。

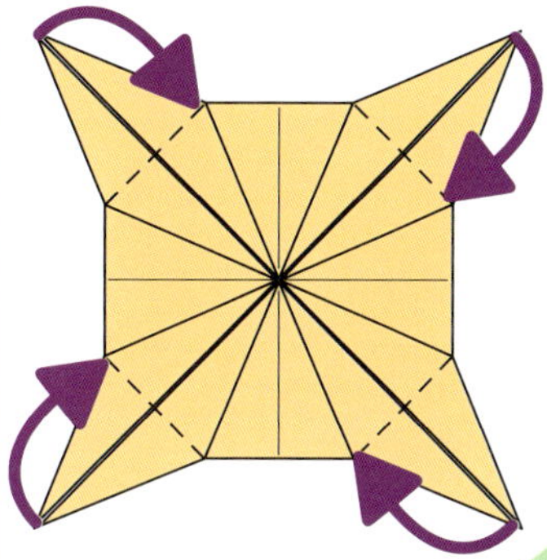

テーブル（16ページ）で折り方**12**を左図のようにすると、八角形のテーブルができます。「形は似ているけど違う作品になったね」などと親子で話しながら折るといいですね。

ツノをとめなおせば、なんどもあそべるよ

カメラ

うしろのとがったところをおしてね！

いす（18ページ）の4までおります。

1 うらがえしたら２つのふくろをひらいてつぶします。

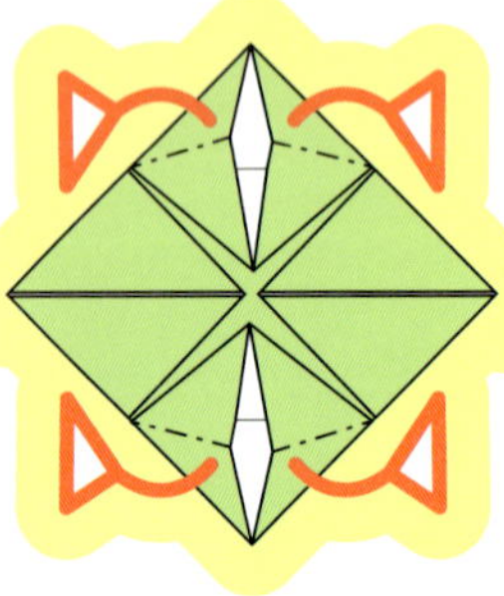

2 はんぶんにおります。

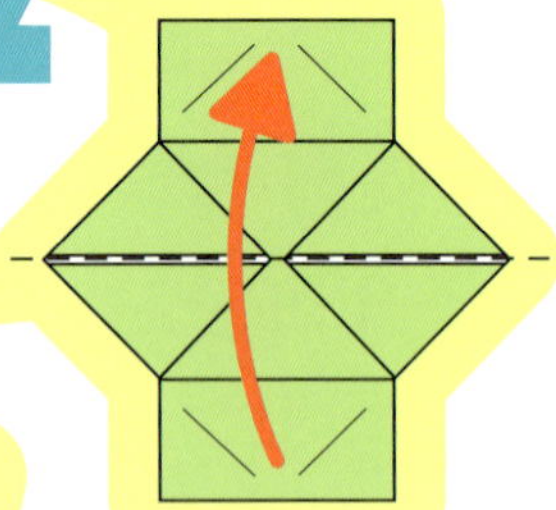

3 うちがわにはいっているかどをそれぞれそとにひっぱりだします。

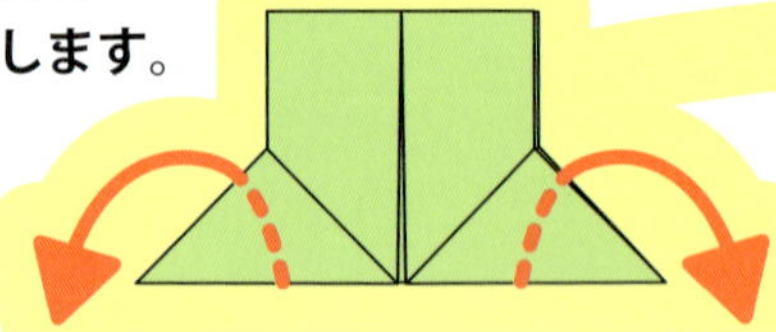

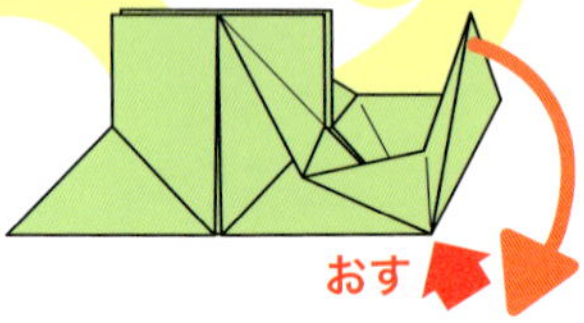

3をおっているところ。おしながら、ぐるっとひっくりかえします。

4 むこうがわの１まいをしたにひらきます。

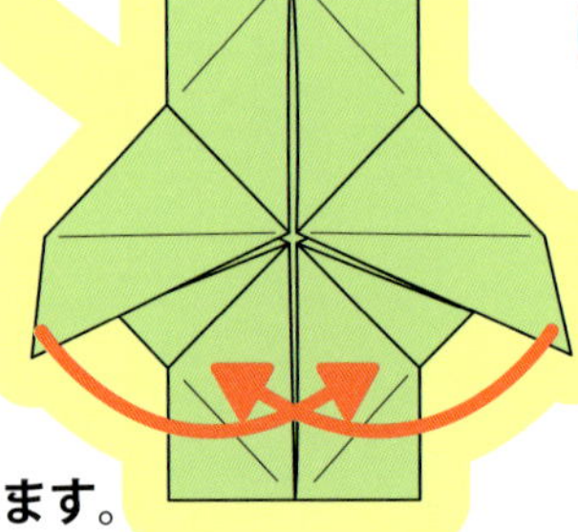

5 とびでたツノをひっぱってかさねます。

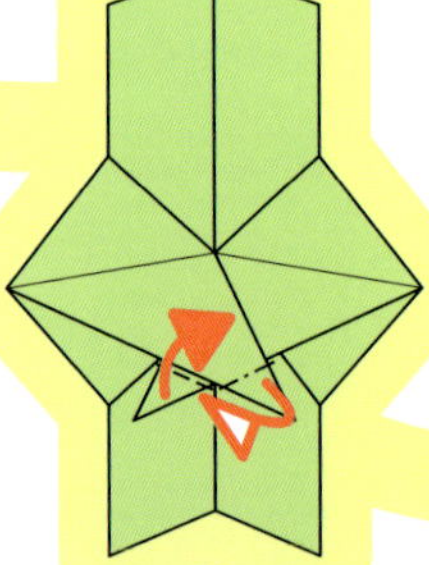

6 たがいちがいにおってとめます。

むきをかえる

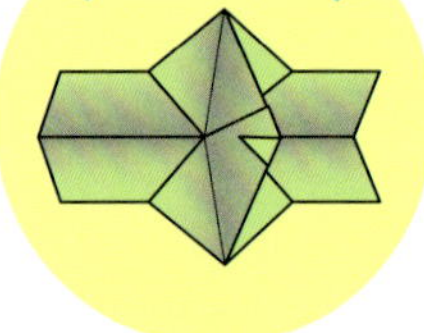

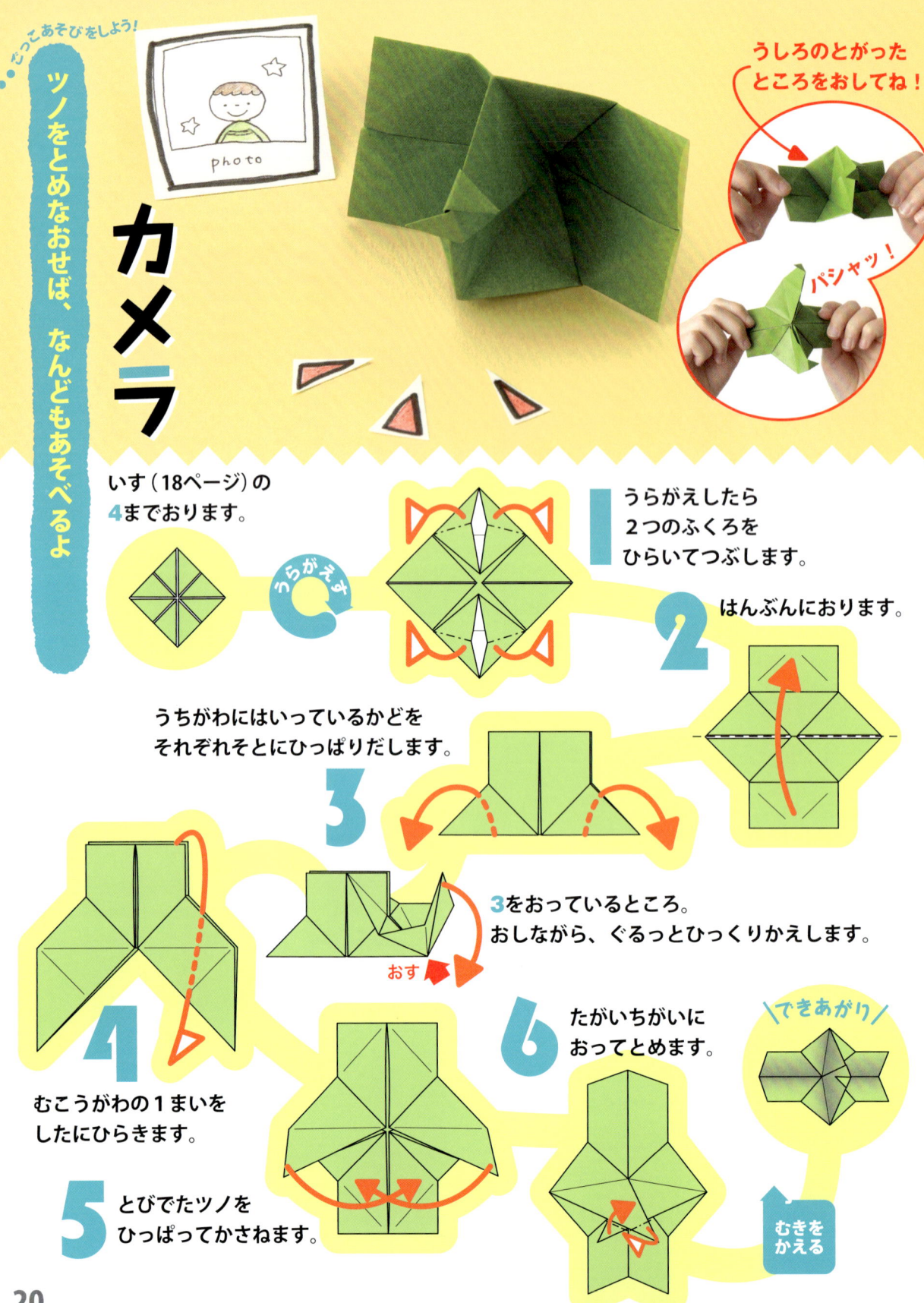

はなかご

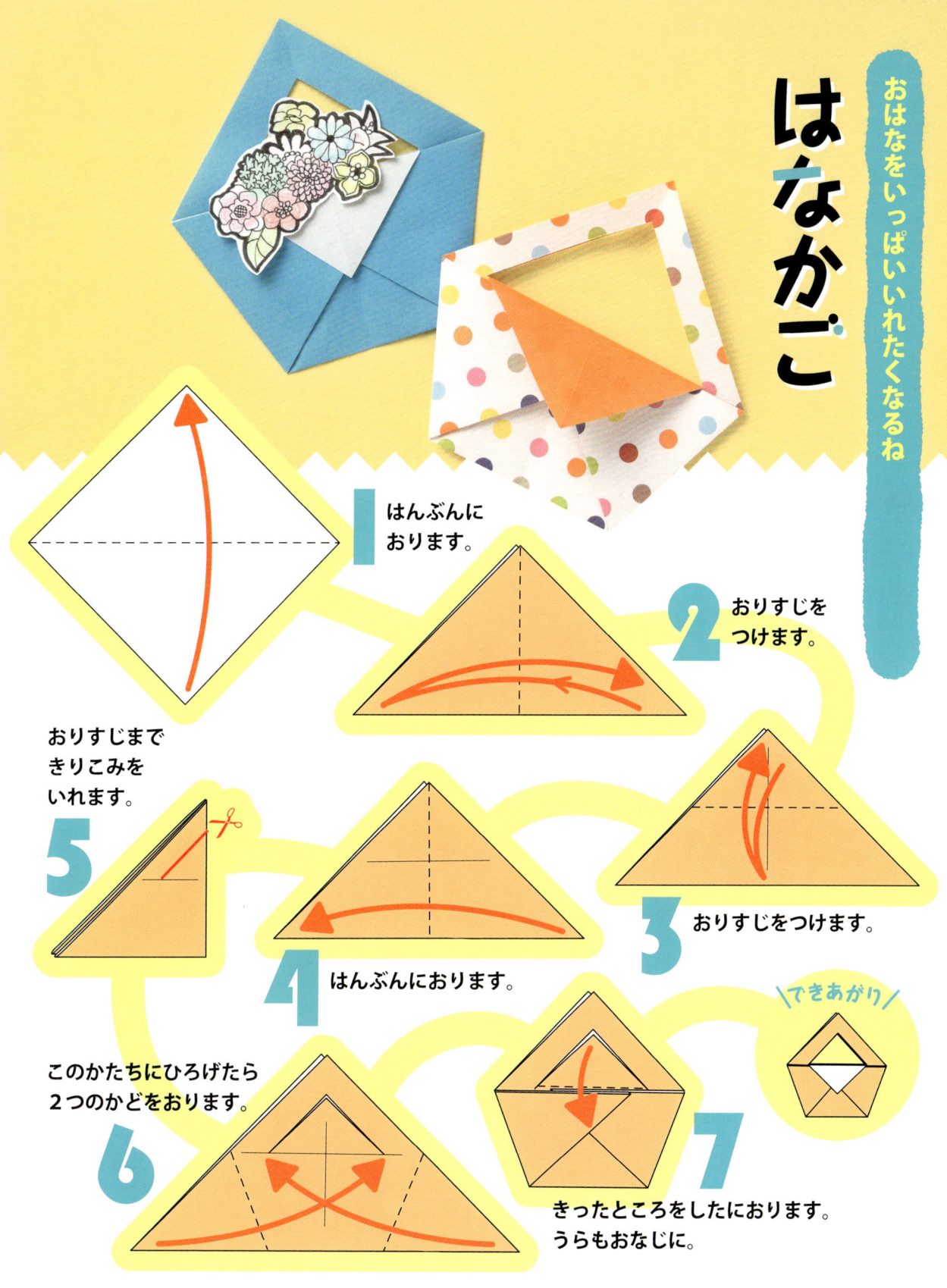

おはなをいっぱいいれたくなるね

1 はんぶんにおります。

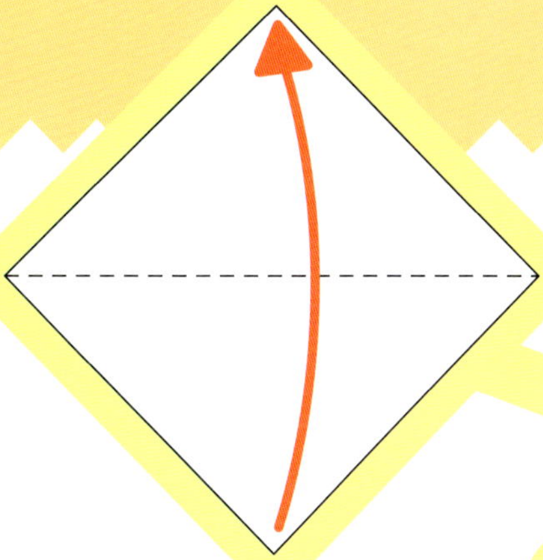

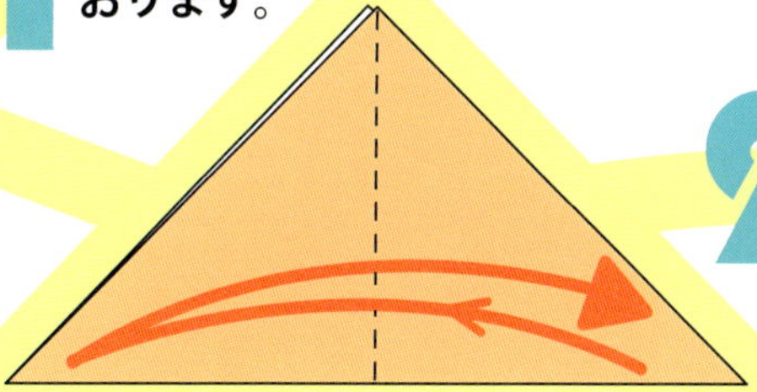

2 おりすじをつけます。

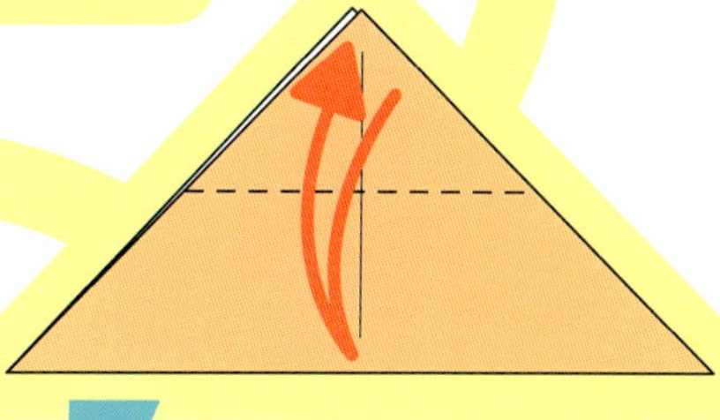

3 おりすじをつけます。

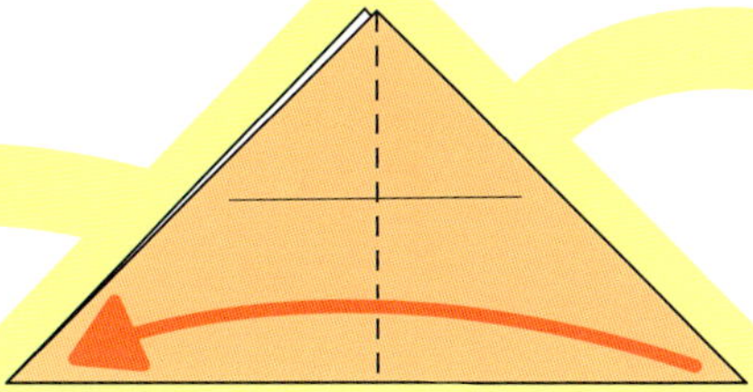

4 はんぶんにおります。

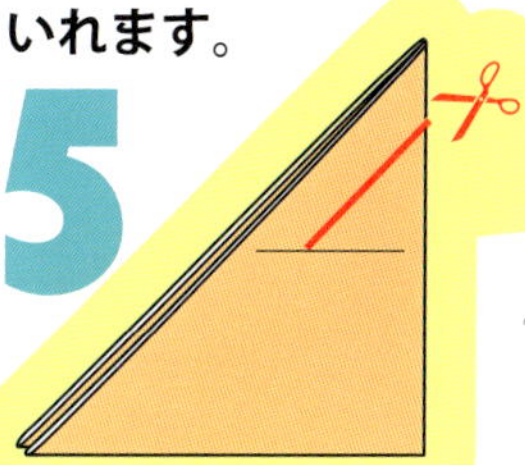

5 おりすじまできりこみをいれます。

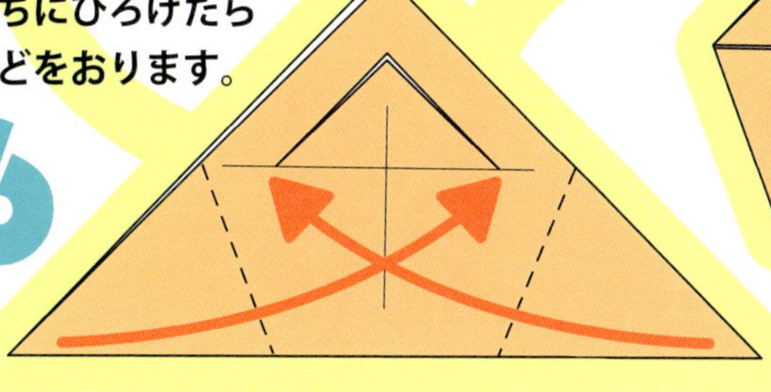

6 このかたちにひろげたら２つのかどをおります。

7 きったところをしたにおります。うらもおなじに。

できあがり

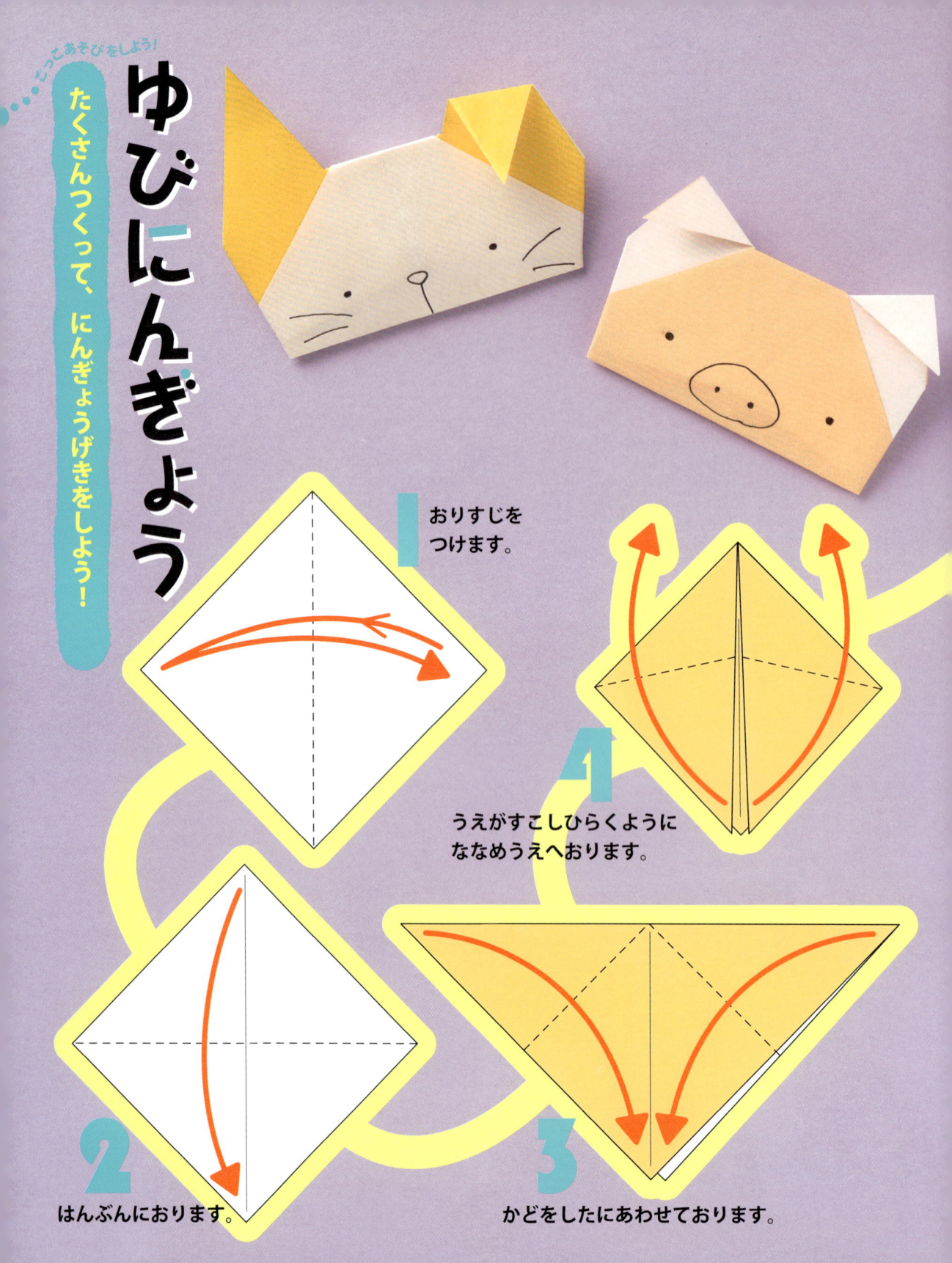

ゆびにんぎょう

たくさんつくって、にんぎょうげきをしよう!

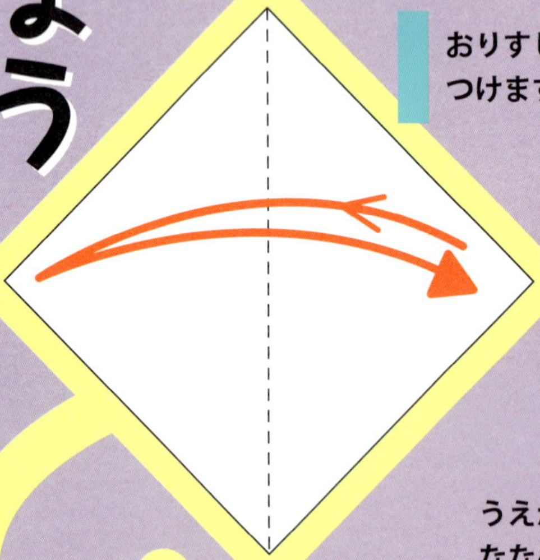

1 おりすじをつけます。

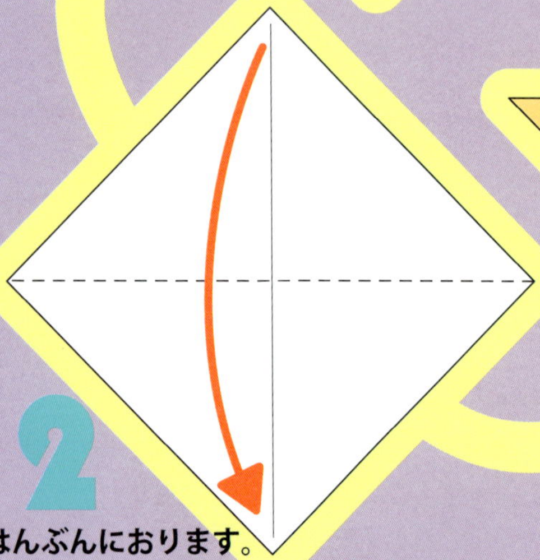

2 はんぶんにおります。

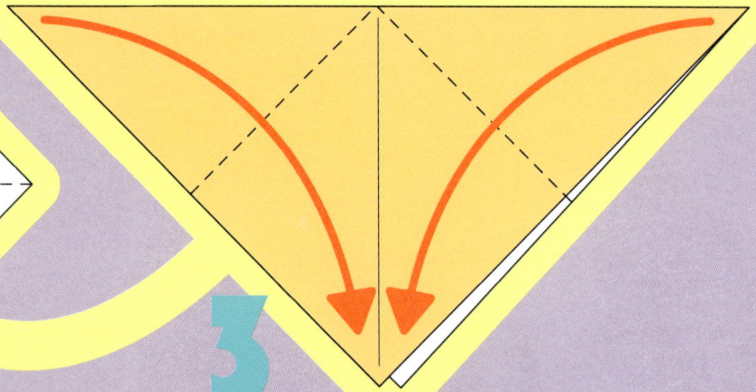

3 かどをしたにあわせております。

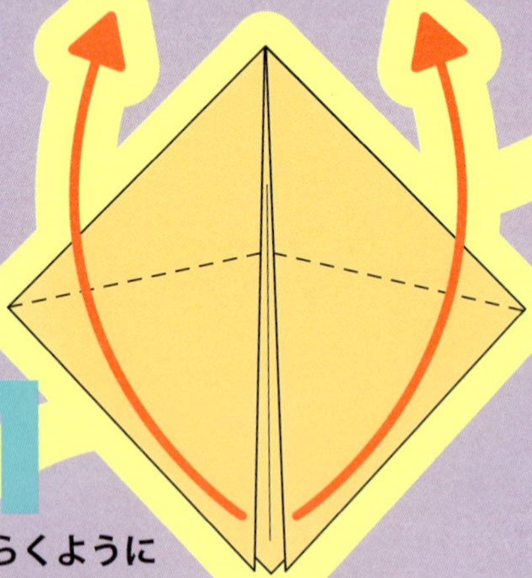

4 うえがすこしひらくようにななめうえへおります。

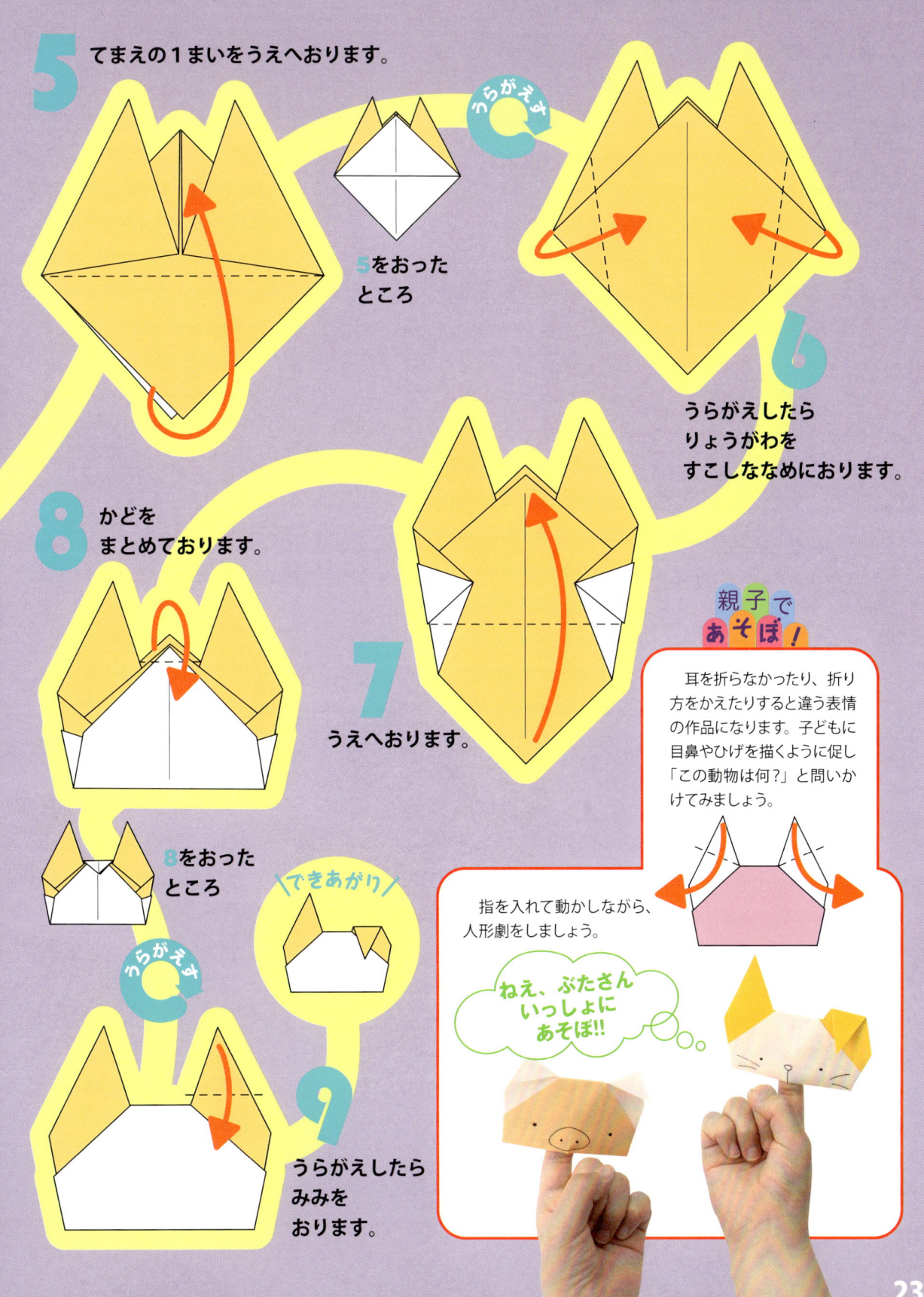

5 てまえの１まいをうえへおります。

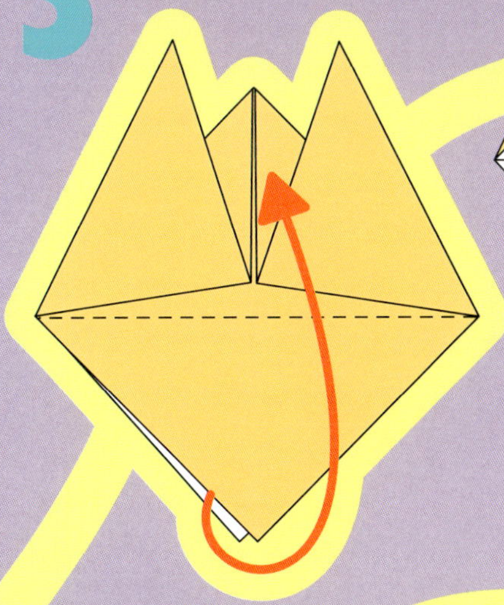

5をおったところ

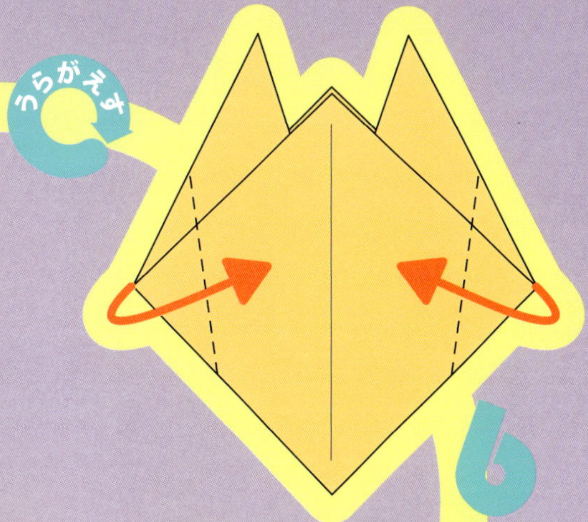
うらがえす

6 うらがえしたらりょうがわをすこしななめにおります。

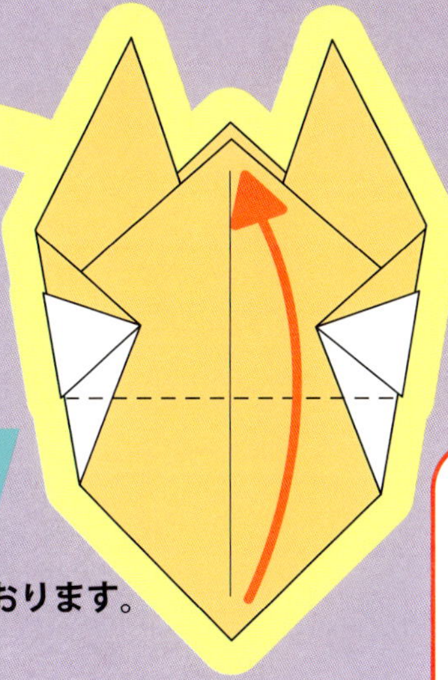

7 うえへおります。

8 かどをまとめております。

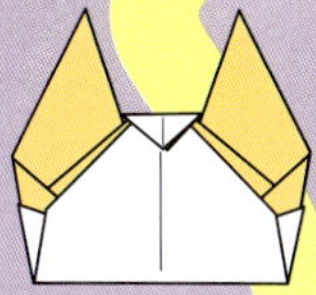

8をおったところ

\できあがり/

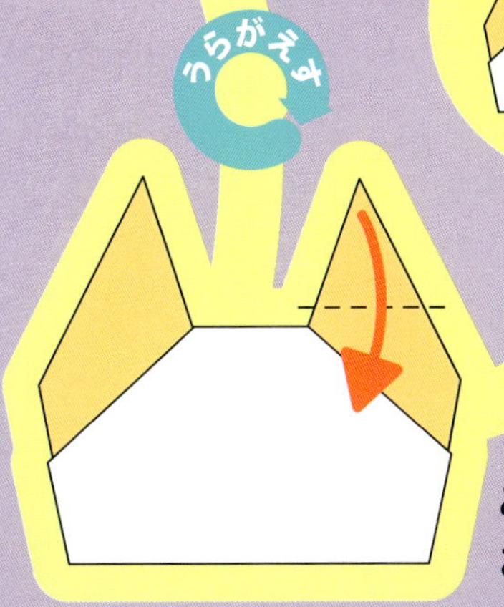
うらがえす

9 うらがえしたらみみをおります。

親子であそぼ！

耳を折らなかったり、折り方をかえたりすると違う表情の作品になります。子どもに目鼻やひげを描くように促し「この動物は何?」と問いかけてみましょう。

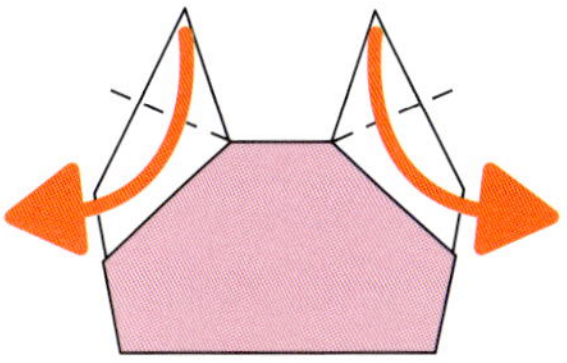

指を入れて動かしながら、人形劇をしましょう。

ねえ、ぶたさん
いっしょに
あそぼ!!

リボン

カチューシャやヘアピンにつけると、おしゃれだよ

1 おりすじを
2つつけます。

2
まんなかにむけて
うえとしたを
おります。

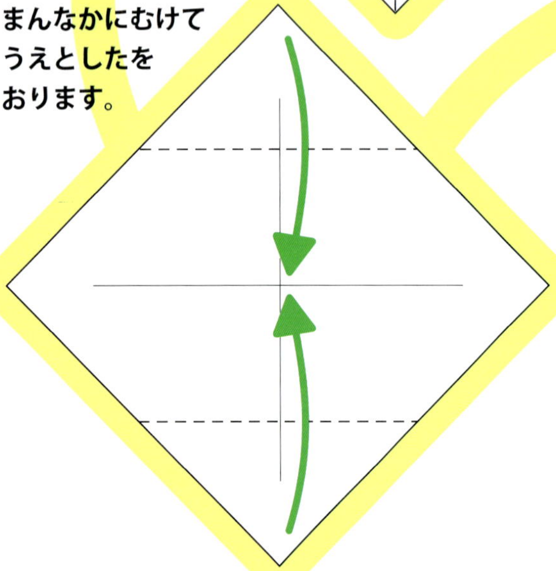

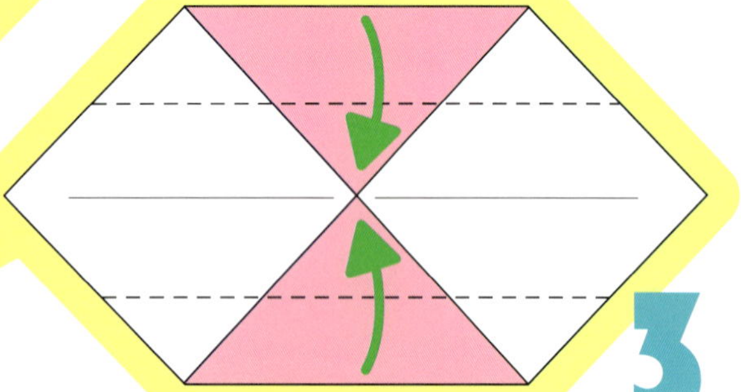

3
もういちど、うえとしたをおります。

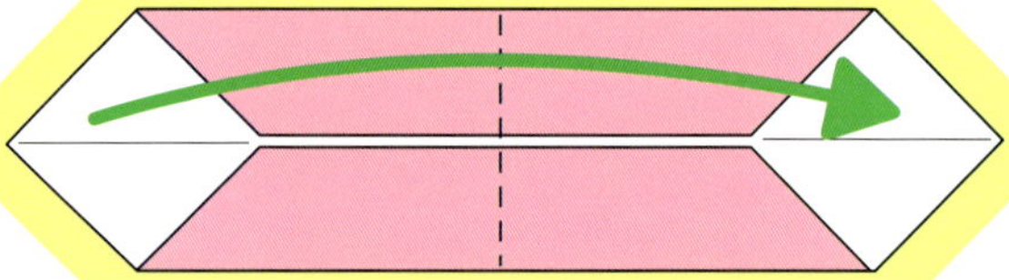

4 ぜんたいを
はんぶんにおります。

5

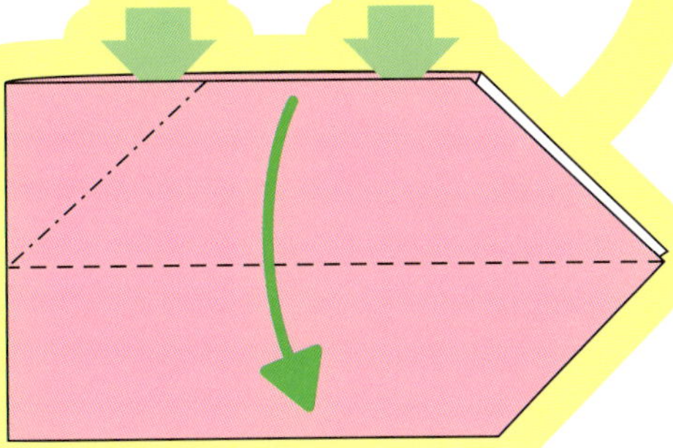

からゆびをいれ、
ひらいてつぶします。

6

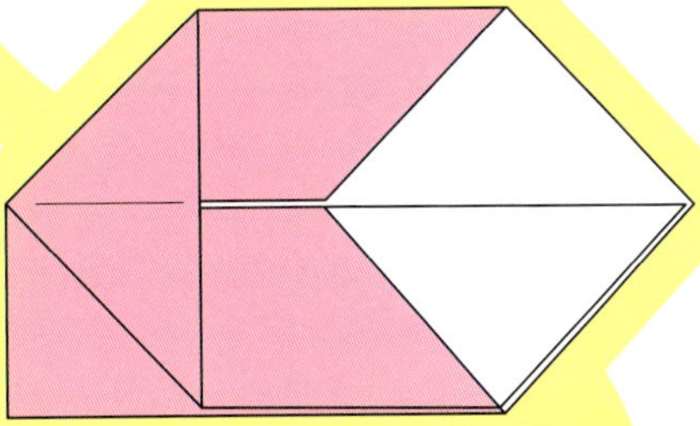

5をおったところ。うらもおなじに。

7

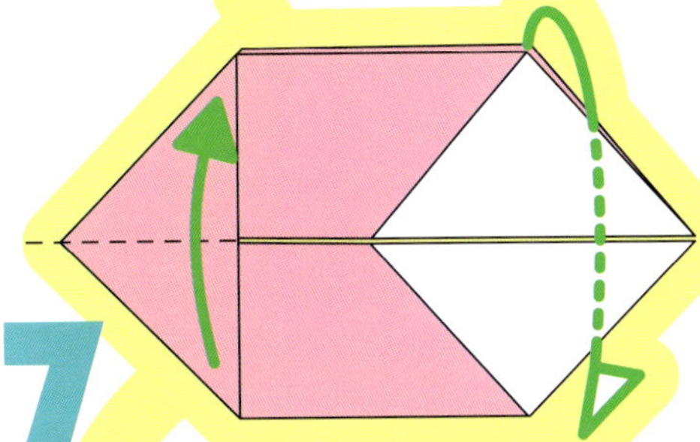

おりずらして、おるめんをかえます。

8

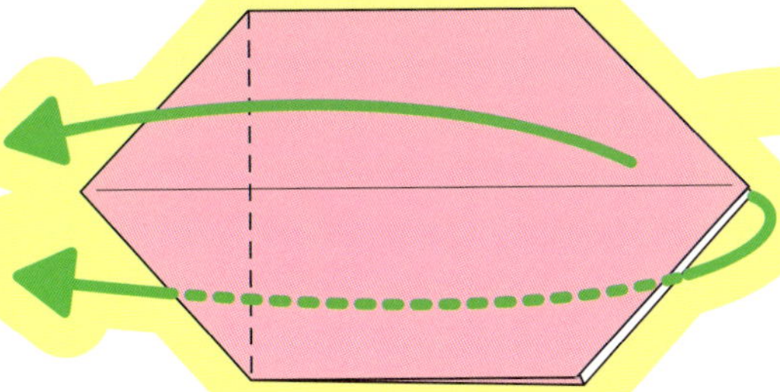

てんせんのところで
おりかえします。

9

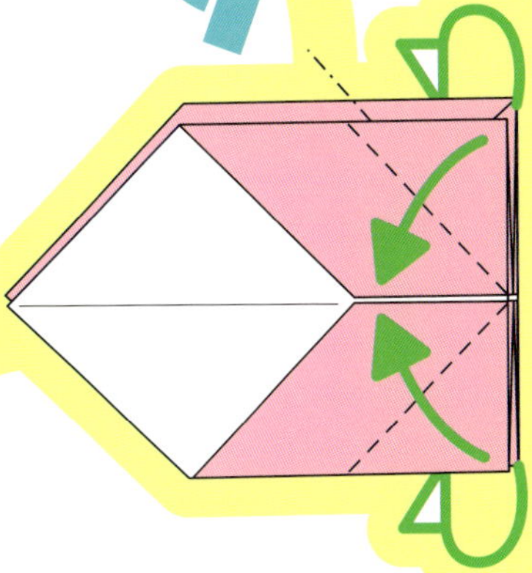

かどをよせるように
おります。
うらもおなじに。

10

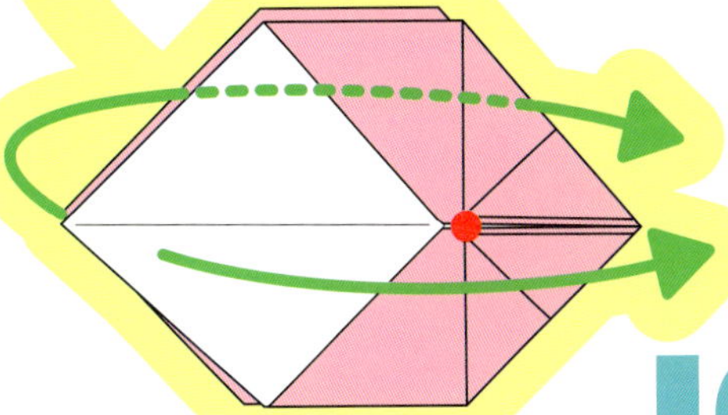

おりめがひらかないように
●のところをおさえながら、ひろげます。

\できあがり/

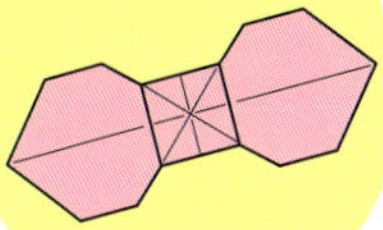

すてきなカチューシャにあうでしょ!

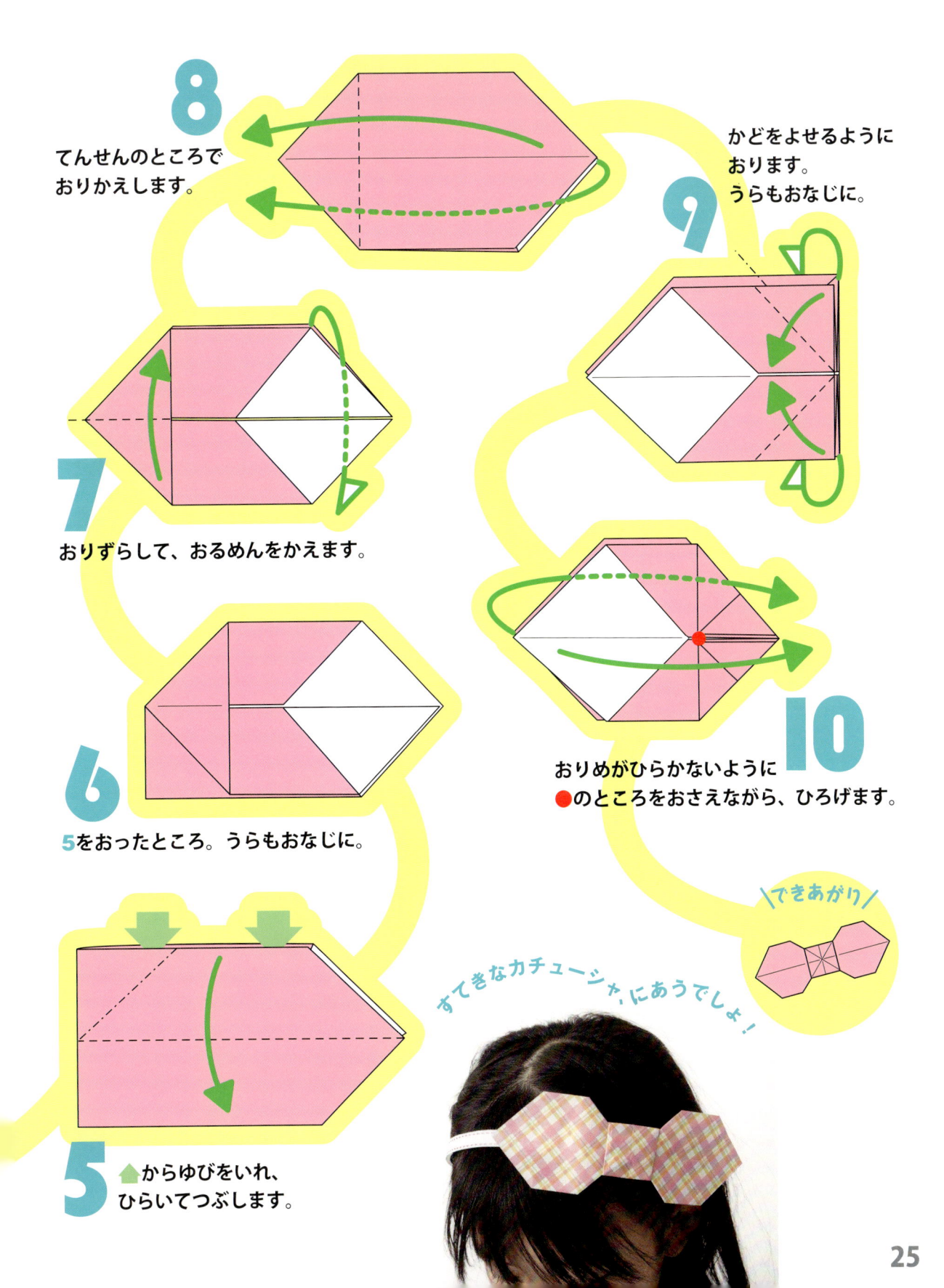

いま、なんじかな？

うでどけい

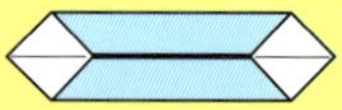

リボン（24ページ）の
3までおります。

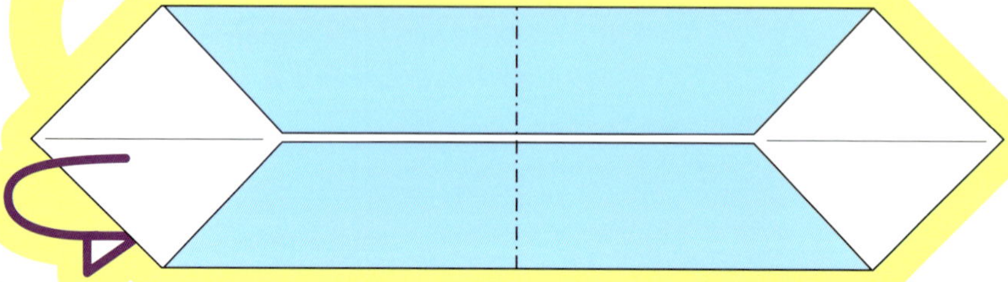

1 むこうがわへ、はんぶんにおります。

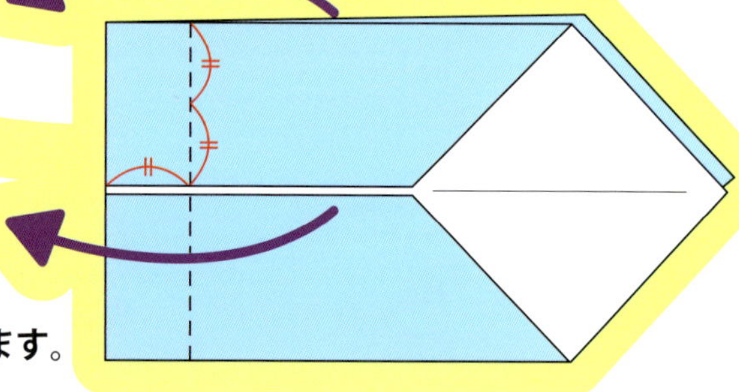

2 てんせんのところでおりかえします。

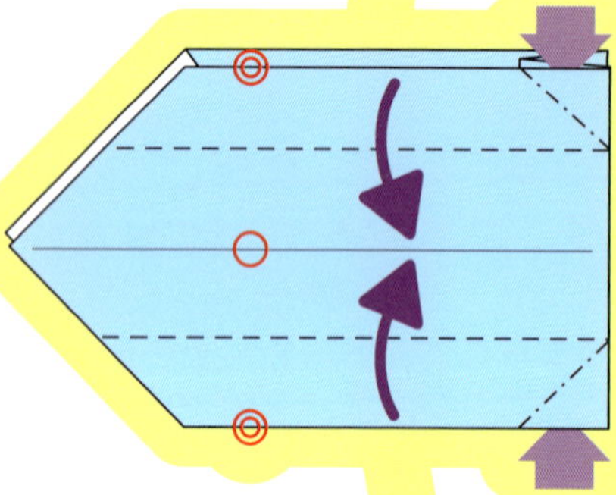

3 ⬆からゆびをいれ、
◎と○があうように
ひらいてつぶします。

親子で あそぼ!

子どもの腕につけて「今、何時かな」と問いかけてみましょう。

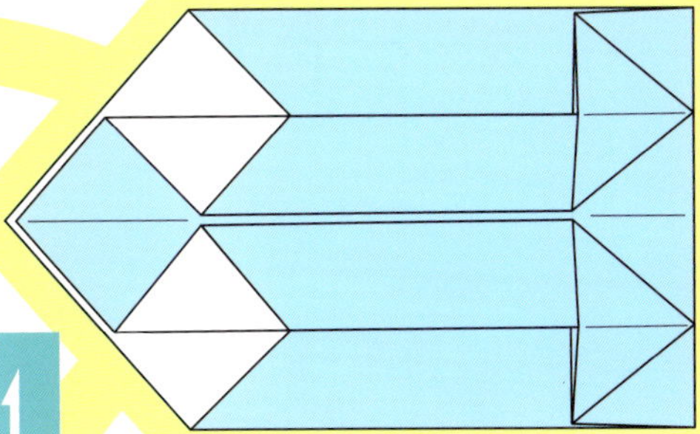

4

3をおったところ。うらもおなじに。

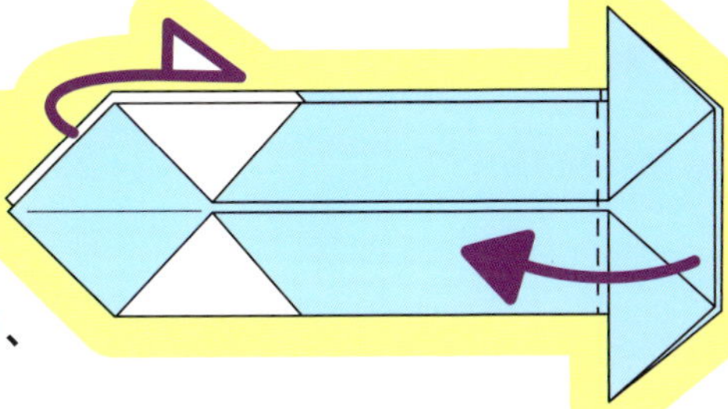

5

それぞれ
やじるしのほうへおり、
ひろげます。

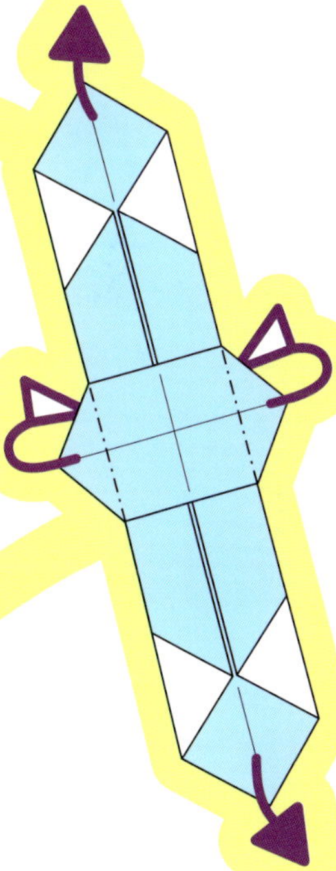

6

もじばんのよこをおったら、
ベルトをひっぱって
かたちをととのえます。

6をおったところ。
かみにもじばんをかいて
はります。

わにしてとめてね。

できあがり

いろいろな文字盤を描いて貼りましょう。デジタル時計もアナログ時計もいろいろできますね。

親子で あそぼ!

ゆびわ

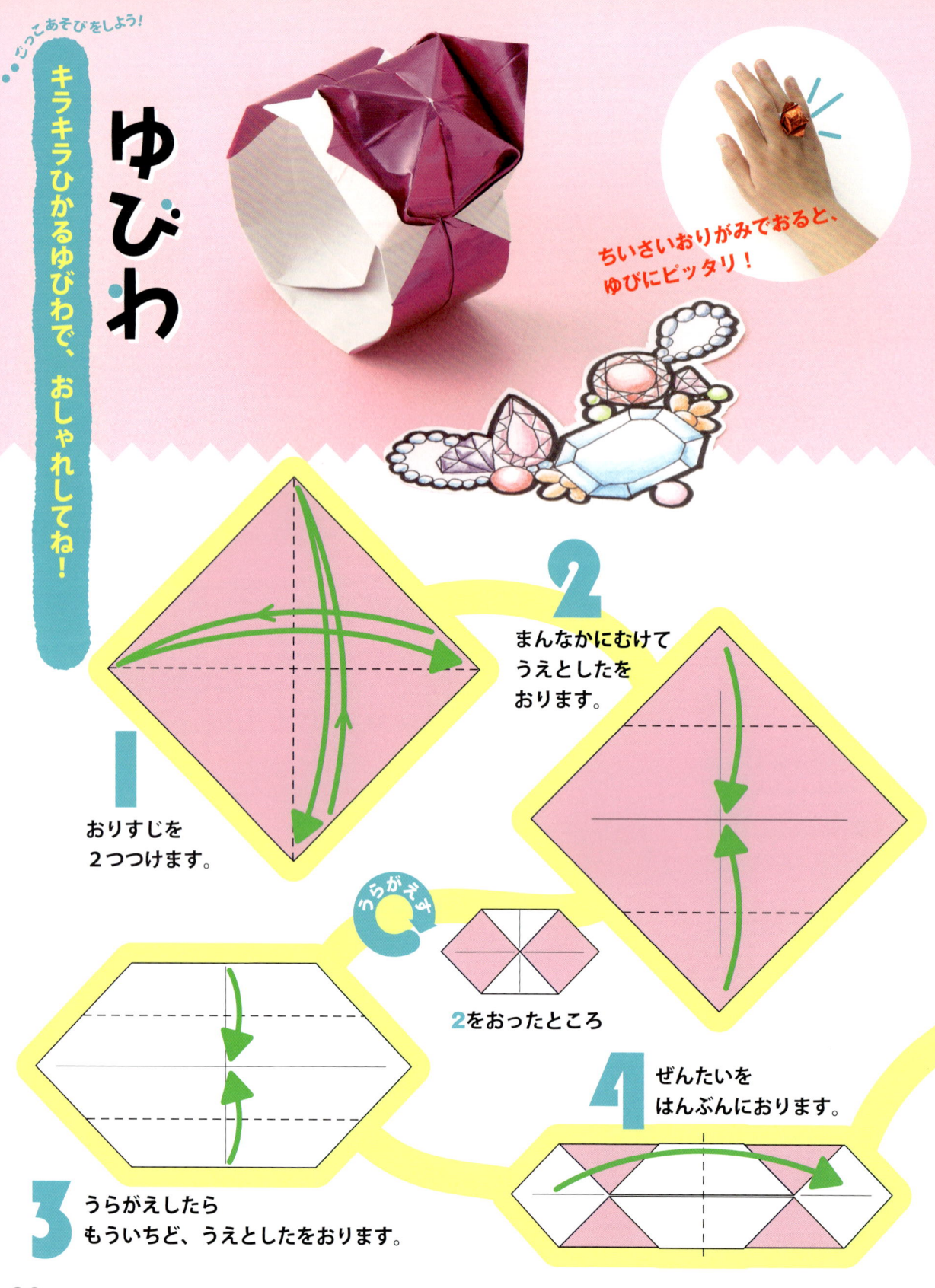

キラキラひかるゆびわで、おしゃれしてね！

ちいさいおりがみでおると、
ゆびにピッタリ！

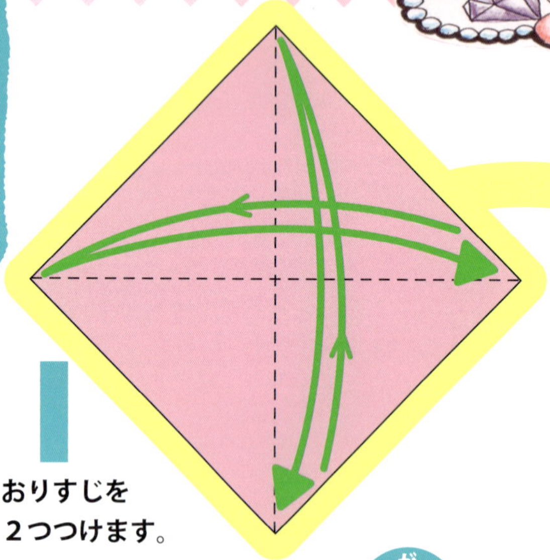

1
おりすじを
２つつけます。

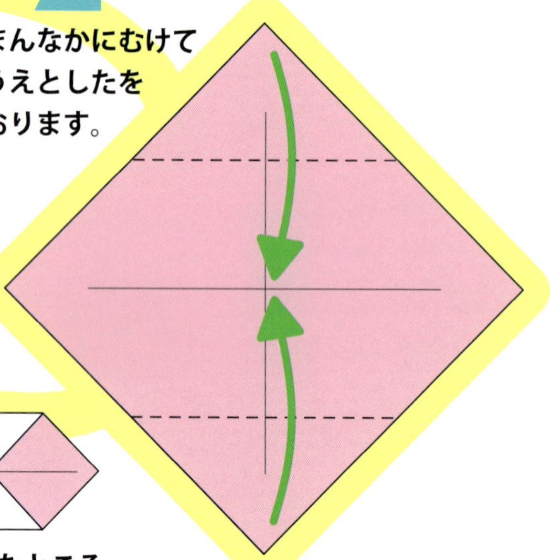

2
まんなかにむけて
うえとしたを
おります。

うらがえす

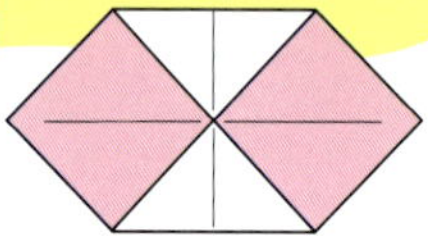

2をおったところ

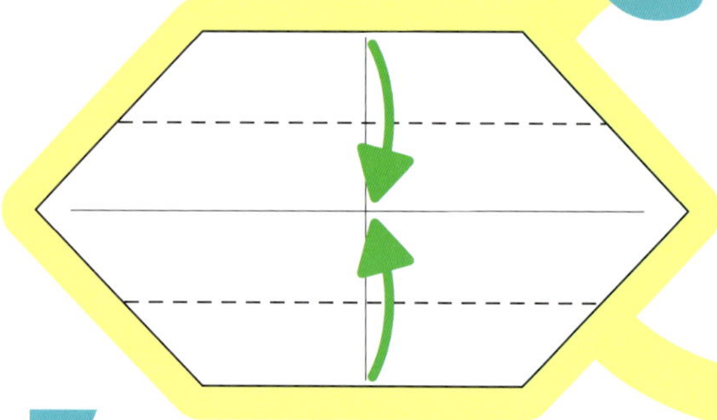

3
うらがえしたら
もういちど、うえとしたをおります。

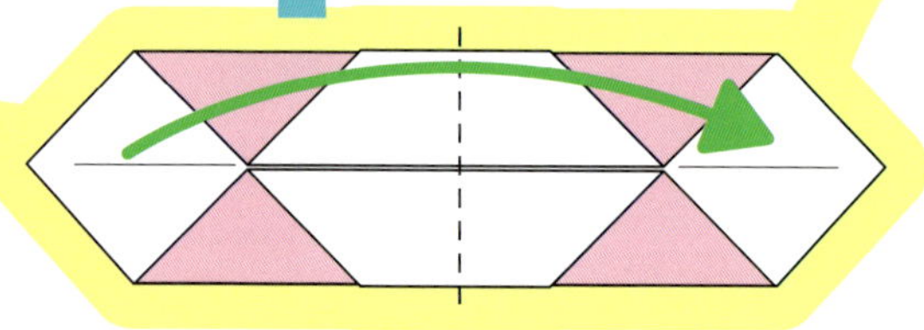

4
ぜんたいを
はんぶんにおります。

5

からゆびをいれ
ひらいてつぶします。

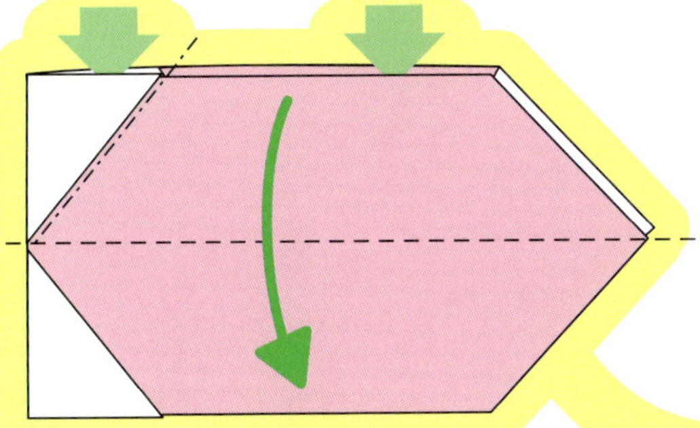

6

5をおったところ。うらもおなじに。

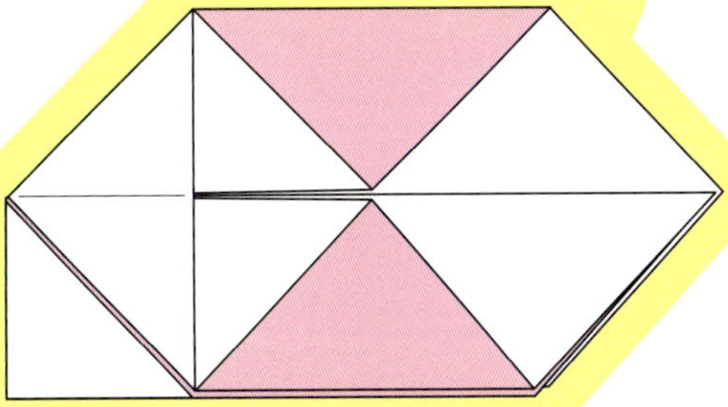

7

おりずらして
おるめんを
かえます。

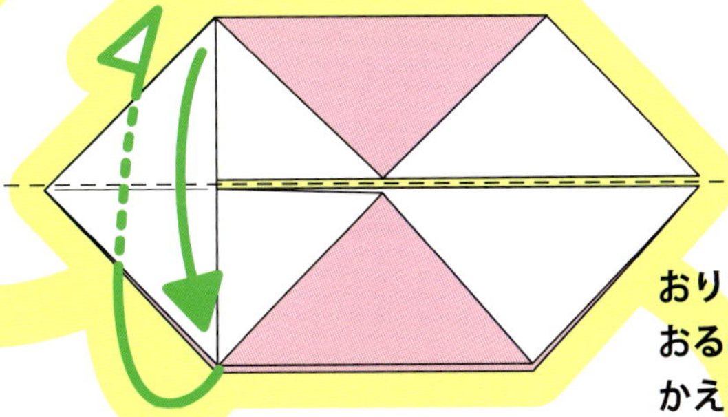

8

てまえの１まいを
おりすじにあうようにおります。

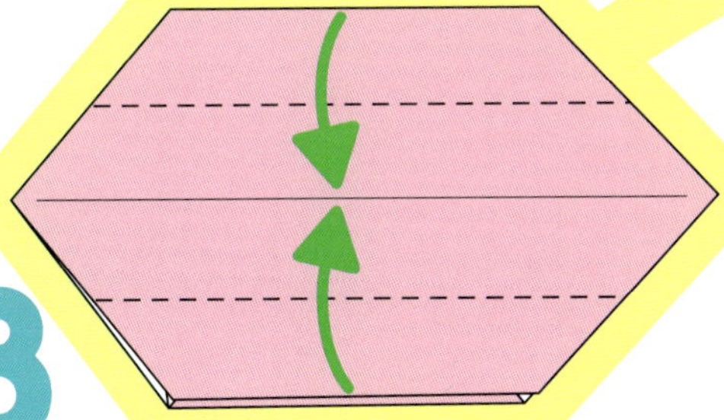

9

うらもおなじに。

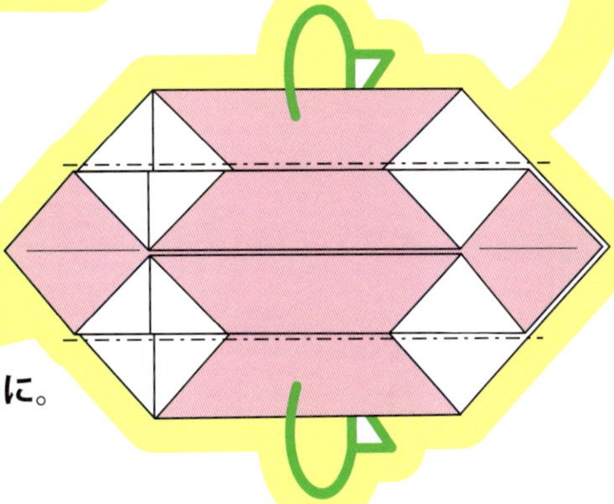

10

てんせんのところで
おりかえします。

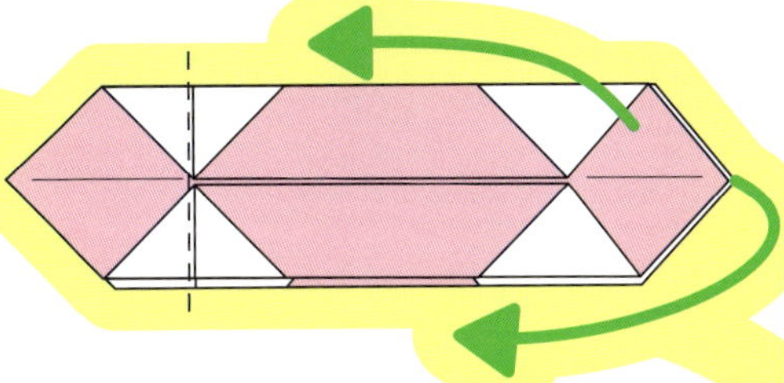

11

からゆびをいれて
ひろげます。

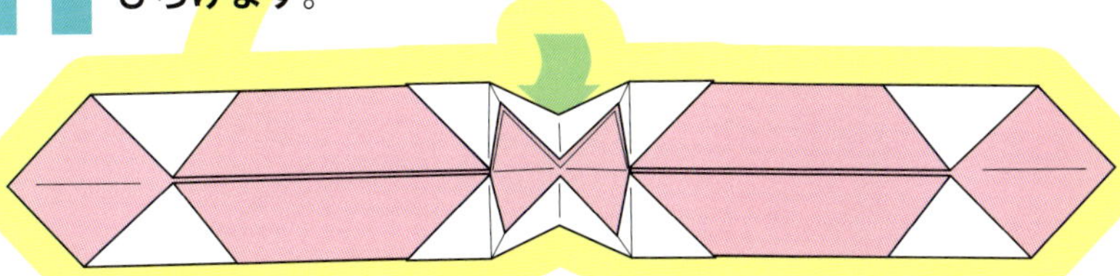

できあがり

わにして
とめてね。

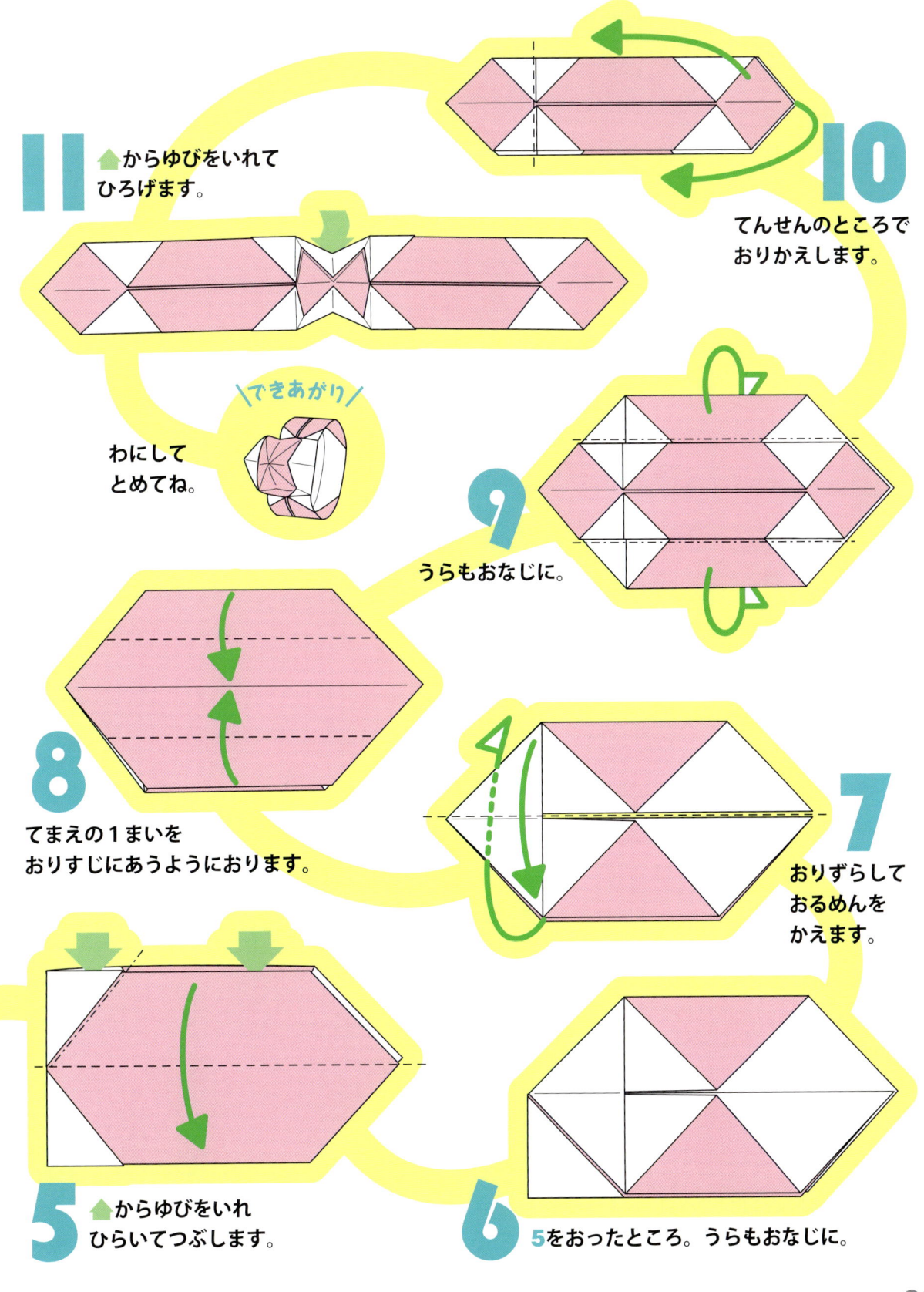

ごっこあそびをしよう!

ハートのかたちが、とってもかわいいの

ハートのブレスレット

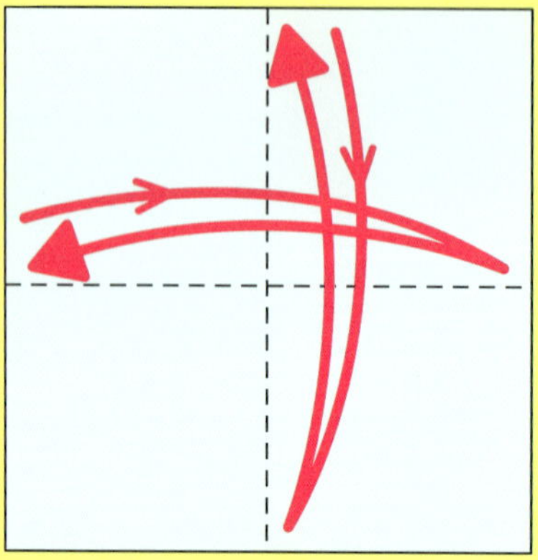

1 おりすじを2つつけます。

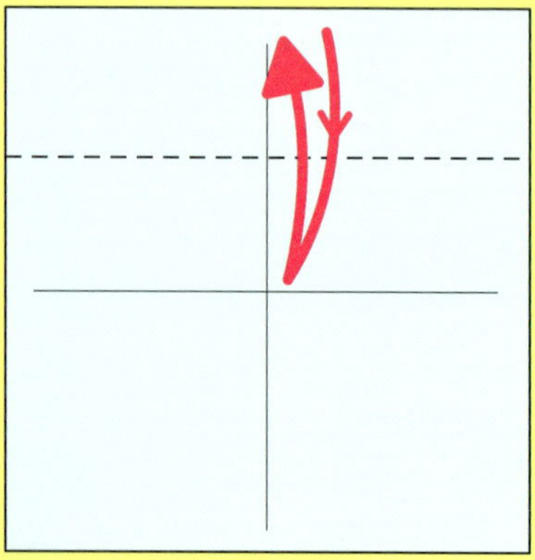

2 うえだけはんぶんにおって
おりすじをつけます。

3 まくように
2かいおります。

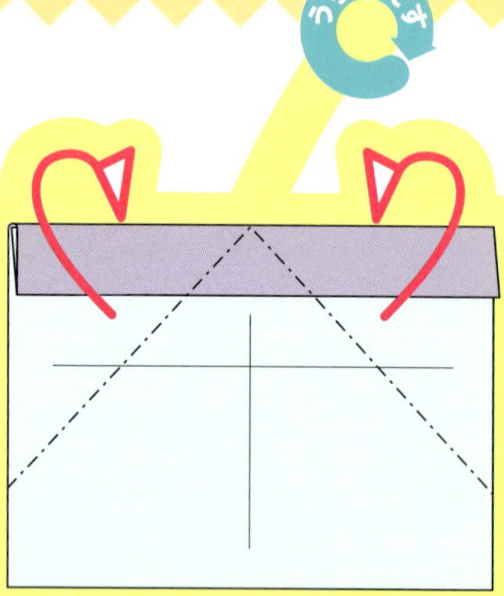

4 たてのおりすじにあわせて
むこうがわへおります。

うらがえしたら
おりすじのところで
むこうがわへおります。

5

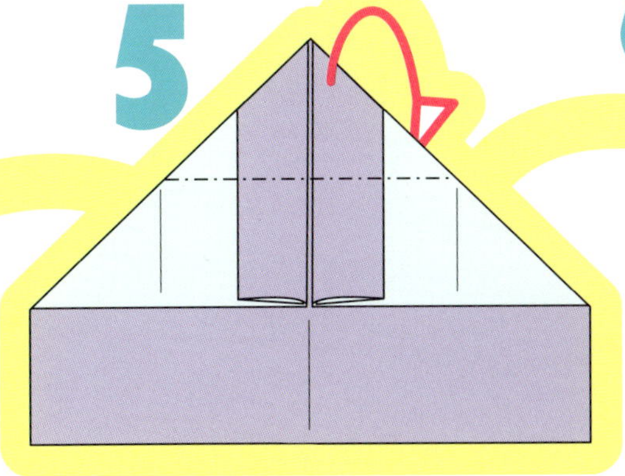

からゆびをいれ
ひらいてつぶします。

6

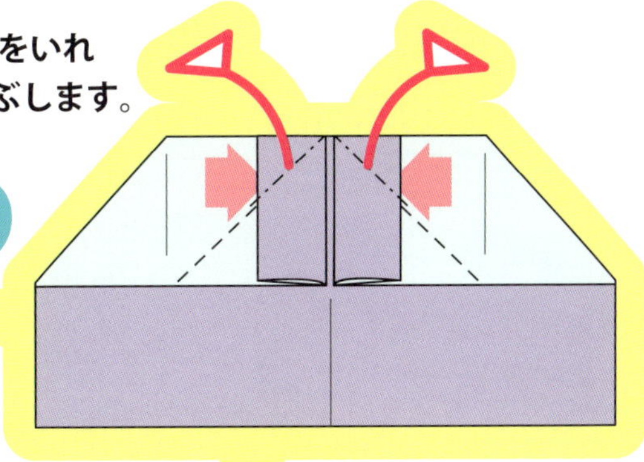

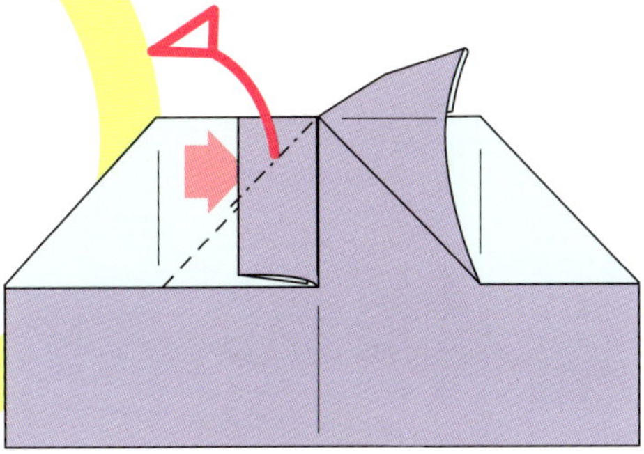

6をおっているところ

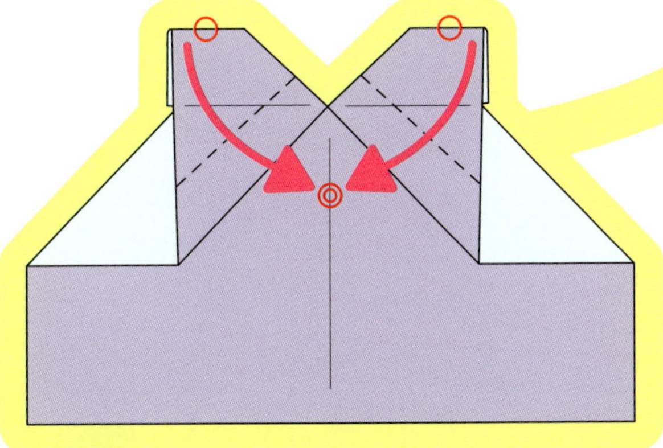

7

まんなかによせるように
○と◎をあわせております。

おともだちに
プレゼントしたら
よろこばれそうね！

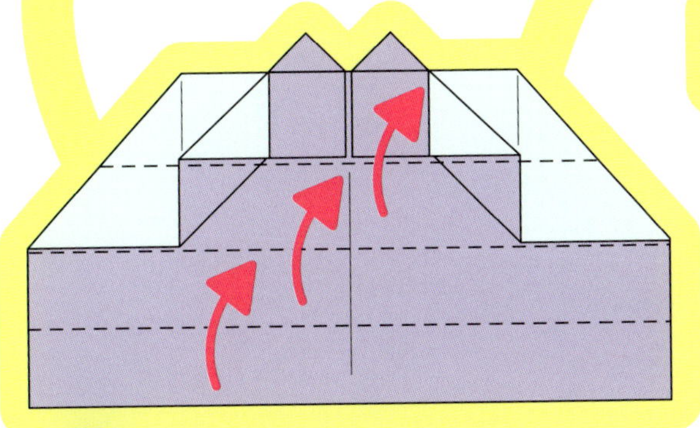

9

うでにまいてとめます。

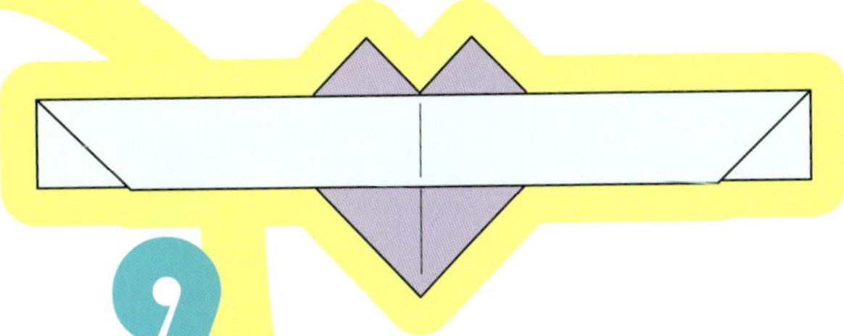

8

したからうえへ
3かいまくようにおります。

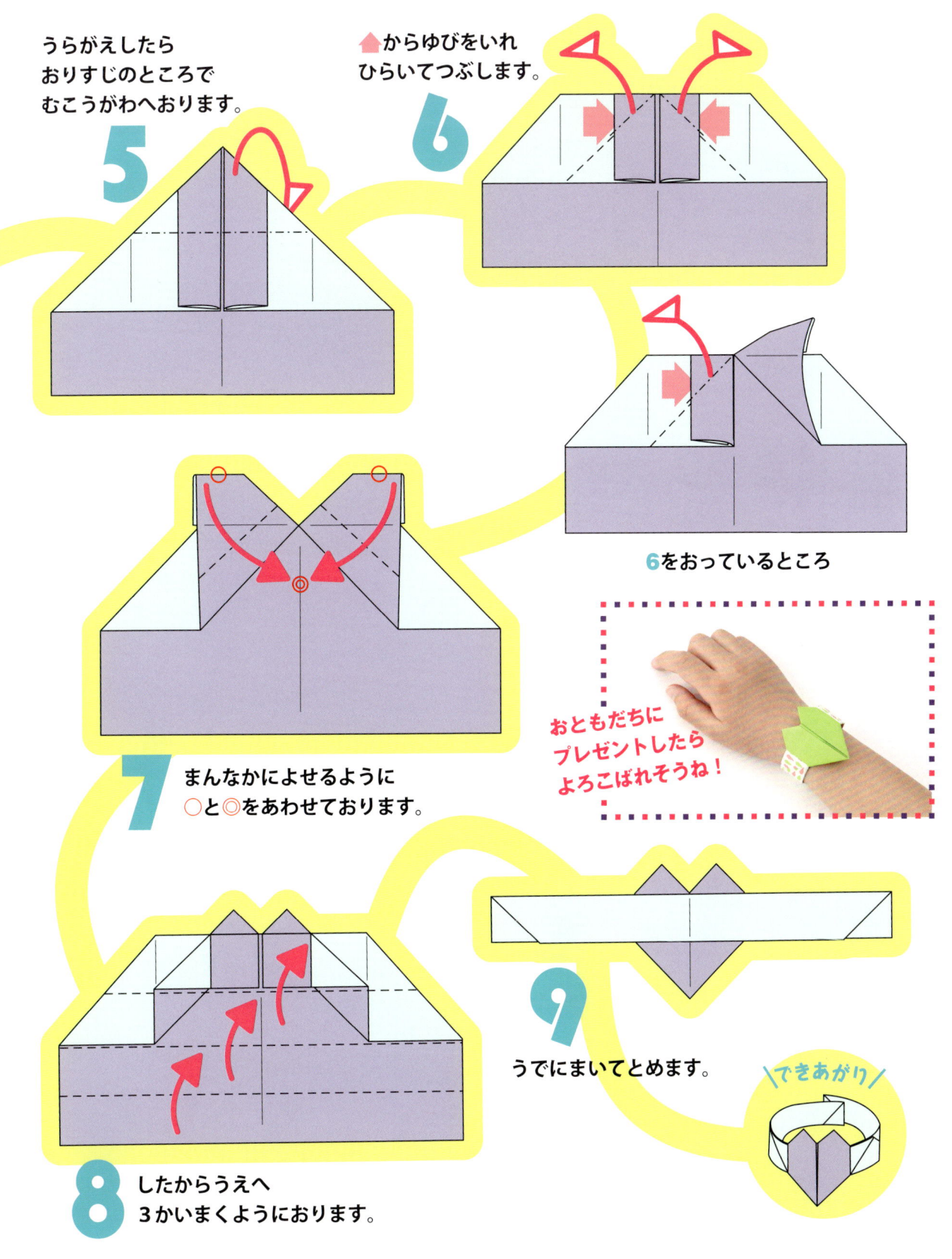

ごっこあそびをしよう!

ハンドバッグ

りょうめんおりがみでおると、すてきなできあがりに

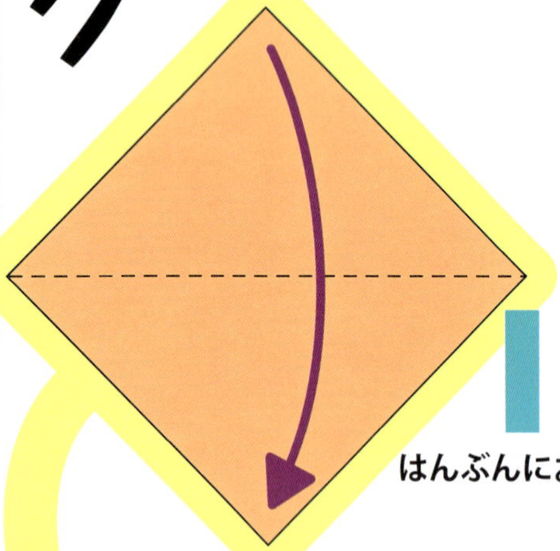

1

はんぶんにおります。

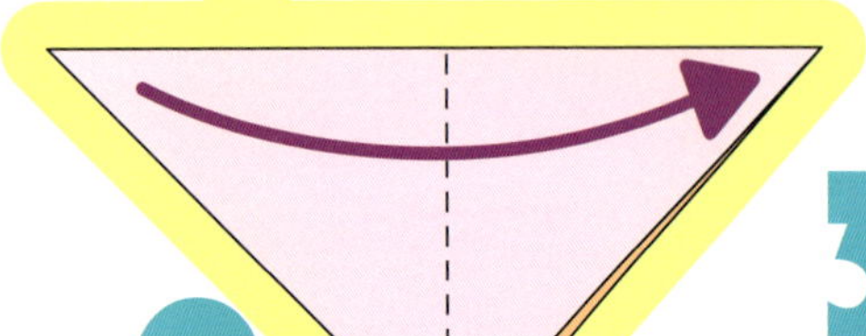

2

はんぶんにおります。

3

からゆびをいれ
ひらいてつぶします。

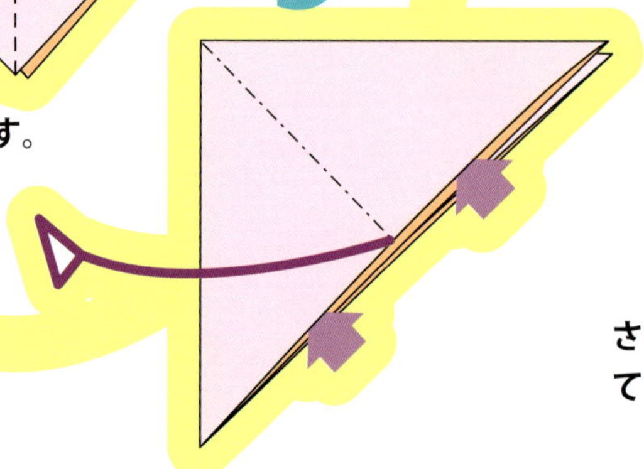

うらがえす

うらがえしたら
からゆびをいれ、ひらいてつぶします。

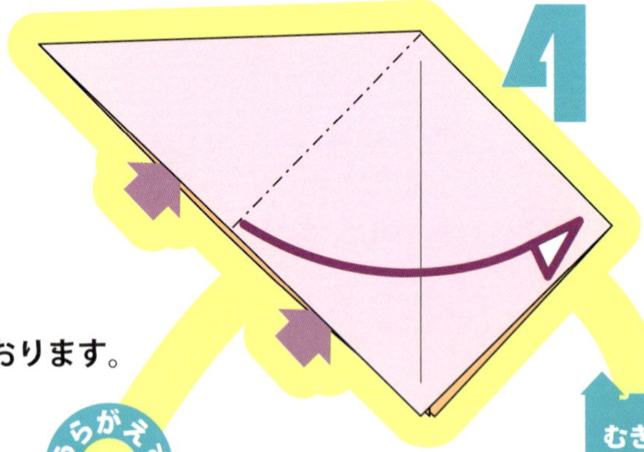

4

むきをかえる

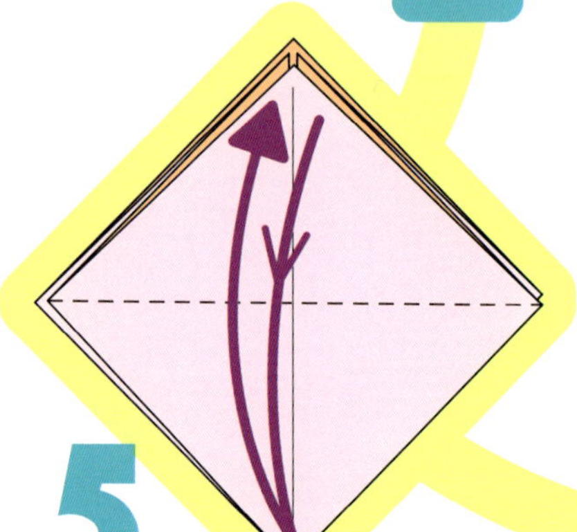

5

さかさまにしたら
てまえの１まいにおりすじをつけます。

6

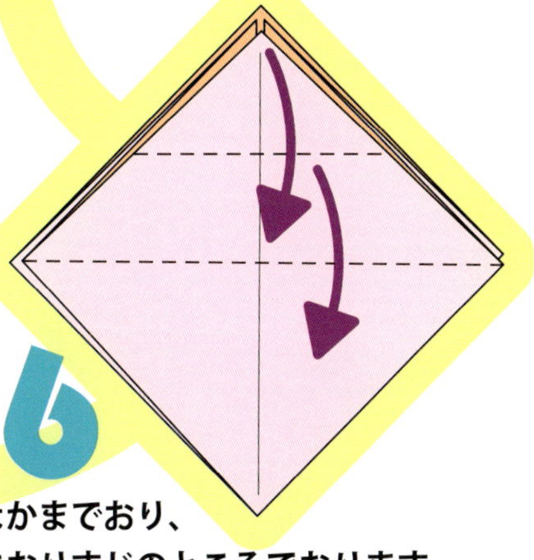

まんなかまでおり、
さらにおりすじのところでおります。
うらもおなじに5 ～6をおります。

7

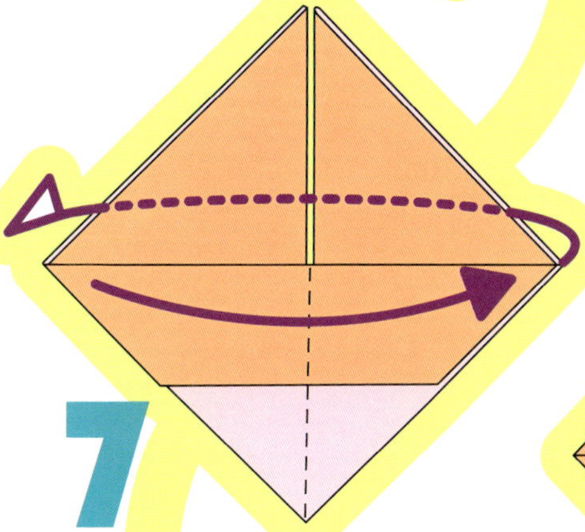

おりずらして
おるめんをかえます。

8

おりすじをつけます。

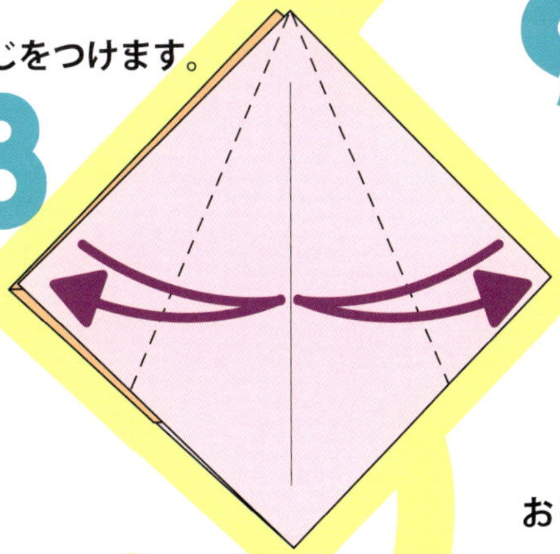

9

おりすじにあわせて
ちいさくおります。

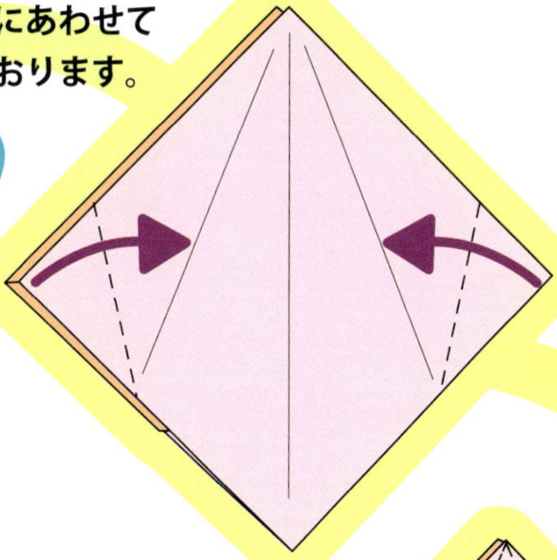

10

おりすじのところでおります。

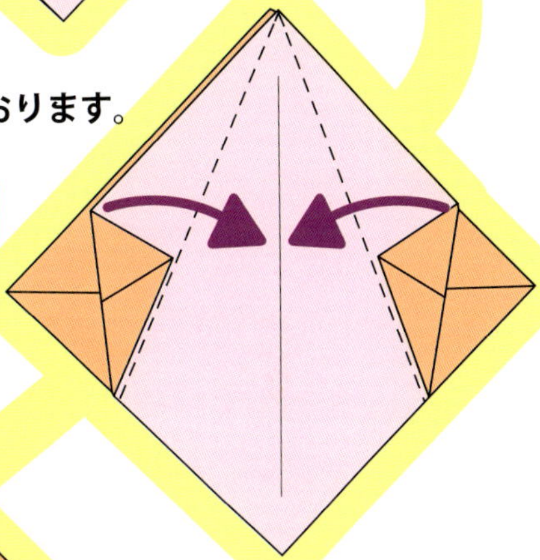

11

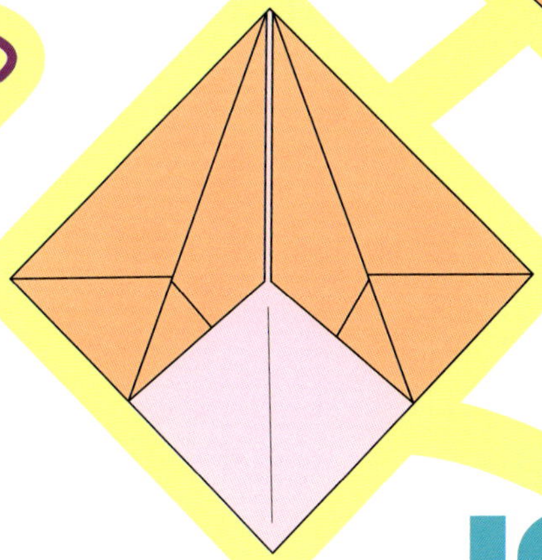

うらも8～10と
おなじにおります。

12

てんせんのところでおって
そこをつくったら、
⬆からゆびをいれて
なかをひろげます。

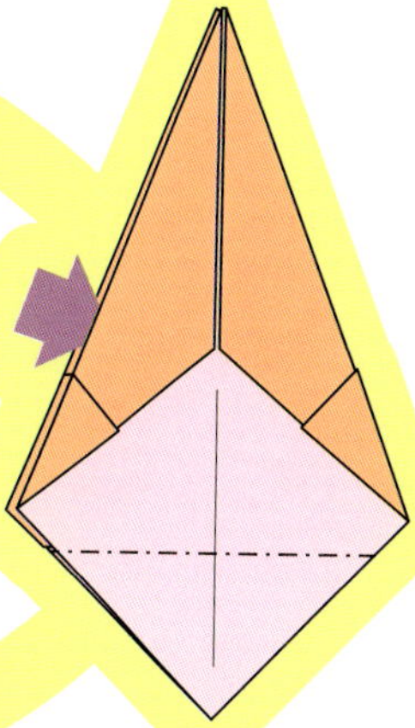

＼できあがり／

もちてを
とめてね。

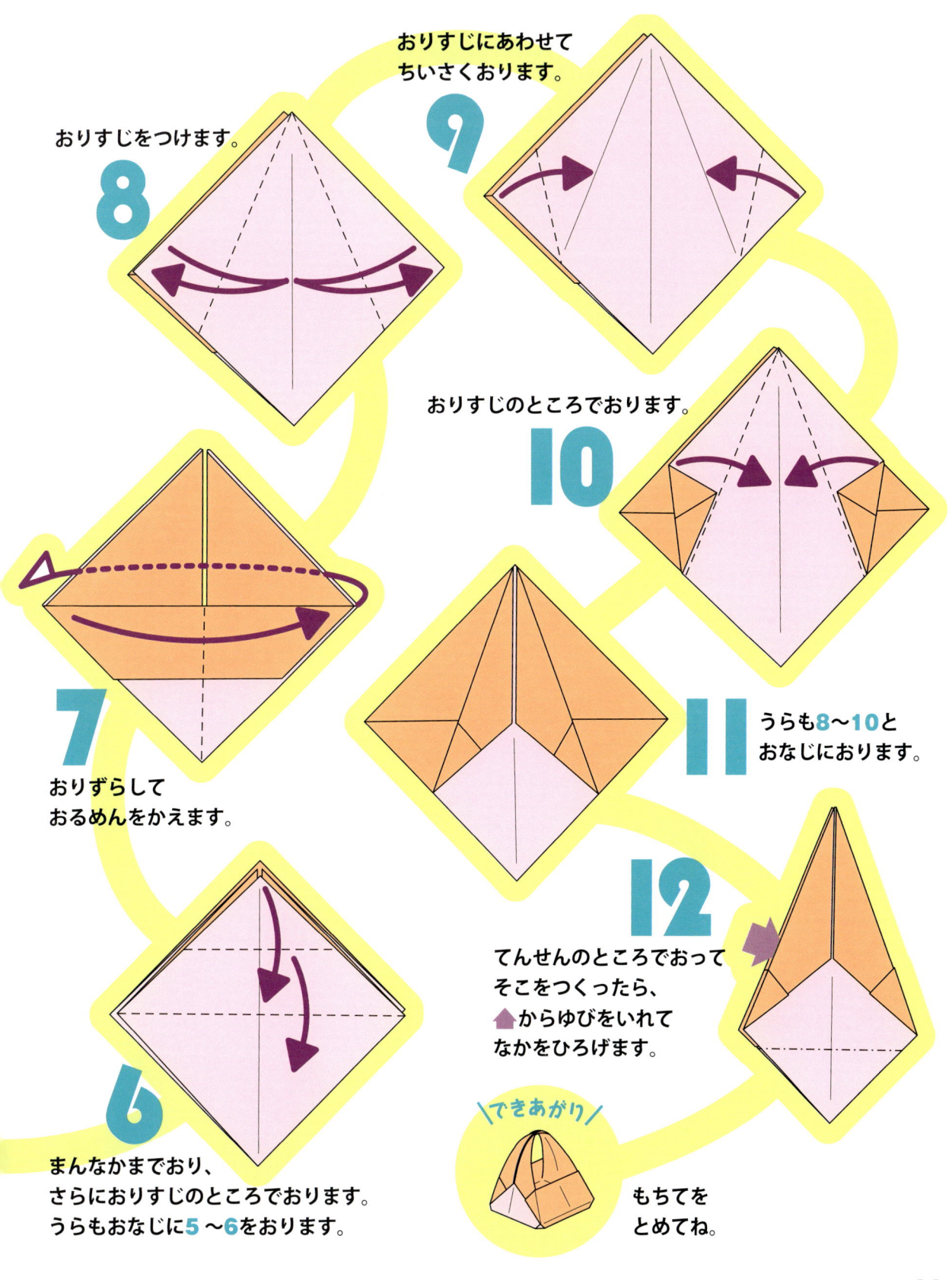

ごっこあそびをしよう!

いろいろなくみあわせで、たのしんでね

シャツとネクタイ

シャツ

ながしかくの
かみでおります。
おりがみなら
はんぶんに。

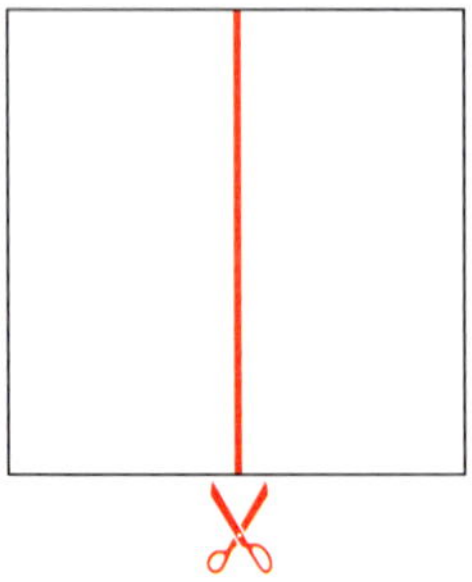

1 おりすじをつけます。

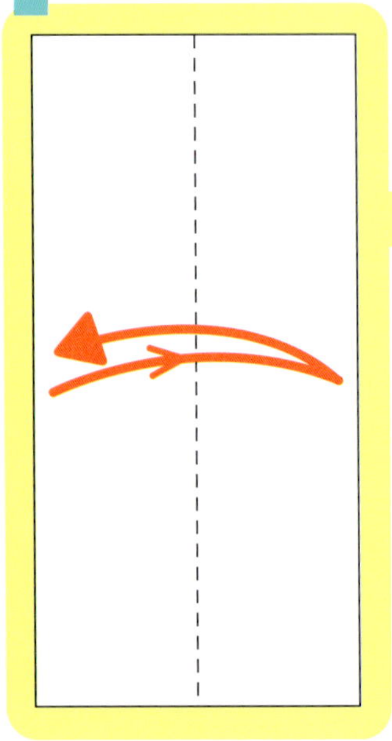

2 さらにおりすじを
つけます。

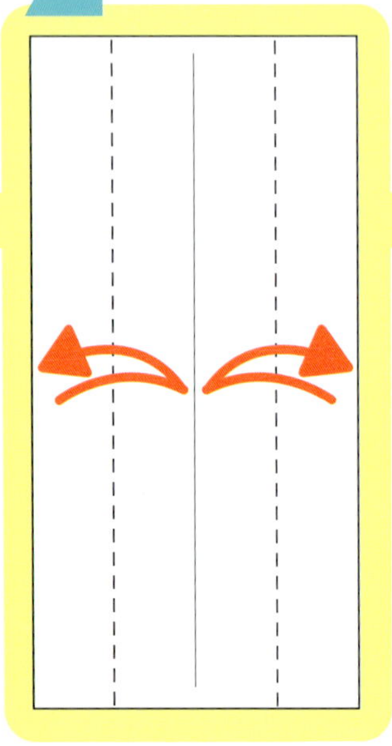

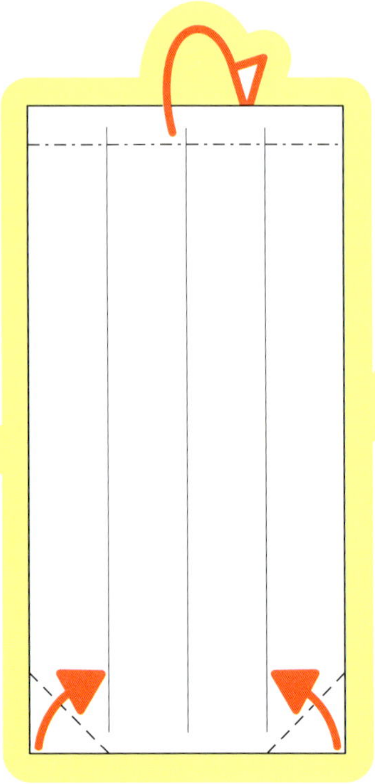

3 うえはむこうがわへ。
したはおりすじにあわせて
ちいさくおります。

4

おりすじのところで
りょうがわをおります。

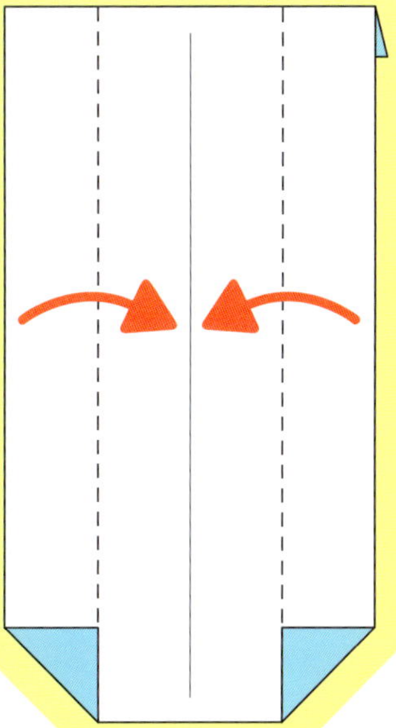

5

うえはもういちどむこうがわへ。
したはおりすじをつけます。

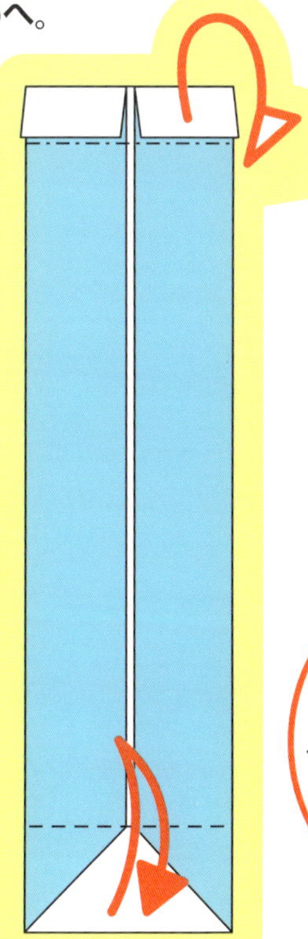

6

からゆびをいれ、
○と○があうように
ひらいてつぶします。
みぎもおなじに。

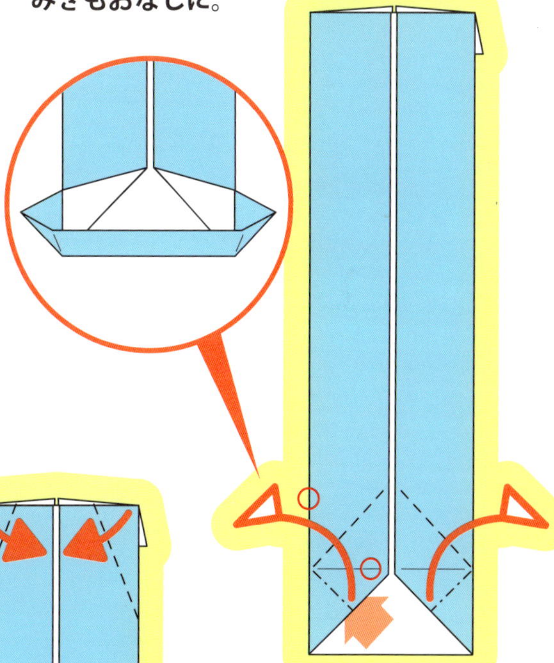

7

うえのかどをおって
えりをつくります。

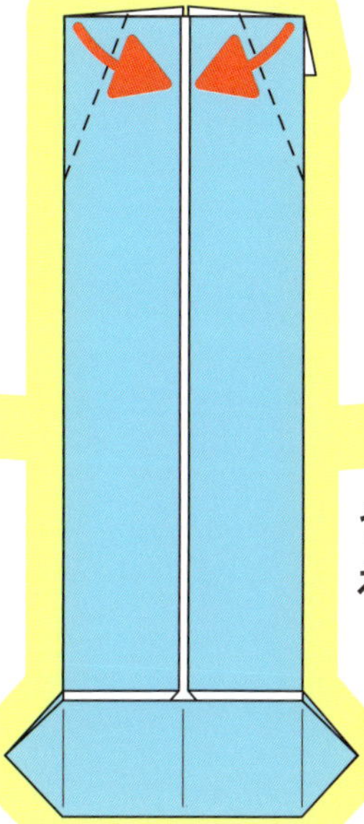

8

えりのしたに
さしこんでおります。

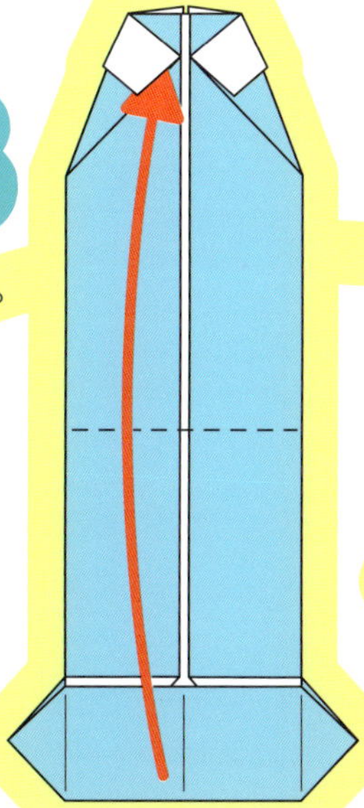

＼できあがり／

ネクタイの
おりかたはつぎのページ

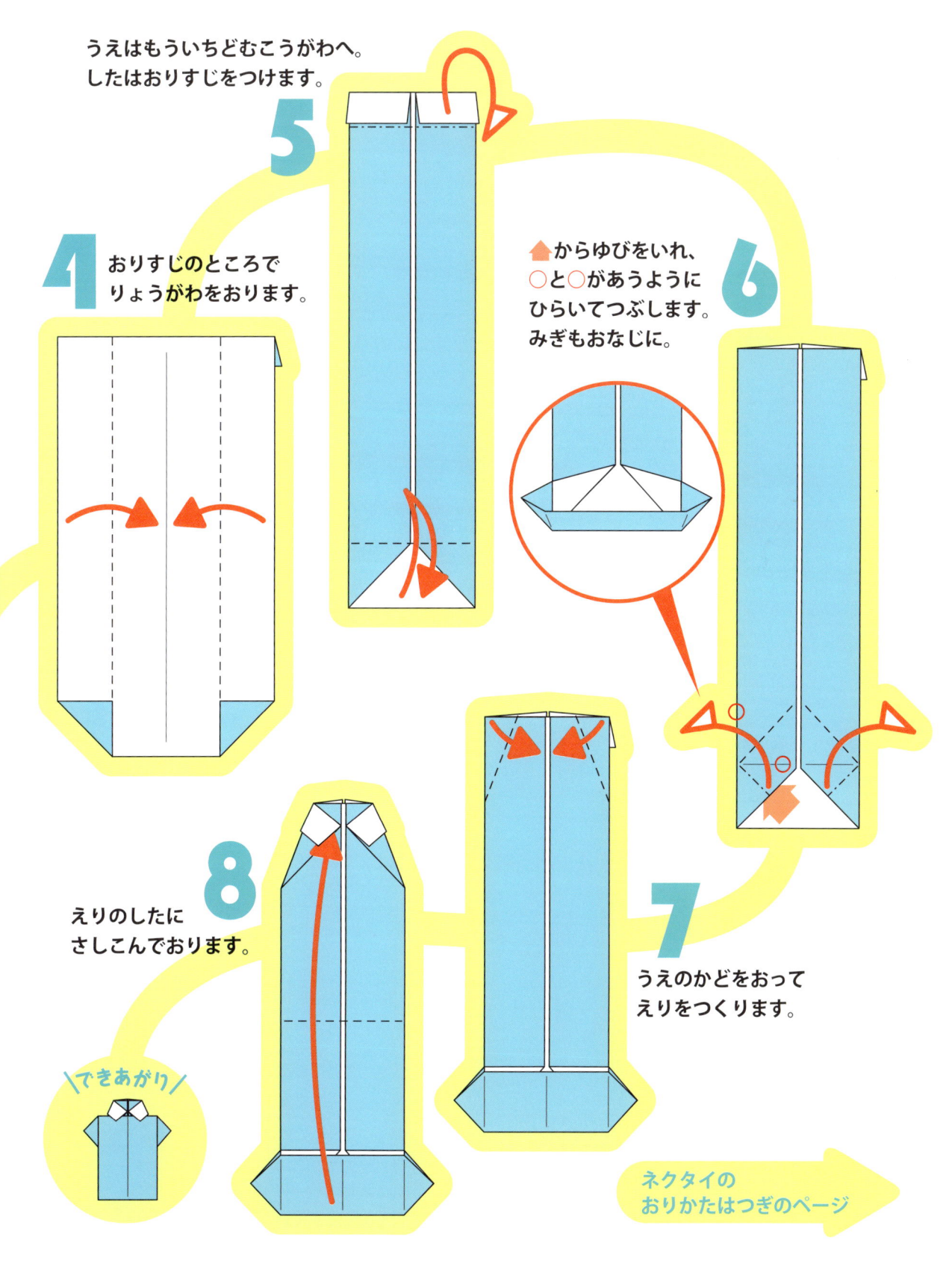

ネクタイ

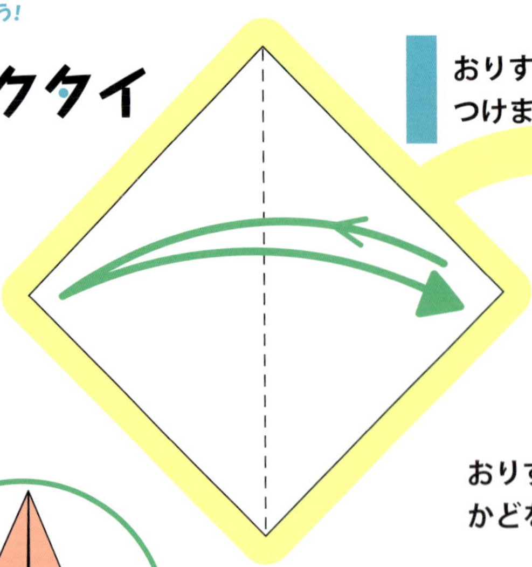

1 おりすじを
つけます。

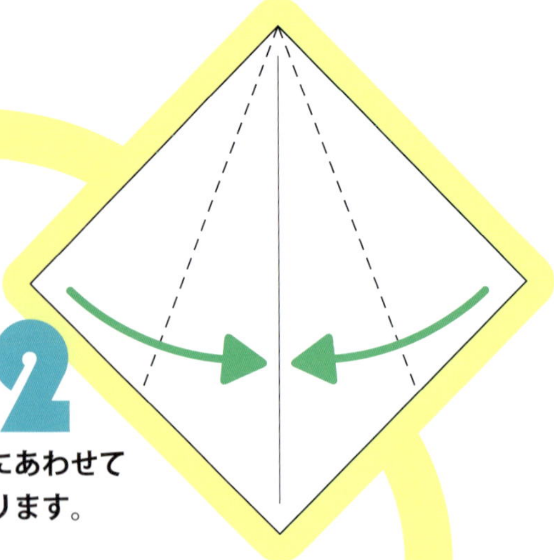

2 おりすじにあわせて
かどをおります。

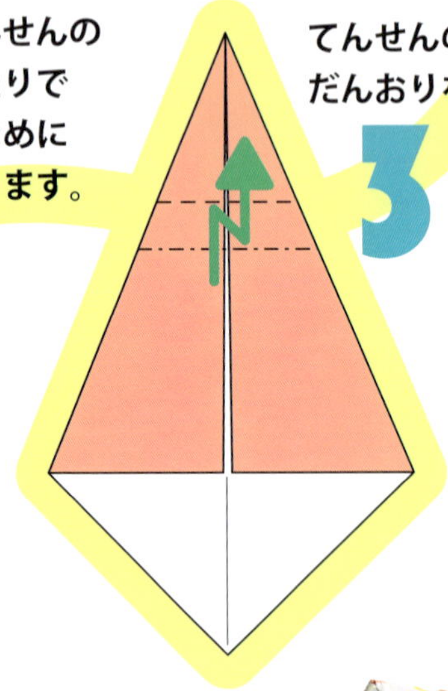

3 てんせんのあたりで
だんおりをします。

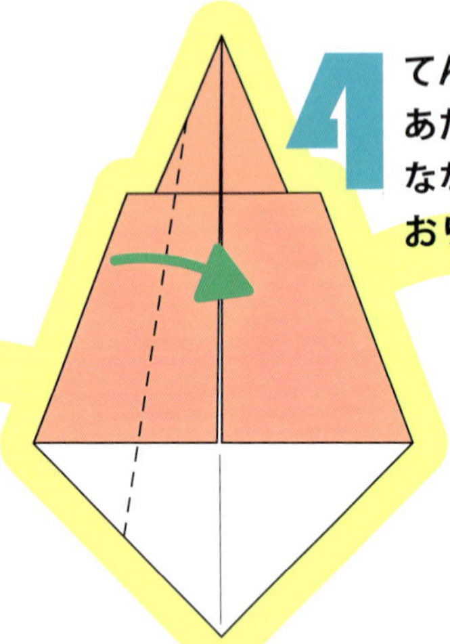

4 てんせんの
あたりで
ななめに
おります。

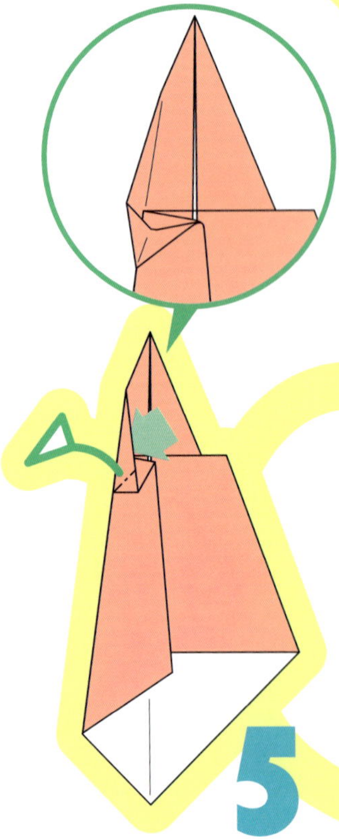

5 からゆびをいれ
ひらいてつぶします。
みぎもおなじに
4～5をおります。

6 かどを
したへおります。

できあがり

シャツとあわせると
おしゃれ!

同じ大きさの紙を使うと、シャツとネクタイのでき上がりサイズが違うので、バランスを考えて紙の大きさを選んであげましょう。

パート
2

いきもの・のりものをおろう！

とり、どうぶつ、むし、のりものなど

おおきさをかえておると、おやこみたいね！

ペンギン

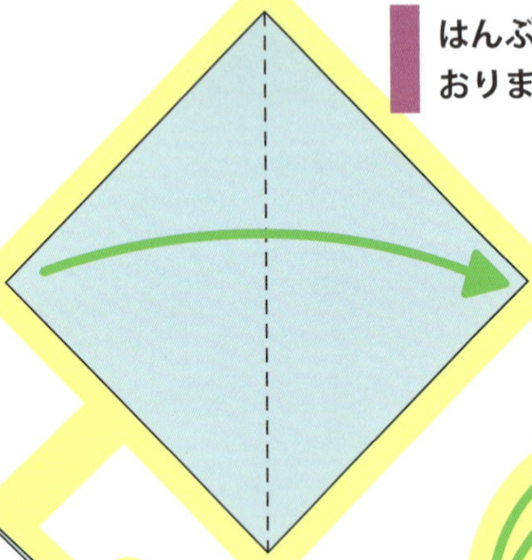

1 はんぶんに
おります。

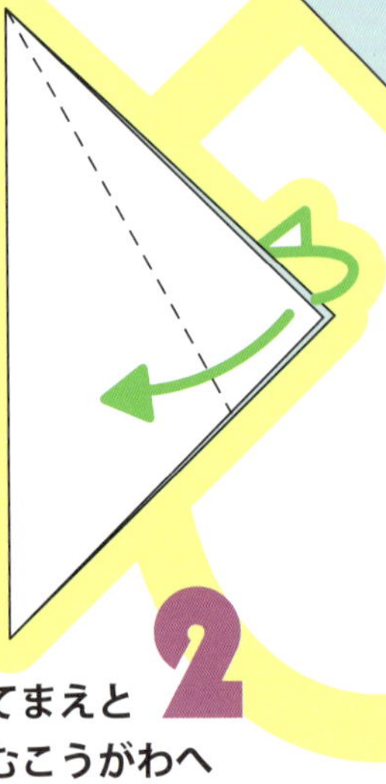

2 てまえと
むこうがわへ
それぞれおります。

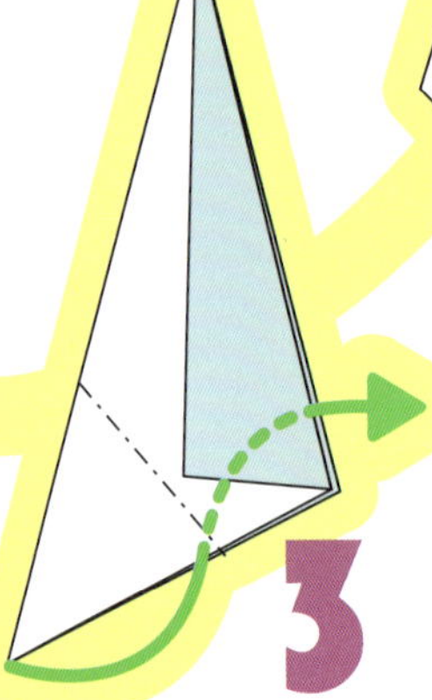

3 おおきくなかわりおりをします。

4 おりすじを
つけます。

5 おりすじの
ところで
そとわりおりを
します。

6 だんおりで
くちばしをおり、
あしはひろげます。

できあがり

おんどり

とびでたくちばしと、あかいとさかがかわいい！

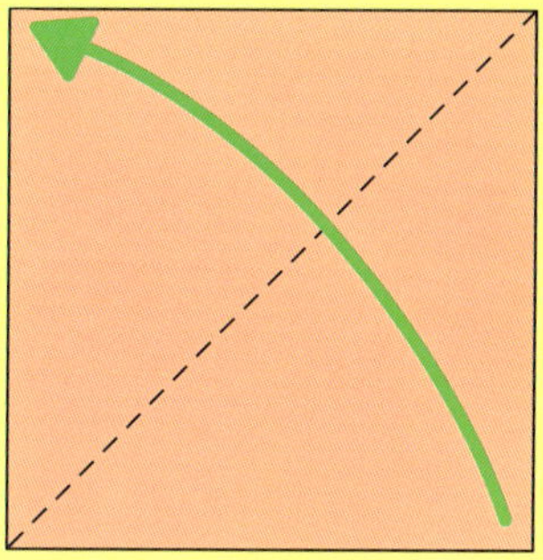

1 はんぶんにおります。

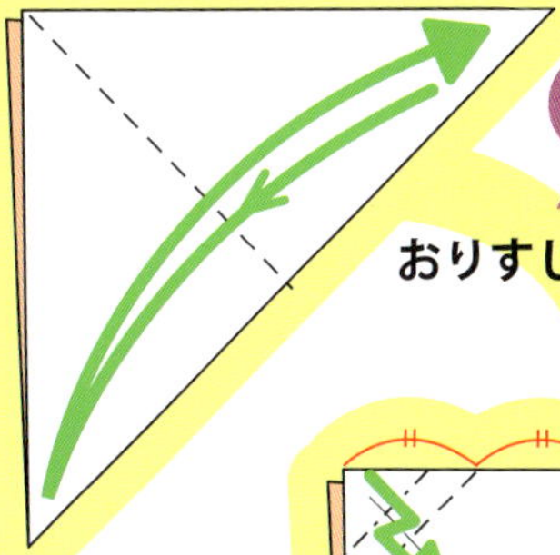

2 おりすじをつけます。

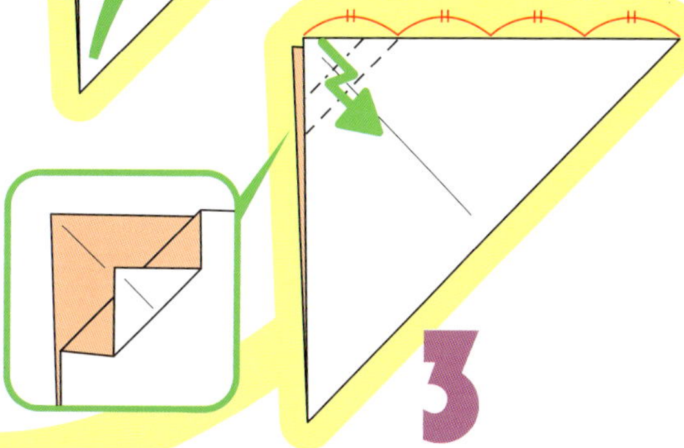

3 てまえの１まいだけだんおりをしてさきがすこしとびだすようにおります。

4 むこうがわへおります。

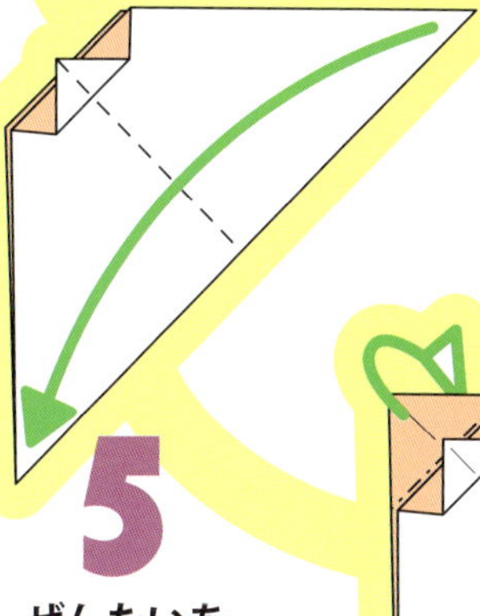

5 ぜんたいをはんぶんにおります。

6 はねをうえへおります。

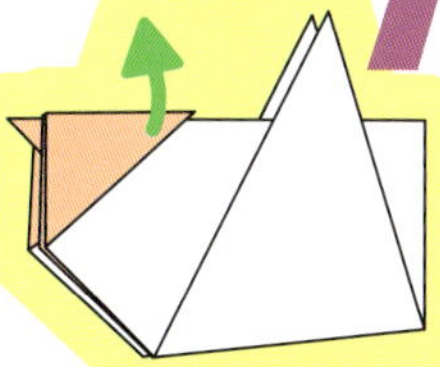

7 さんかくをつまんでひきあげます。

できあがり

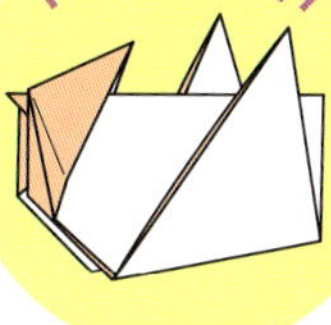

インコのママが、おはなししているみたい

インコ

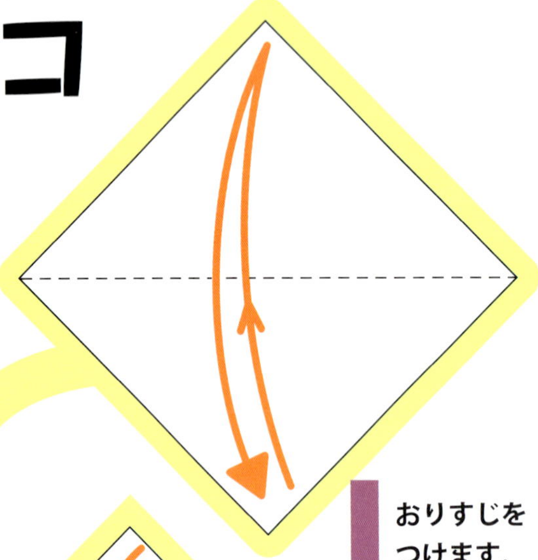

1 おりすじをつけます。

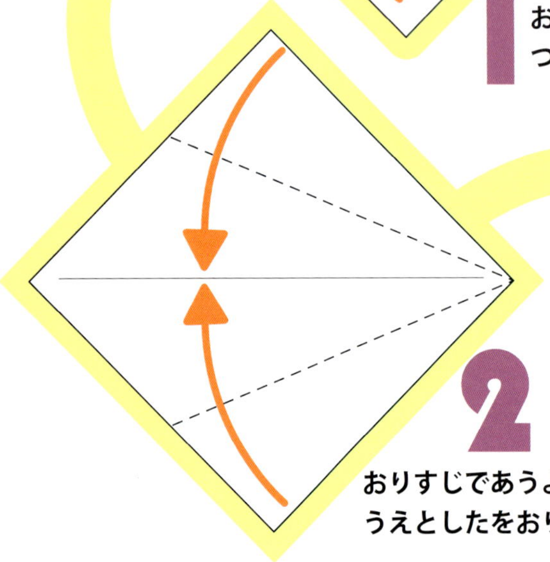

2 おりすじであうようにうえとしたをおります。

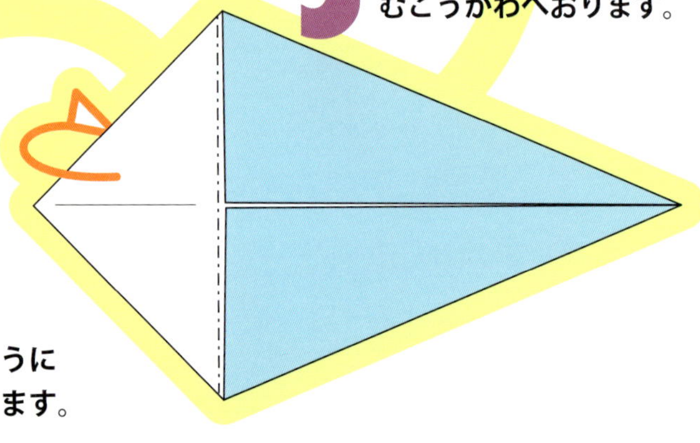

3 ひだりのさんかくをむこうがわへおります。

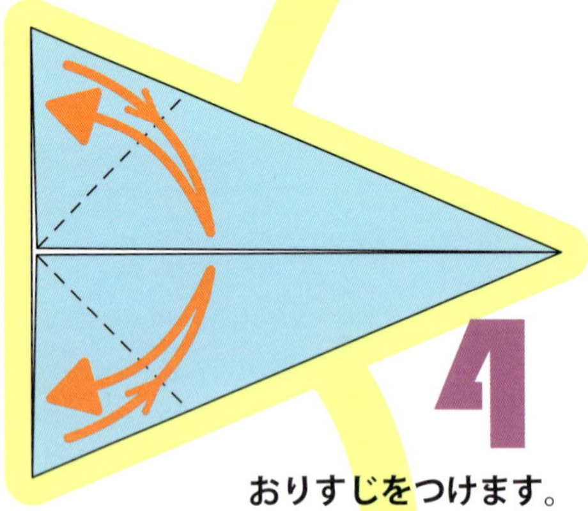

4 おりすじをつけます。

5

おりすじのところでつまみあげ
ひらいてつぶします。

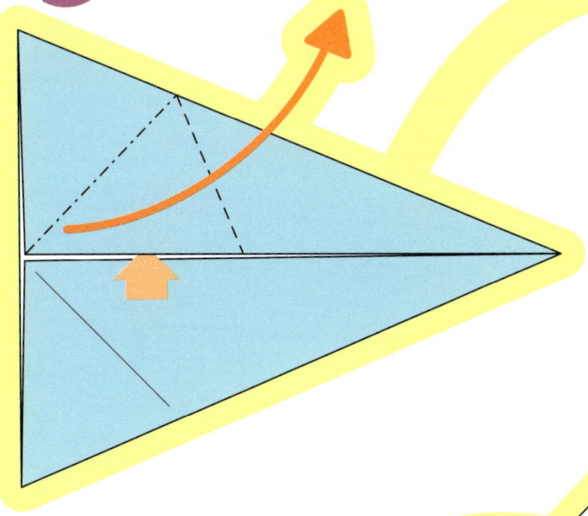

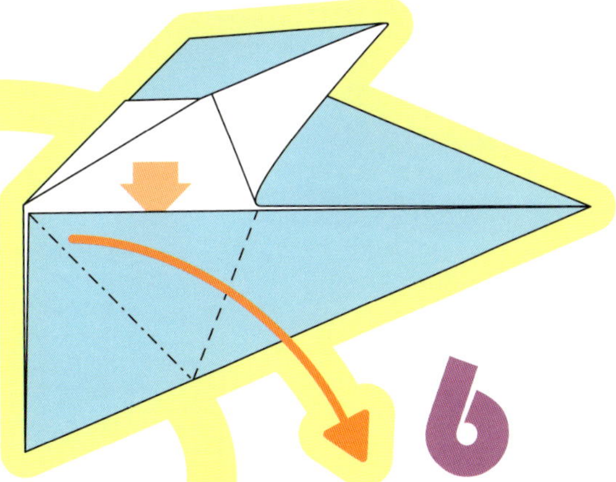

6

5をおっているところ。
したもおなじように
ひらいてつぶします。

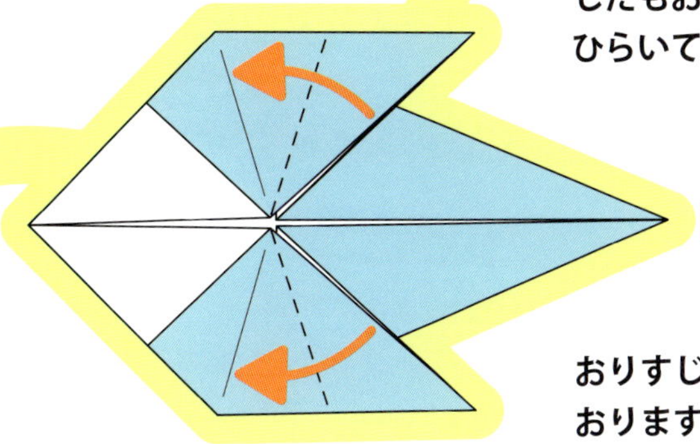

7

おりすじにあわせて
おります。

8

だんおりをします。

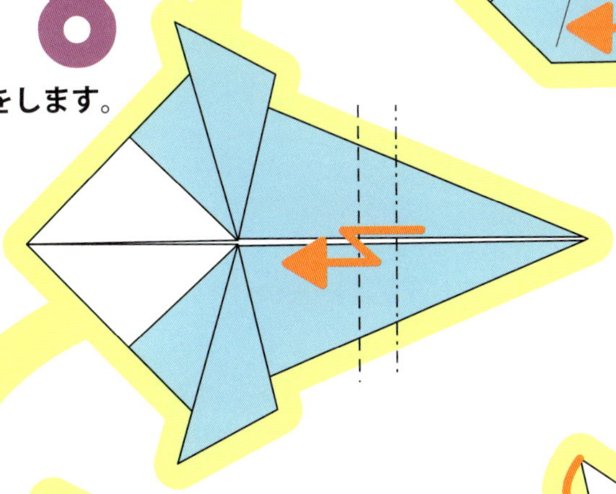

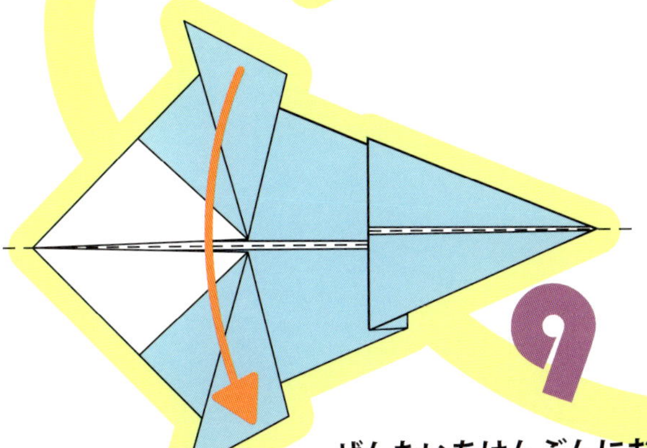

9

ぜんたいをはんぶんにおります。

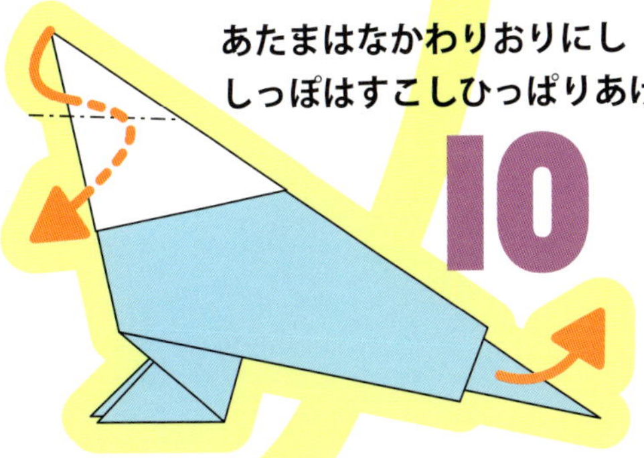

あたまはなかわりおりにし
しっぽはすこしひっぱりあげます。

10

\できあがり/

つる

おおきくひろげたはねがすてきだね

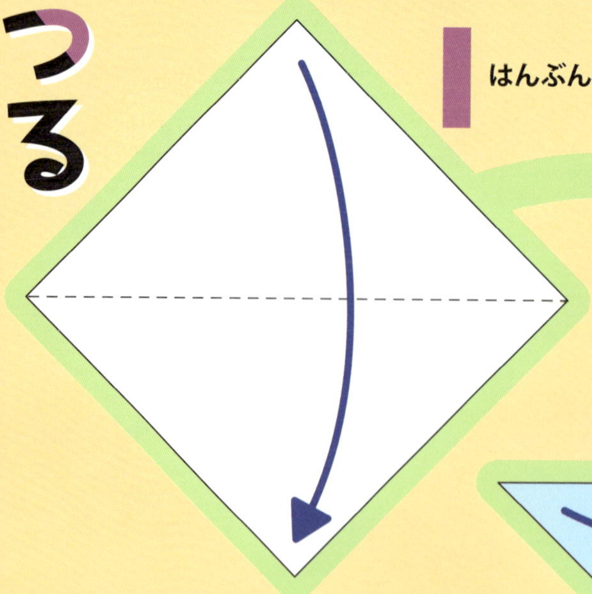

1

はんぶんにおります。

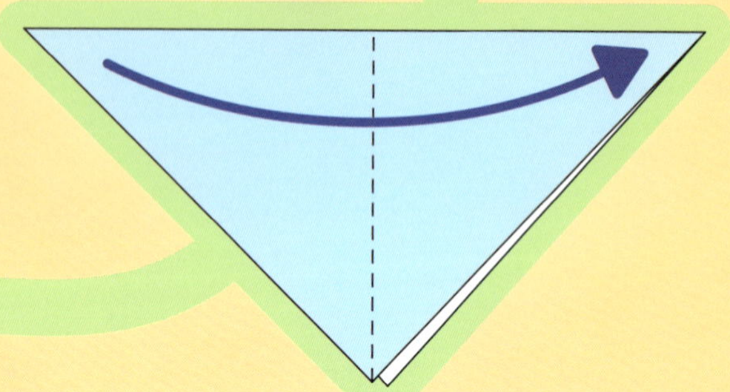

2

はんぶんにおります。

3

からゆびをいれ
ひらいてつぶします。

3をおっているところ

3をおったところ

うらがえす

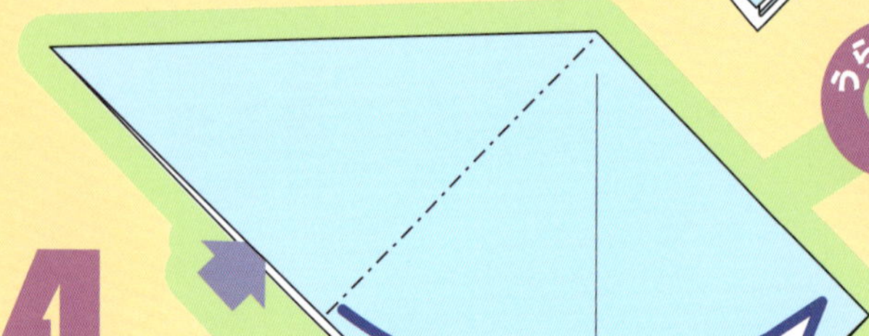

4

うらがえしたら、
おなじように
ひらいてつぶします。

5

おりすじを３つつけます。

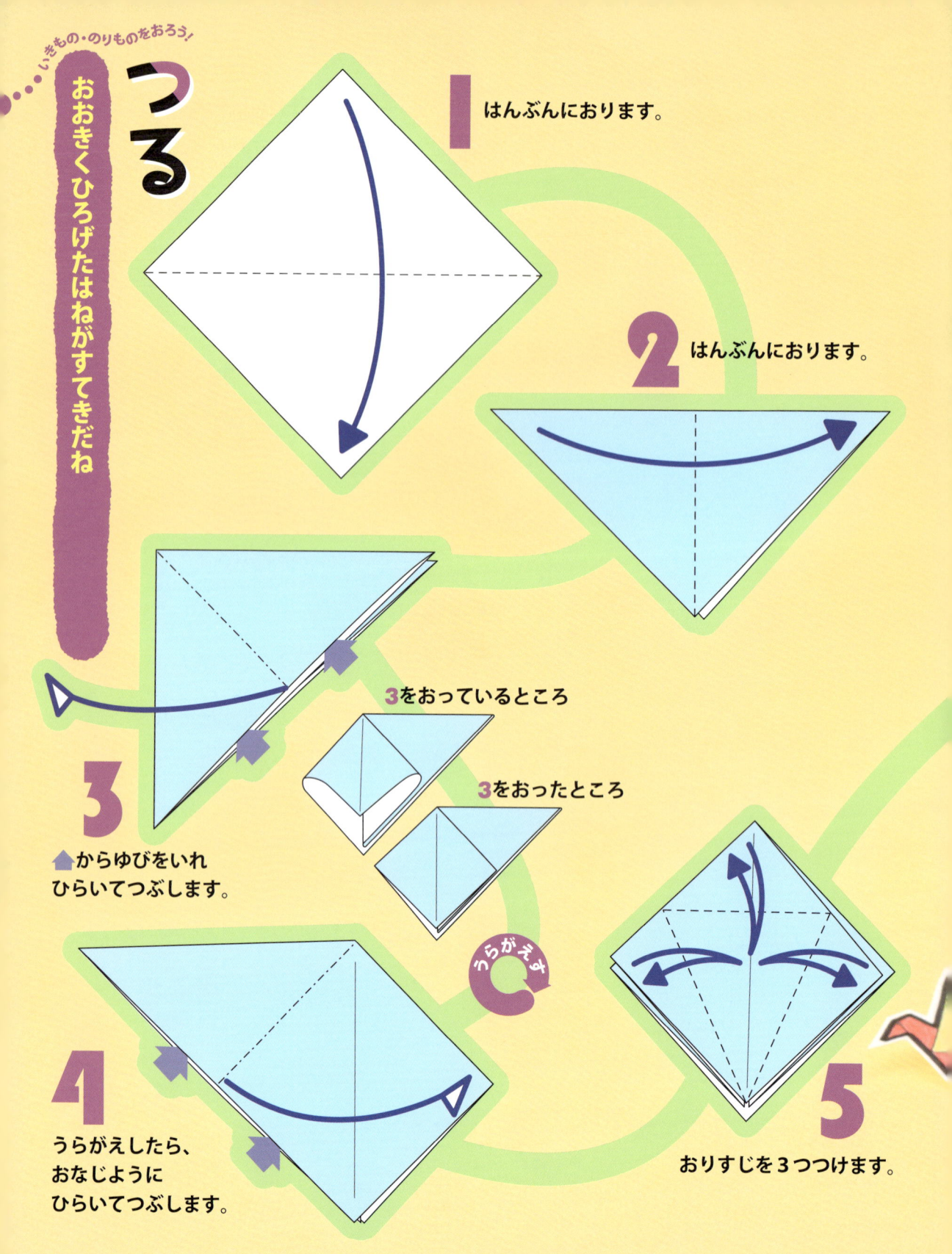

6をおっているところ

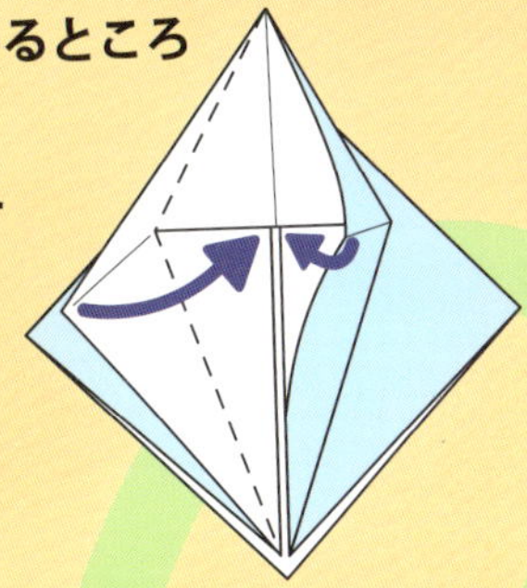

6

おりすじをつかって
ひらき、
ダイヤのかたちに
つぶします。
うらもおなじに。

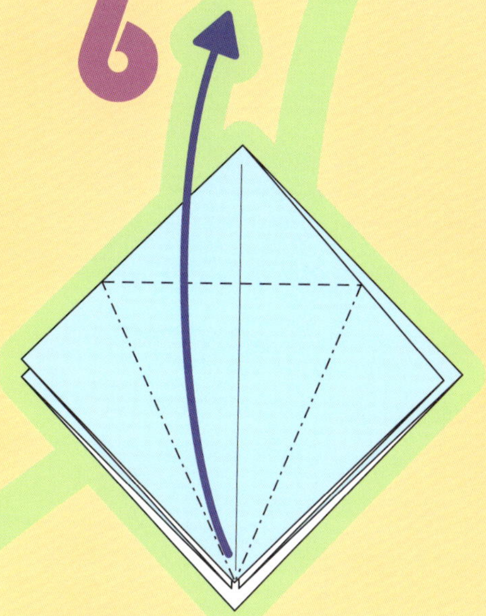

7

ほそくさんかくにおります。
うらもおなじに。

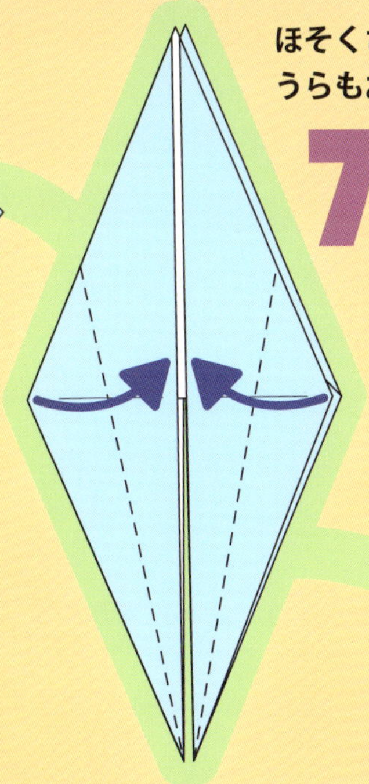

8

なかわりおりを
します。

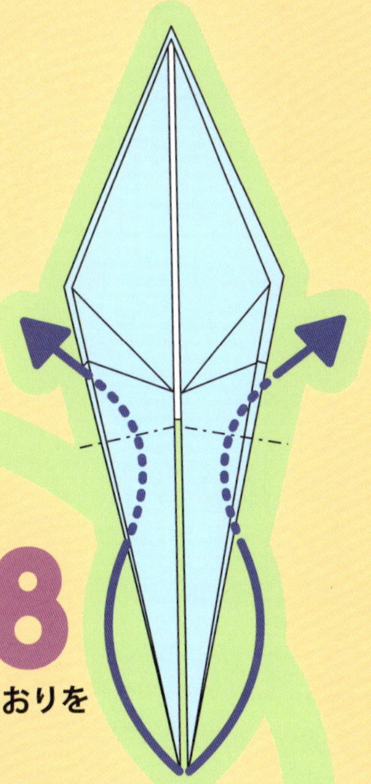

9

あたまを
なかわりおりにしたら、
はねをひろげます。

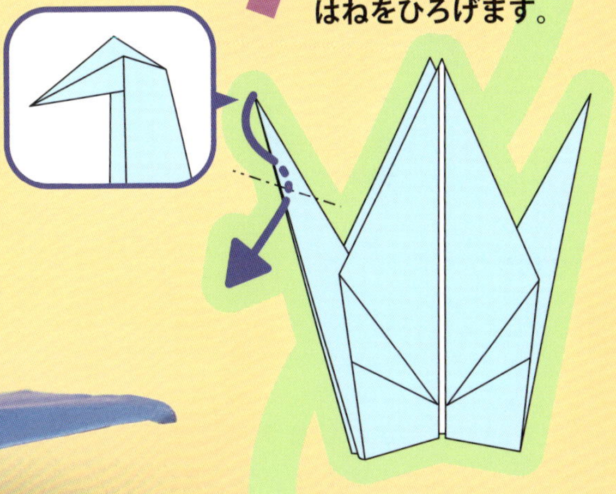

\できあがり/

そらをとんでいるみたいだね!

はと

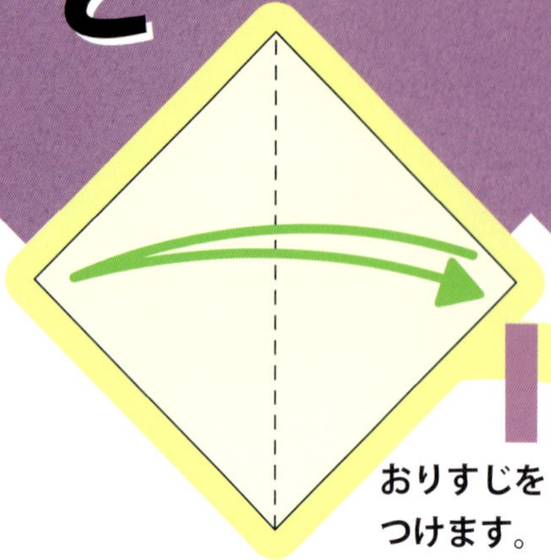

1 おりすじをつけます。

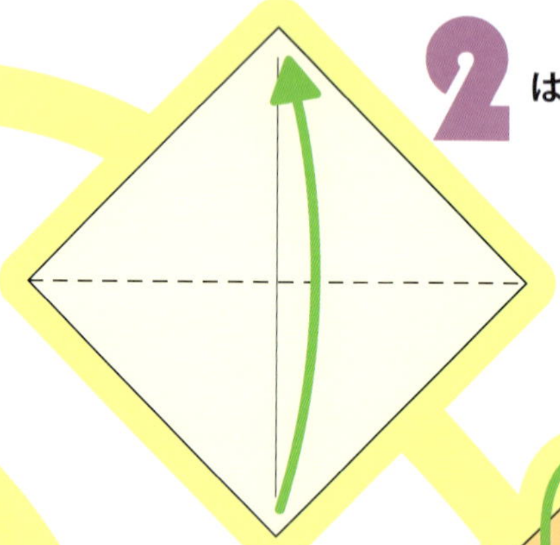

2 はんぶんにおります。

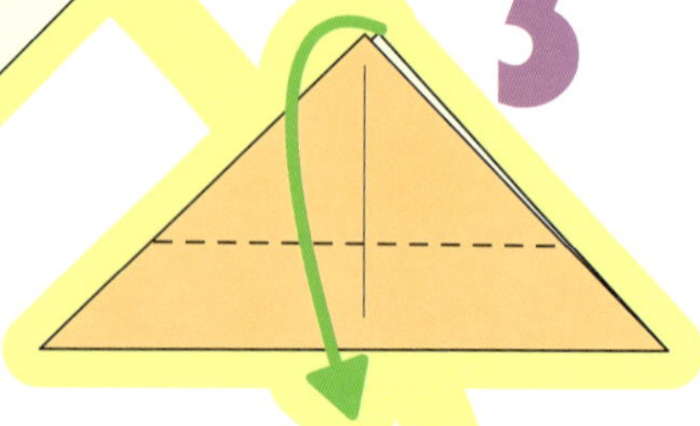

3 うえのかどを2まいともしたへおります。

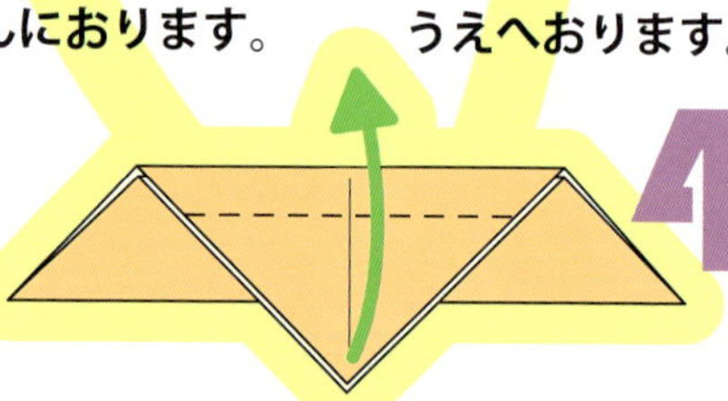

4 てまえの1まいだけうえへおります。

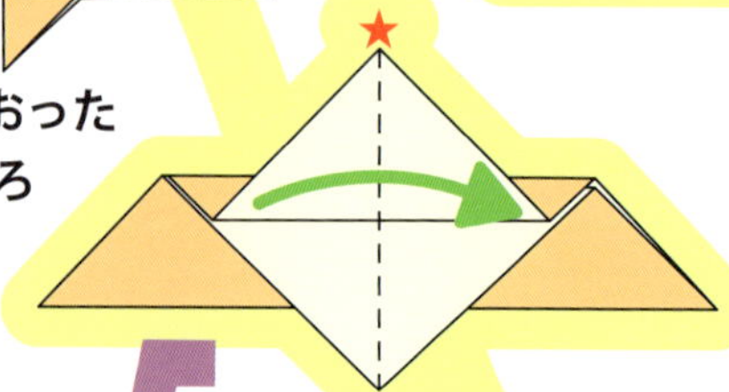

5 はんぶんにおります。

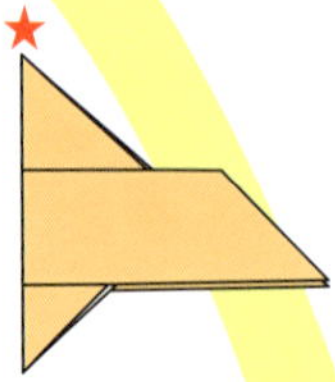

5をおったところ

むきをかえる

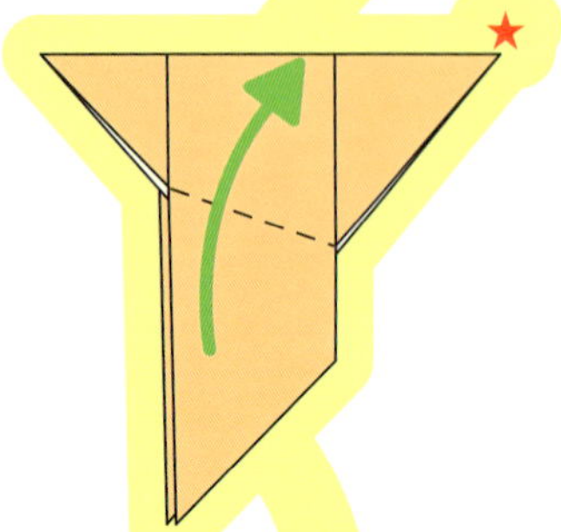

6 ★がみぎにくるようにおいたらはねをうえへおります。うらもおなじに。

7 なかわりおりをしてくちばしをおります。

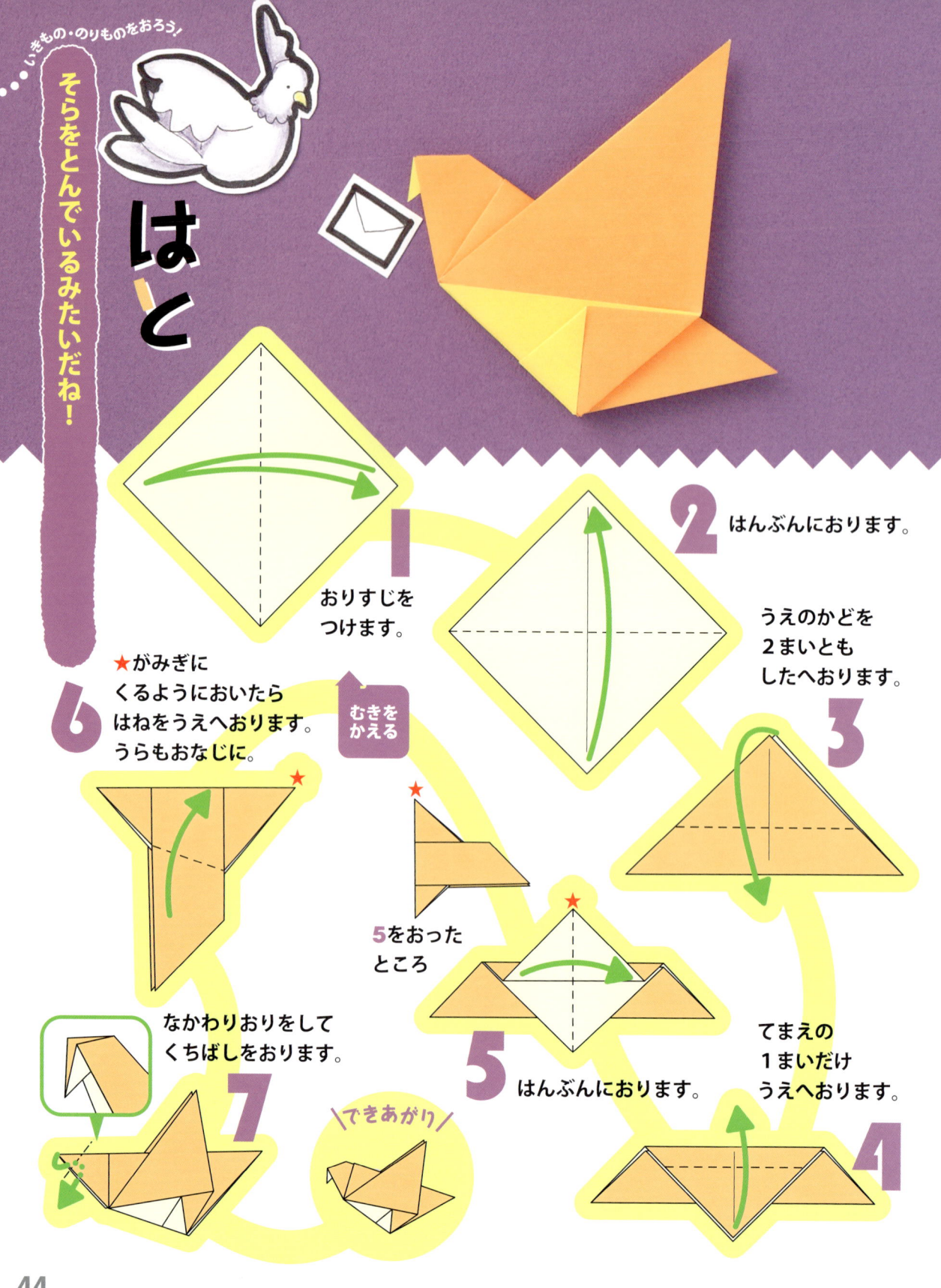

からす

ふといくちばしが、からすらしいね

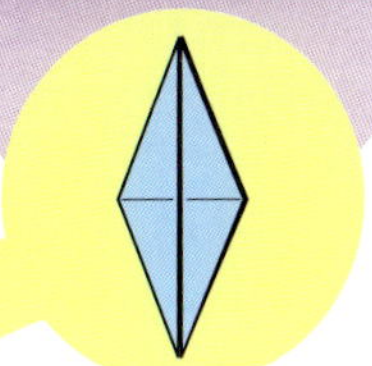

つる（42ページ）の6までおります。

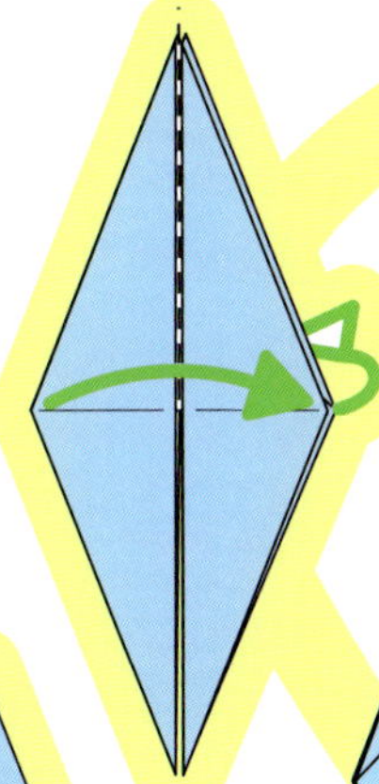

1 おりずらして おるめんを かえます。

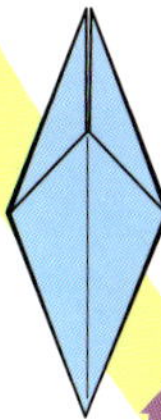

1をおったところ

むきを かえる

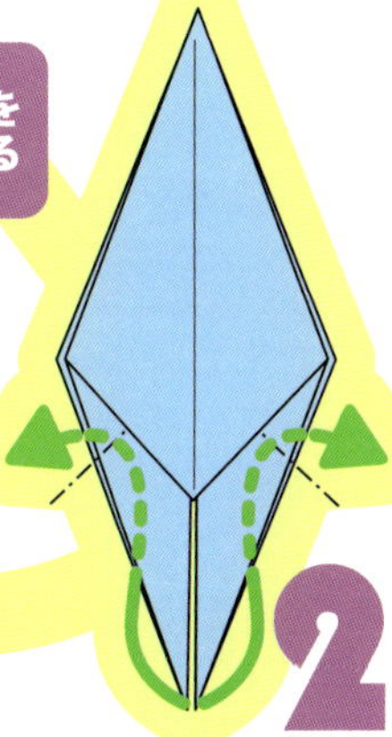

2 さかさまにしたら、みぎとひだりをそれぞれなかわりおりにします。

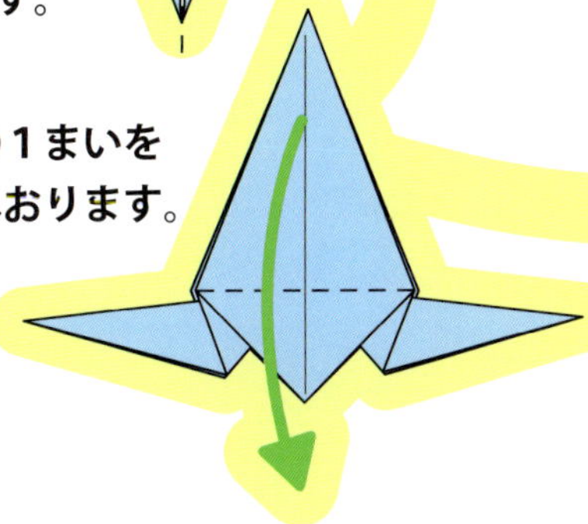

3 うえの１まいをしたへおります。

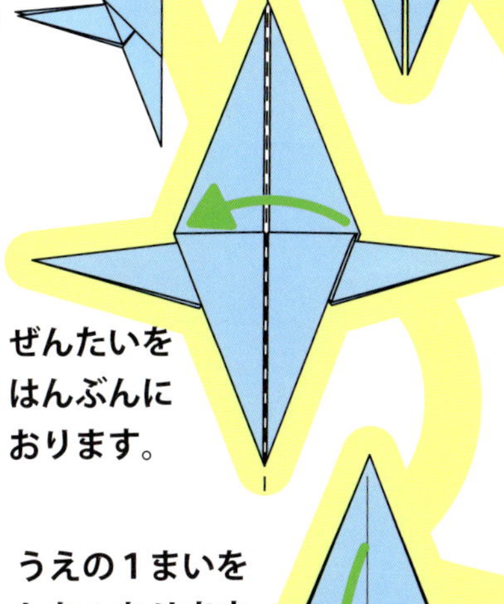

4 ぜんたいを はんぶんに おります。

4をおった ところ

むきを かえる

5 ずのむきに かえたら なかわりおりをします。

6 あしをそれぞれ だんおりにします。

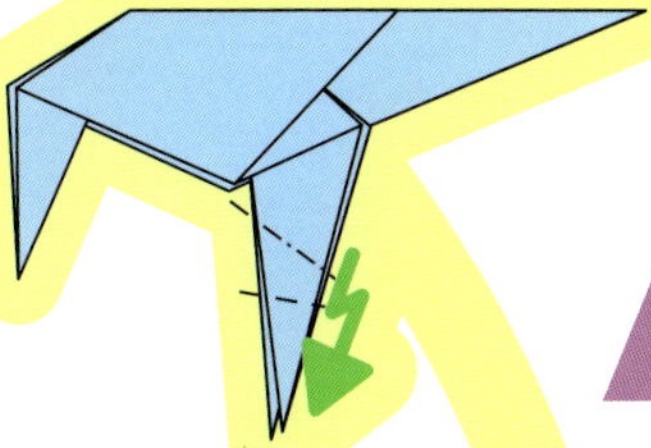

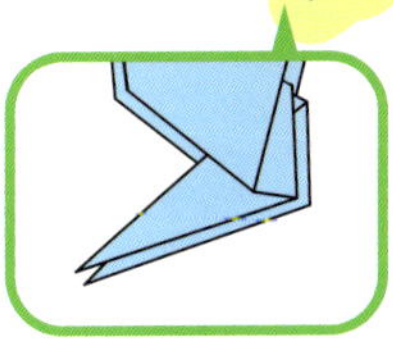

＼できあがり／

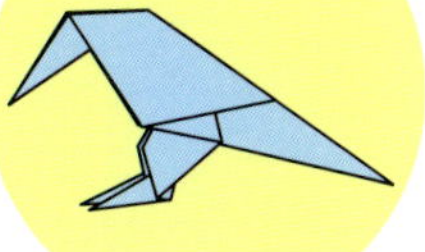

こうさしてる「お」がかっこいい!

つばめ

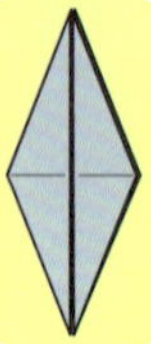

つる（42ページ）の6までおります。

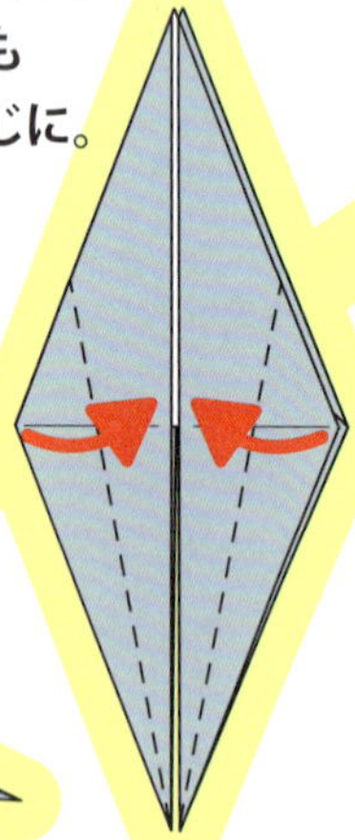

1 ほそくさんかくにおります。うらもおなじに。

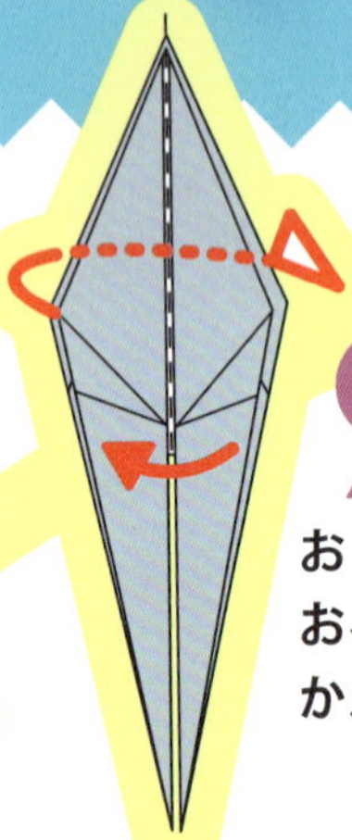

2 おりずらしておるめんをかえます。

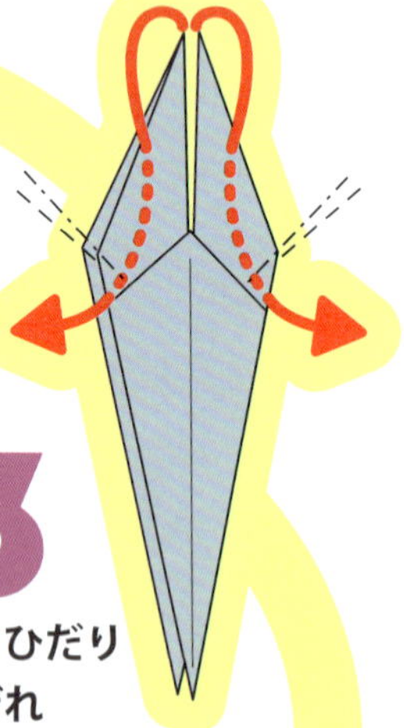

3 みぎとひだりそれぞれなかわりおりをします。

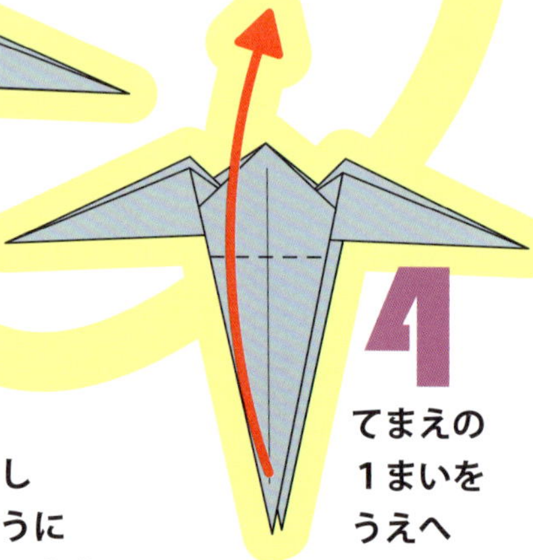

4 てまえの1まいをうえへおります。

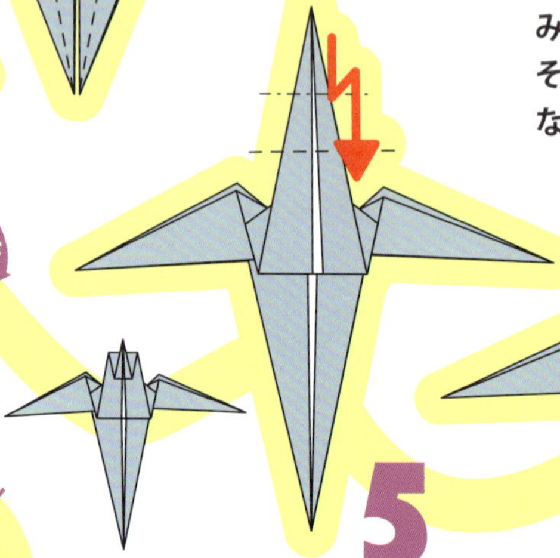

5 さきがすこしとびだすようにだんおりをします。

5をおったところ

うらがえす

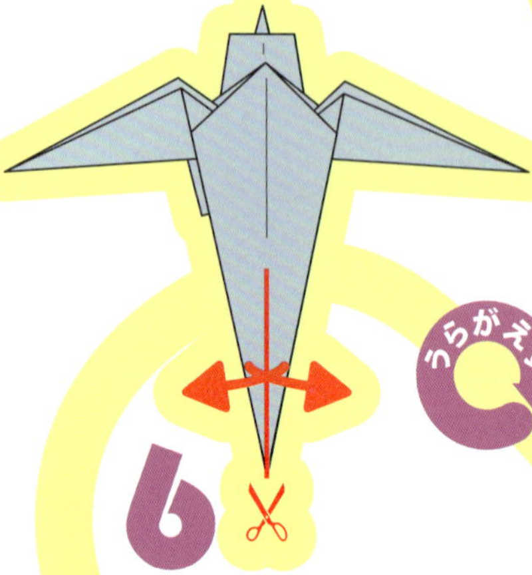

6 うらがえしたら、きりこみをいれます。おをこうささせましょう。

できあがり

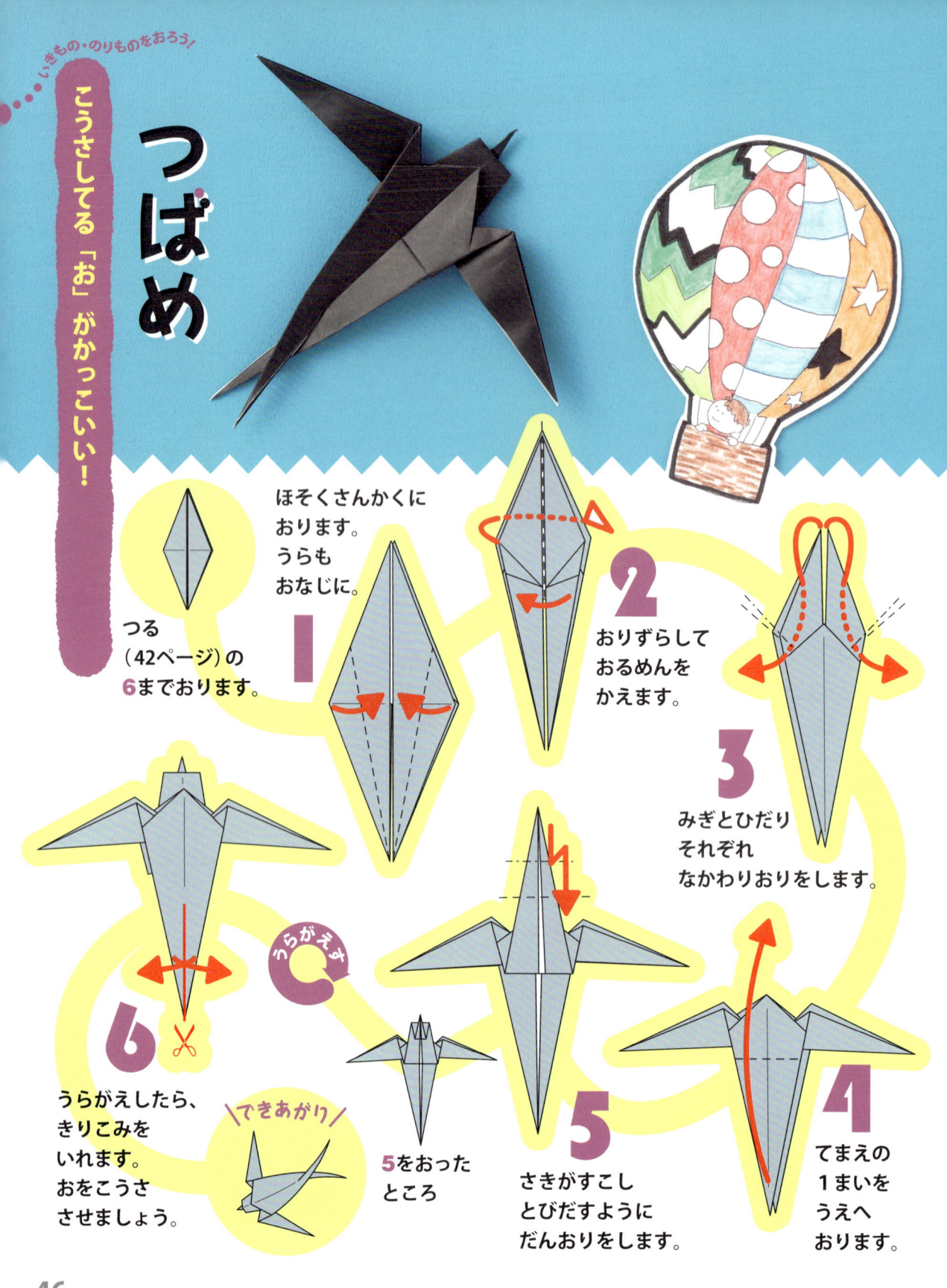

きつね

かおもみみもしっぽもみんな、さんかくだね！

おりがみを
2まいつかいます。

あたま

1 はんぶんに
おります。

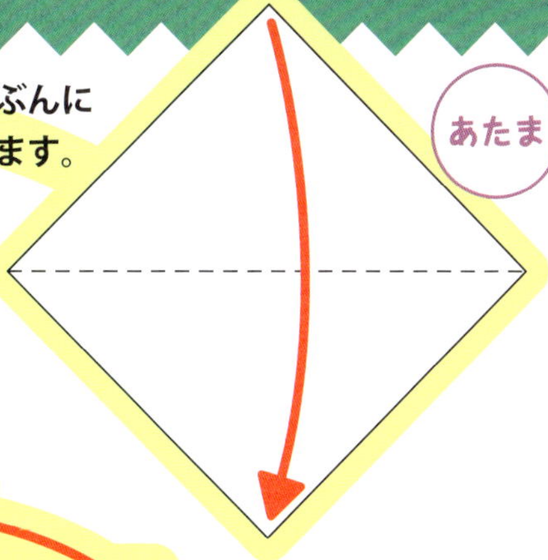

2 うえの1まいだけ
ちいさくさんかくにおります。

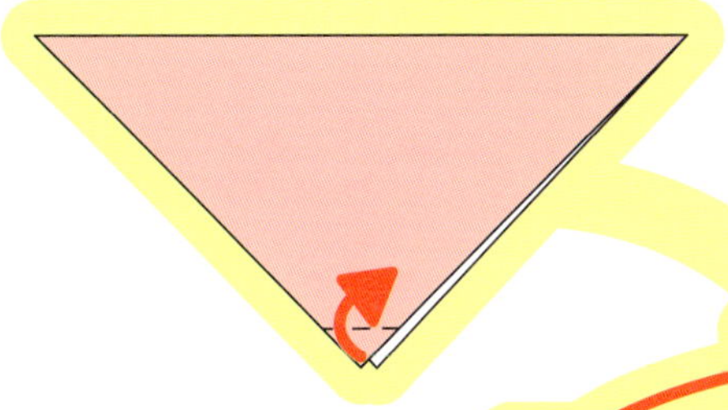

3 りょうがわを
むこうへ
おります。

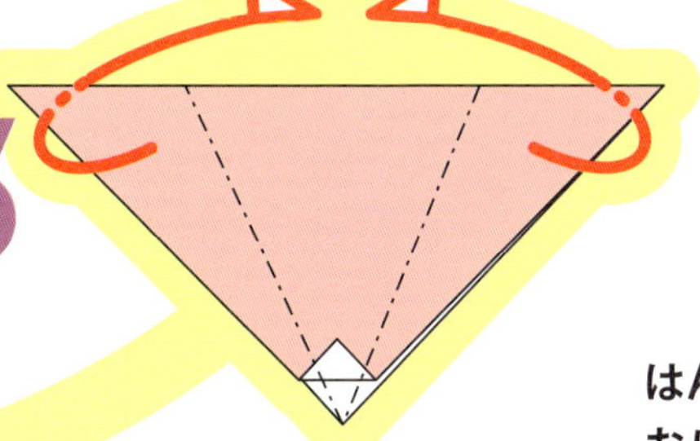

からだ

1 はんぶんに
おります。

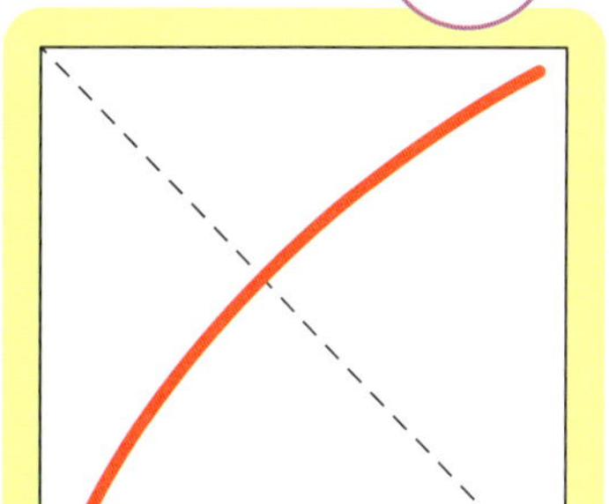

2 したをむこうがわへ
おります。

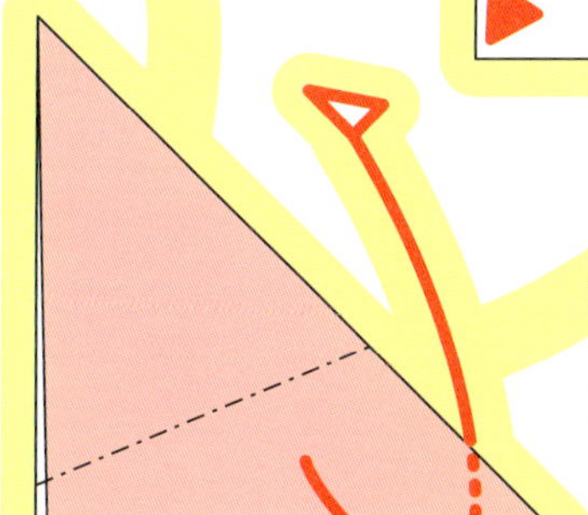

あたま

からだ

あたまとからだを
のりづけしてね。

できあがり

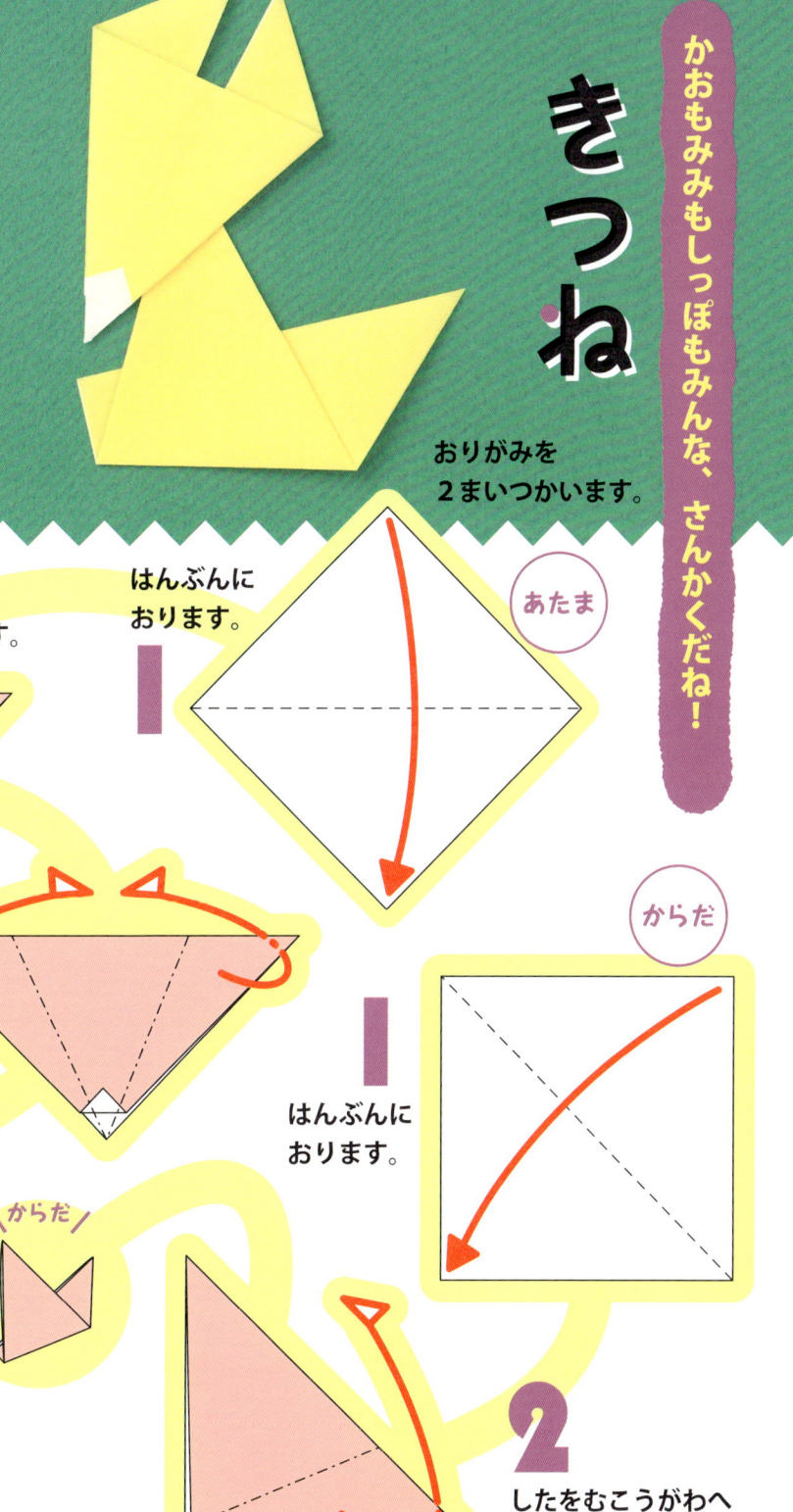

うさぎ

ながいみみは、はさみできってひろげるよ

1 おりすじをつけます。

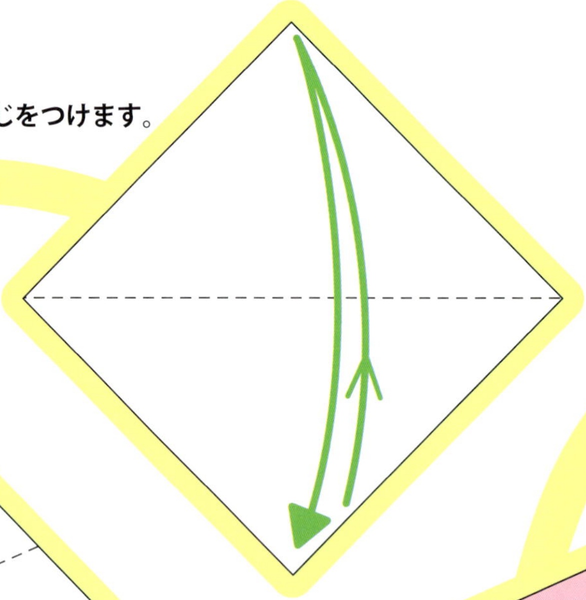

2 おりすじであうように
うえとしたをおります。

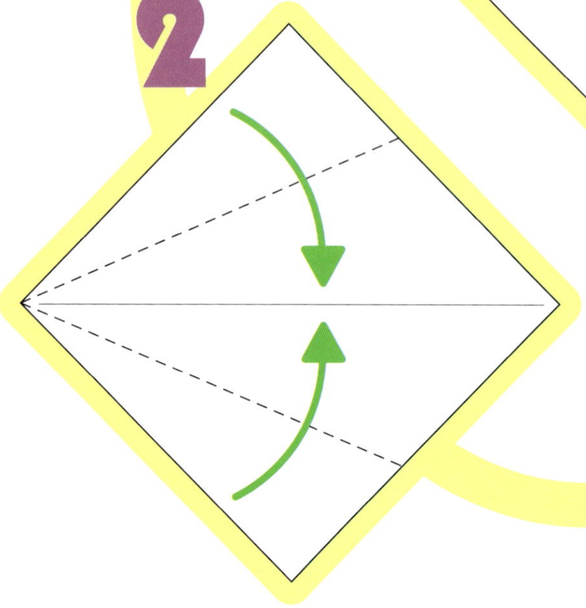

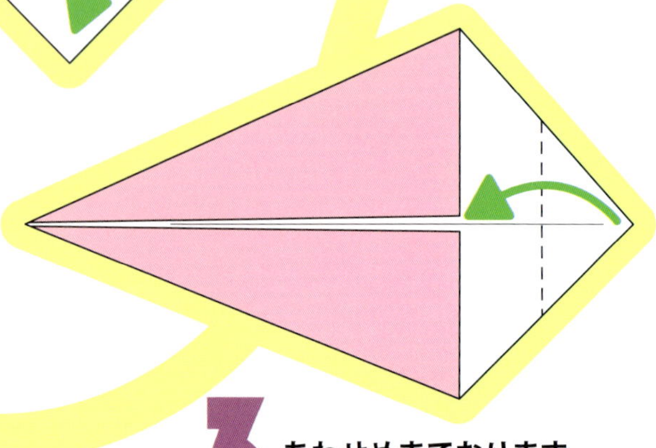

3 あわせめまでおります。

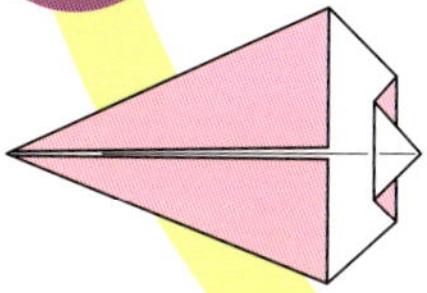

4をおったところ

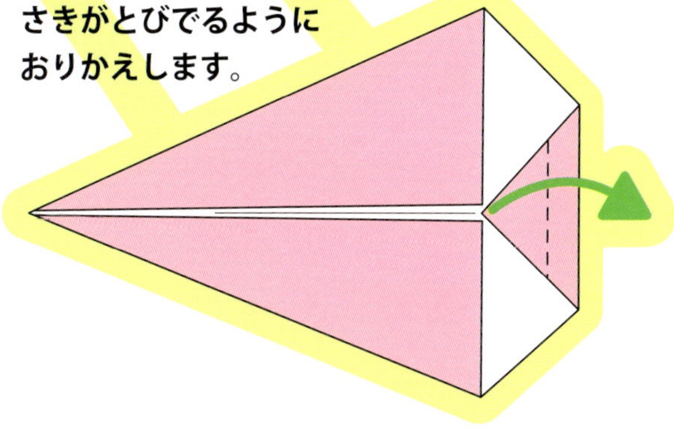

4

さきがとびでるように
おりかえします。

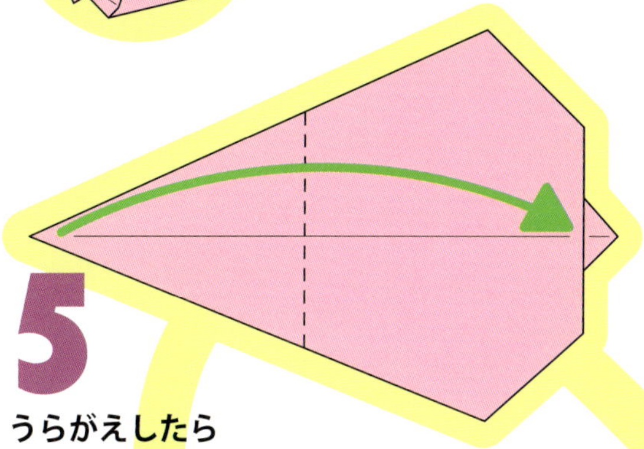

5

うらがえしたら
ひだりのかどをおります。

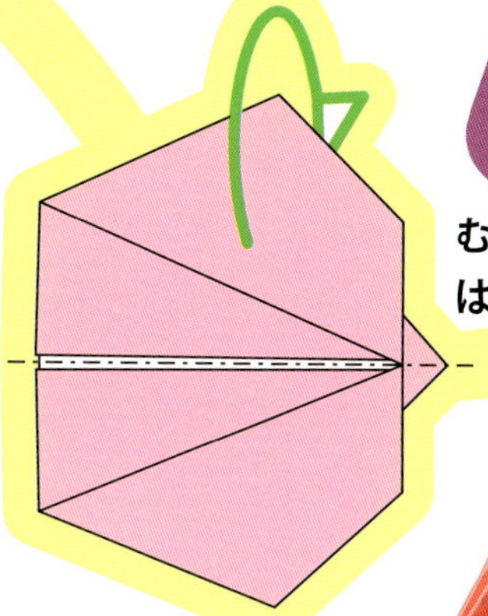

6

むこうがわへ
はんぶんにおります。

7

さんかくを
ひっぱりあげます。

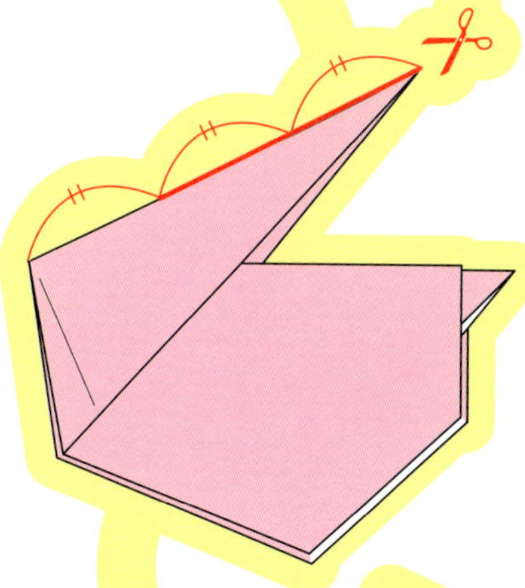

8

とちゅうまで
きりこみを
いれます。

9

みみのふくろをひろげます。

ふっくらしたからだに、ながいみみ

ゆきうさぎ

かえる（70ページ）の
4までおります。

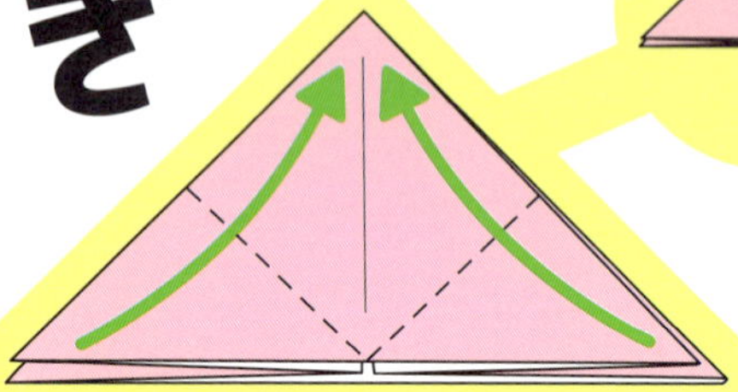

1

かどをてっぺんまで
おりあげます。
うらもおなじに。

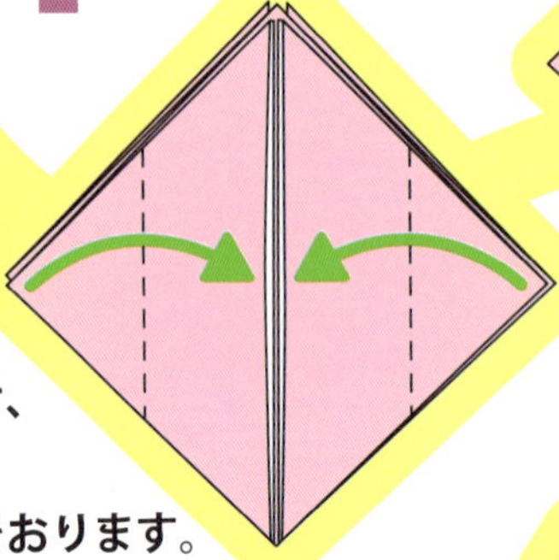

2

てまえの１まいだけ、
まんなかにむけて
りょうほうのかどをおります。

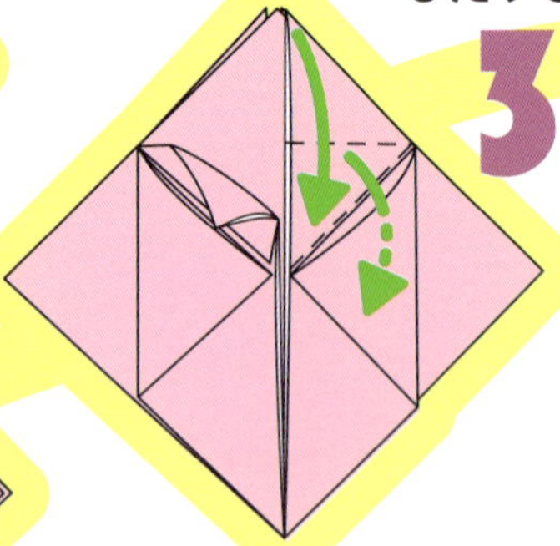

3

２かいおって、
かどをふくろのなかにいれます。
ひだりもおなじに。

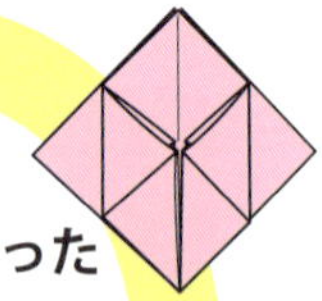

3をおった
ところ

うらがえす

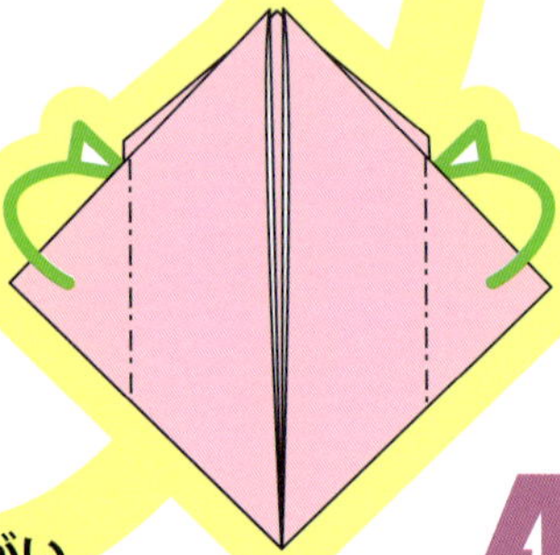

4

うらがえしたら
かどをむこうがわへ
おって、あいだに
はさみます。

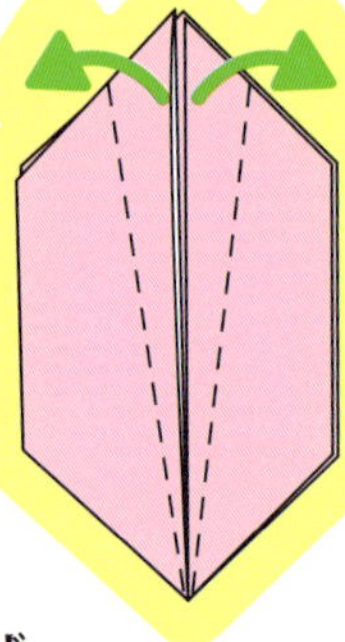

5

ほそながい
さんかくに
おります。

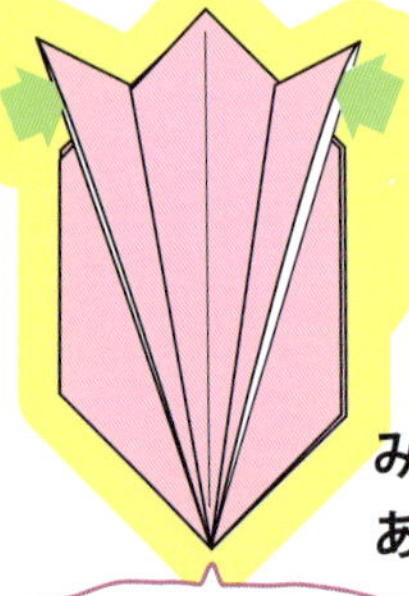

6

みみをひろげ
あなからいきをふきいれます。

ふくらませてね

できあがり

ぶた

うえをむいたはなが、ぶたらしいでしょ！

テーブル（16ページ）の
4までおります。

むきを
かえる

1

ずのかたちまでひろげたら、
◎と◎があうように
ひらいてつぶします。
ほかもおなじに。

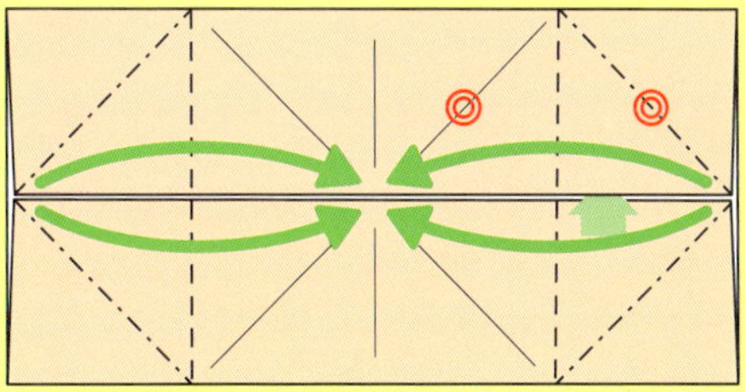

1をおって
いるところ

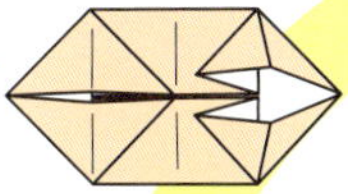

2

むこうがわへ
はんぶんにおります。

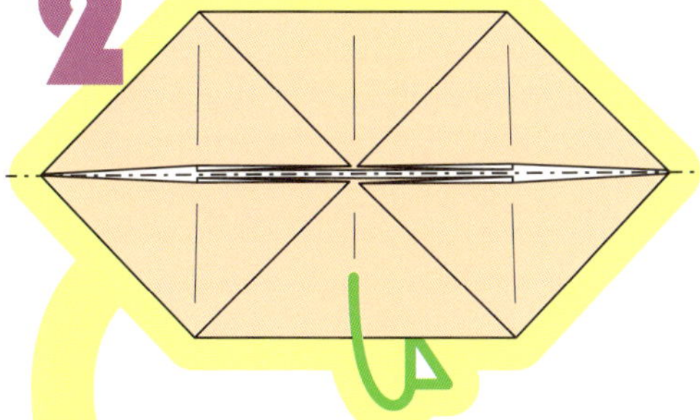

3

おりすじにあわせております。
うらもおなじに。

4

ひだりはあたま。なかわりおりをします。
みぎはしっぽ。てんせんのようにおりすじをつけます。

5

おしりのアップです。
あいだをひらいて
しっぽをなかにおりこみます。

5をおって
いるところ

できあがり

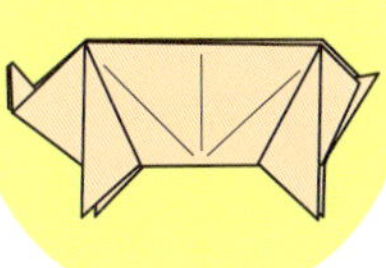

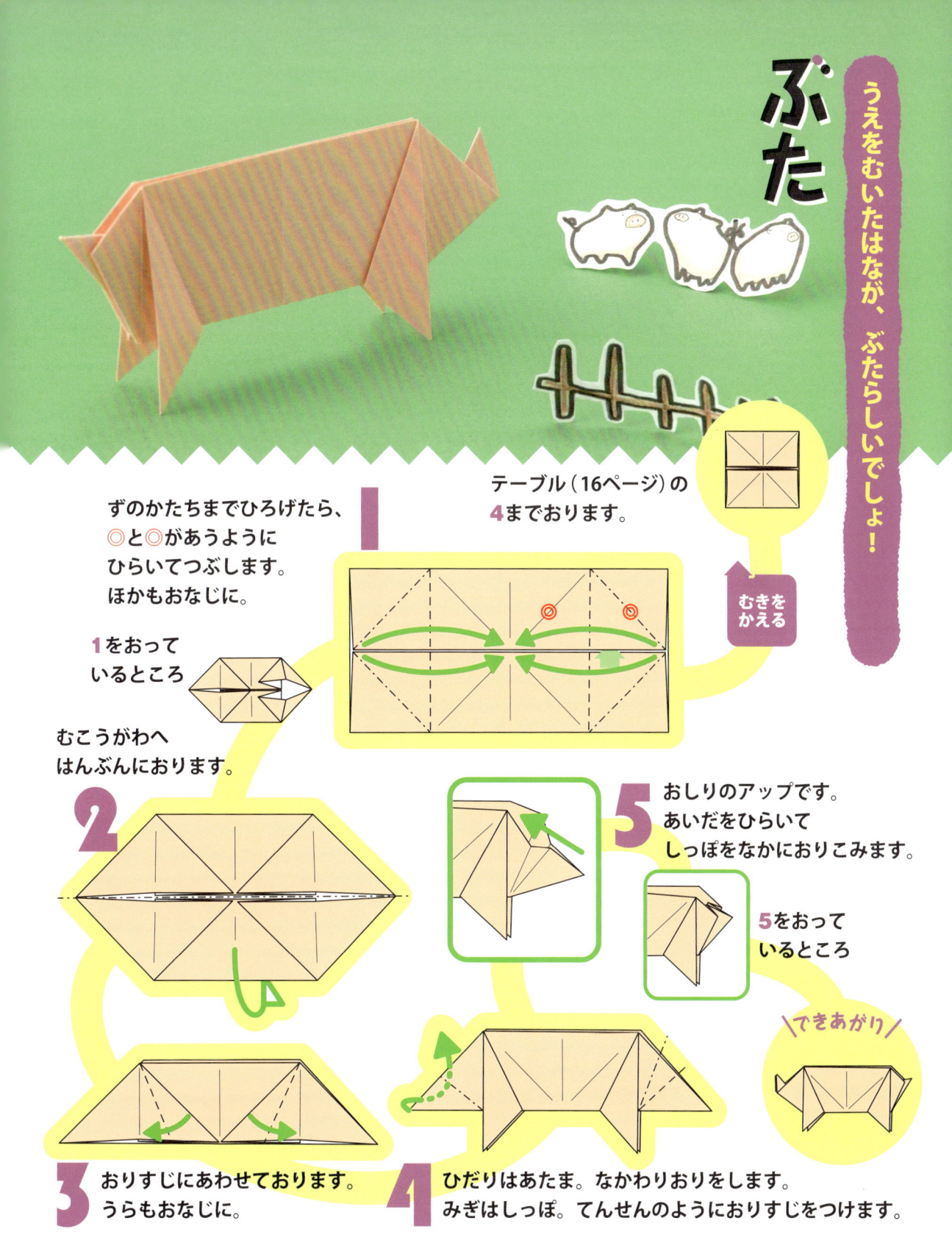

くま

おれたら、めやくちをかこう

おりがみを２まいつかいます。

からだ

おりすじを
２つつけます。

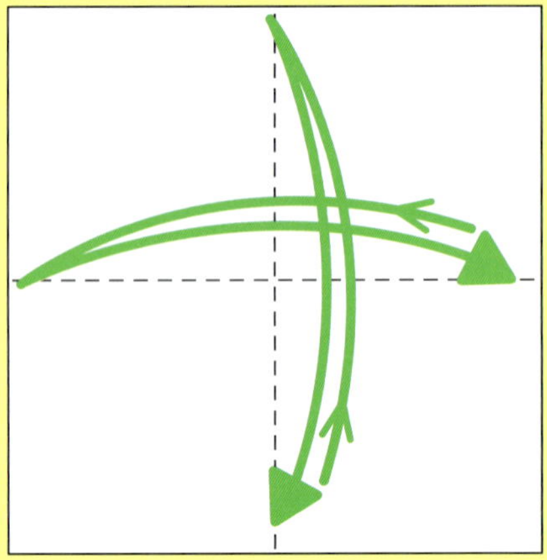

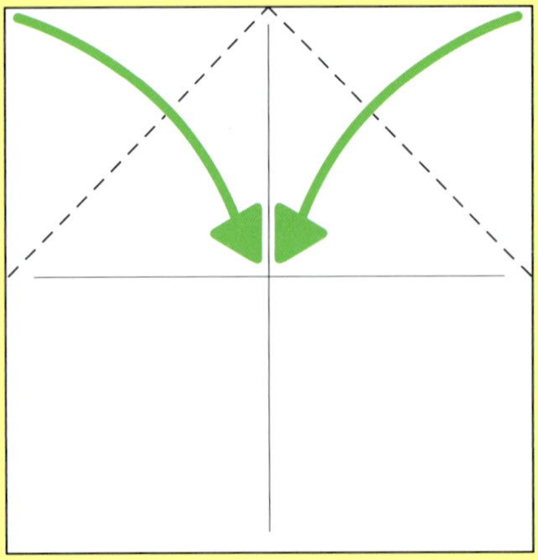

2

うえのかどをおります。

すこし
かさなるように
おります。

3

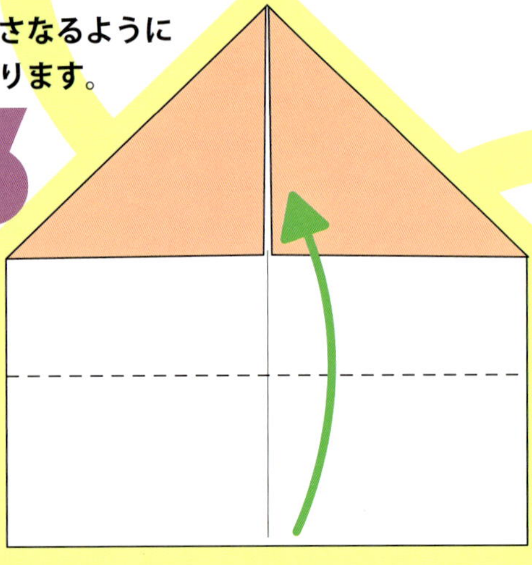

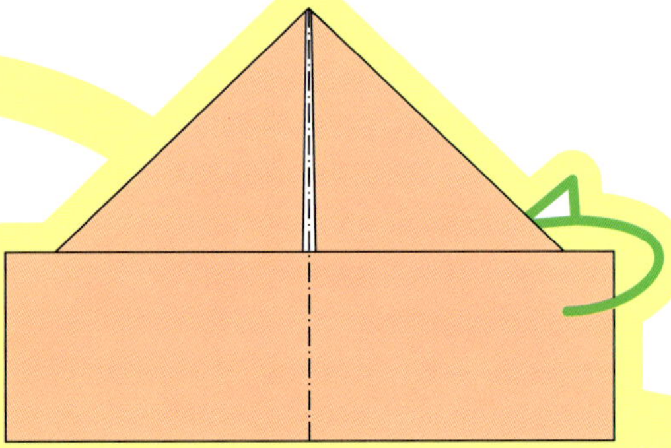

4

むこうがわへはんぶんにおります。

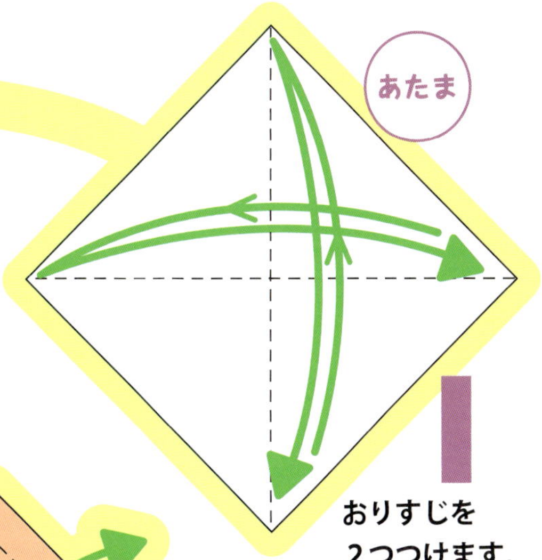

1 おりすじを
2つつけます。

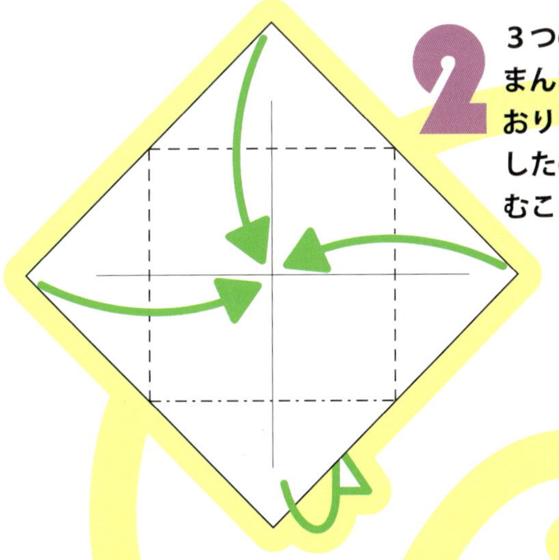

2 3つのかどを
まんなかによせて
おります。
したのかどは
むこうがわへ。

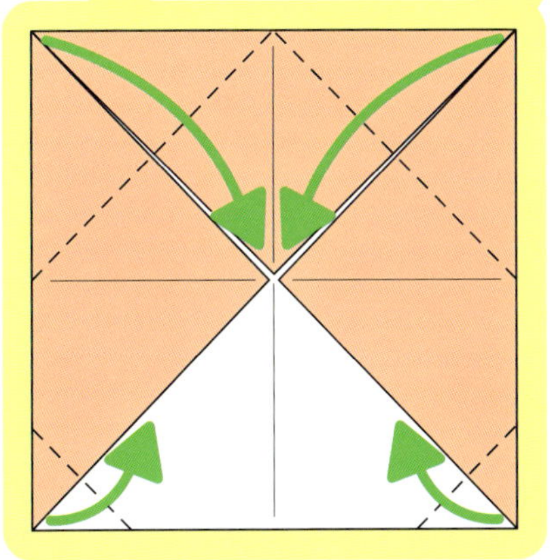

3 うえのかどはおおきく
したのかどはちいさくおります。

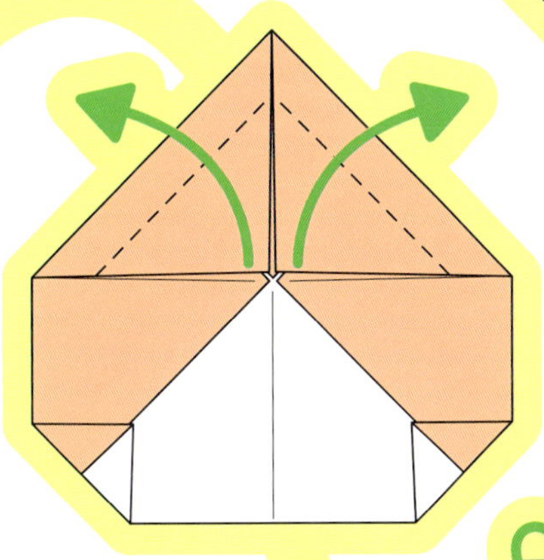

4 おりかえします。

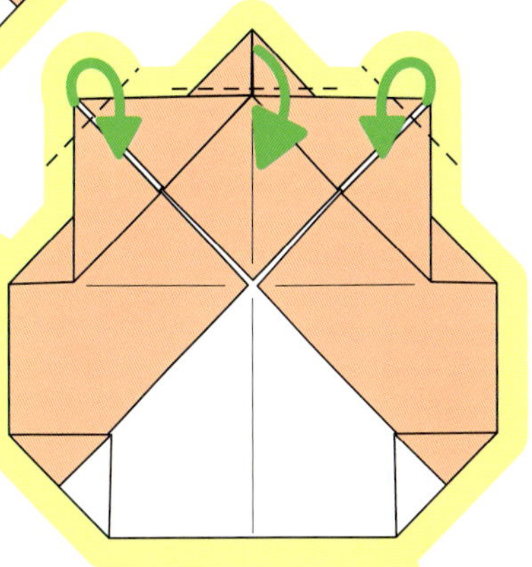

5 それぞれ
ちいさく
おります。

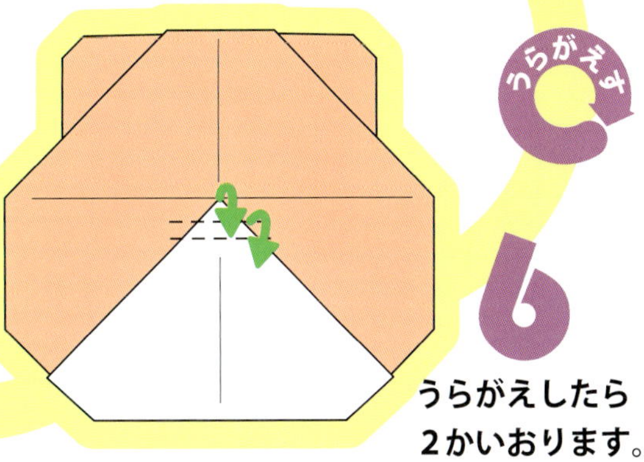

6 うらがえしたら
2かいおります。

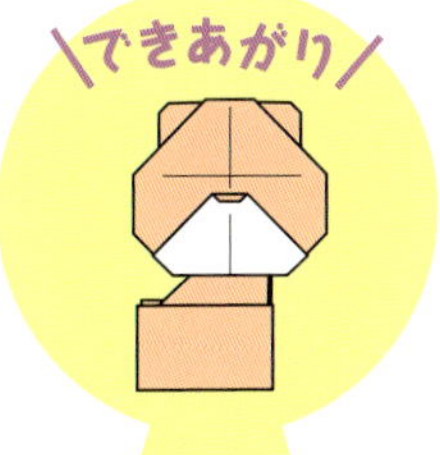

あたまとからだをのりづけしてね。

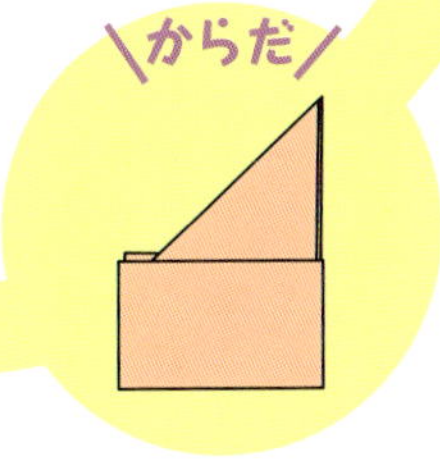

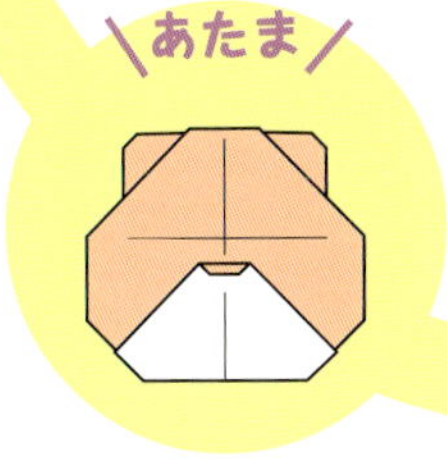

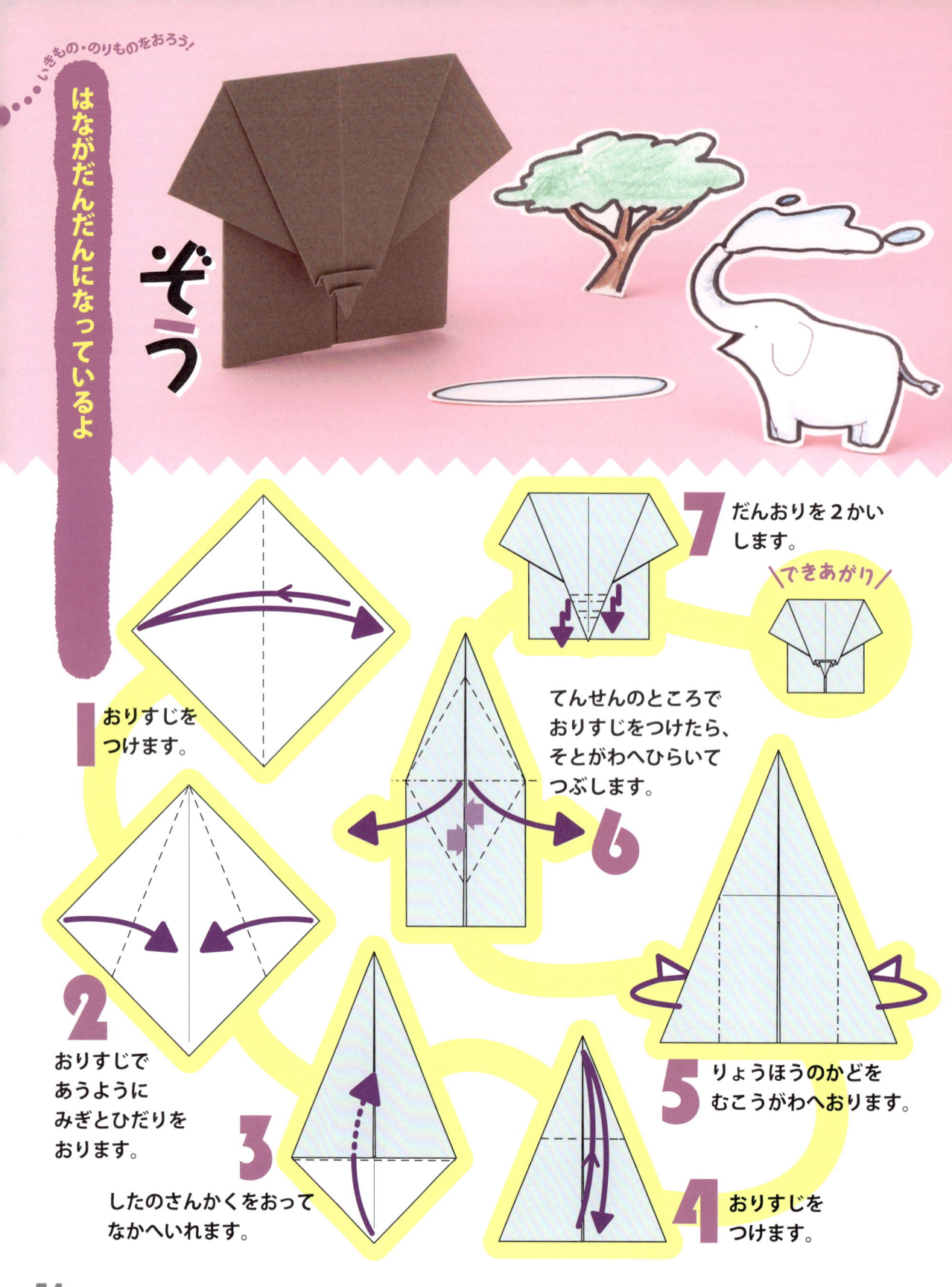

ぞう

はながだんだんになっているよ

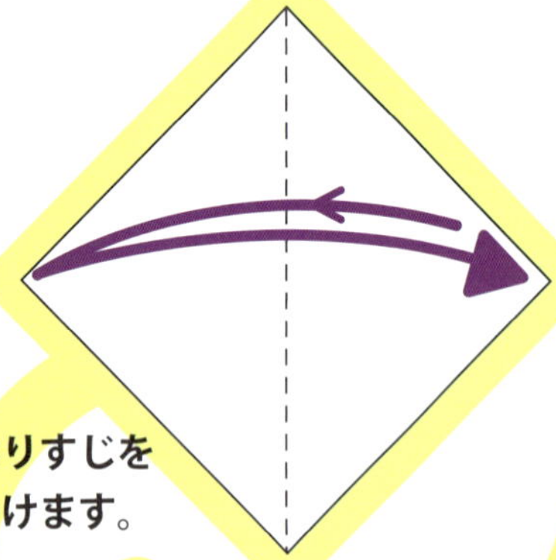

1 おりすじをつけます。

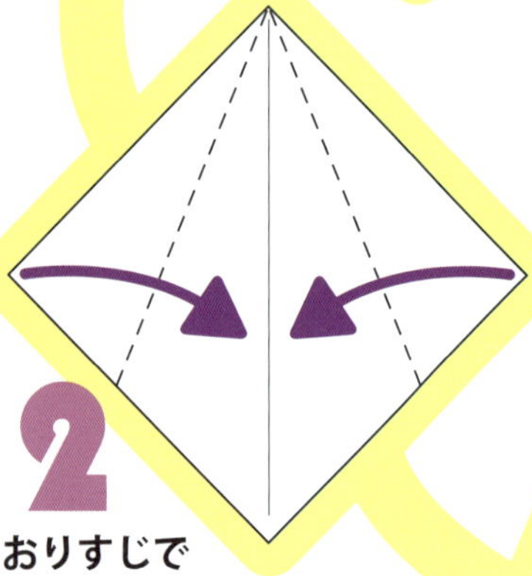

2 おりすじであうようにみぎとひだりをおります。

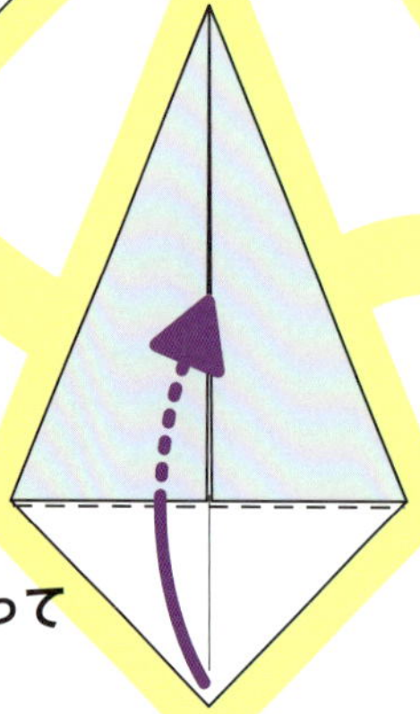

3 したのさんかくをおってなかへいれます。

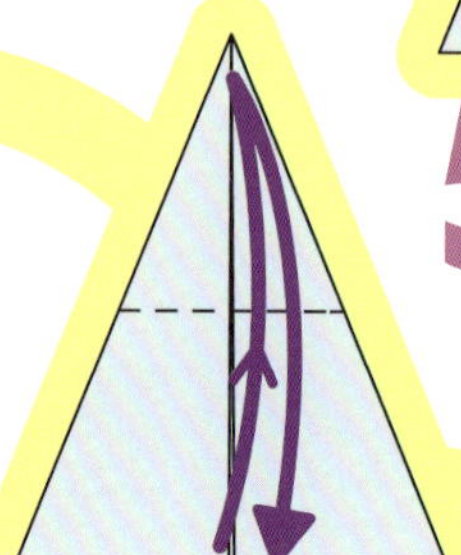

4 おりすじをつけます。

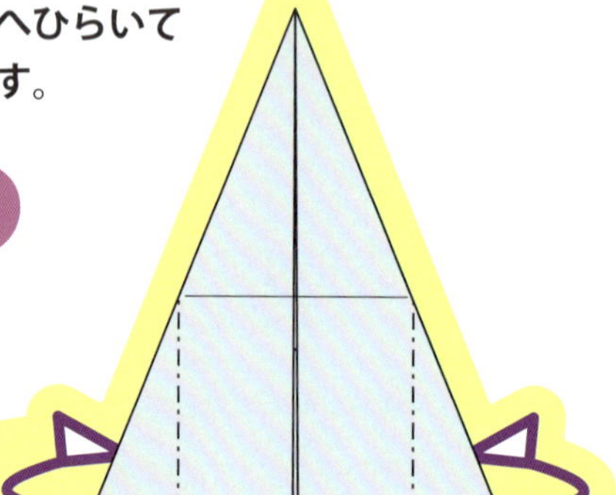

5 りょうほうのかどをむこうがわへおります。

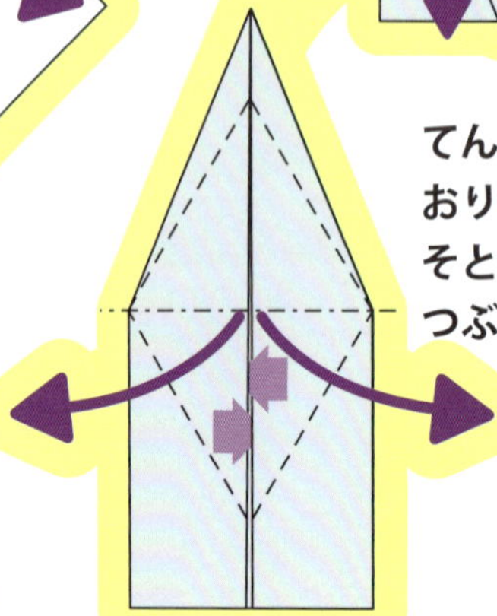

6 てんせんのところでおりすじをつけたら、そとがわへひらいてつぶします。

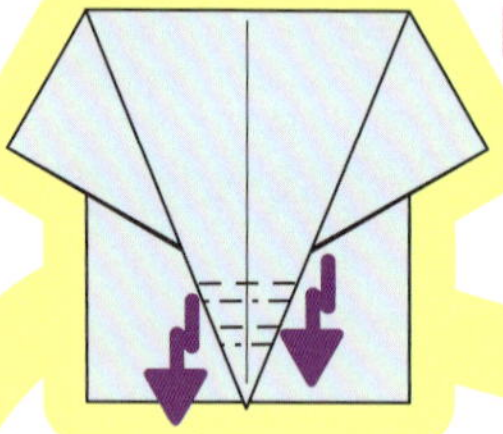

7 だんおりを2かいします。

できあがり

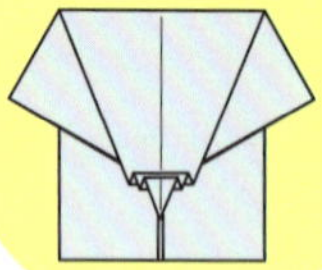

うま

4ほんのあしで、しっかりたちます

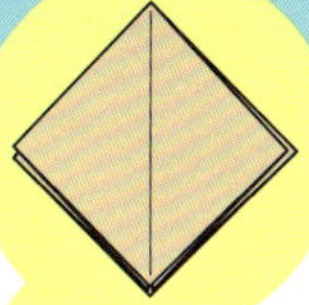

つる（42ページ）の4までおります。

1

おりすじを3つつけます。

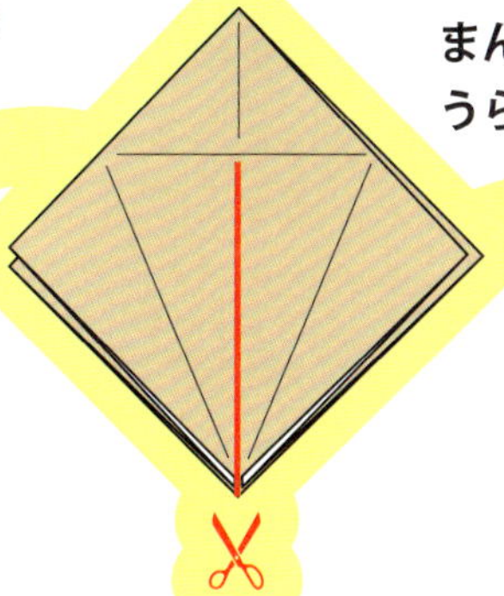

2

まんなかのおりすじをきります。うらもおなじに。

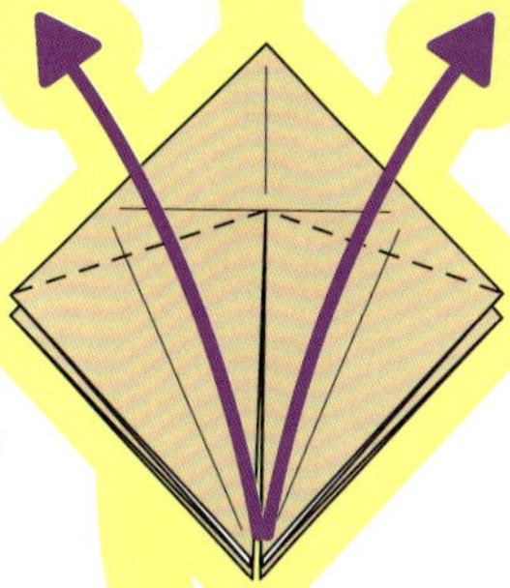

3

きったさんかくをななめうえへおります。うらもおなじに。

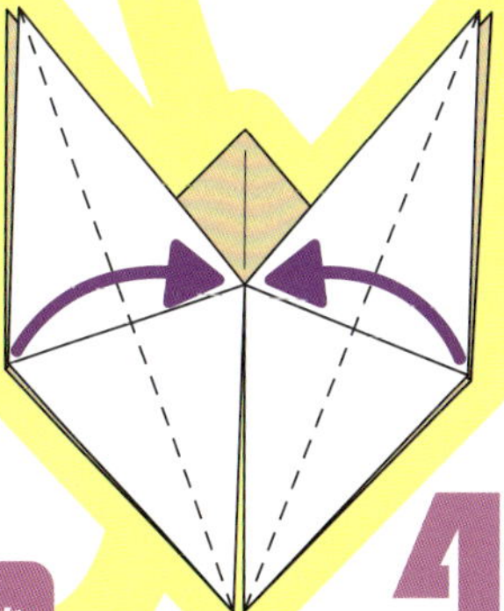

4

はんぶんにおります。うらもおなじに。

むきをかえる

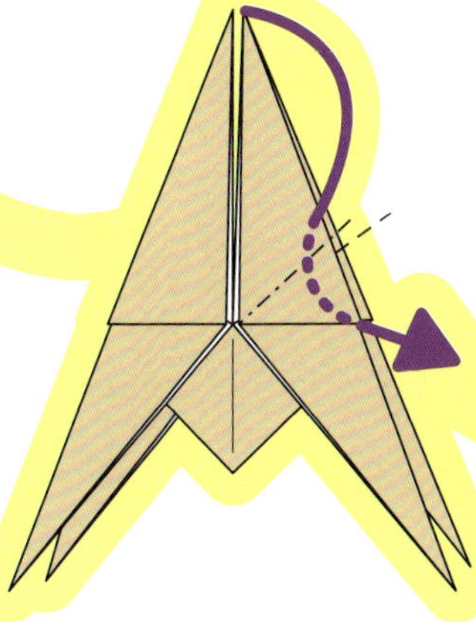

5

さかさまにしたらなかわりおりをします。

6

さきのほうでなかわりおりをします。

＼できあがり／

せなかがゴツゴツ、つよそうなきょうりゅうだね

ステゴサウルス

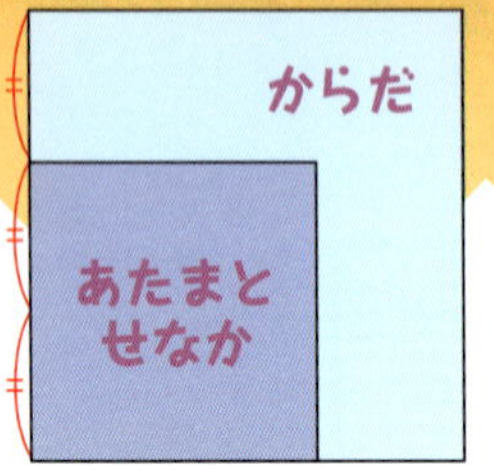

おおきさのちがうおりがみを、2まいつかいます。

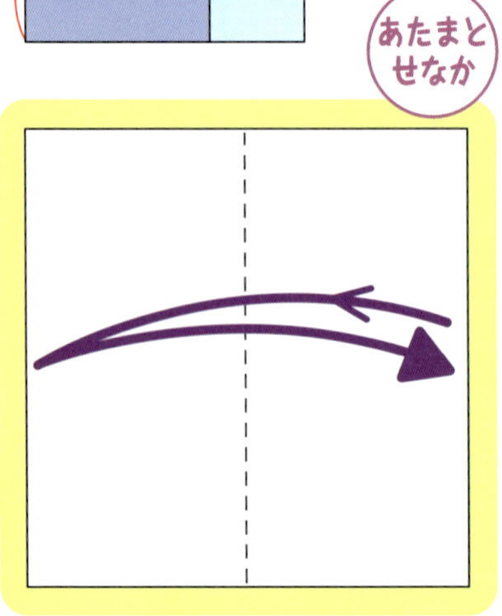

1 おりすじを
つけます。

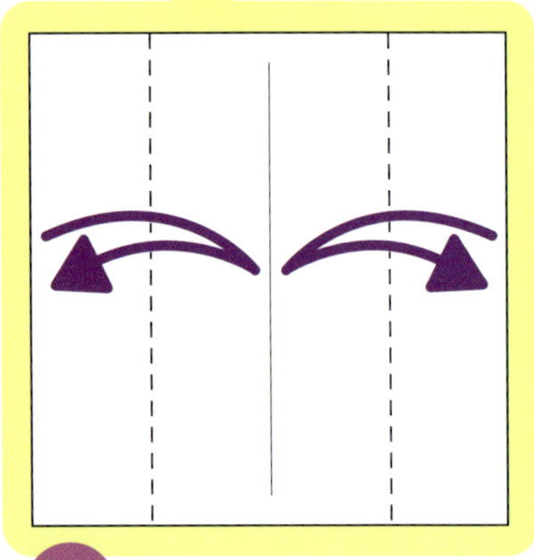

2 おりすじを2つつけます。

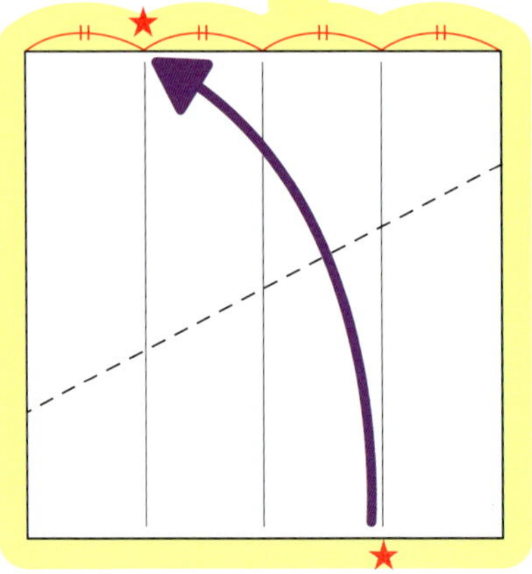

3 ★と★があうように
おります。

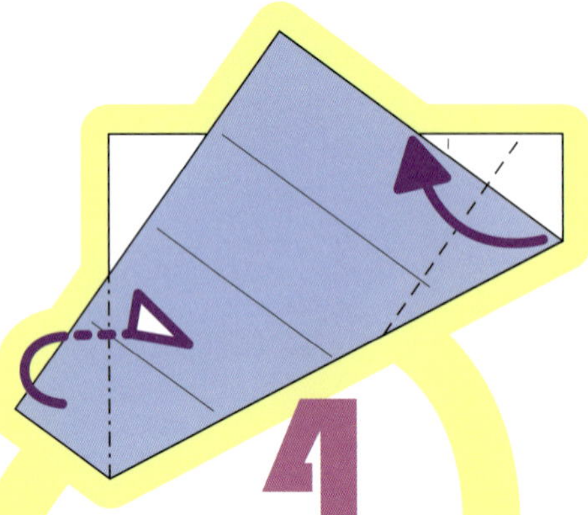

4 てまえとむこうがわへ
それぞれおります。

からだ

1

おりすじを2つつけます。

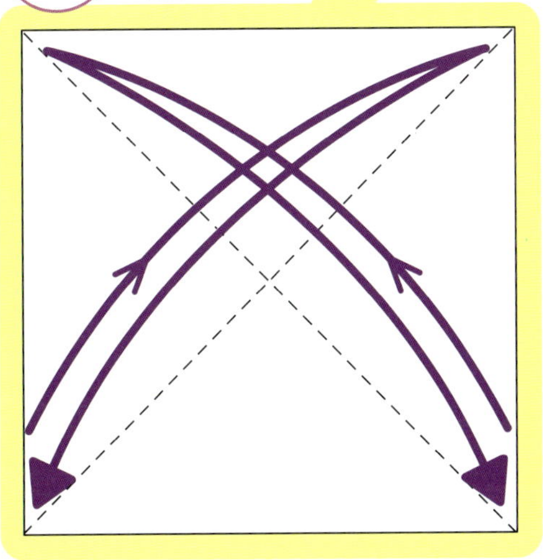

2

4つのかどをまんなかによせております。

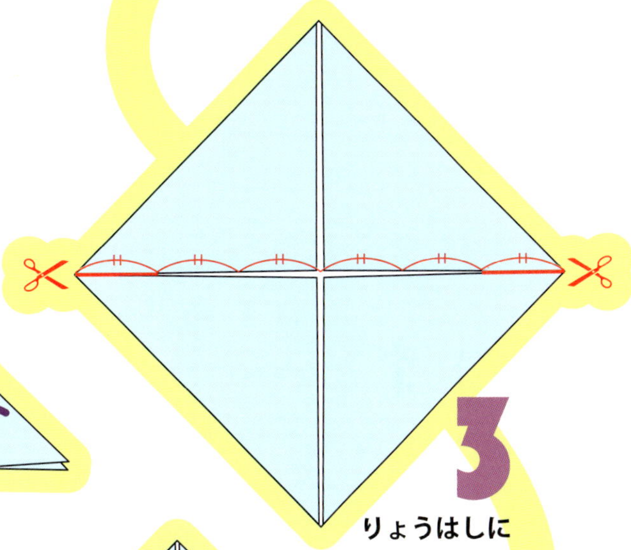

3

りょうはしに
きりこみをいれます。

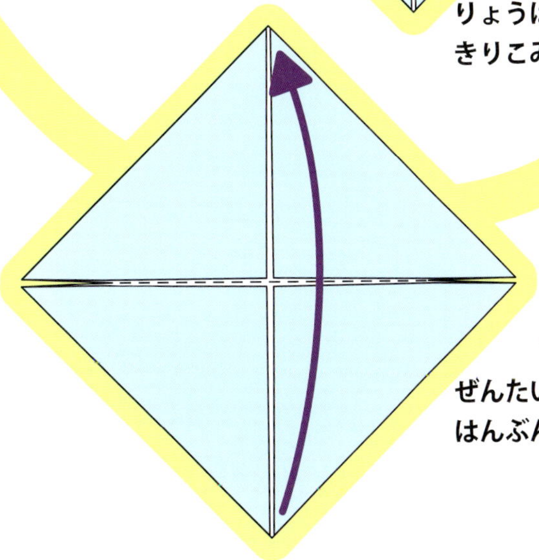

4

ぜんたいを
はんぶんにおります。

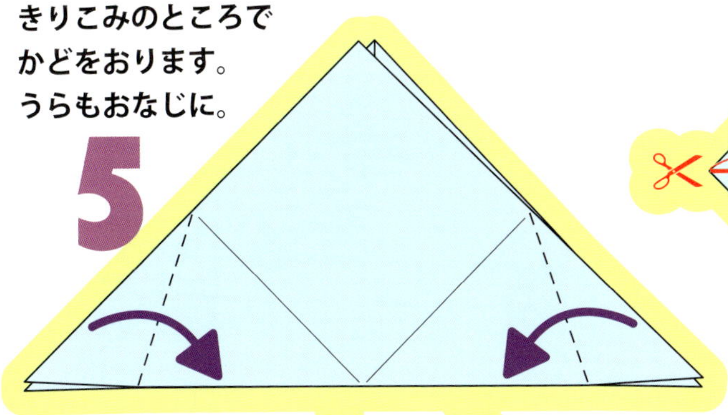

5

きりこみのところで
かどをおります。
うらもおなじに。

\からだ/

\できあがり/

あたまとせなかを
からだのあいだに
はさみましょう。

くびのながい、おおきなきょうりゅうだね

アパトサウルス

おりがみを3まいつかいます。

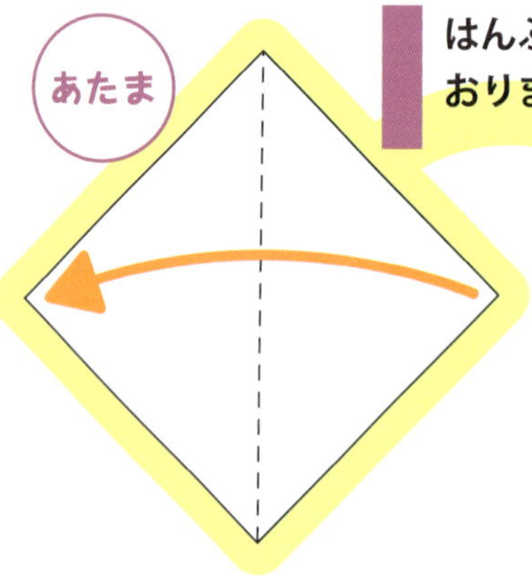

1 はんぶんにおります。

2 はんぶんにおります。

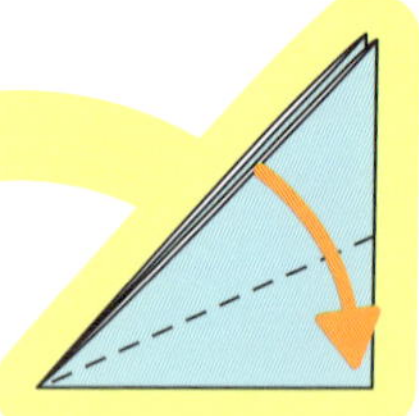

3 ふちにあわせております。うらもおなじに。

4 おりすじをつけます。うらもおなじに。

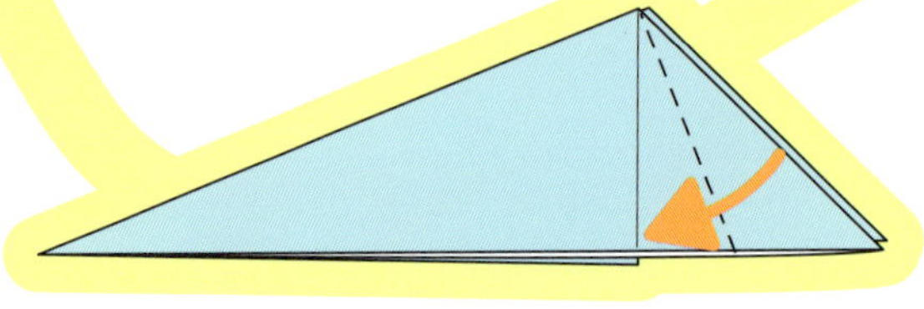

5 おりすじにあわせてさんかくをおります。うらもおなじに。

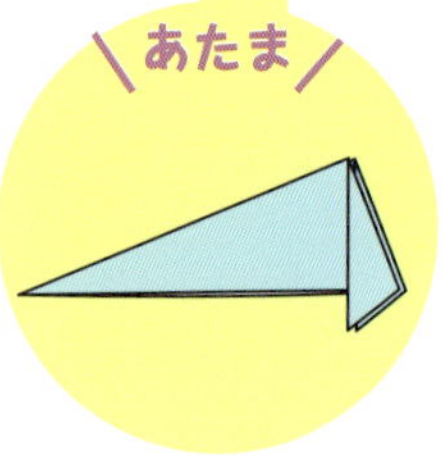

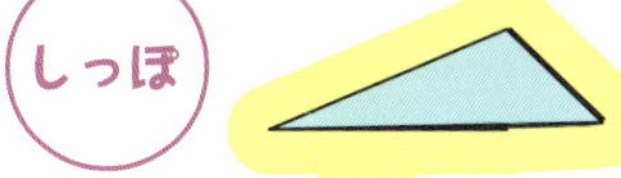

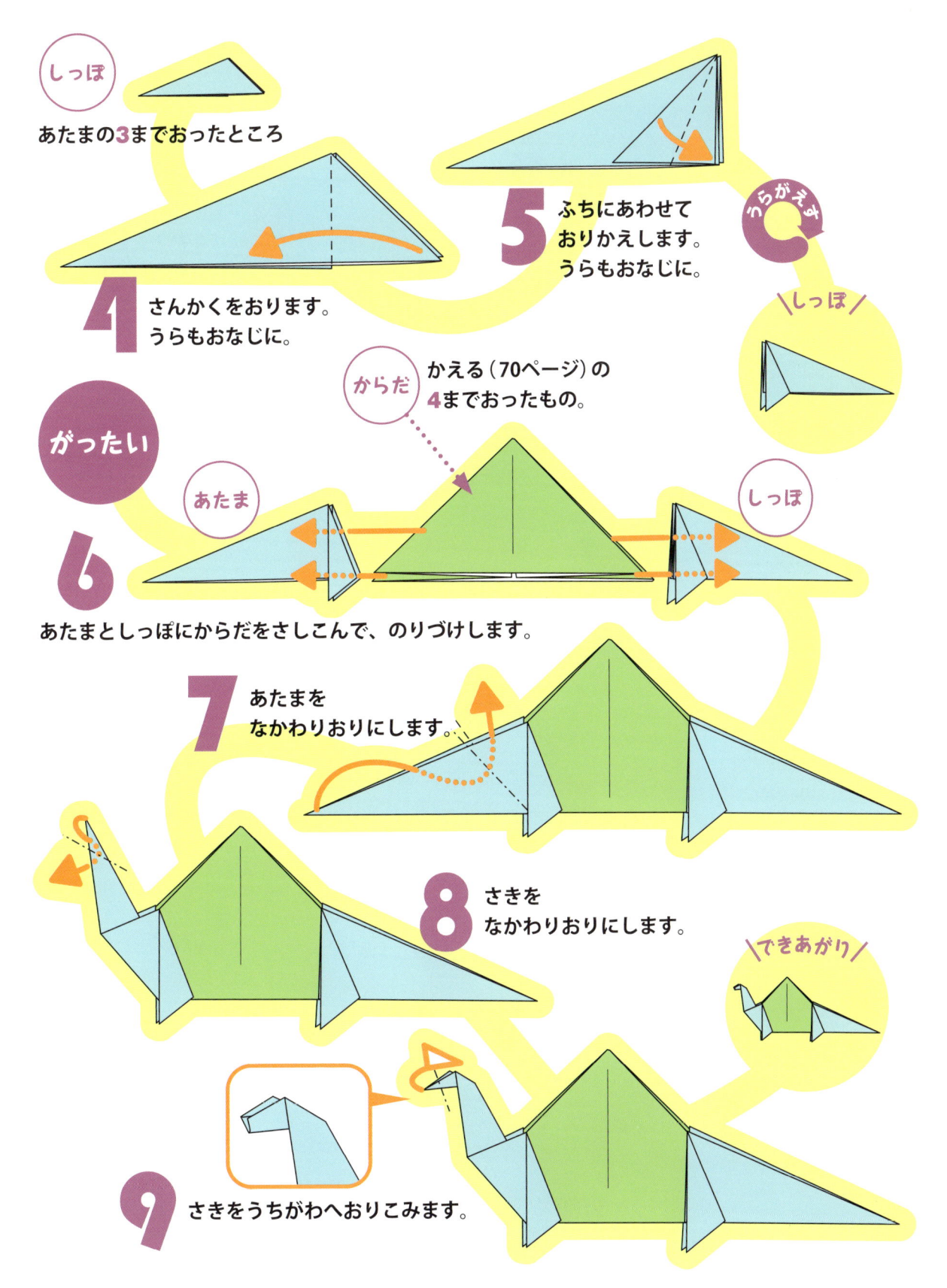

あたまの3までおったところ

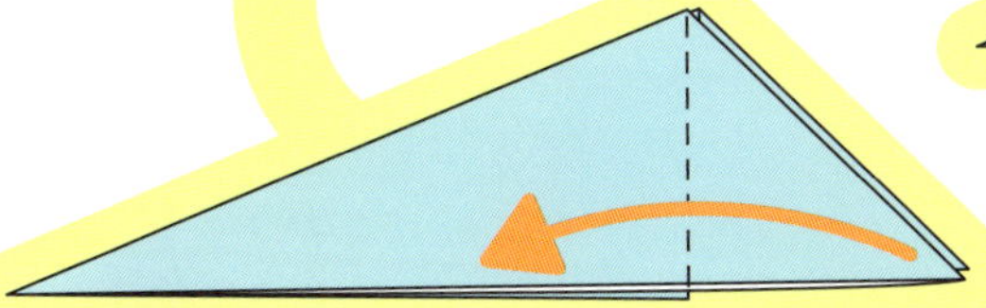

4 さんかくをおります。
うらもおなじに。

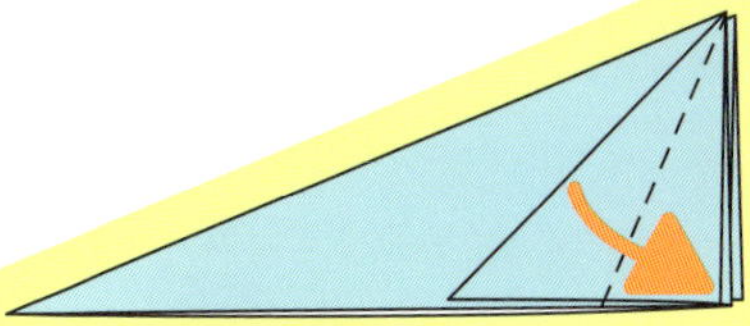

5 ふちにあわせて
おりかえします。
うらもおなじに。

がったい

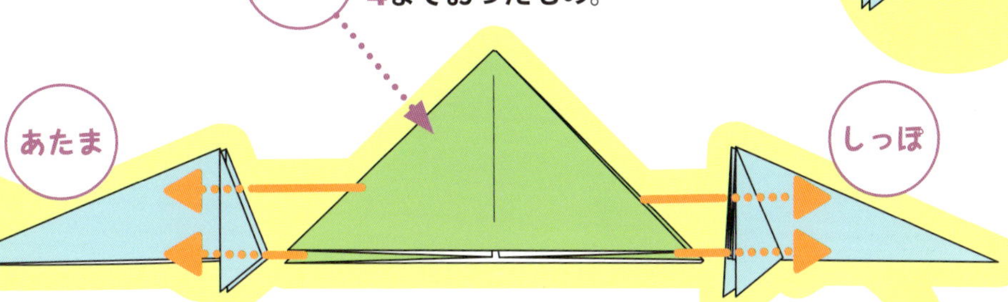

かえる（70ページ）の
4までおったもの。

6 あたまとしっぽにからだをさしこんで、のりづけします。

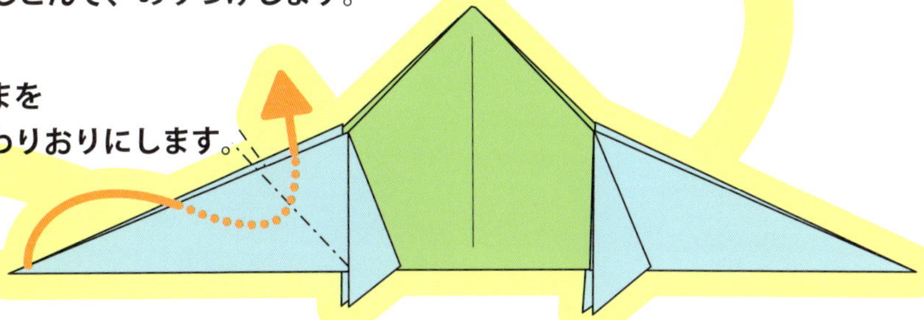

7 あたまを
なかわりおりにします。

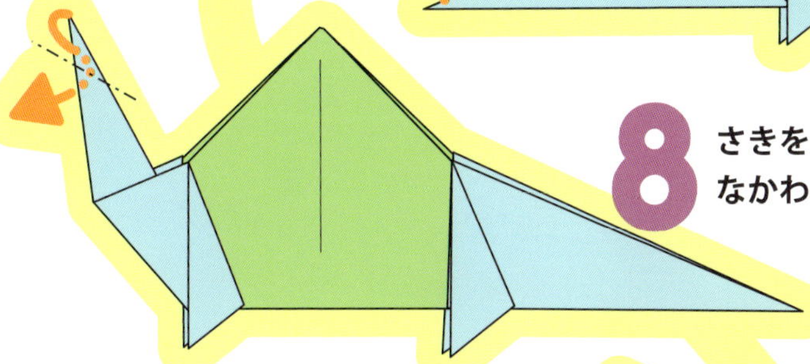

8 さきを
なかわりおりにします。

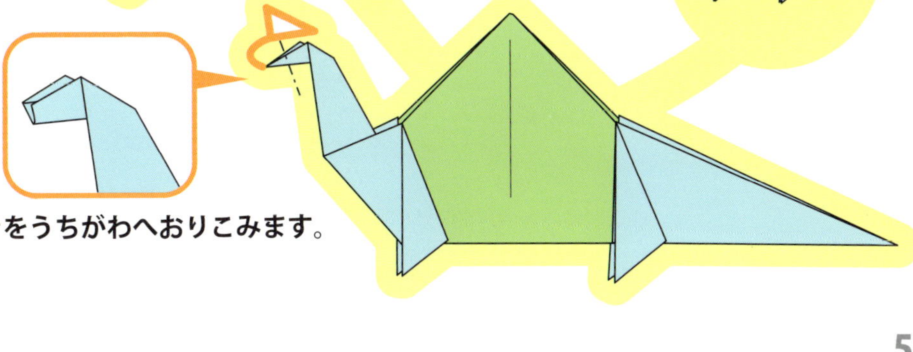

9 さきをうちがわへおりこみます。

せみ

せなかのもようがいろいろできるよ

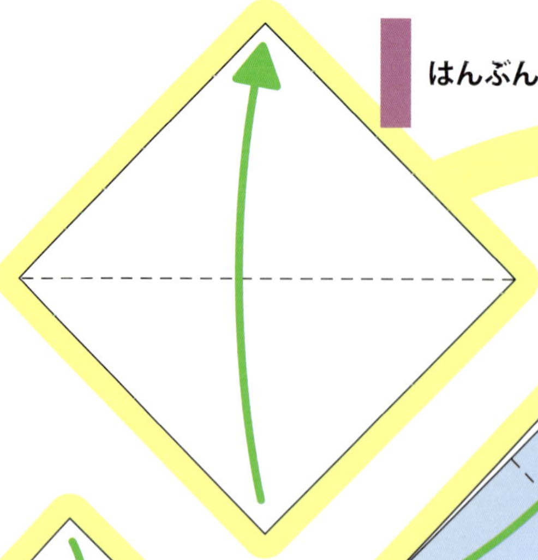

1

はんぶんにおります。

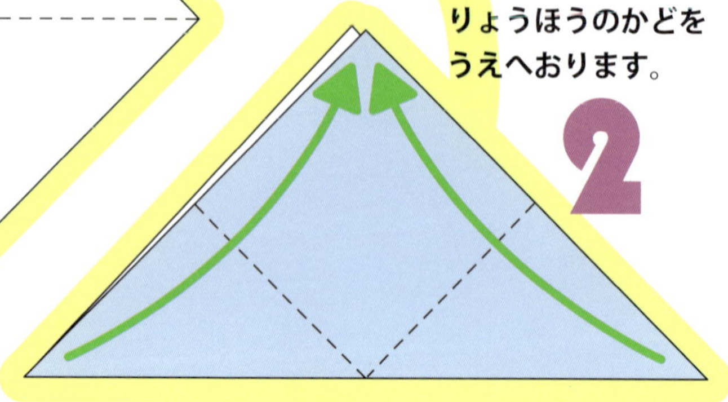

2

りょうほうのかどを
うえへおります。

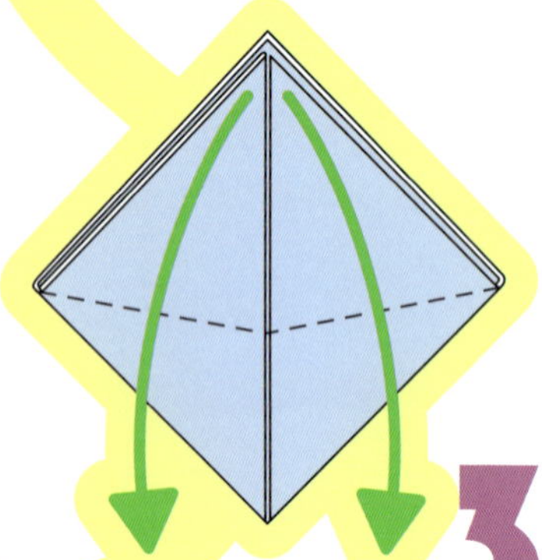

3

すこしななめにおります。

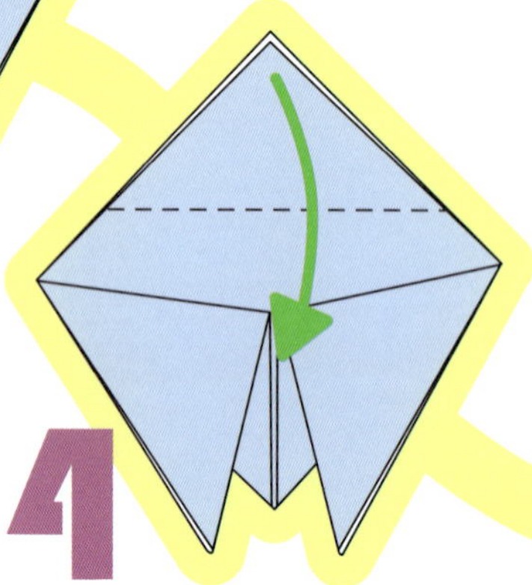

4

てまえの1まいだけ
したへおります。

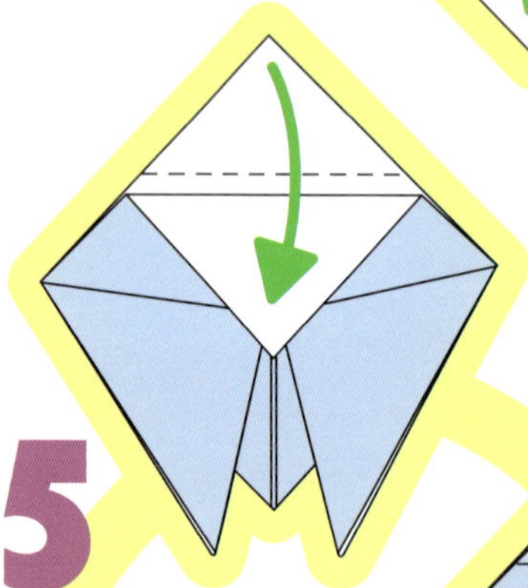

5

のこった1まいを
すこしずらして
したへおります。

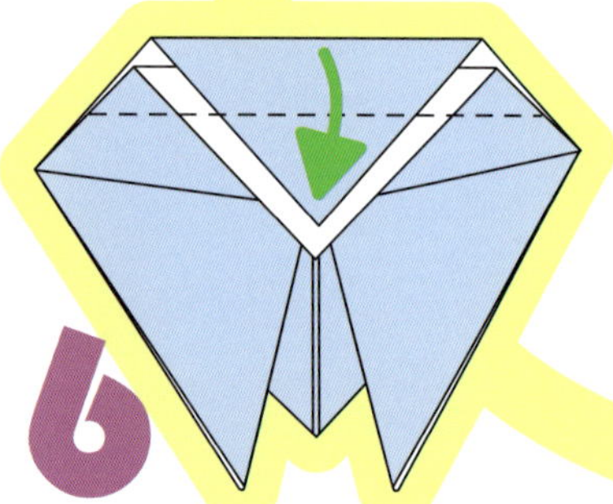

6

まとめて
したへおります。

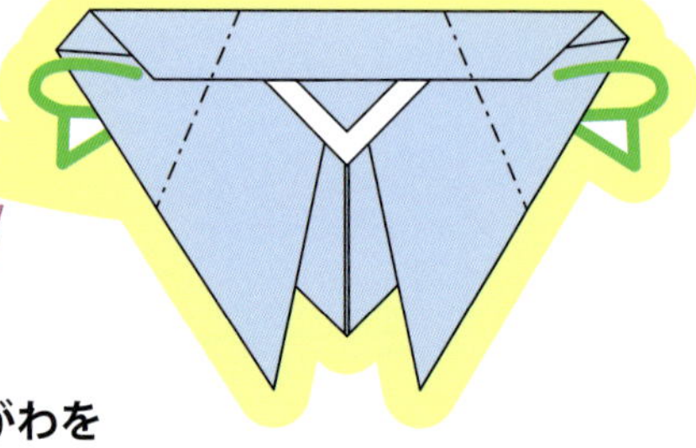

7

りょうがわを
むこうへおります。

できあがり

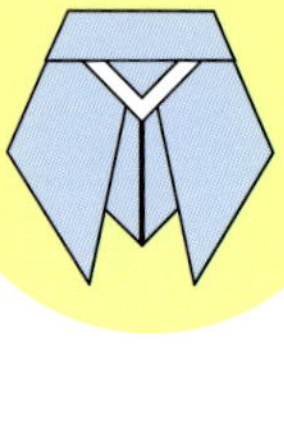

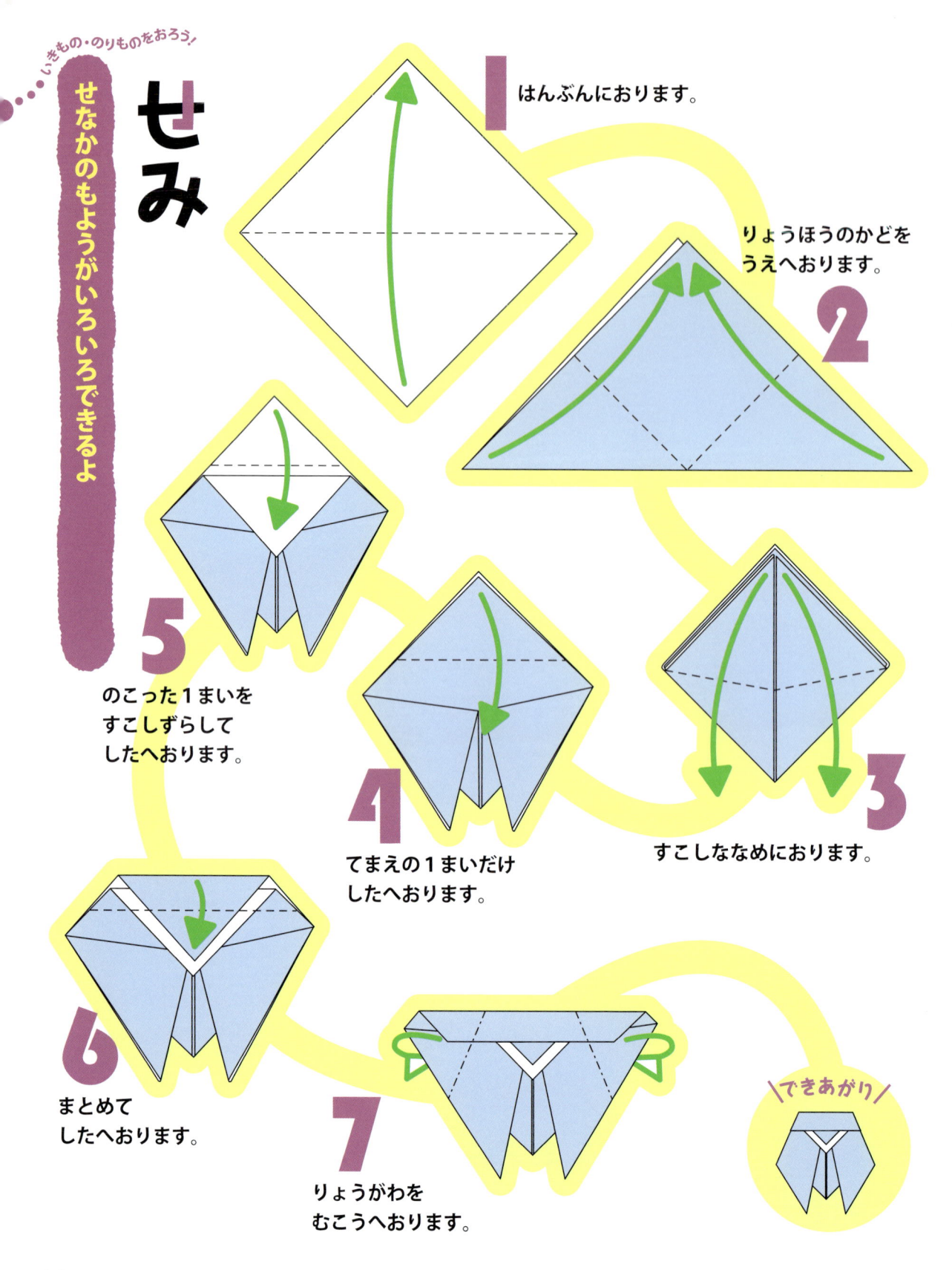

しまのないせみ

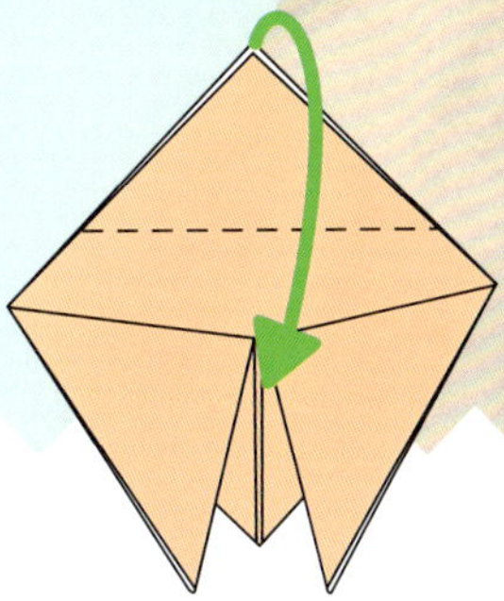

4で、2まいとも
したへおります。

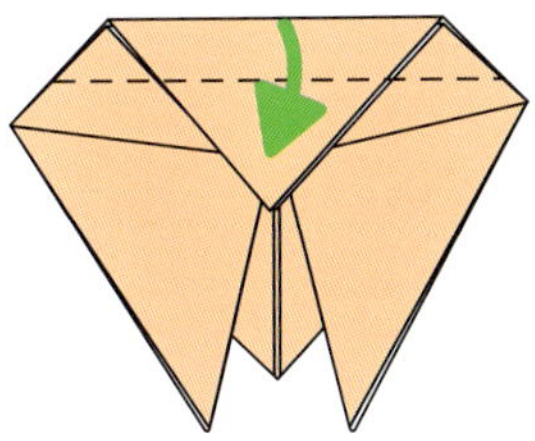

もういちど
したへおったら
7とおなじように
りょうがわを
むこうへおります。

できあがり

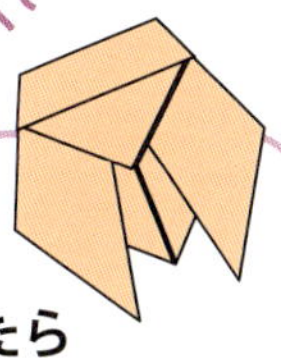

せなかのしろいせみ

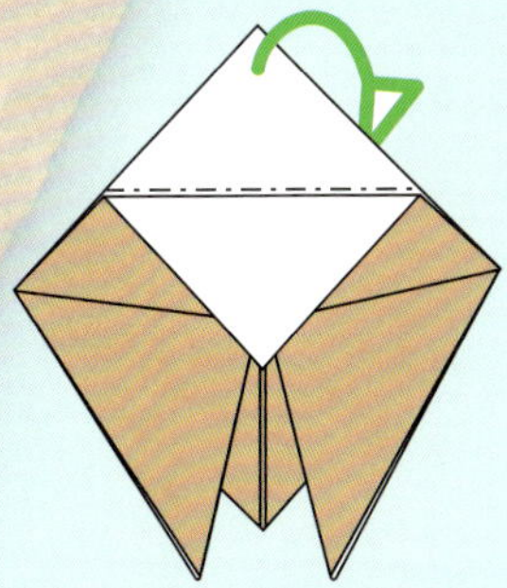

5で、のこった1まいを
むこうがわへおります。

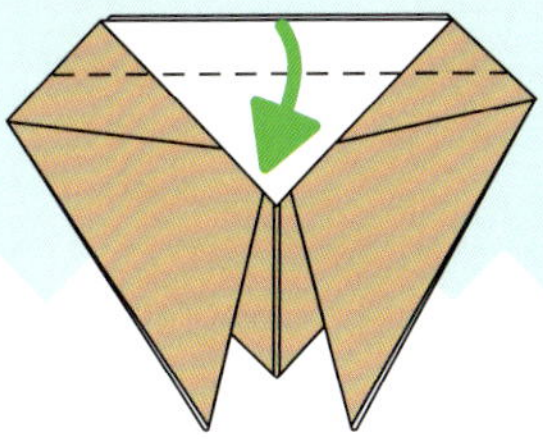

まとめてしたへおったら
7とおなじように
りょうがわを
むこうへおります。

できあがり

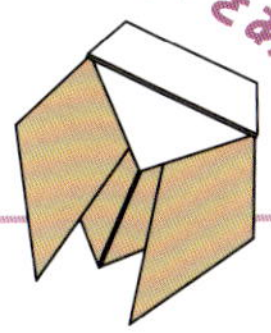

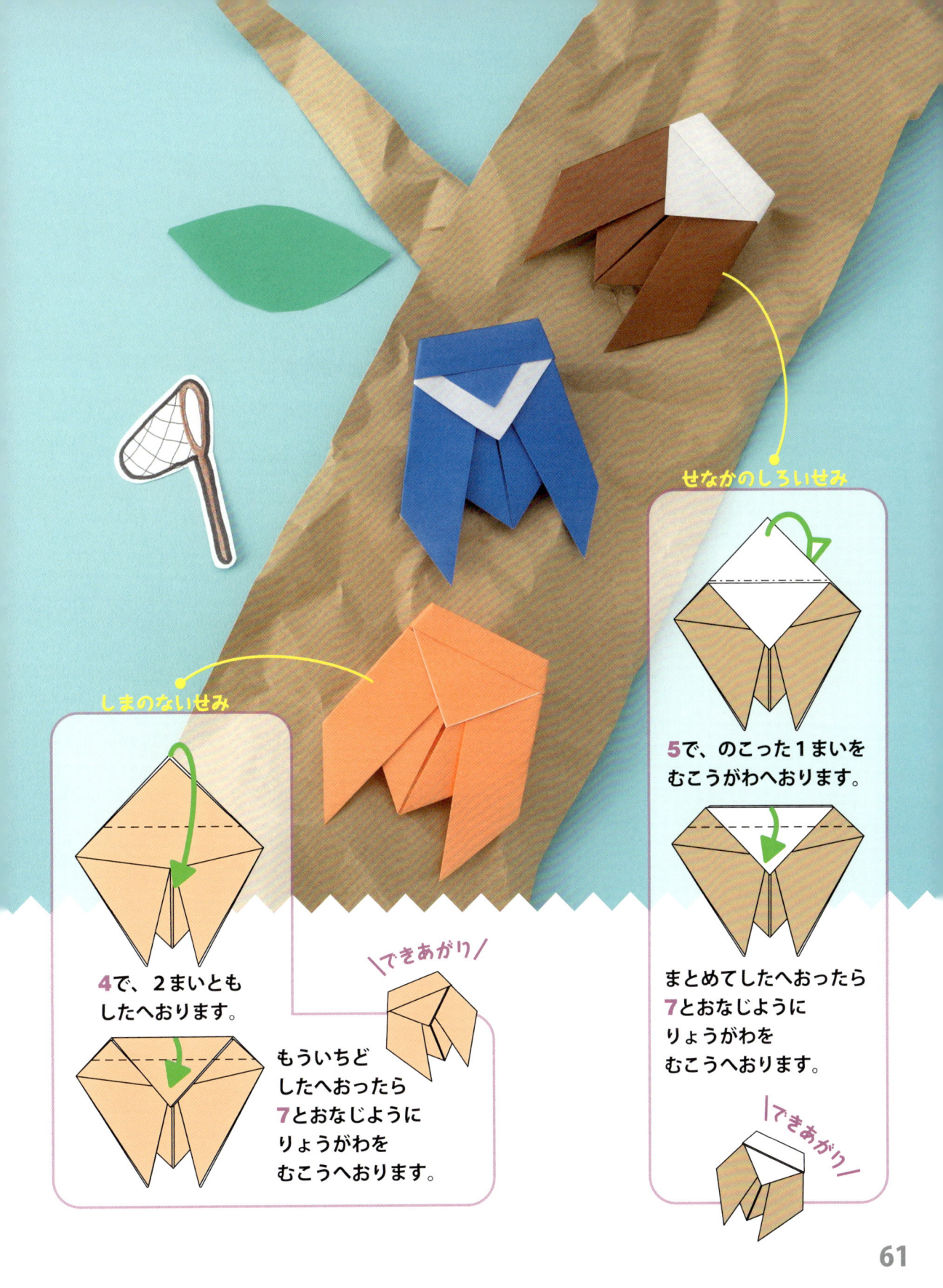

こんちゅうのおうさま、2つがおれるよ

くわがたとかぶとむし

くわがた

1

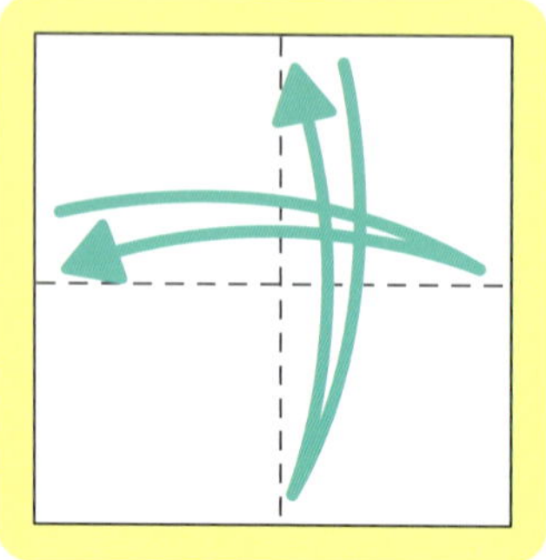

おりすじを
2つつけます。

2

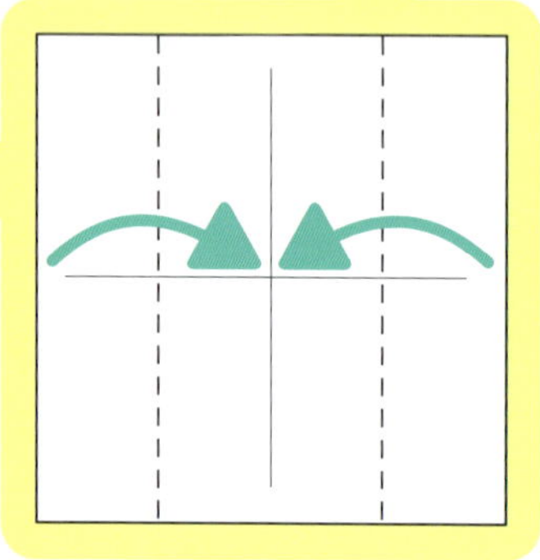

おりすじで
あうように
みぎとひだりを
おります。

3

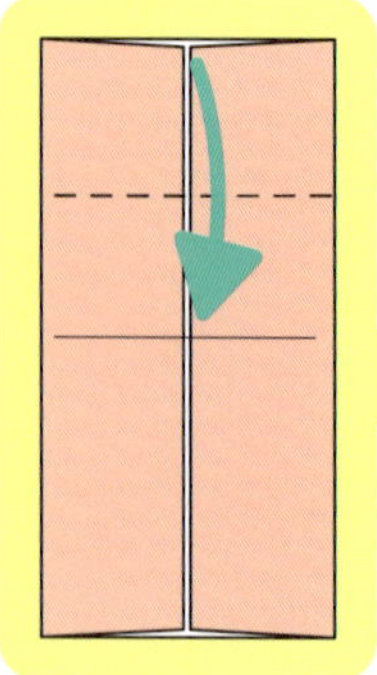

うえだけ
おります。

4

ななめに
おりすじを
2つつけます。

5

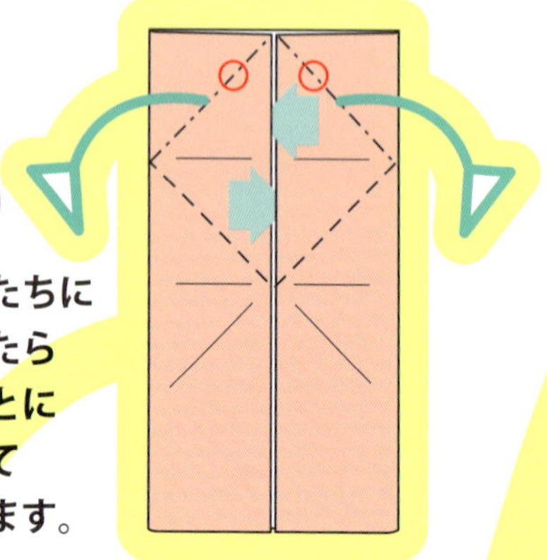

ずのかたちに
もどしたら
○をそとに
ひらいて
つぶします。

6

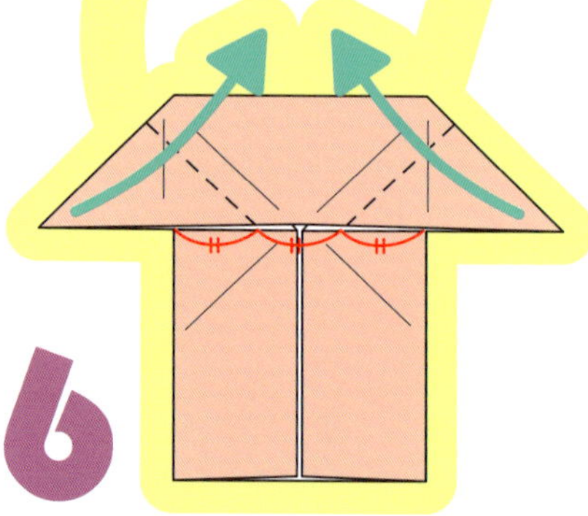

てんせんのところでうえへおります。

かぶとむし

くわがたの
5までおります。

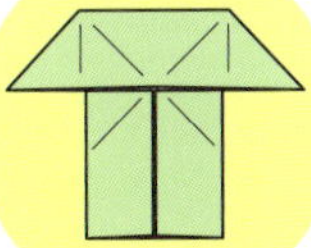

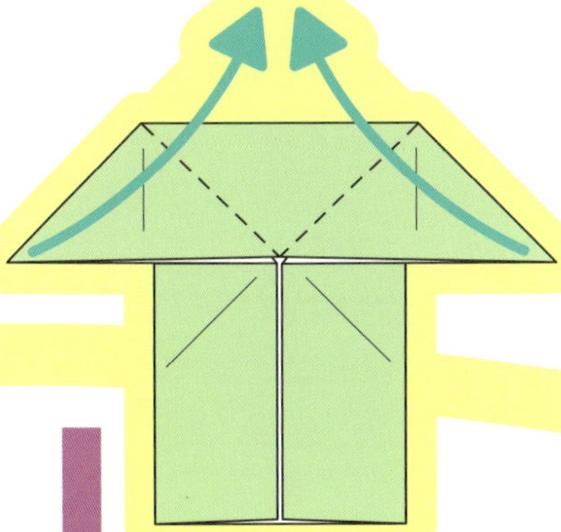

1
おりすじのところで
うえへおります。

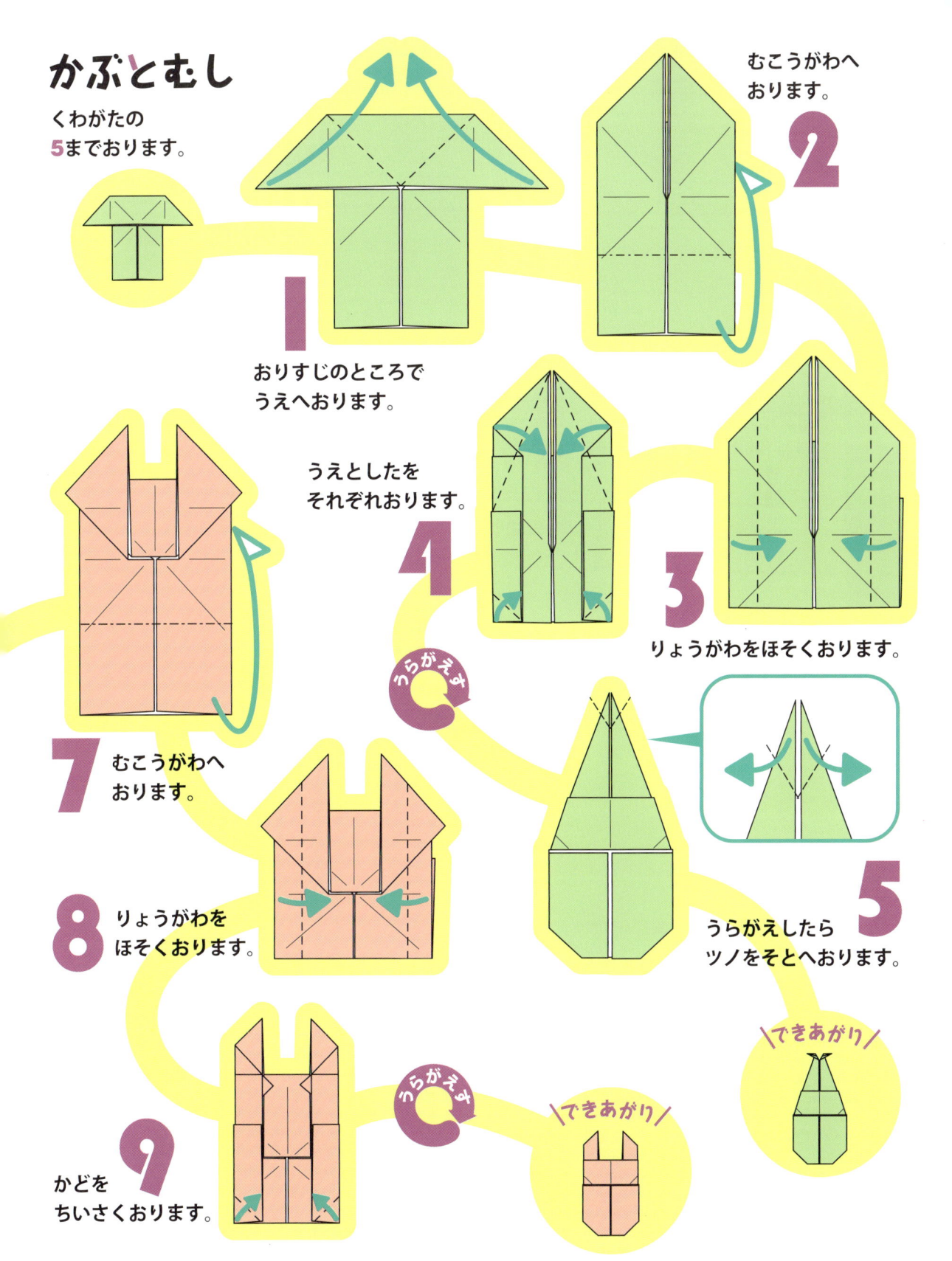

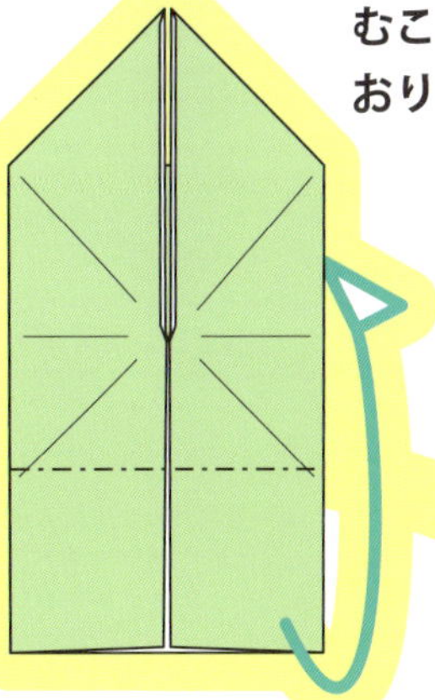

むこうがわへ
おります。
2

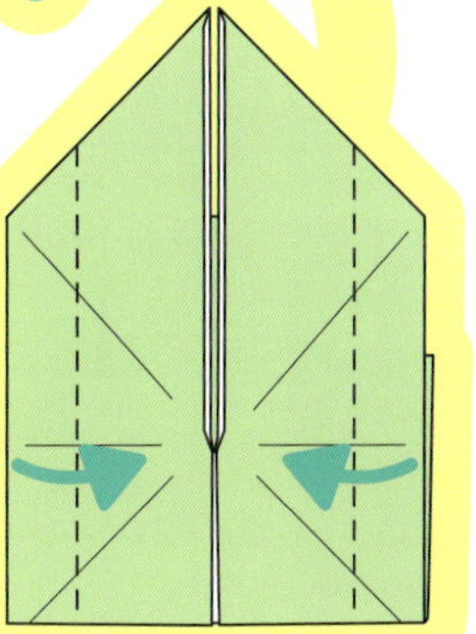

3
りょうがわをほそくおります。

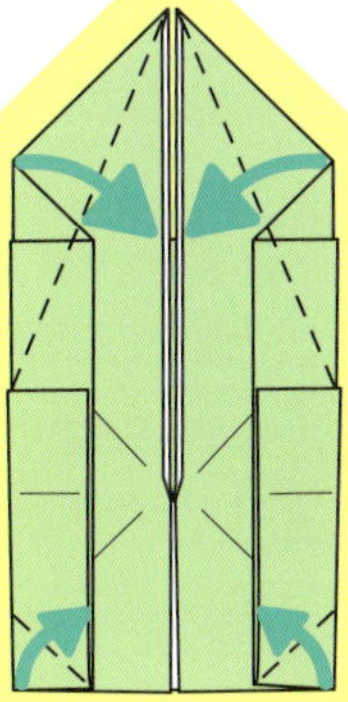

うえとしたを
それぞれおります。
4

うらがえす

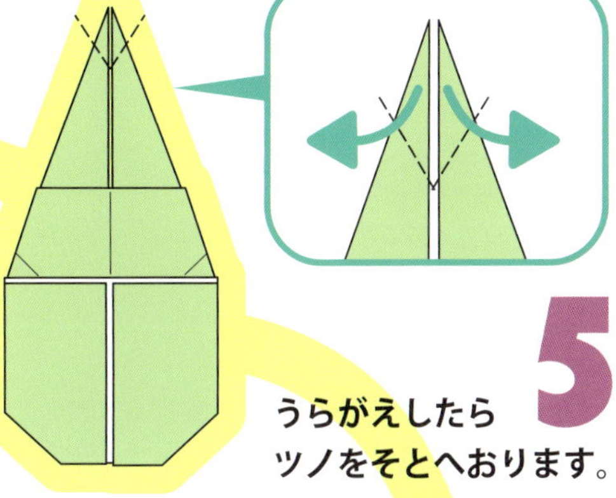

5
うらがえしたら
ツノをそとへおります。

＼できあがり／

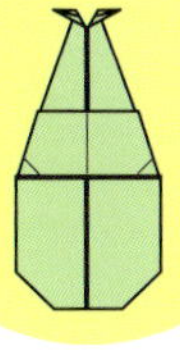

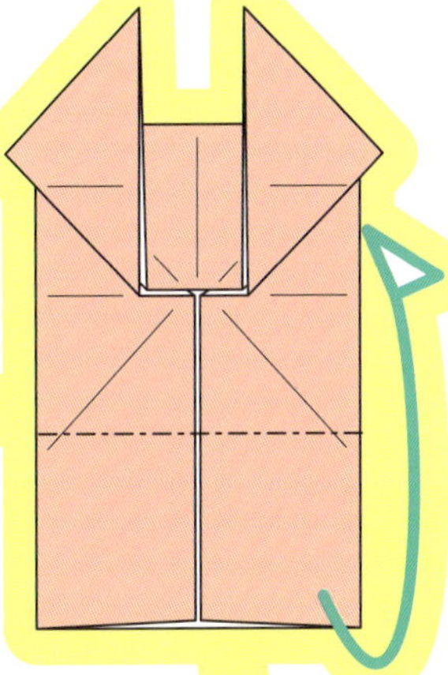

7
むこうがわへ
おります。

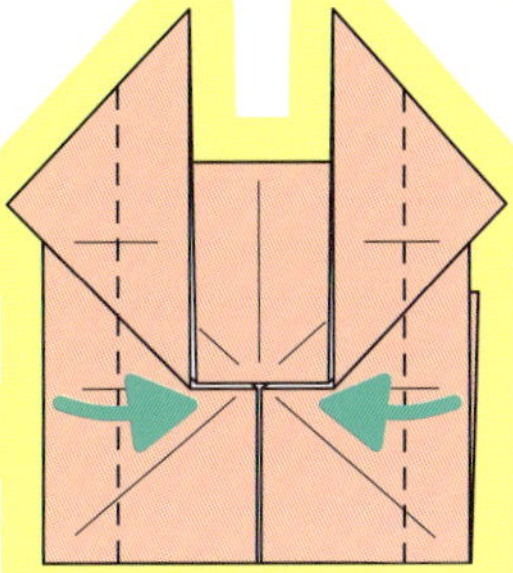

8
りょうがわを
ほそくおります。

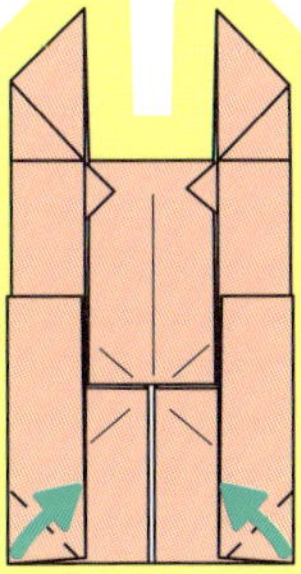

9
かどを
ちいさくおります。

うらがえす

＼できあがり／

ちょうちょ

おおきくひろげたはねが、きれいだね

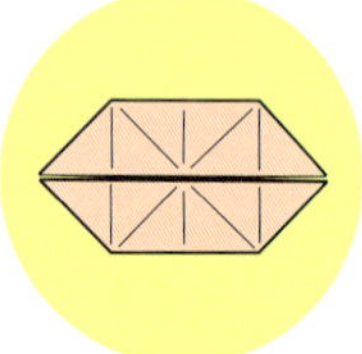

テーブル
(16ページ)の
6までおります。

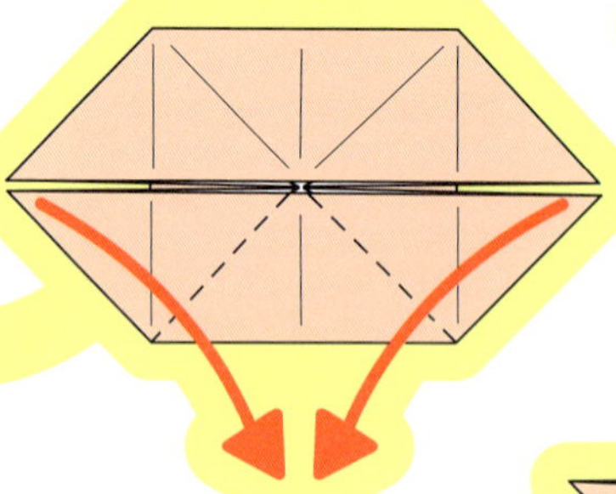

1 2つのかどを
したへおります。

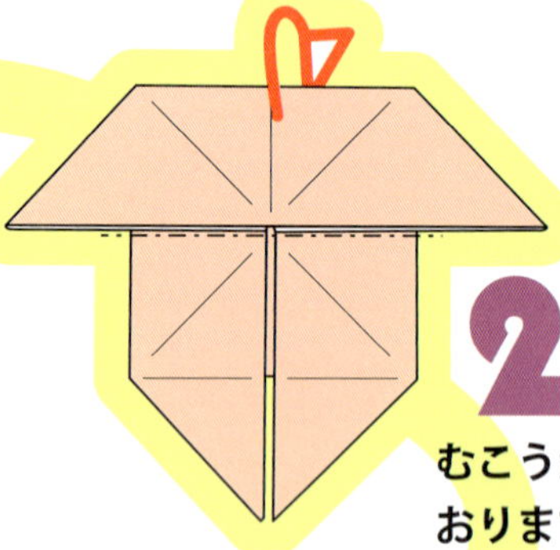

2 むこうがわへ
おります。

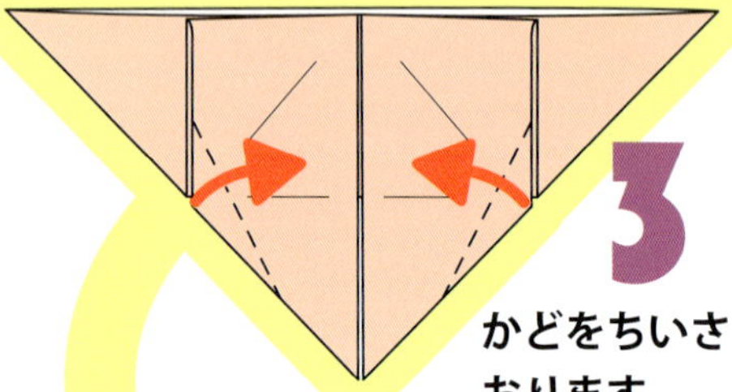

3 かどをちいさく
おります。

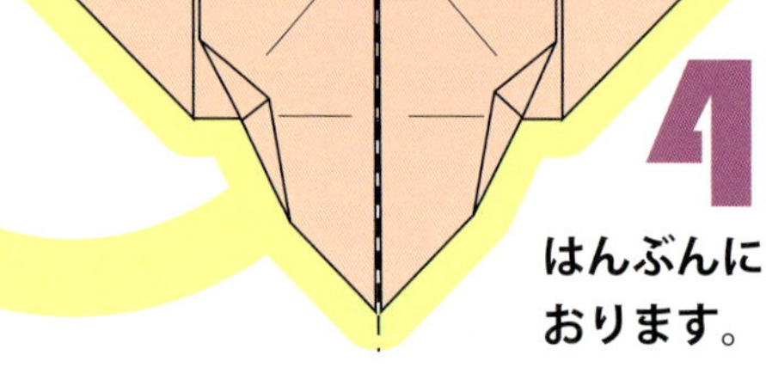

4 はんぶんに
おります。

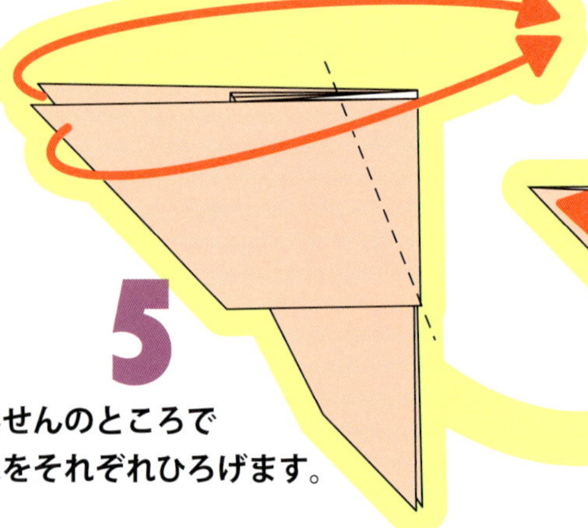

5 てんせんのところで
はねをそれぞれひろげます。

できあがり

ばった

くさむらからピョーンと、とびだしてきたよ！

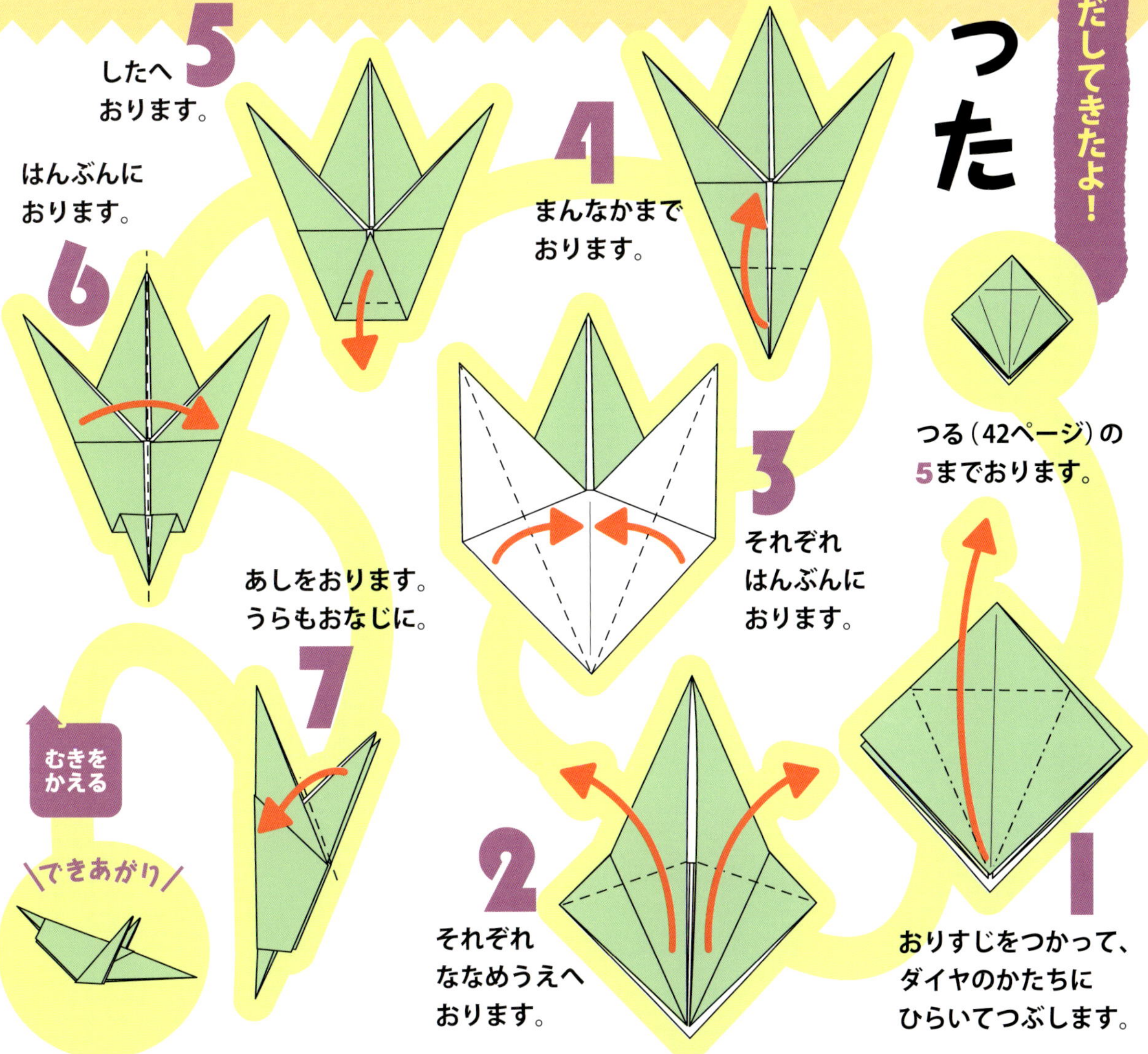

つる（42ページ）の5までおります。

1 おりすじをつかって、ダイヤのかたちにひらいてつぶします。

2 それぞれななめうえへおります。

3 それぞれはんぶんにおります。

4 まんなかまでおります。

5 したへおります。

6 はんぶんにおります。

むきをかえる

7 あしをおります。うらもおなじに。

できあがり

スイーッと、まっすぐにとんでいきそうだね

とんぼ

つる（42ページ）の
7までおります。

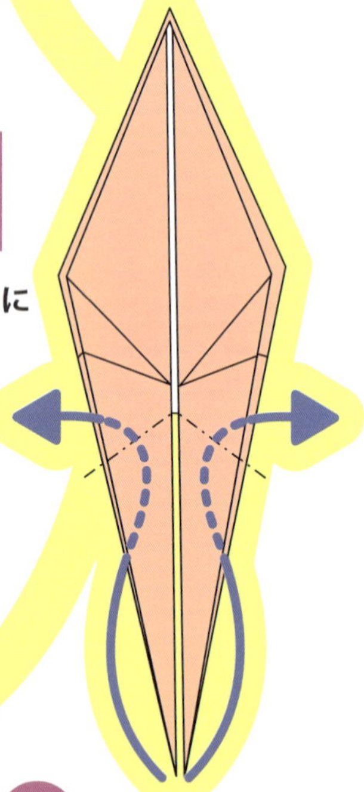

1

したのかどが
まよこにくるように
なかわりおりを
します。

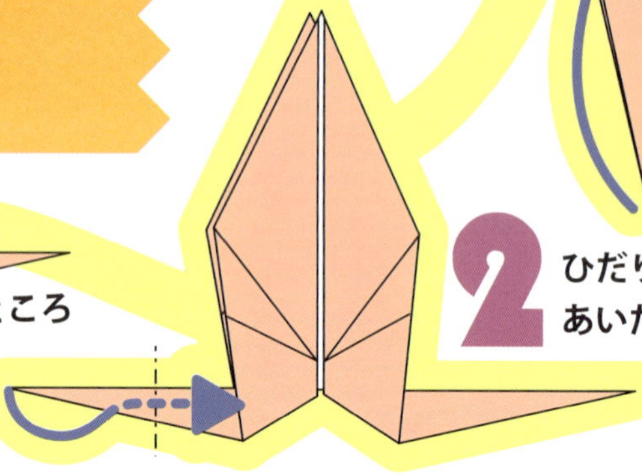

2

ひだりをおって
あいだにいれます。

2をおったところ

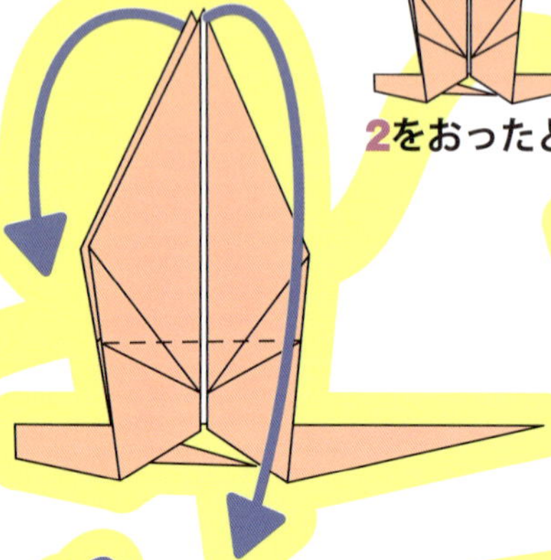

3

はねを
それぞれ
したへ
おります。

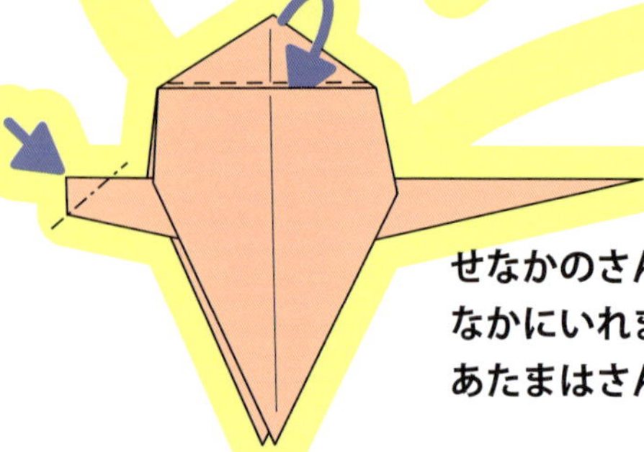

4

せなかのさんかくをおって
なかにいれます。
あたまはさんかくにつぶします。

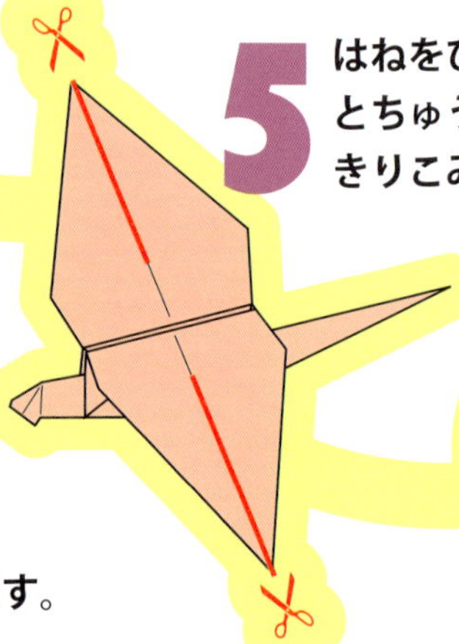

5

はねをひろげてから
とちゅうまで
きりこみをいれます。

できあがり

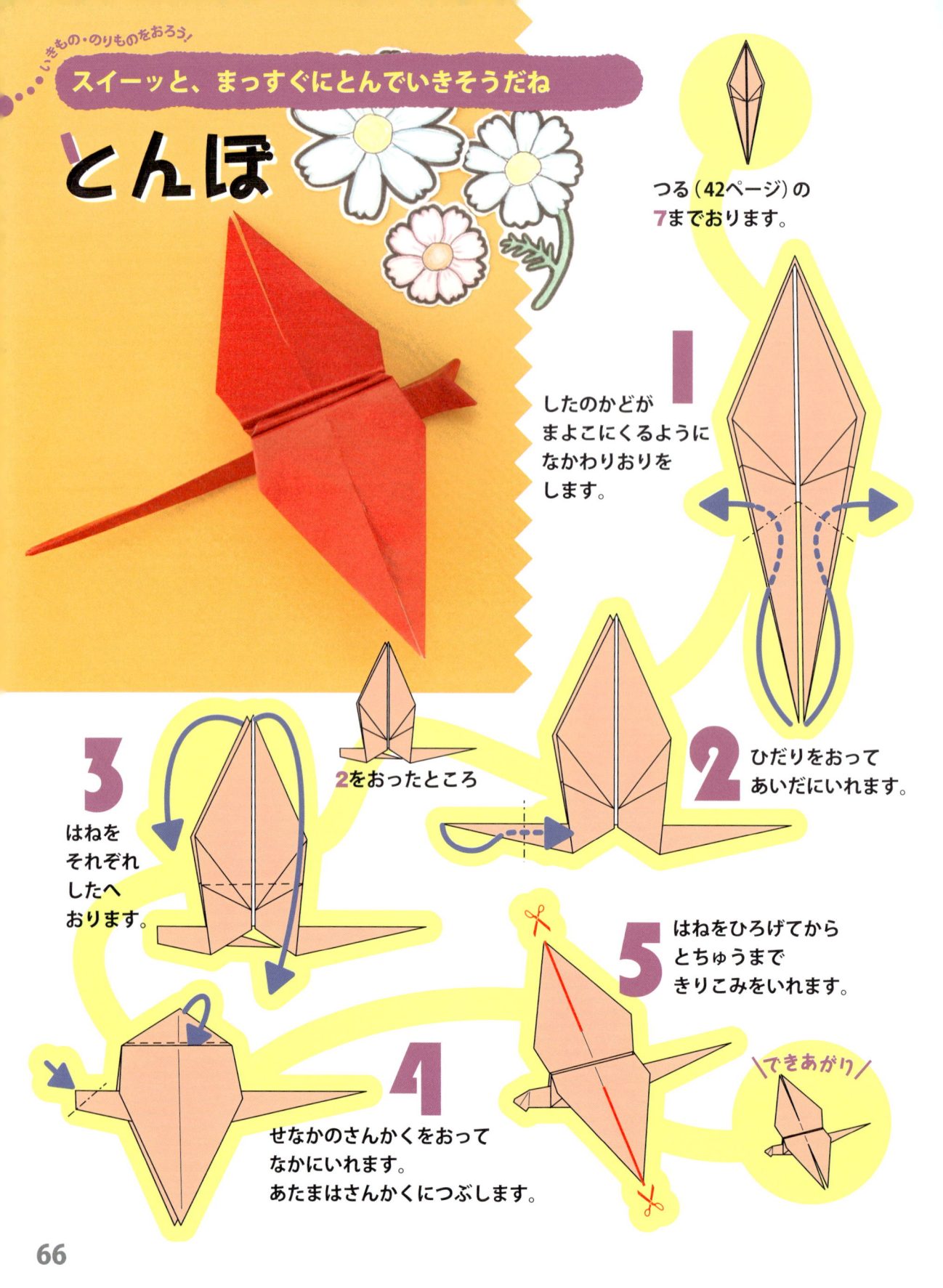

かめ

のそのそと、あるいているみたいだね

かぶと（114ページ）の
4までおります。

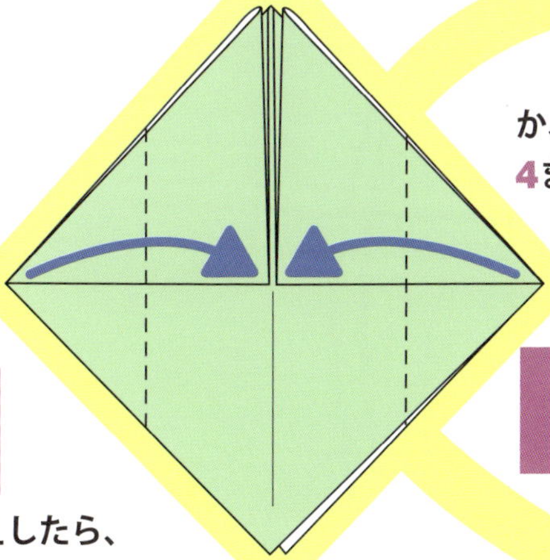

1 りょうほうのかどを
まんなかまで
おります。

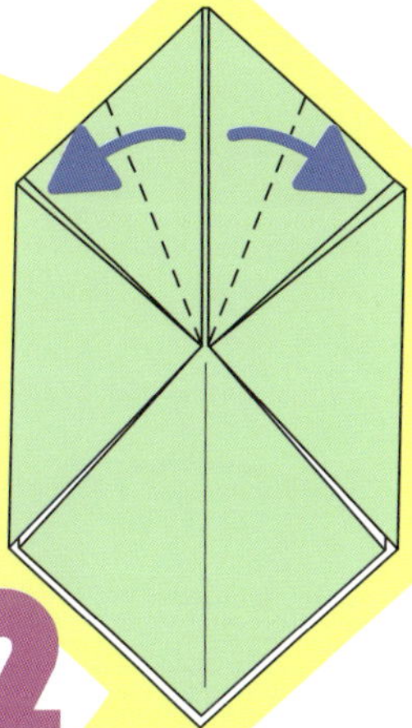

2 うえのかどを
ひらくようにおります。

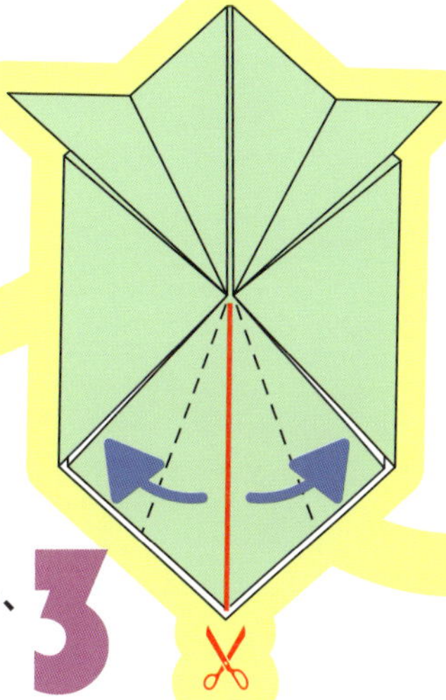

3 てまえの１まいをきったら、
ひらくようにおります。

3をおった
ところ

うらがえす

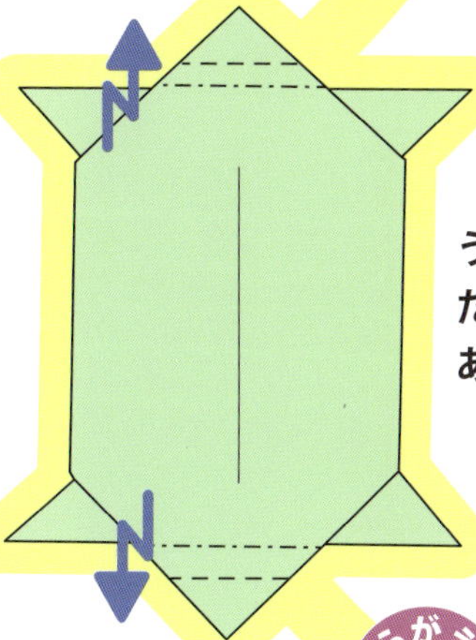

4 うらがえしたら、
だんおりで
あたまとしっぽをおります。

できあがり

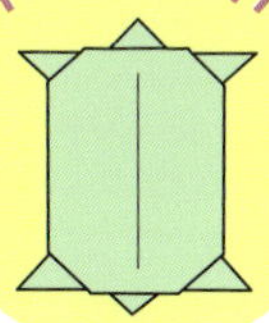

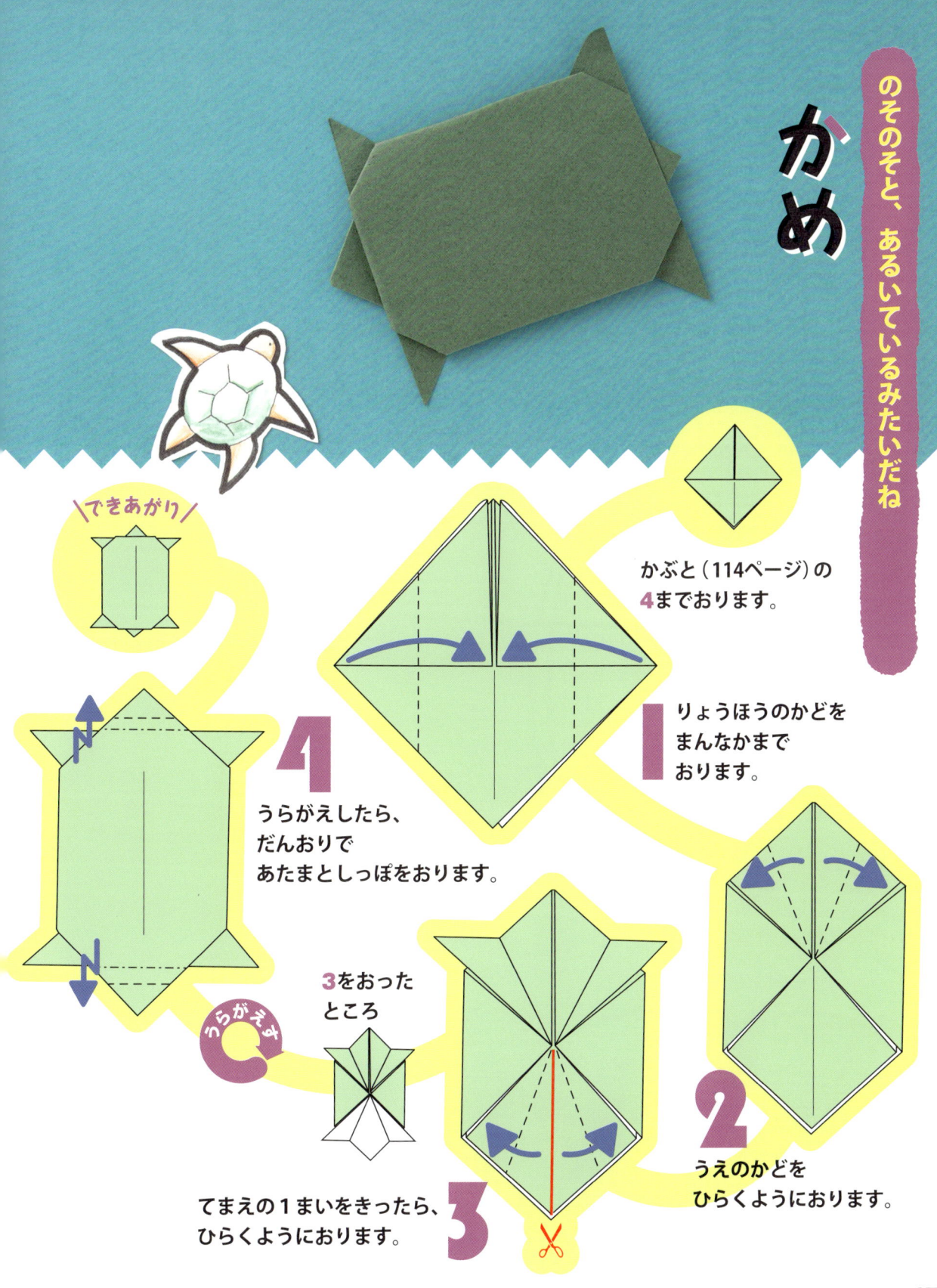

かたつむり

あめがあがって、のっそりとでてきたよ

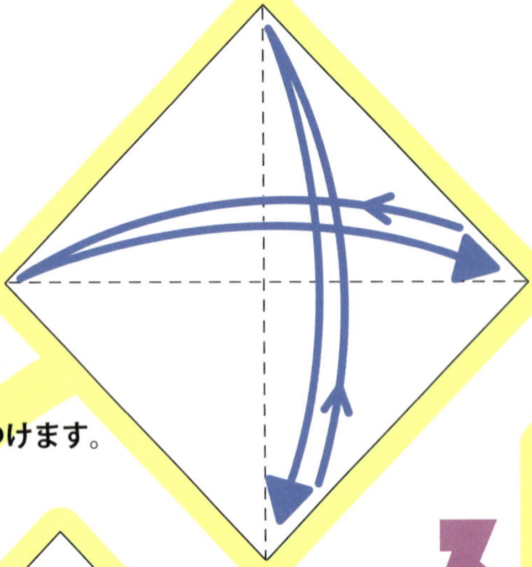

1

おりすじを２つつけます。

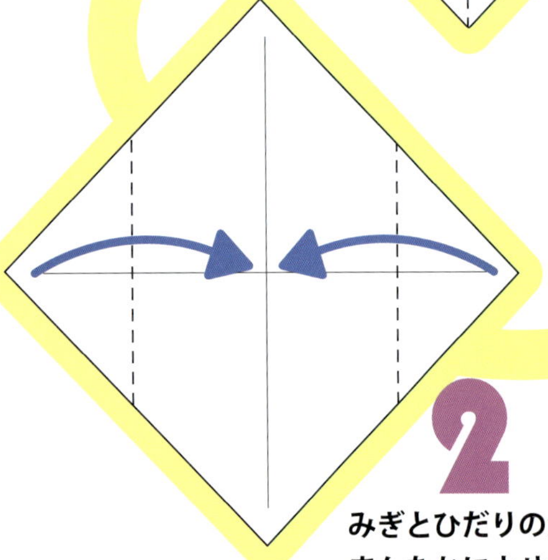

2

みぎとひだりのかどを
まんなかによせております。

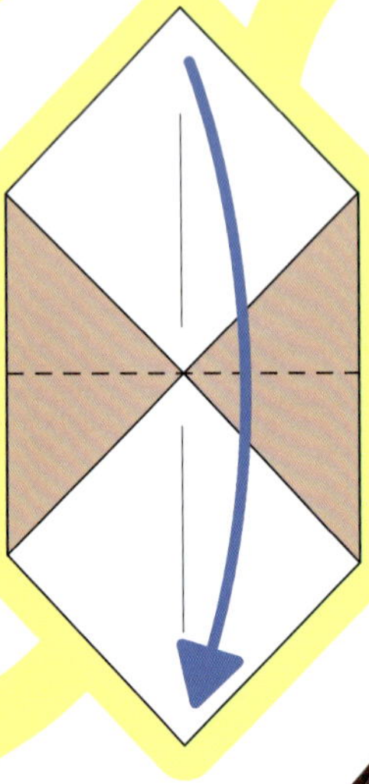

3

はんぶんに
おります。

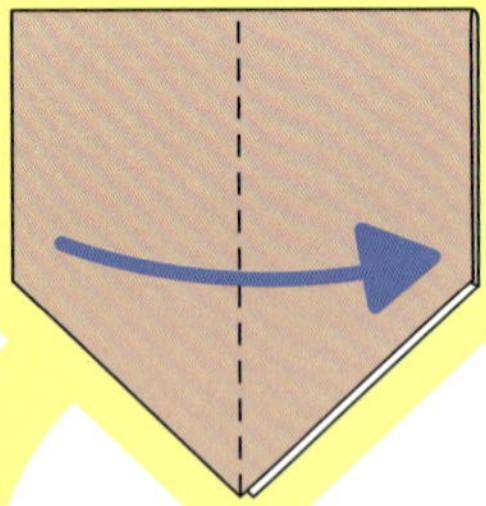

4

はんぶんに
おります。

からゆびをいれ、
ひらいてつぶします。
うらもおなじに。

5

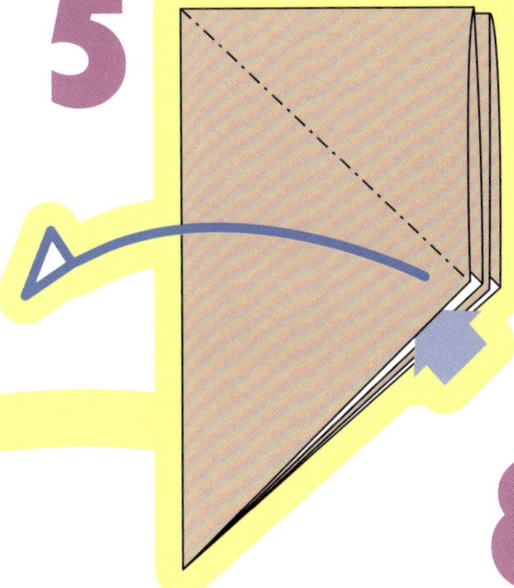

6

おりずらして
おるめんをかえます。

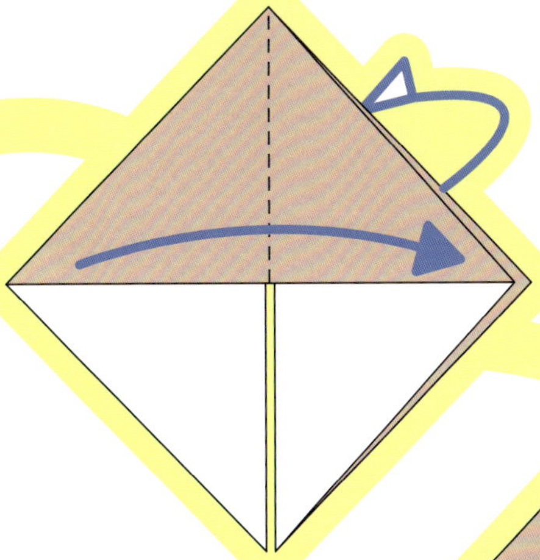

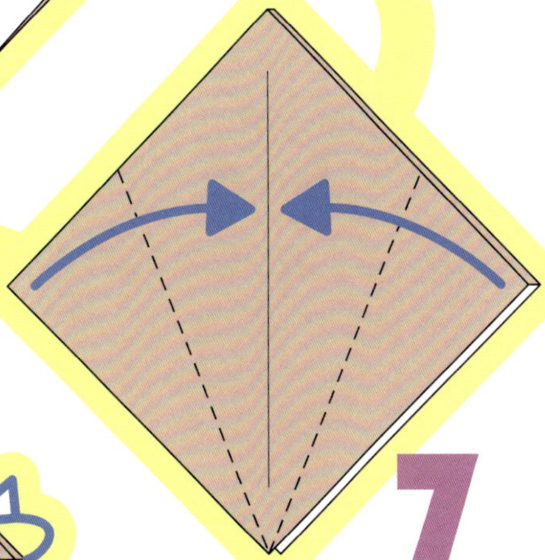

7

てまえの１まいを
おります。
うらもおなじに。

8

おりずらします。

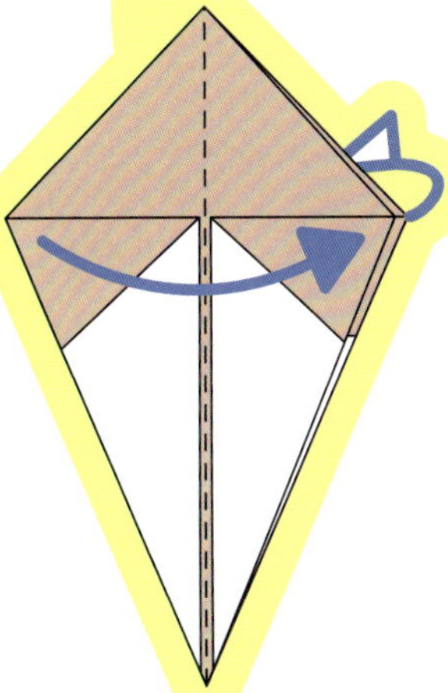

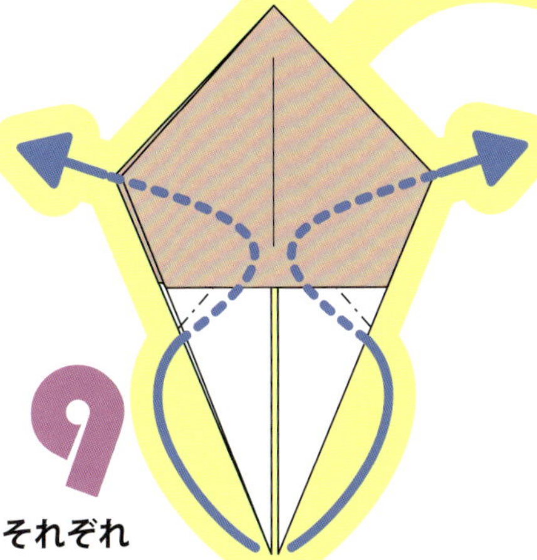

9

それぞれ
なかわりおりを
します。

\できあがり/

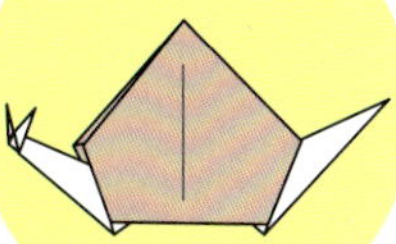

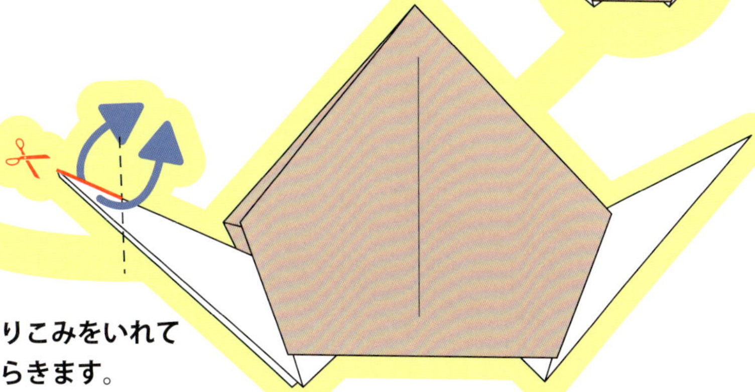

10

きりこみをいれて
ひらきます。

ピョーンと、いけのなかにとびこんだよ

かえる

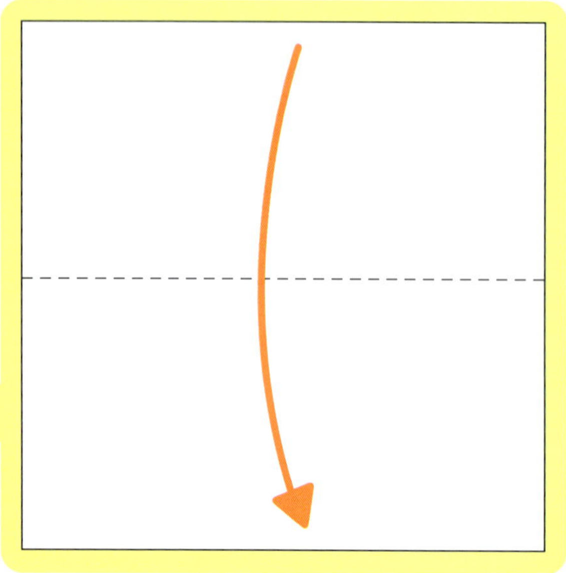

1 はんぶんにおります。

3をおったところ

3 からゆびをいれて ひらいてつぶします。

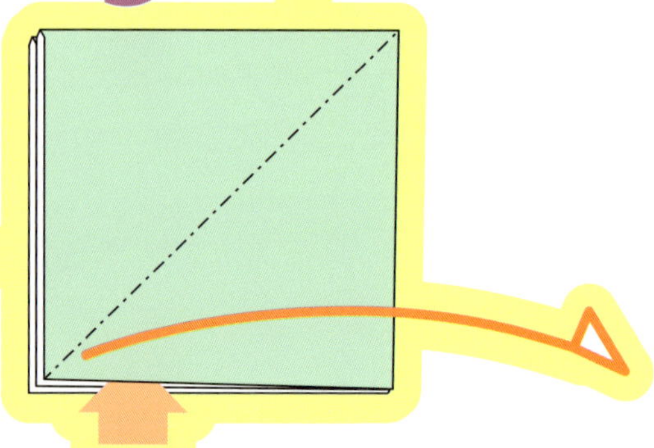

2 はんぶんにおります。

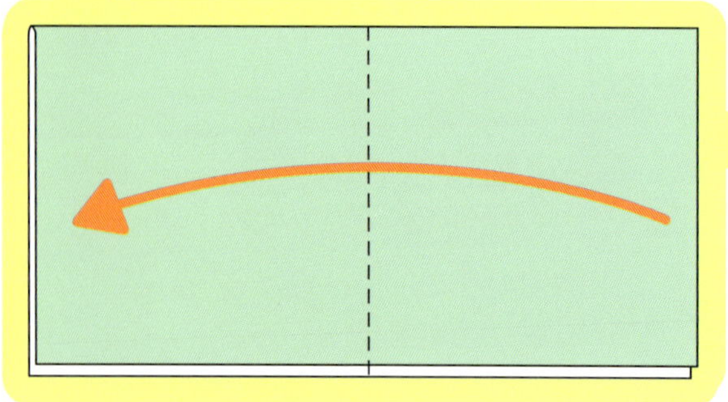

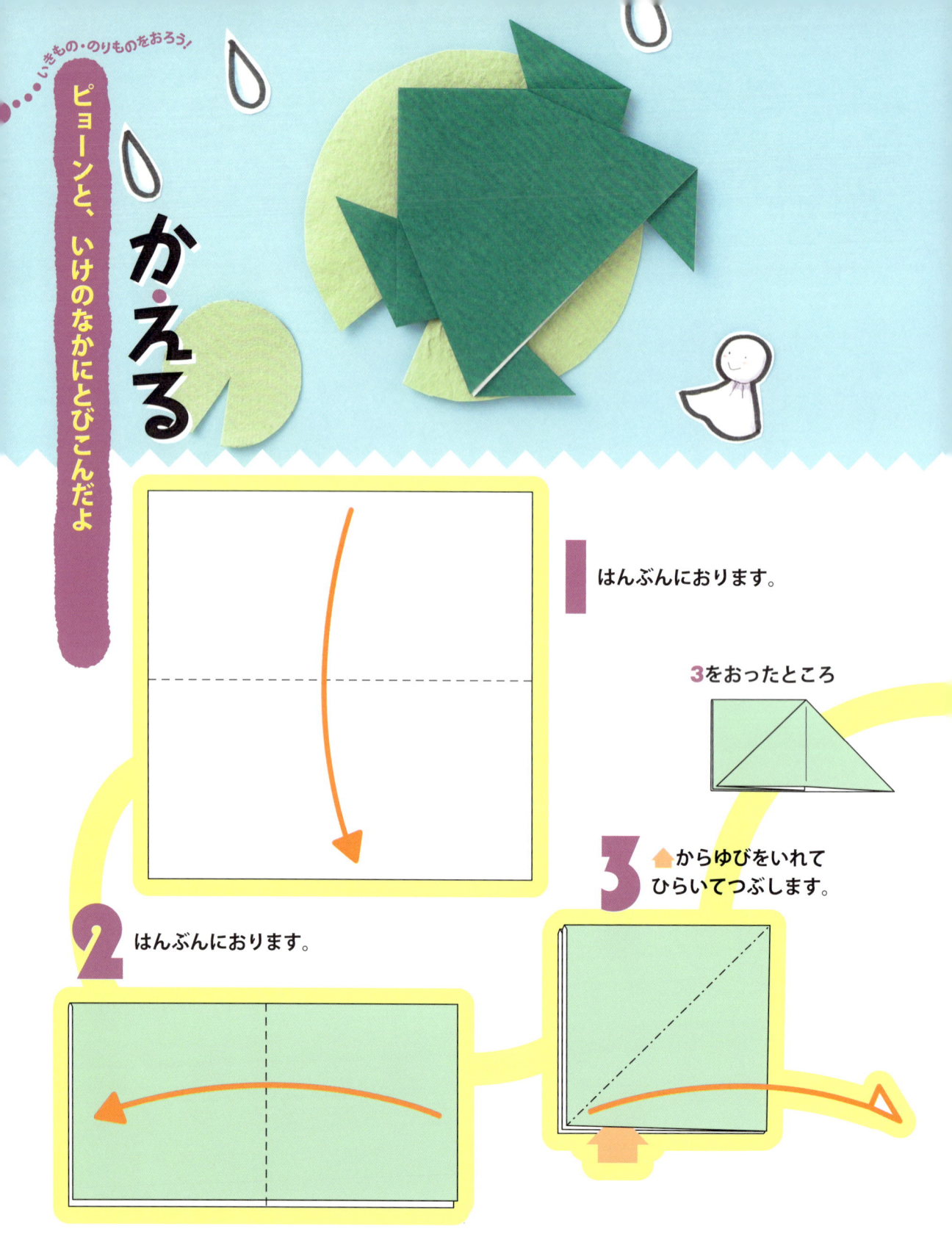

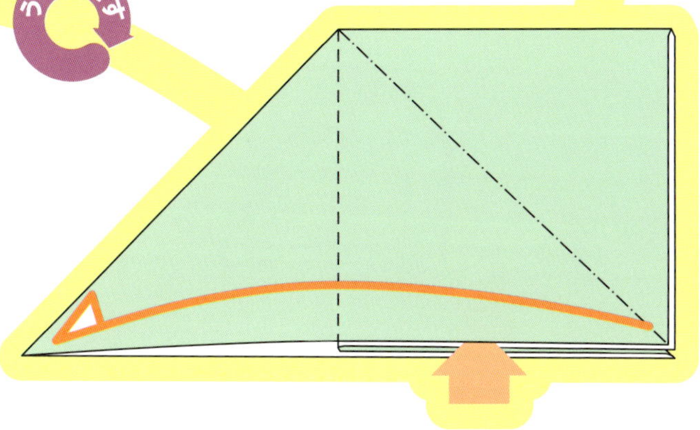

4

うらがえしたら、
おなじようにひらいてつぶします。

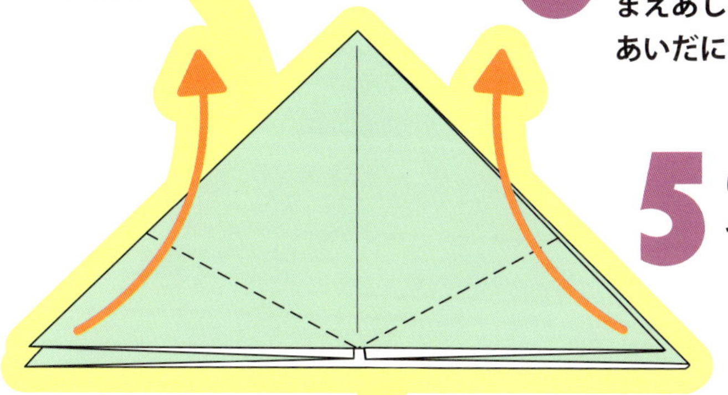

5

りょうほうのかどを
うえへおります。

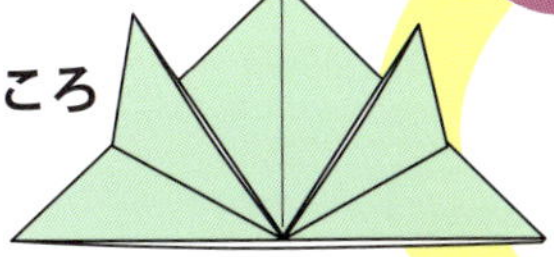

5をおったところ

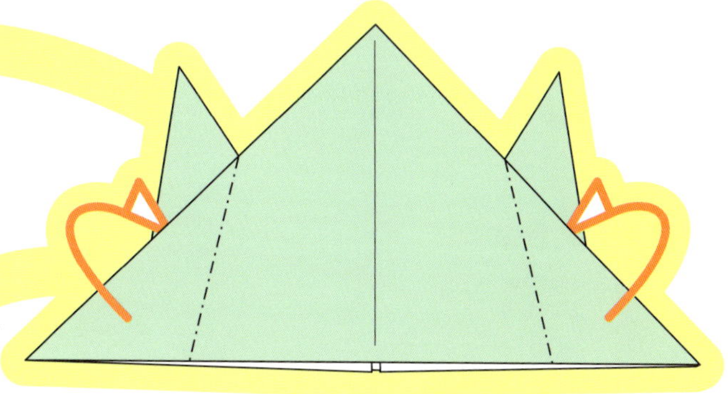

6

うらがえしたら
りょうほうのかどを
まえあしとの
あいだにおりこみます。

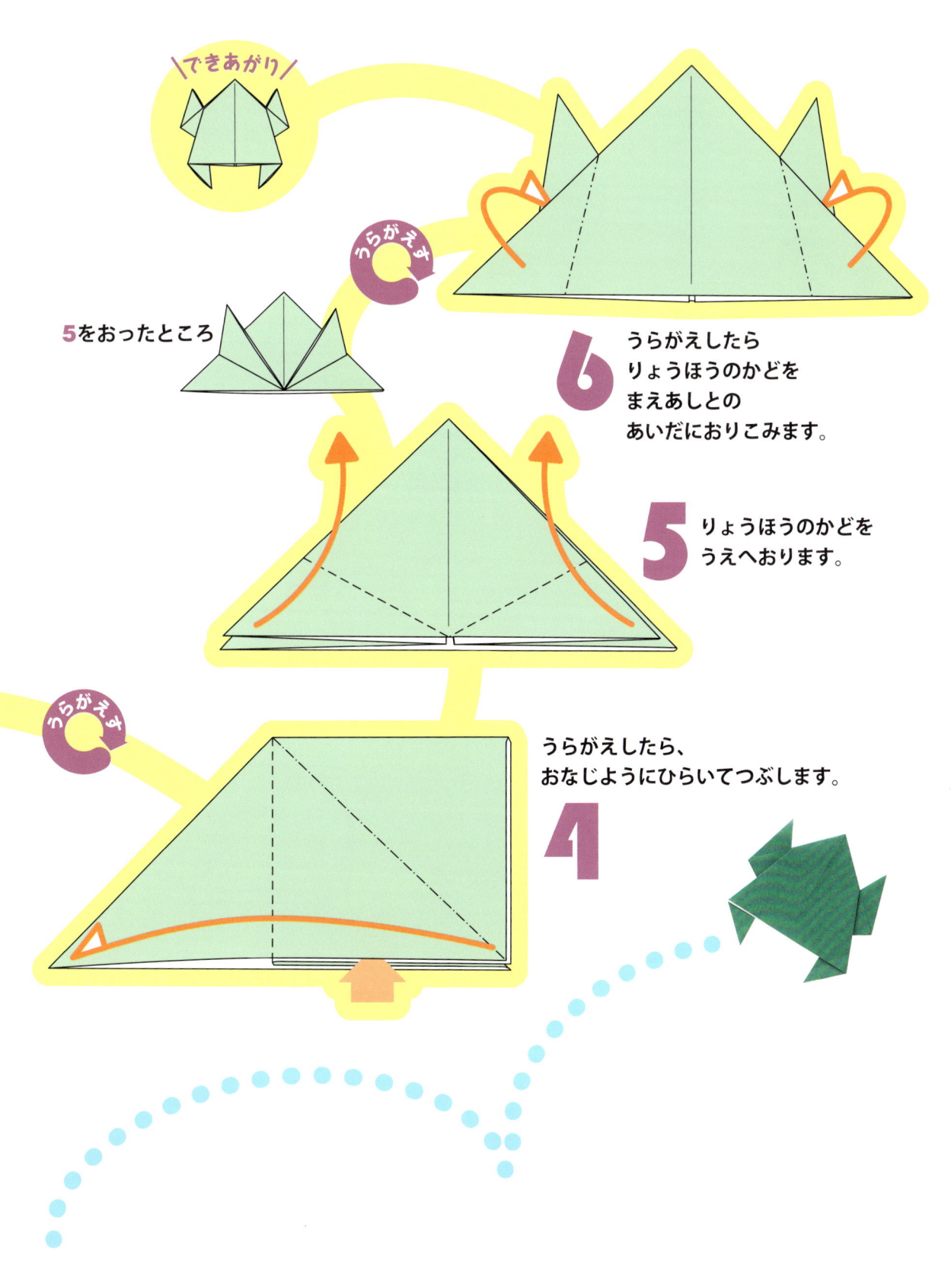

おたまじゃくし

ちいさいかみでおると、かわいいよ

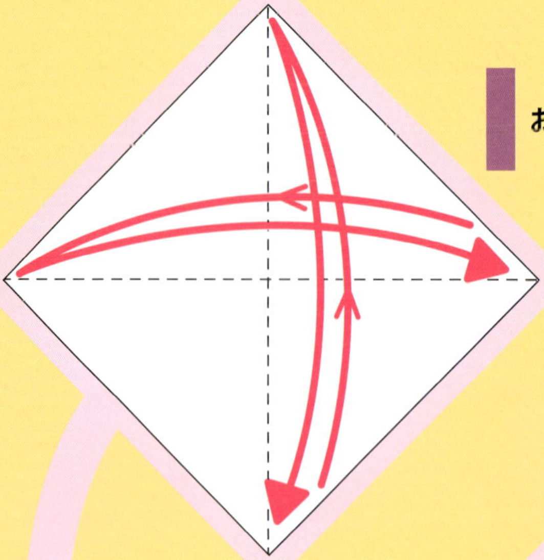

1 おりすじを２つつけます。

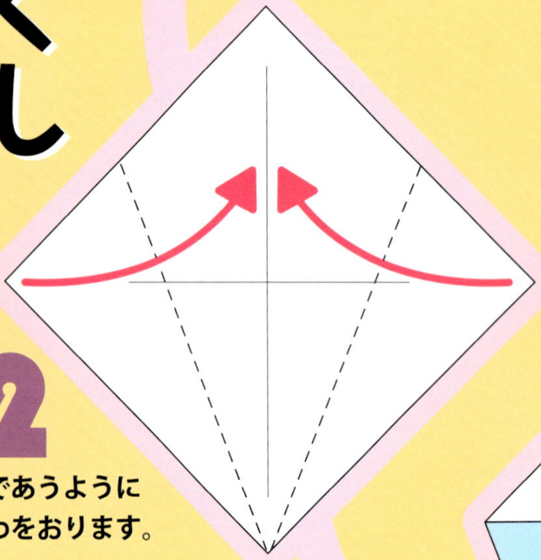

2 おりすじであうように
りょうがわをおります。

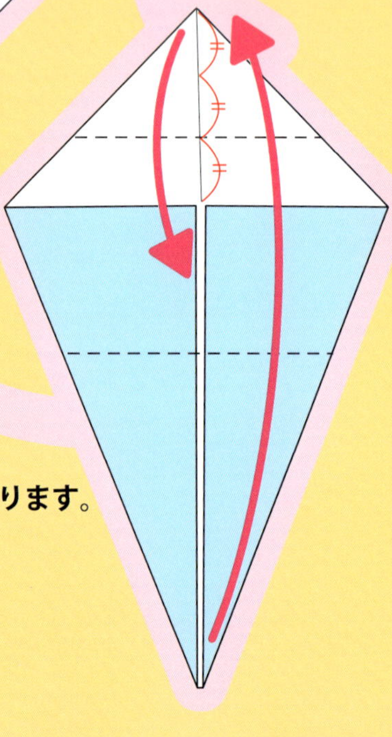

3 うえとしたをそれぞれおります。

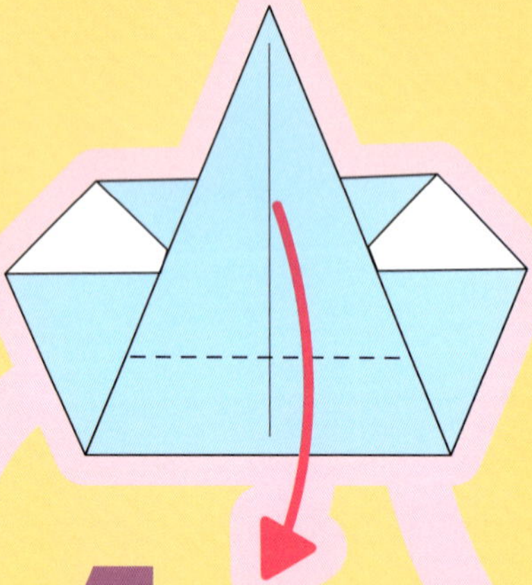

4 したへおります。

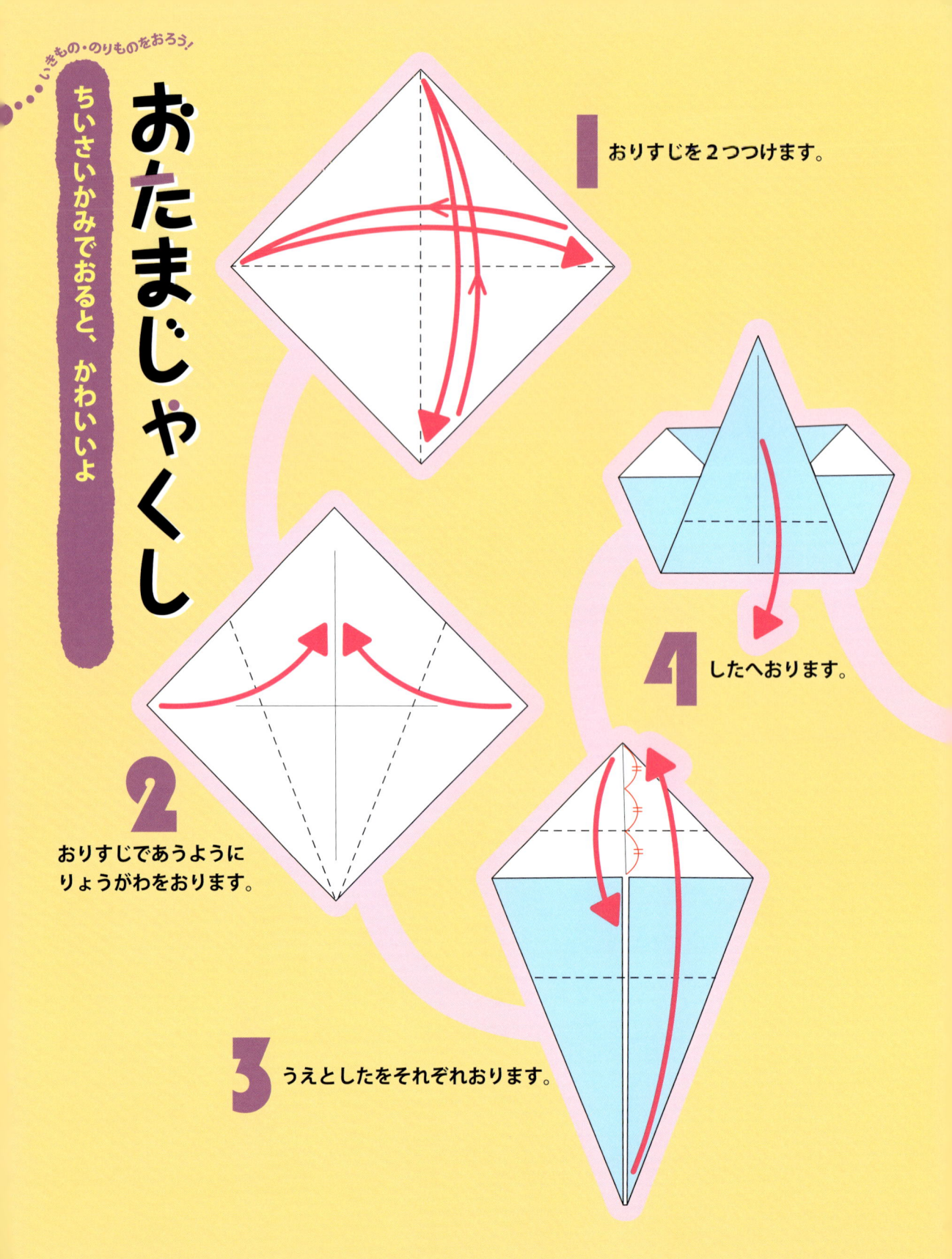

5 からゆびをいれ
ひらいてつぶします。

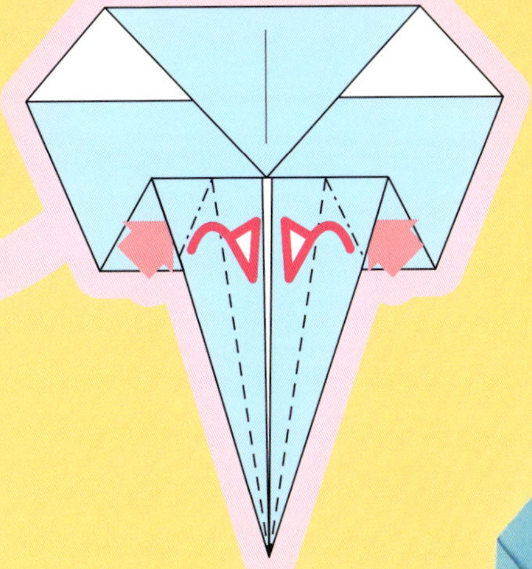

6 おりすじであうように
りょうがわをおります。

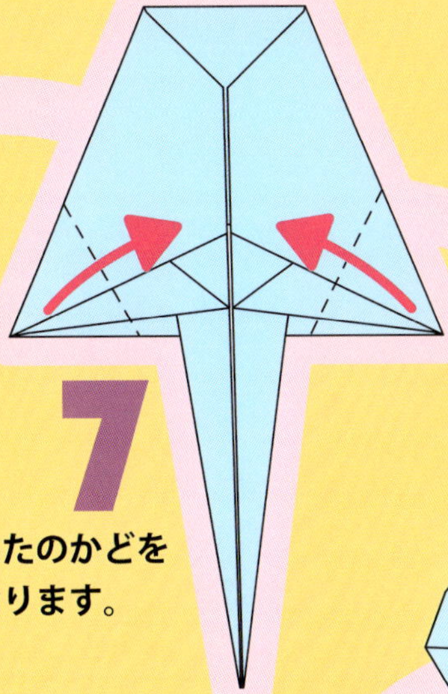

7 したのかどを
おります。

8 うえのかどを
ちいさくむこうがわへ
おります。

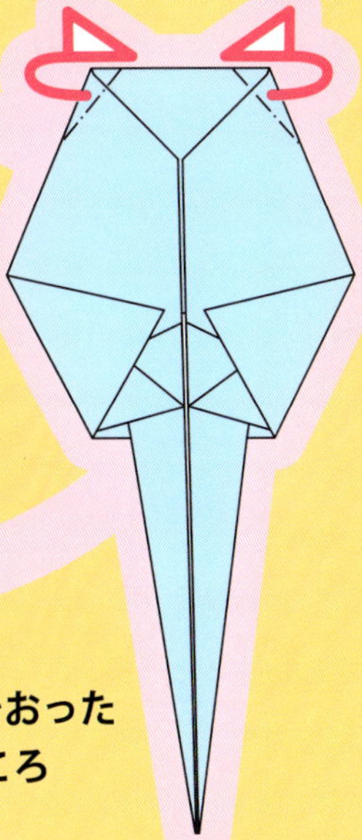

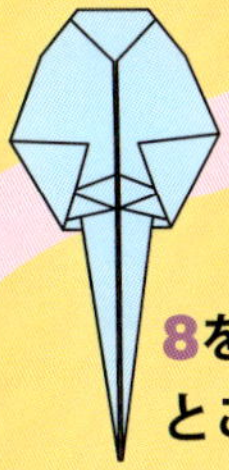

8をおった
ところ

うらがえす

9 うらがえしたら
しっぽを
やまおりに
します。

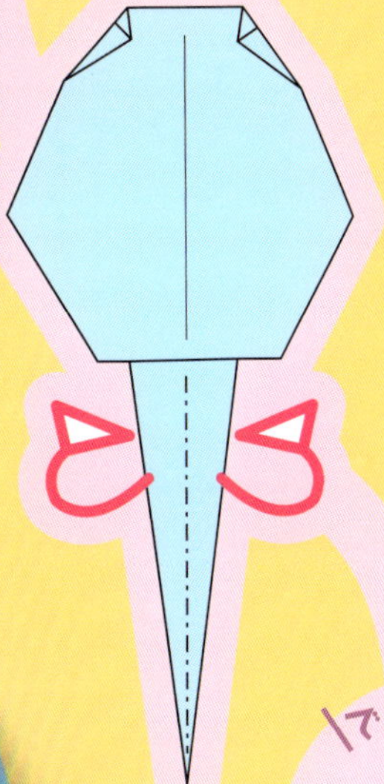

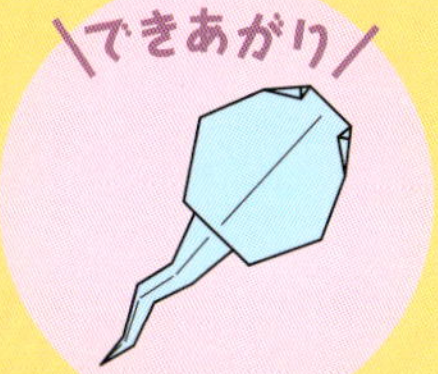

しっぽをおりまげて
うごきをつけましょう。

りょうめんおりがみでおると、たのしいよ

エンゼルフィッシュ

1

はんぶんにおります。

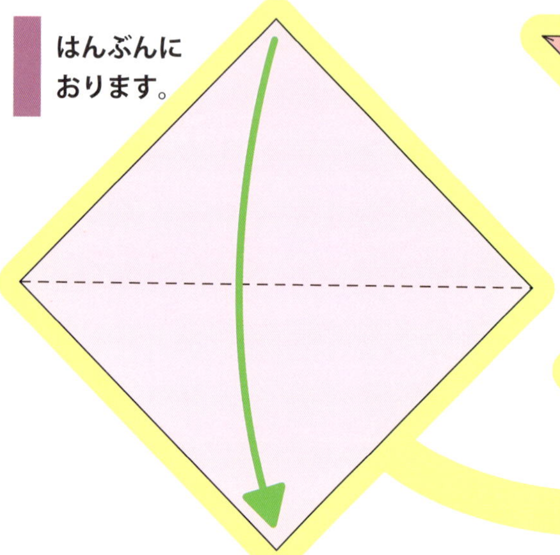

2

ふちにあわせております。

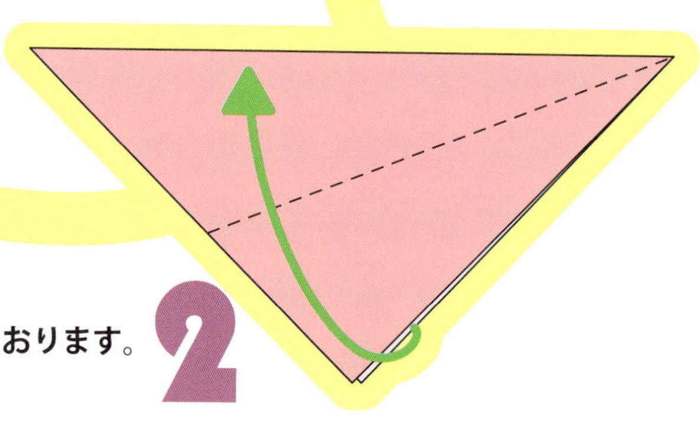

3

もういちどふちにあわせております。

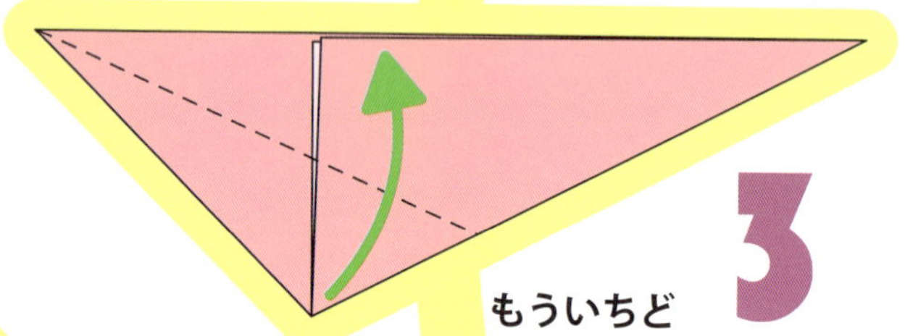

4

ななめうえへおります。

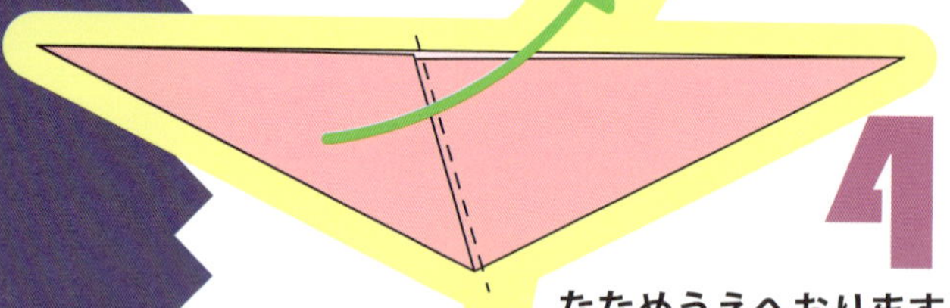

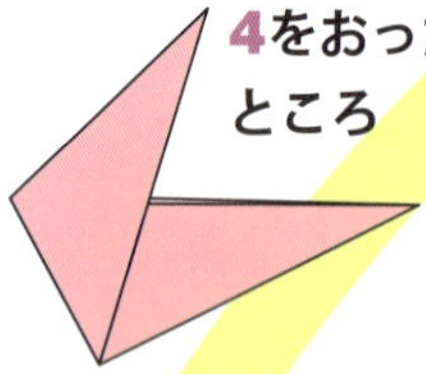

4をおったところ

5 ぜんぶひらいたら、はんぶんにきります。
それぞれを、おりすじどおりに
もういちどおります。

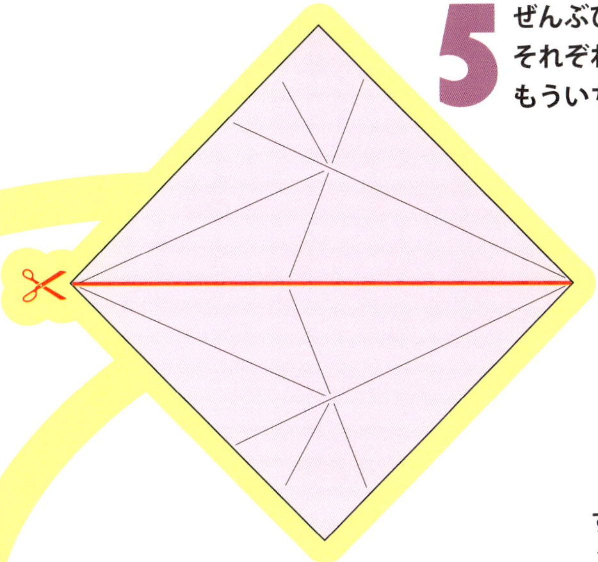

6 おなじかたちで
いろちがいがおれたら、
しただけ
うらがえします。

しただけ うらがえす

7 ずのようにおいたら
２つをくみあわせます。

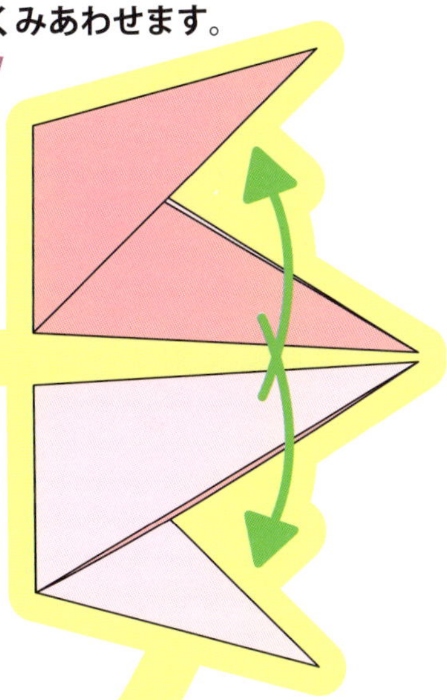

7をくみあわせて
いるところ

8 おびれをかさね、
たがいちがいになるように
おってとめます。

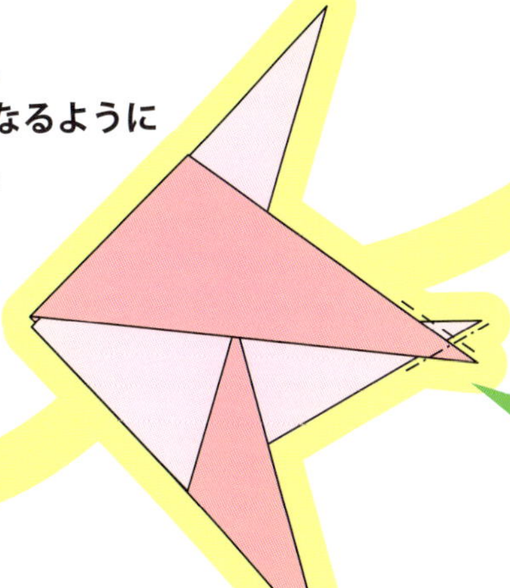

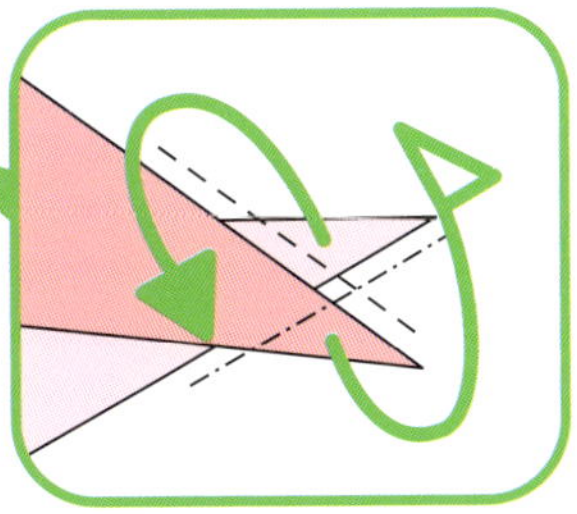

できあがり

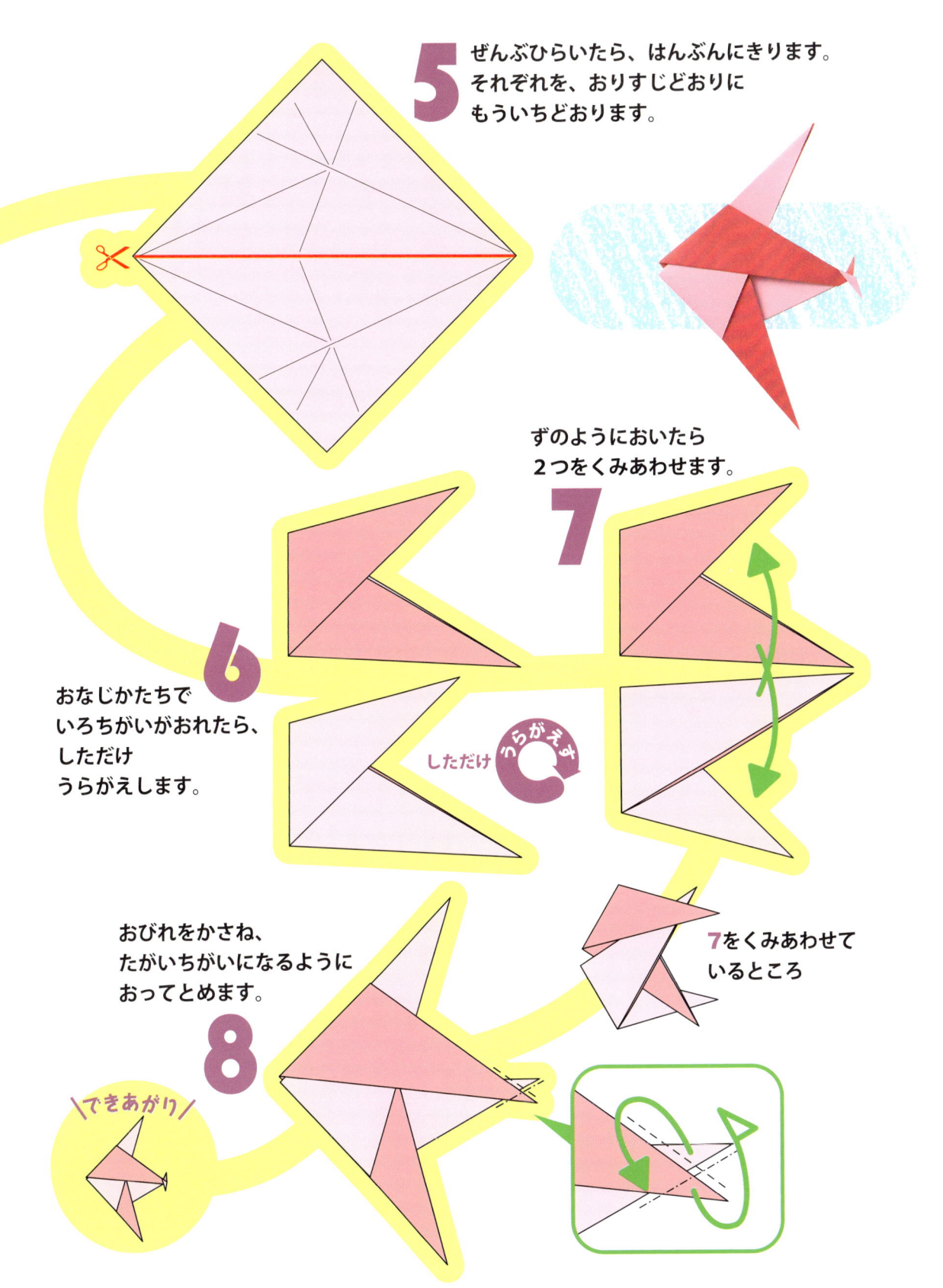

あしは、はさみできってつくるよ

いか

1 はんぶんに
おります。

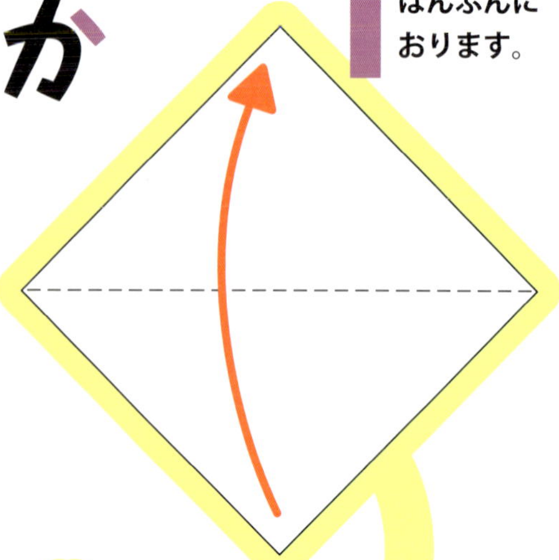

2 りょうほうのかどを
うえへおります。

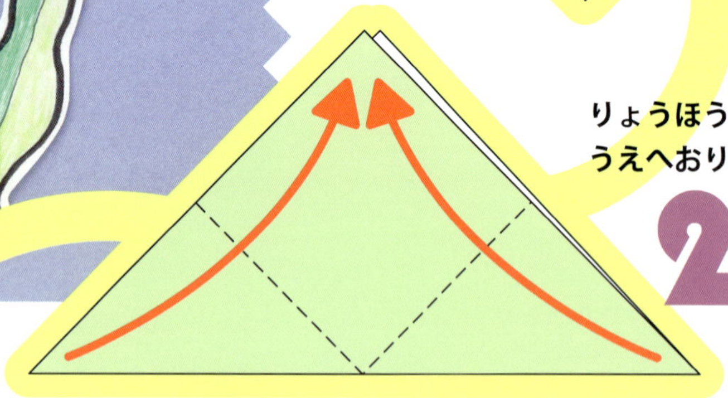

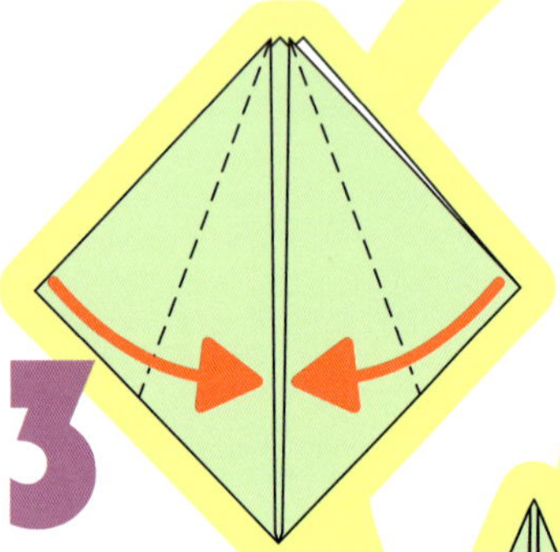

3 まんなかで
あうように
りょうがわを
おります。

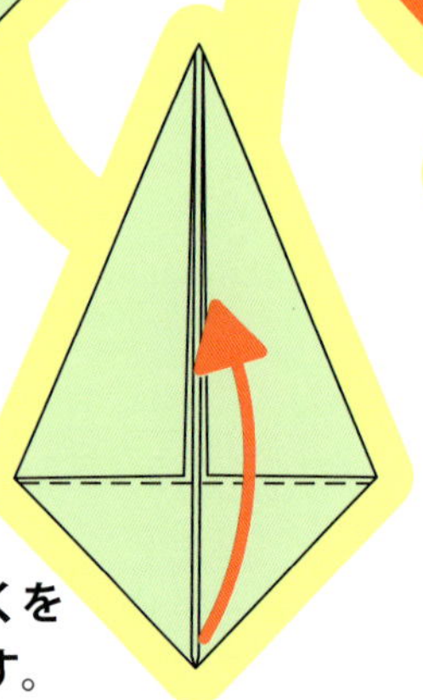

4 したのさんかくを
うえへおります。

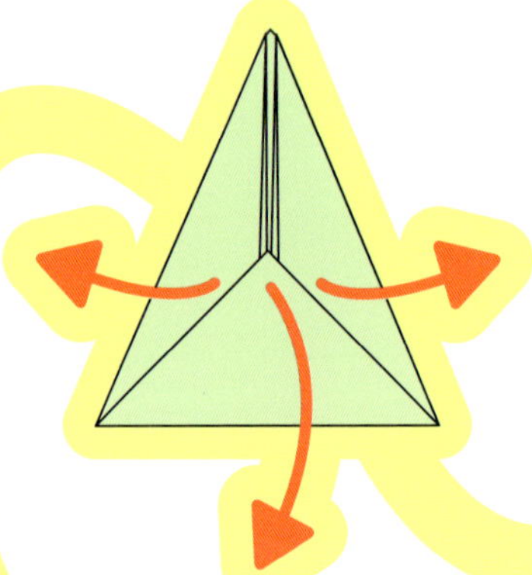

5 ひろげて
3のかたちまで
もどします。

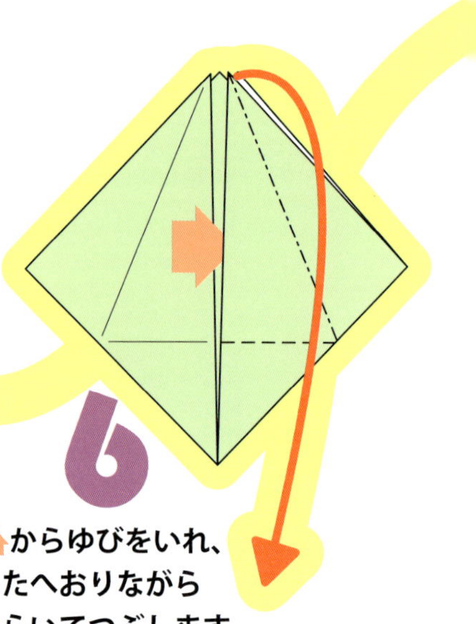

6 ⇧からゆびをいれ、
したへおりながら
ひらいてつぶします。

7
ひだりもおなじに。

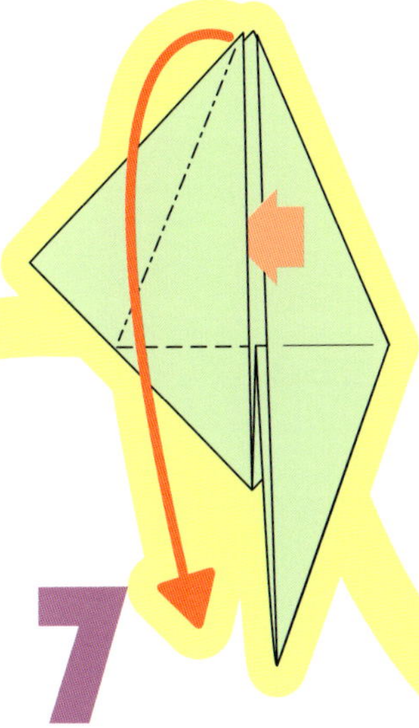

8
てまえの１まいだけ、
うちがわから
きりこみをいれます。

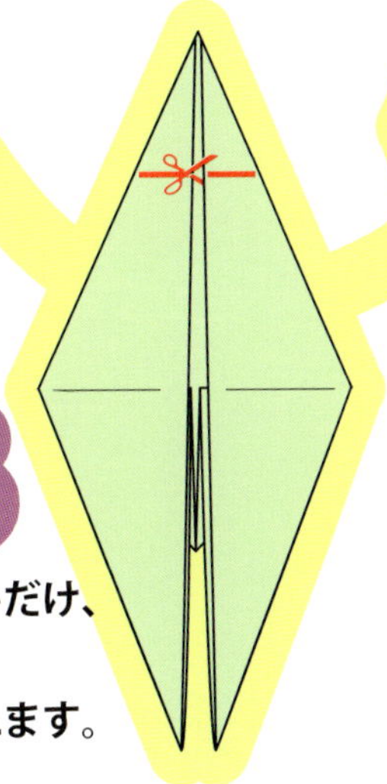

9
ひらきます。

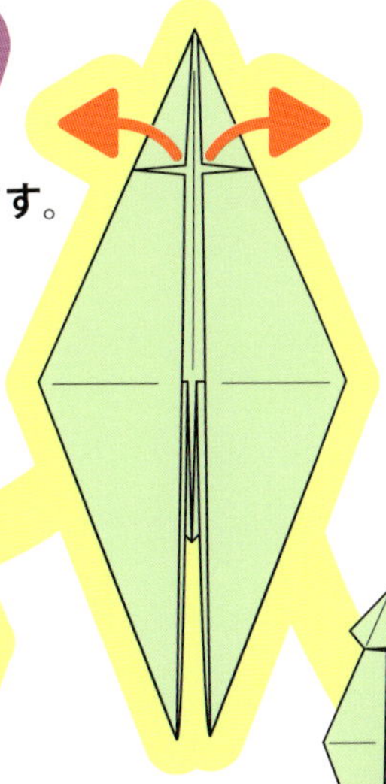

9でひらいた
ところ

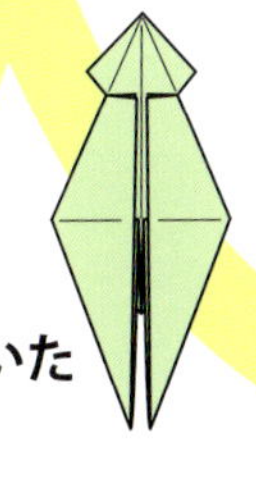

10
うらがえしたら
うえへおります。

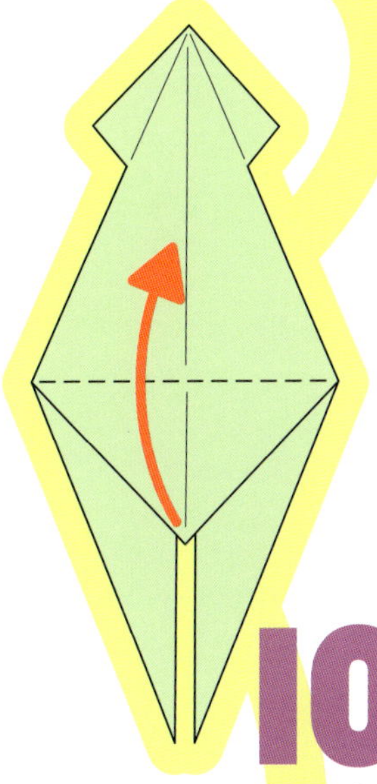

うらがえす

11
したへおります。

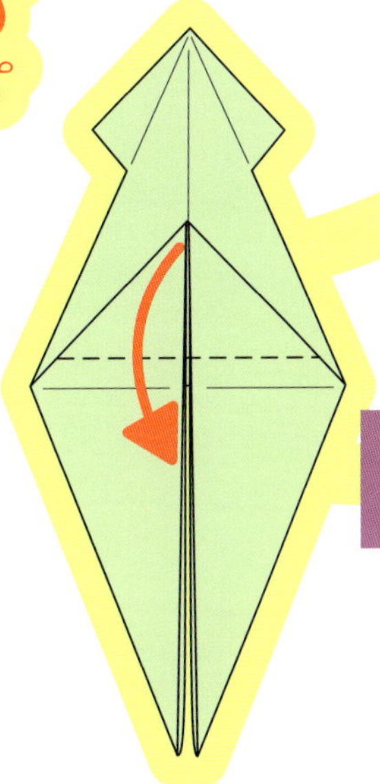

12
ほそくおります。

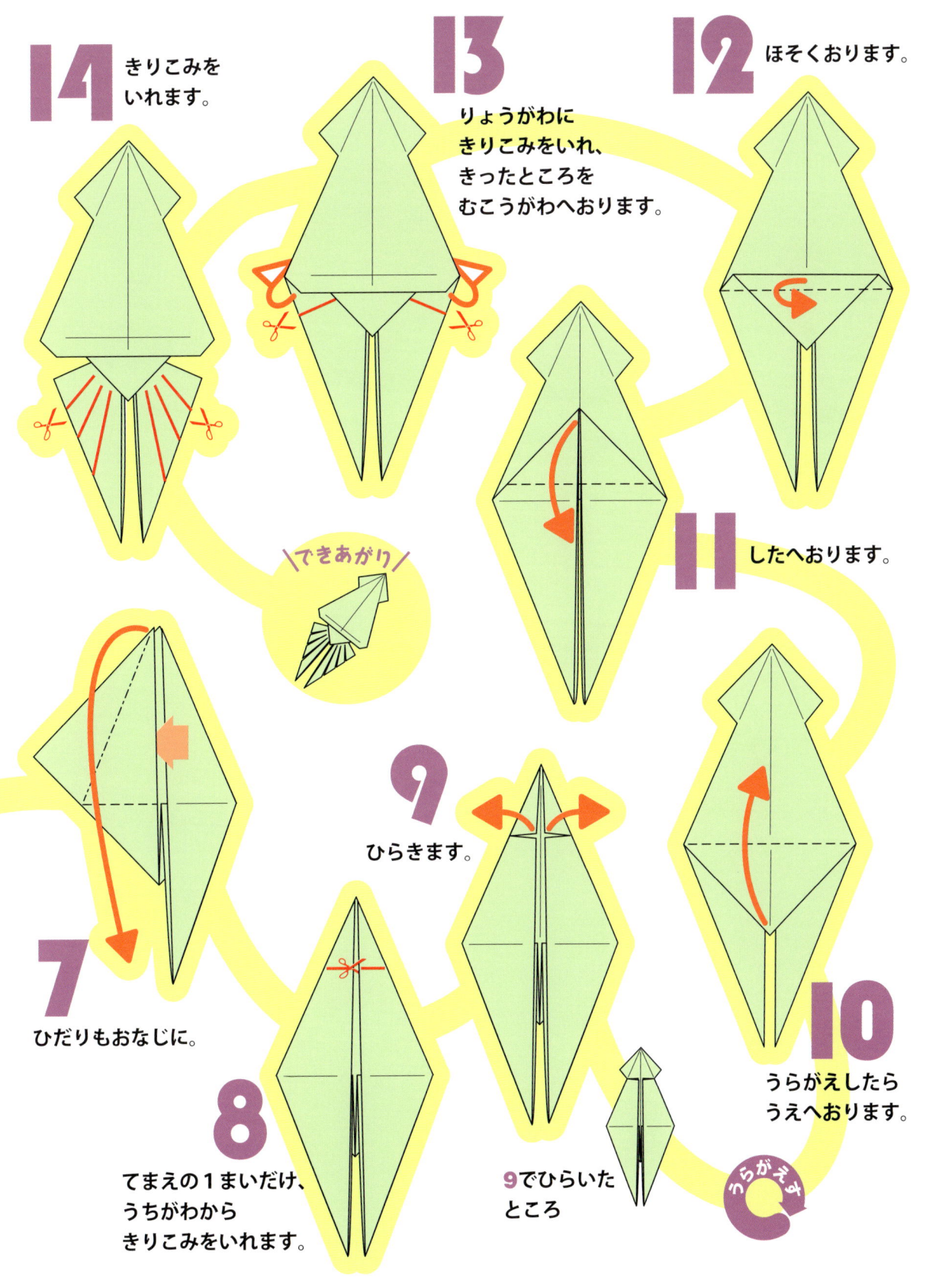

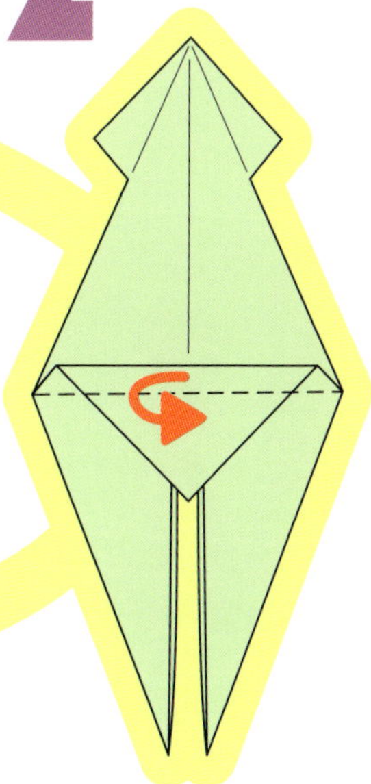

13
りょうがわに
きりこみをいれ、
きったところを
むこうがわへおります。

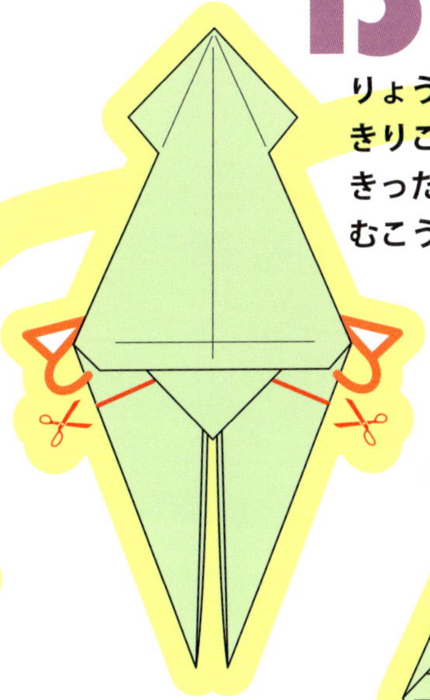

14
きりこみを
いれます。

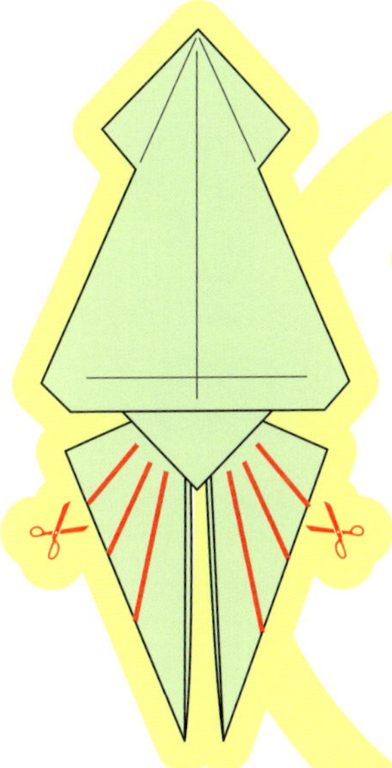

できあがり

「かぶと」からへんしんさせるよ！

きんぎょ

かぶと（114ページ）をおります。

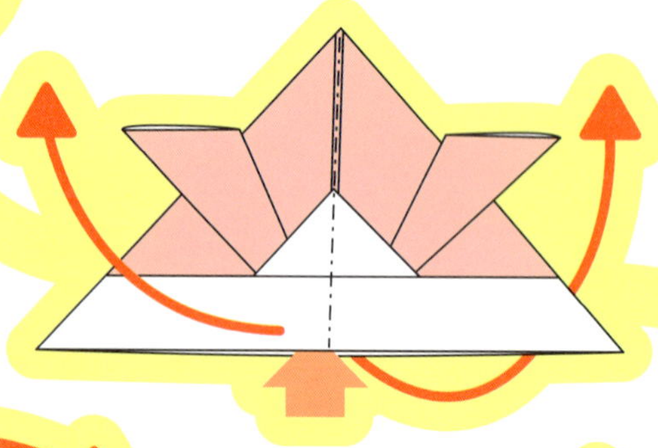

1 ふくろにてをいれ、
ひらいてつぶします。

1をひらいているところ

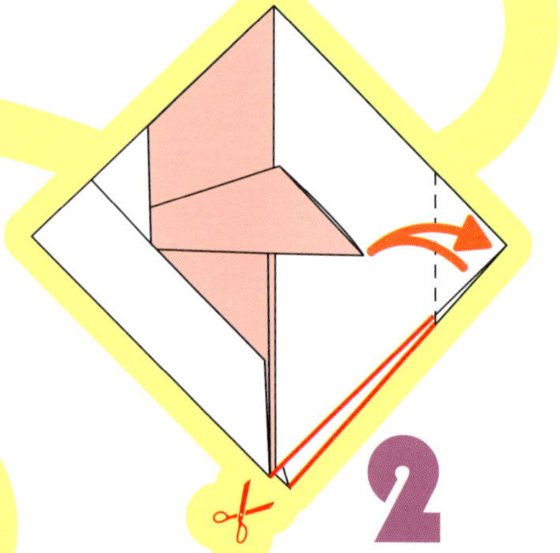

2 おりすじをつけ、
そこまできりこみをいれます。

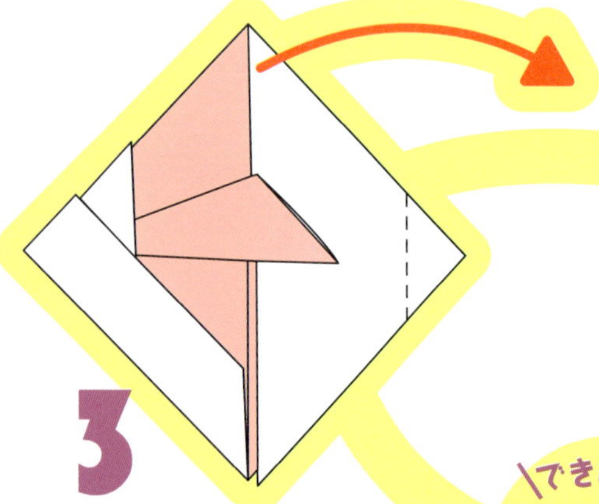

3 おりすじのところで
ぐるりと
ひっくりかえします。

できあがり

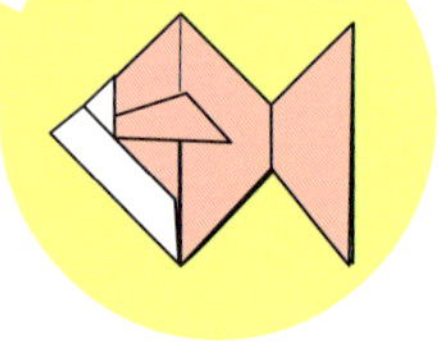

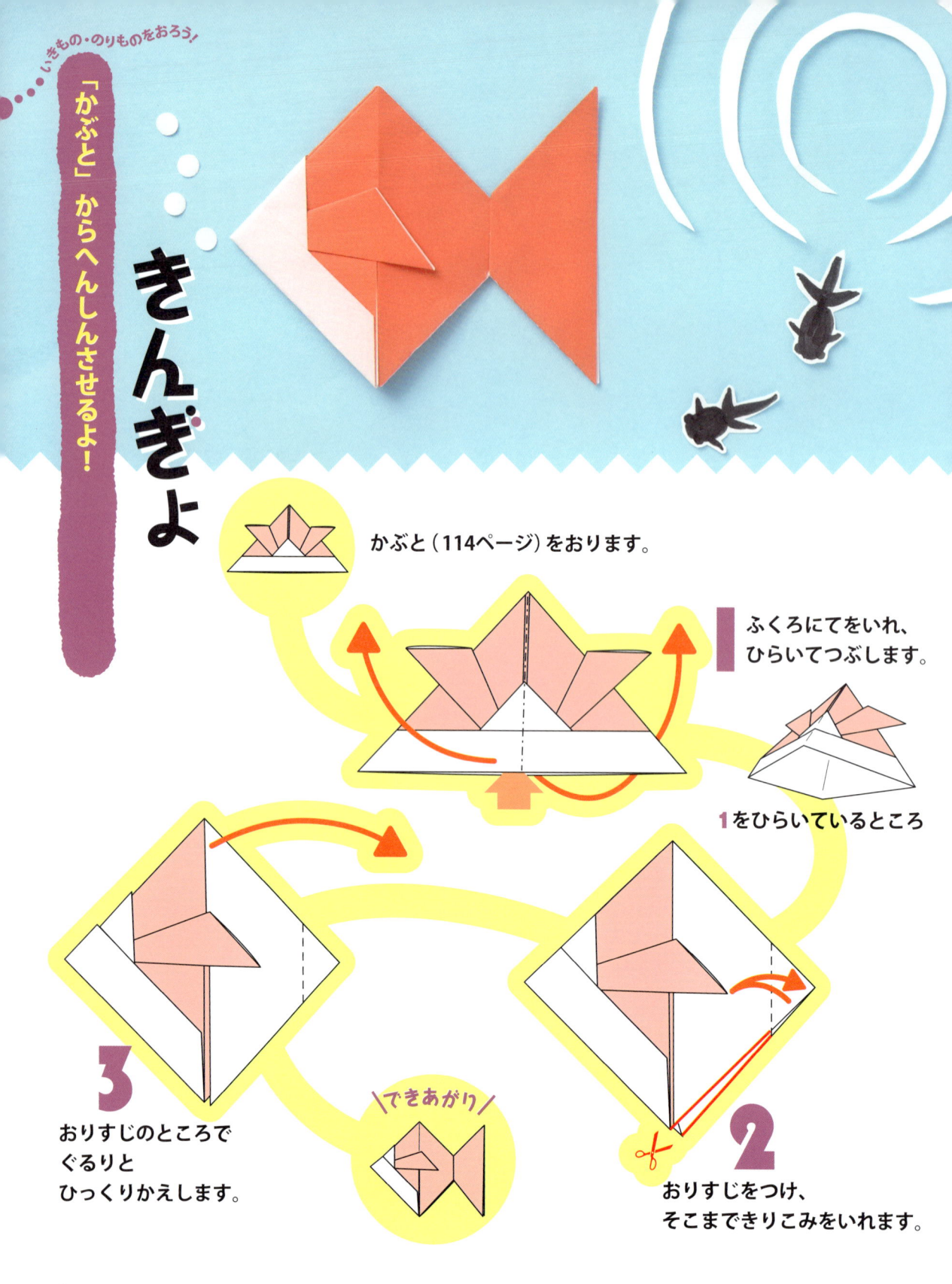

アシカ

すいぞくかんのにんきものだね

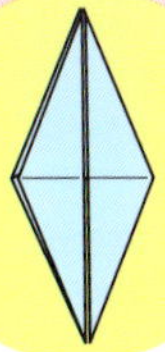

つる（42ページ）の
6までおります。

むきをかえる

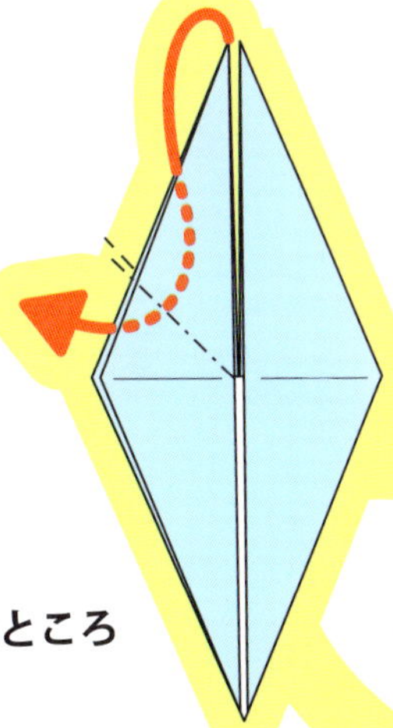

1
さかさまにしたら、
ひだりを
なかわりおりにします。

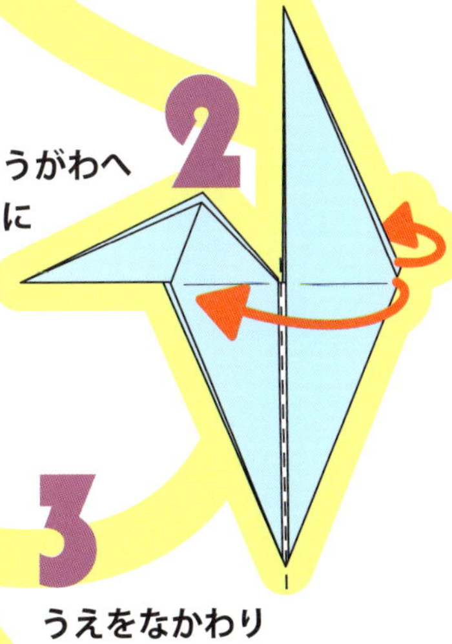

2
てまえとむこうがわへ
かぶせるように
おります。

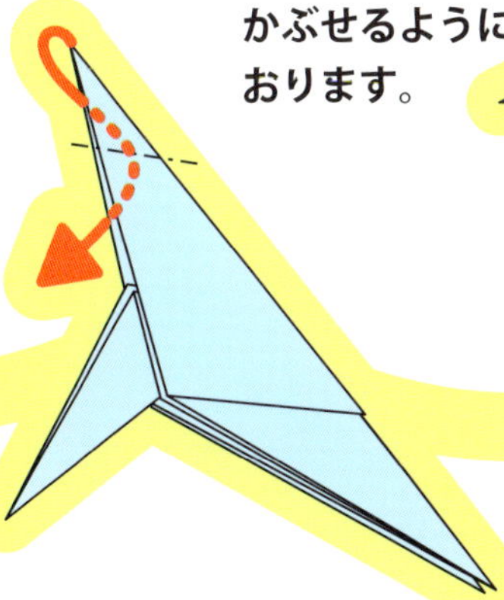

3
うえをなかわり
おりにします。

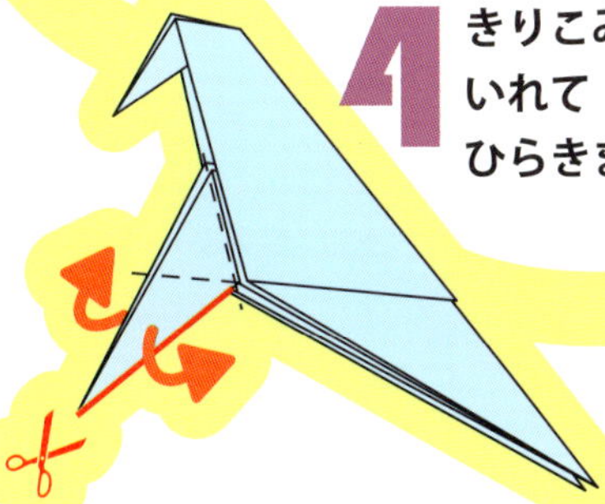

4
きりこみを
いれて
ひらきます。

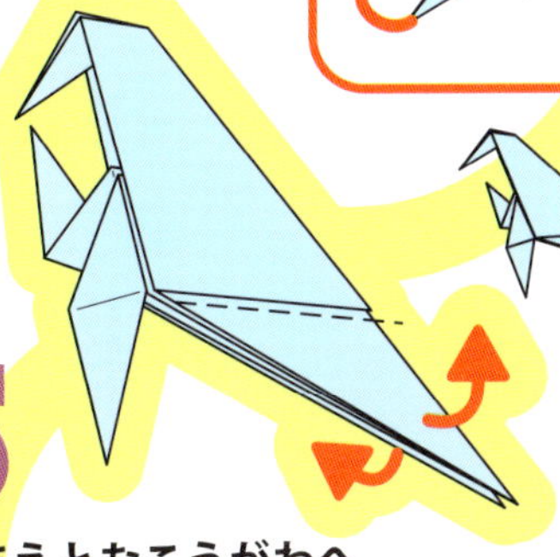

5
てまえとむこうがわへ
ひらきます。

5をおったところ

6
くちのさきを
なかにおりこみます。

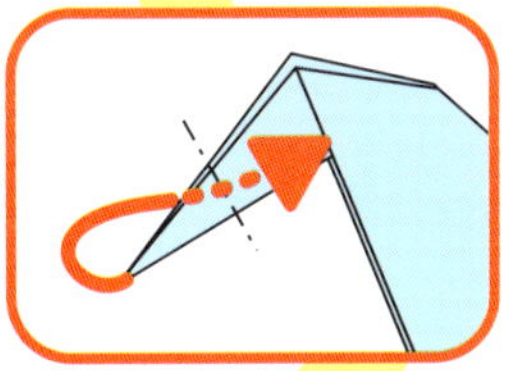

できあがり

くじら

ほら、せなかからしおをふいているよ

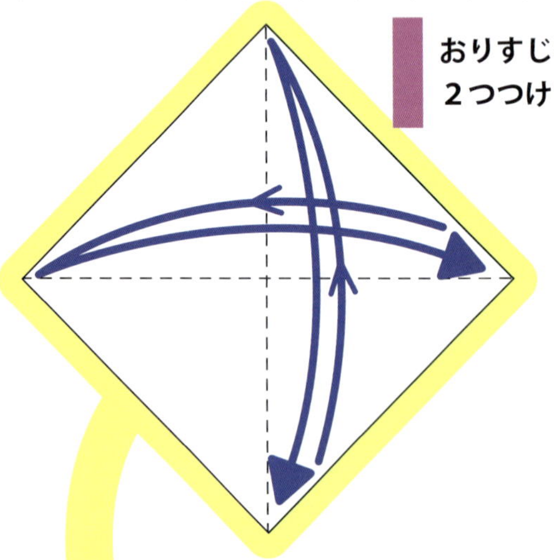

1 おりすじを
2つつけます。

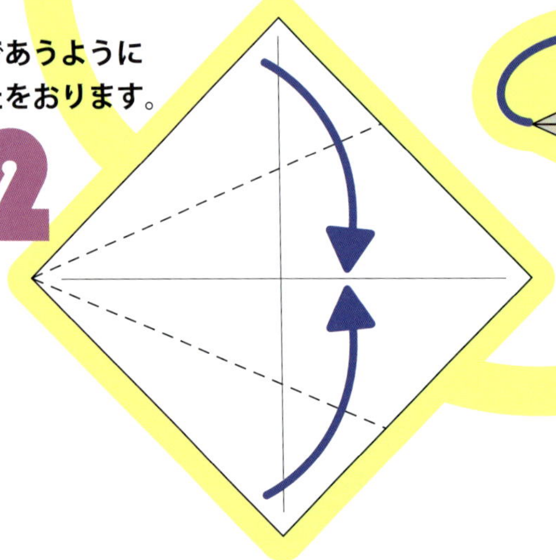

2 おりすじであうように
うえとしたをおります。

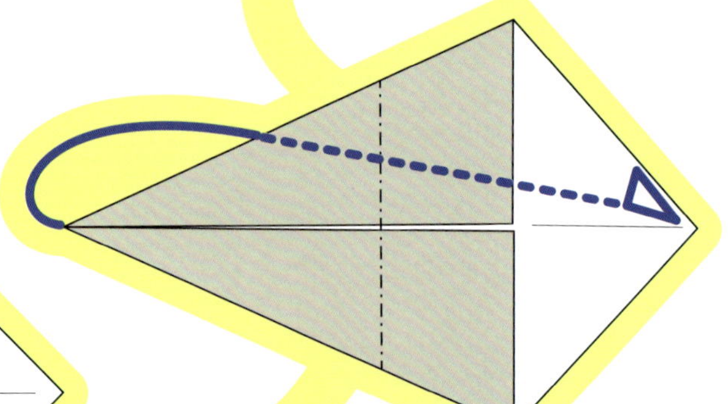

3 かどをあわせて
むこうがわへおります。

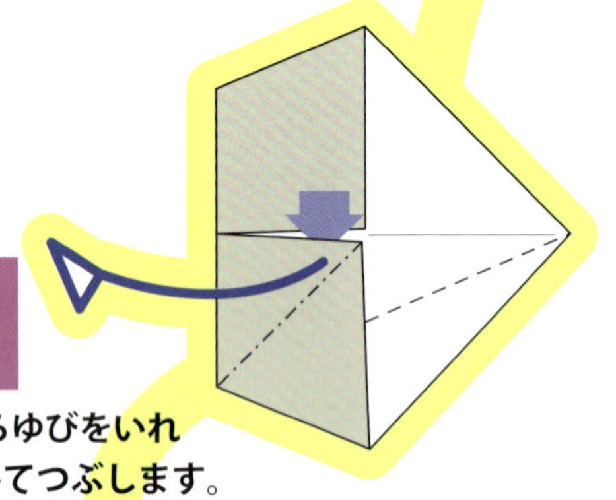

4 ⇧からゆびをいれ
ひらいてつぶします。

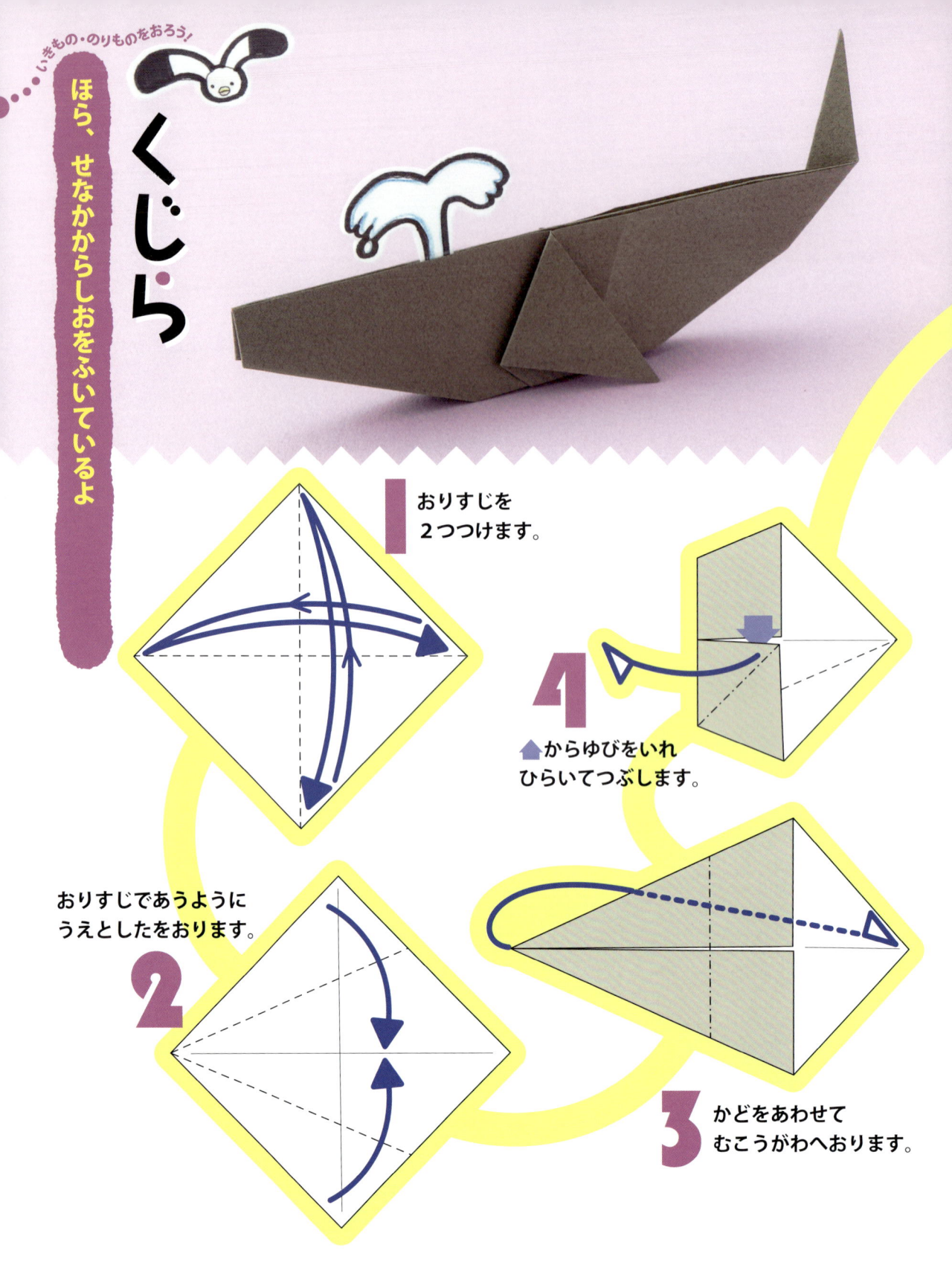

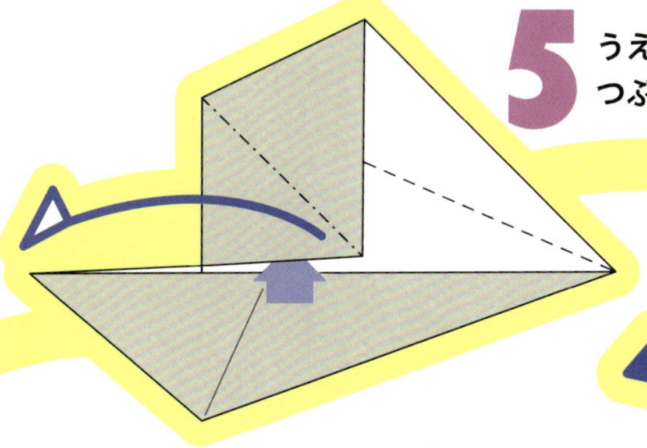

5 うえもひらいて
つぶします。

6 てまえの1まいを
ひだりへたおします。

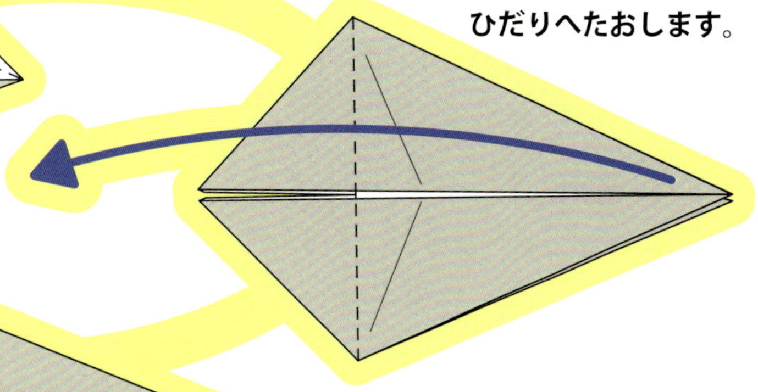

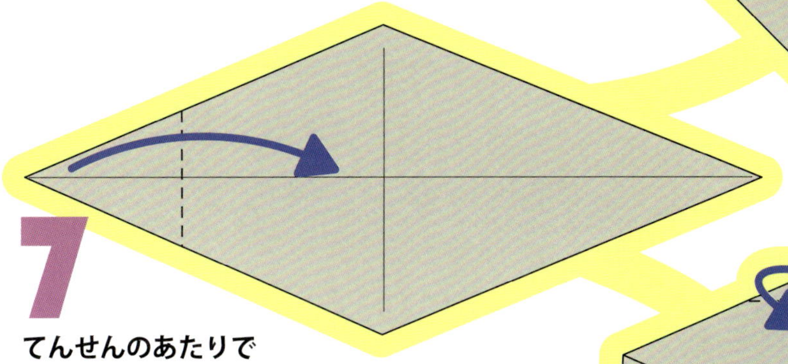

7 てんせんのあたりで
おります。

8 うえとしたのかどを
ちいさくおります。

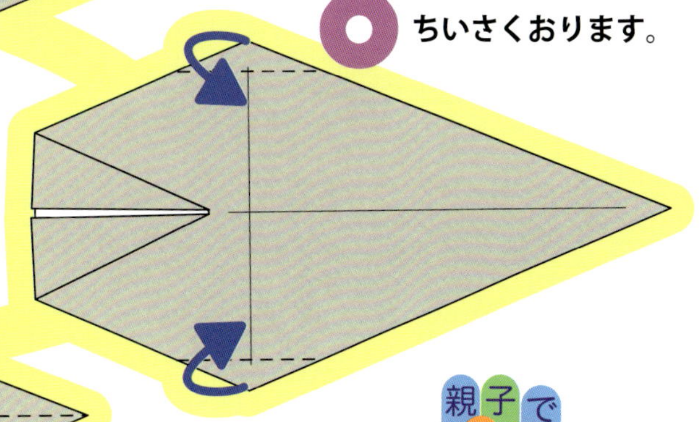

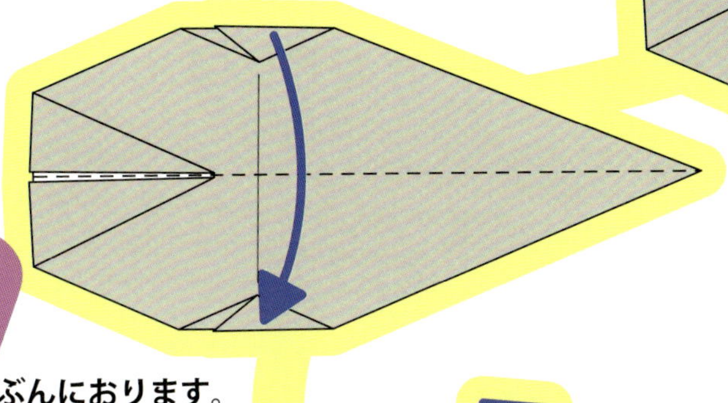

9 はんぶんにおります。

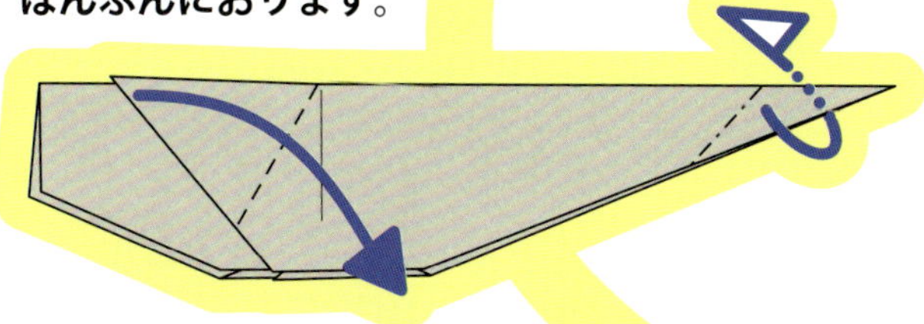

10 ひれをしたへおります。
うらもおなじに。
しっぽは
むこうがわへおります。

＼できあがり／

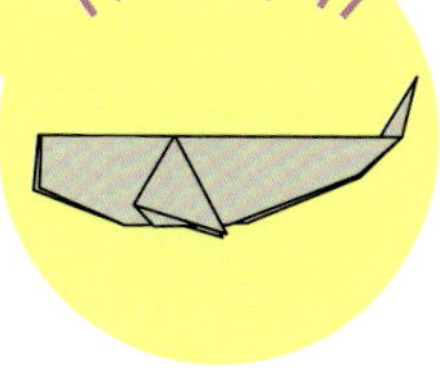

親子であそぼ！

7で折る位置を変えると、いろいろなくじらができます。

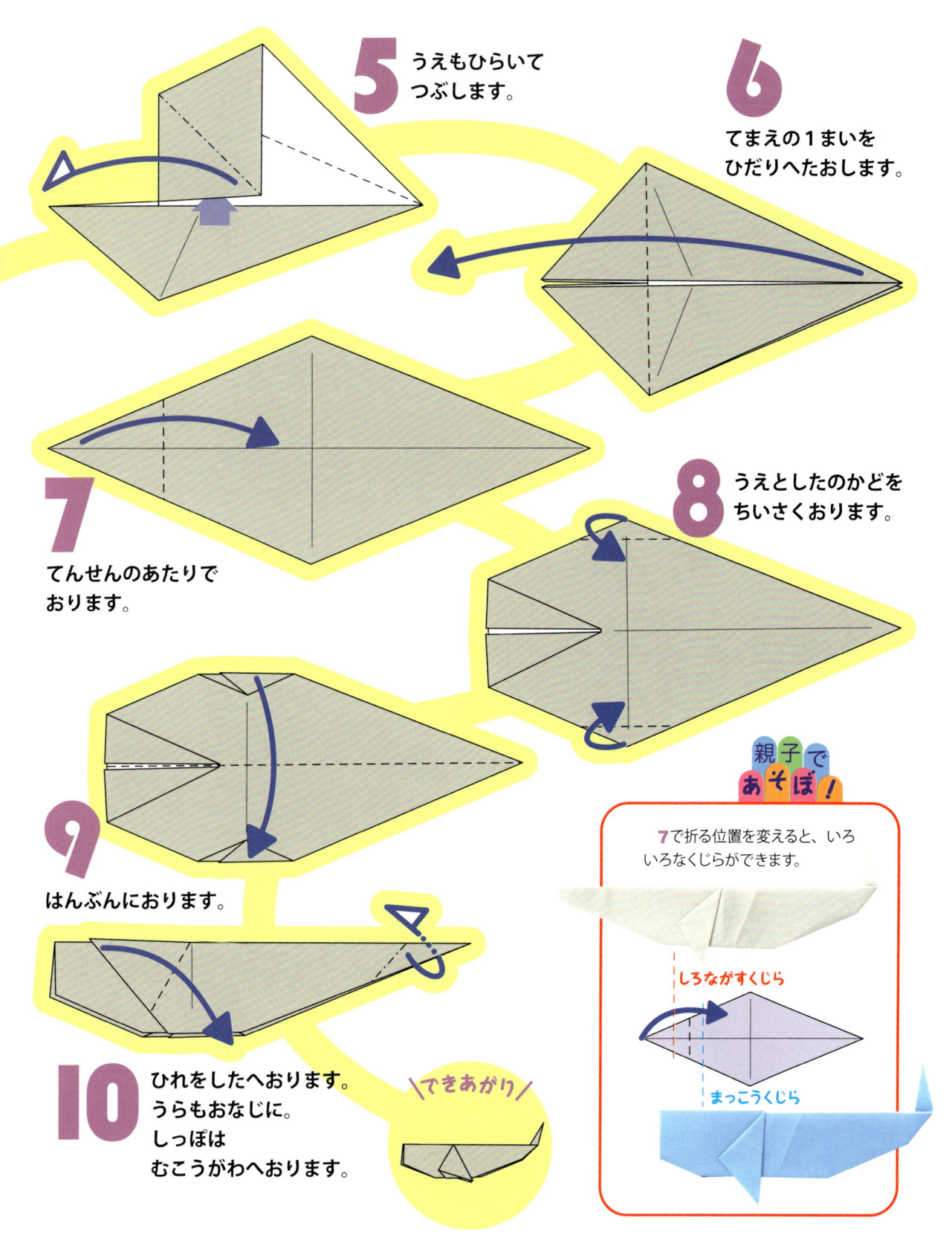

しろながすくじら

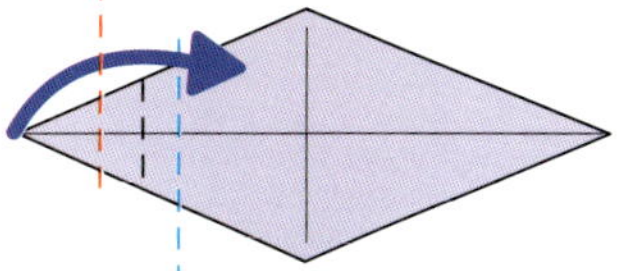

まっこうくじら

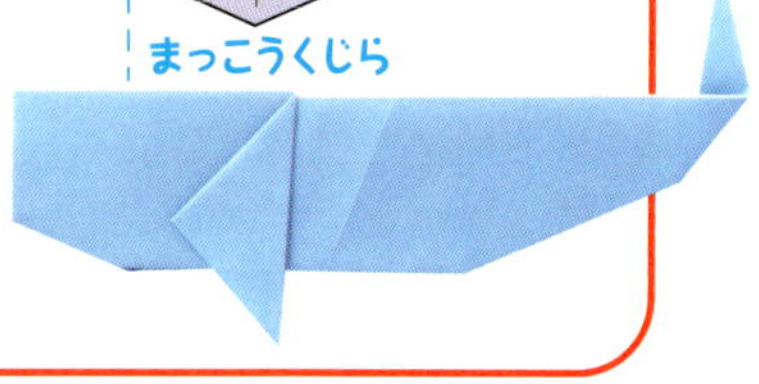

うみのうえを、すべるようにすすんでいくよ

ヨット

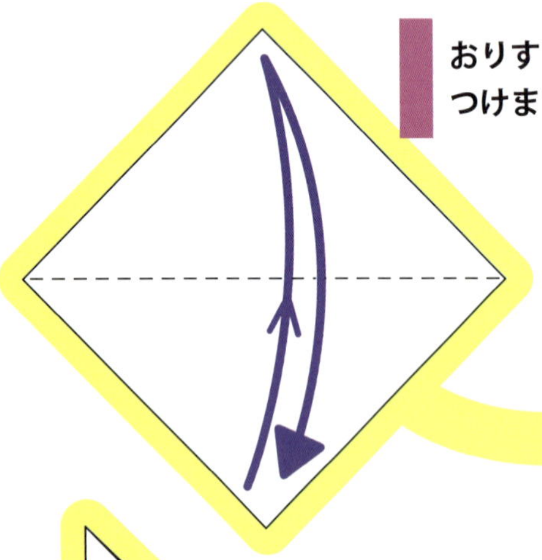

1 おりすじをつけます。

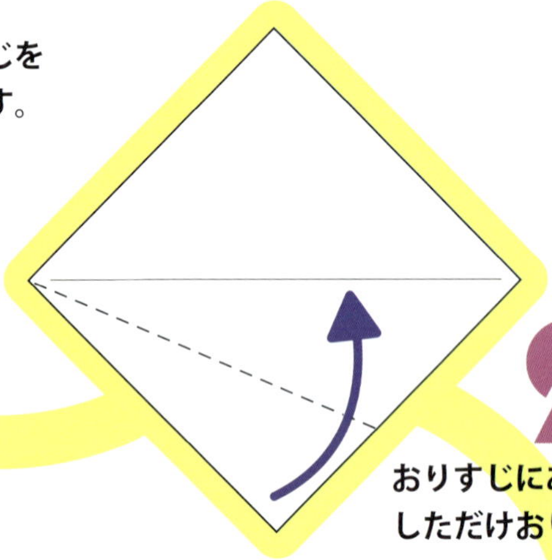

2 おりすじにあうようにしただけおります。

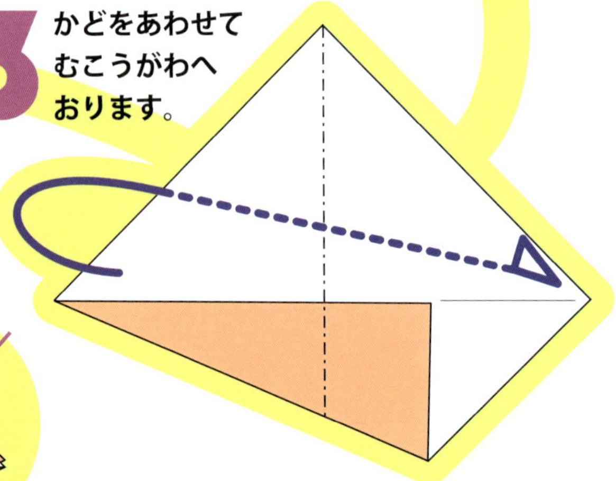

3 かどをあわせてむこうがわへおります。

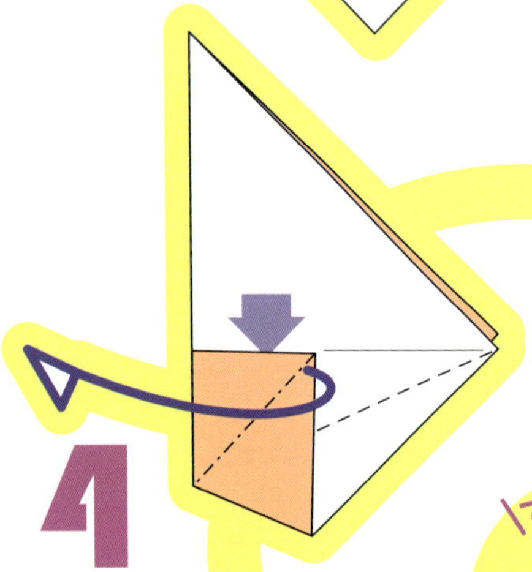

4 からゆびをいれひらいてつぶします。

できあがり

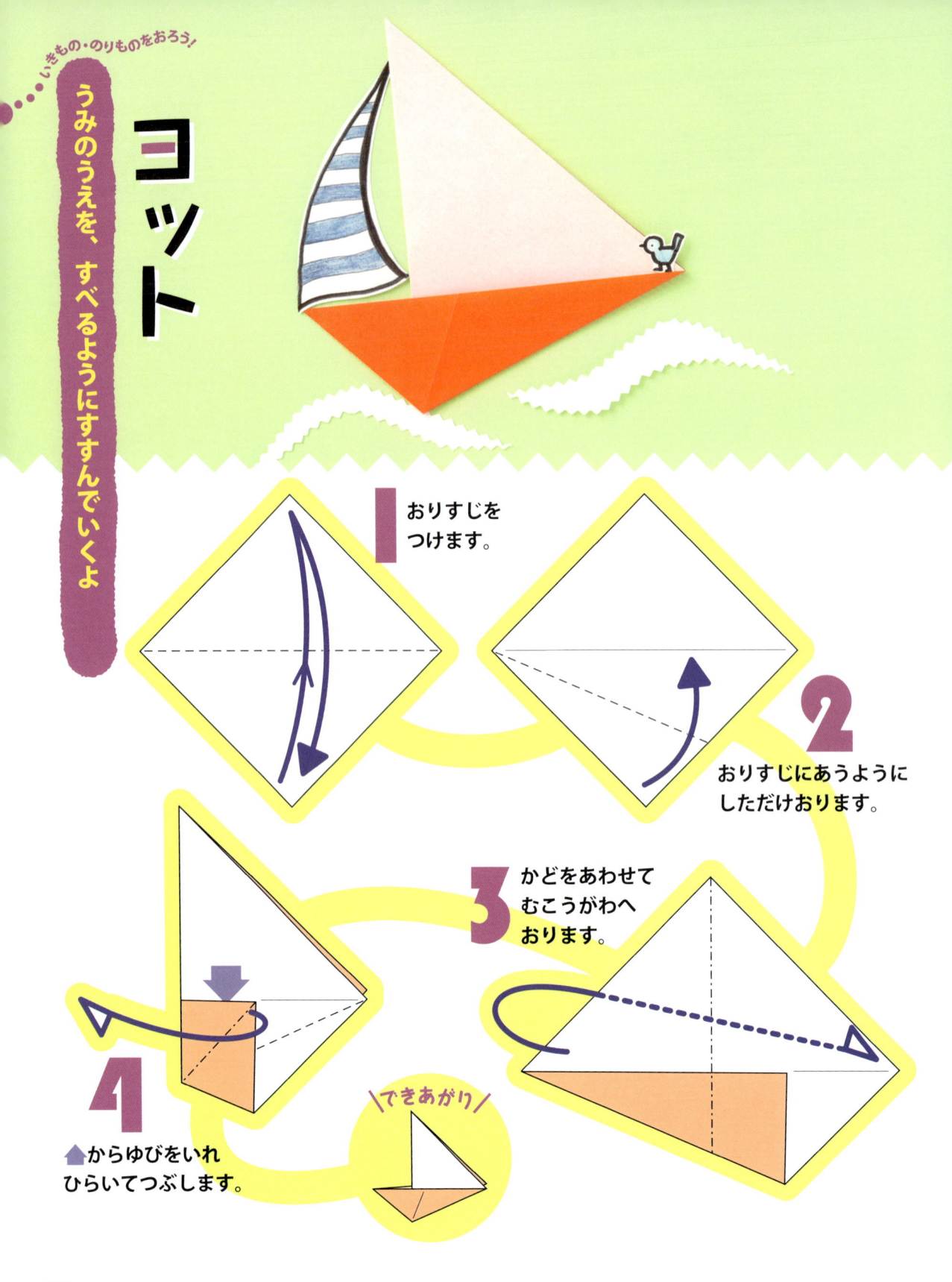

ほかけぶね

しかくいおおきな「ほ」のあるふねだよ

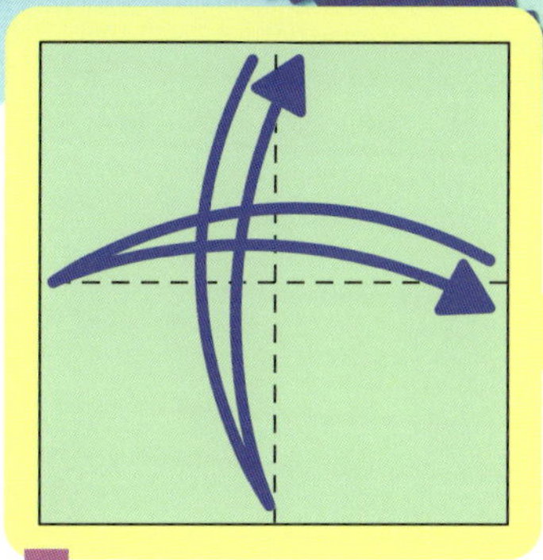

1 おりすじを２つつけます。

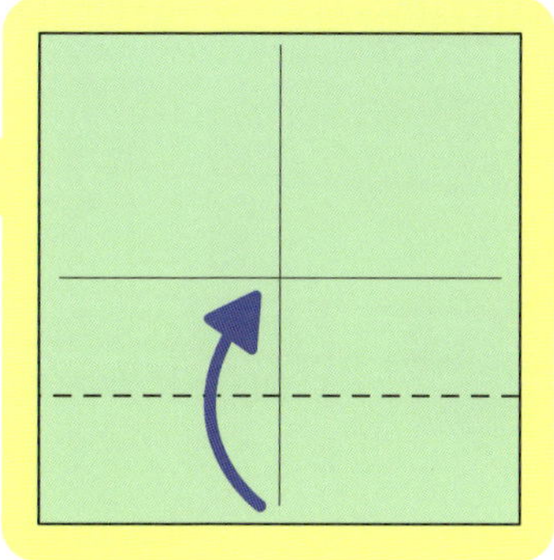

2 おりすじにあうように
したただけおります。

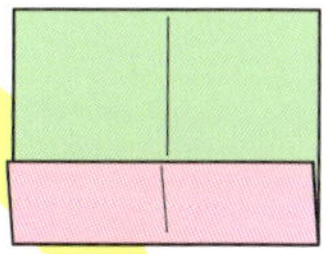

2をおったところ

うらがえす

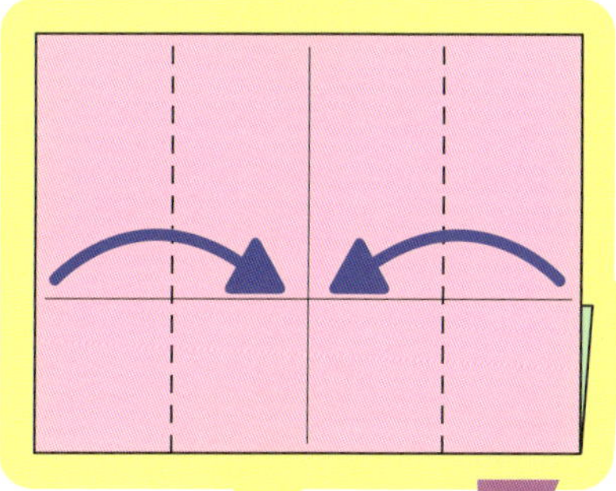

3 うらがえしたら、
おりすじで
あうように
りょうがわをおります。

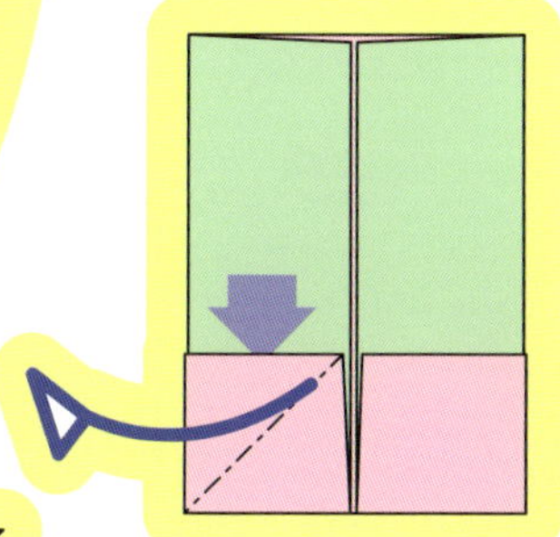

4 ⬆からゆびをいれ、ひらいてつぶします。

5 みぎもおなじように
ひらいてつぶします。

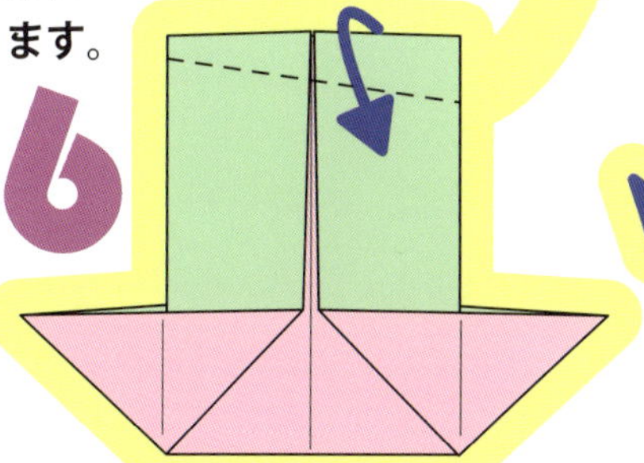

6 うえを
ななめに
おります。

うらがえす

\できあがり/

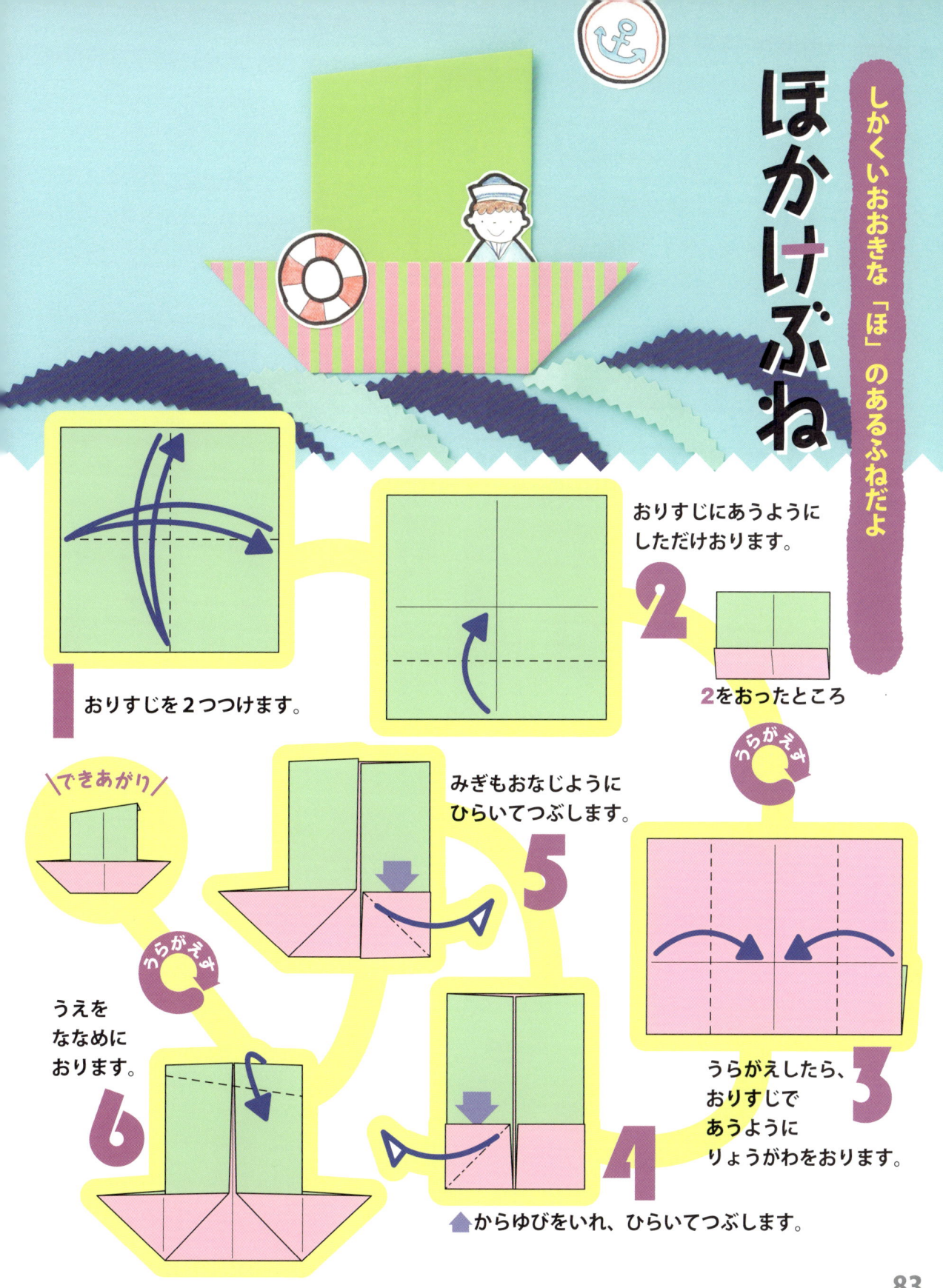

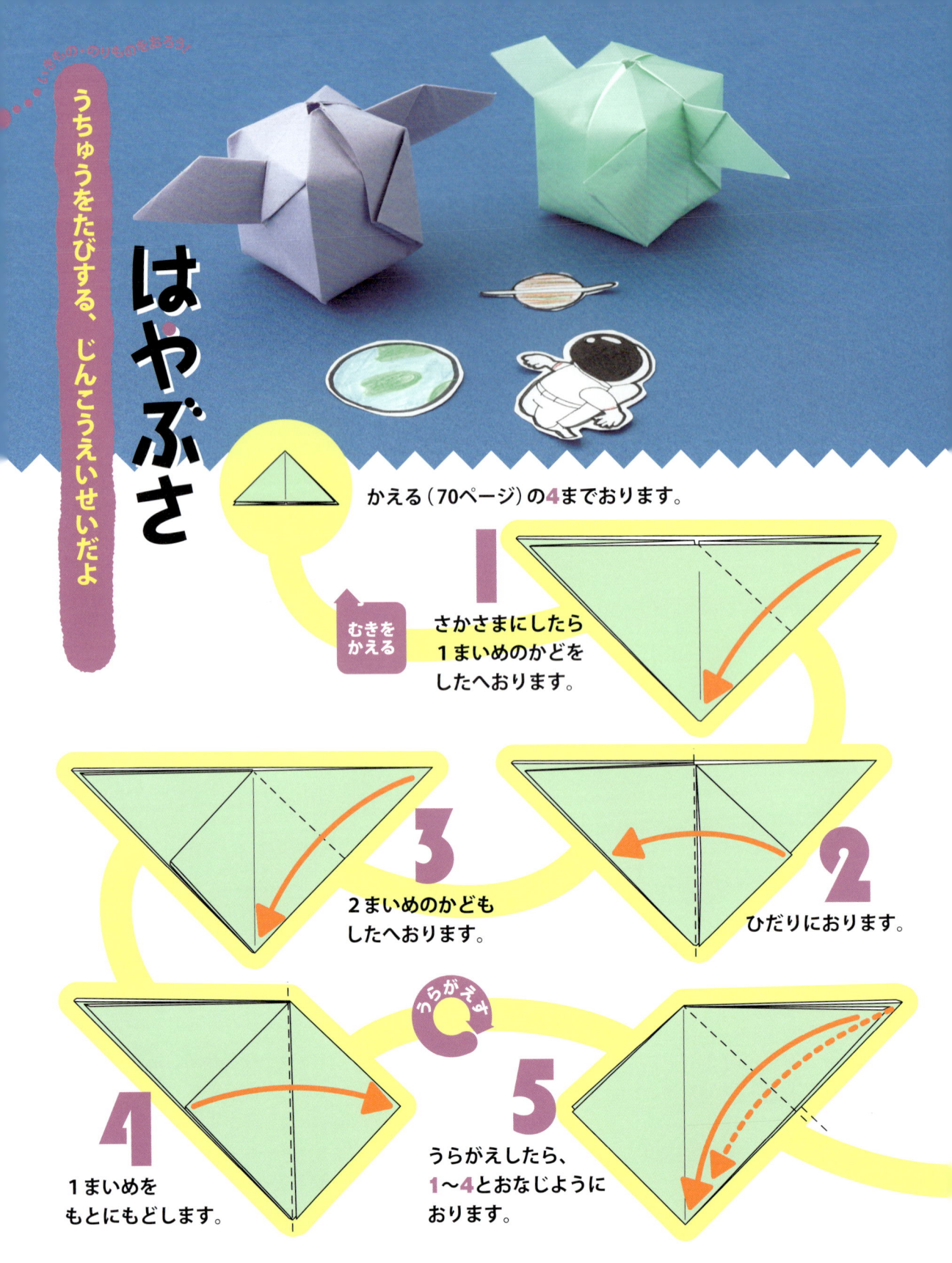

はやぶさ

うちゅうをたびする、じんこうえいせいだよ

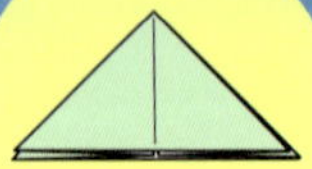

かえる（70ページ）の4までおります。

むきをかえる

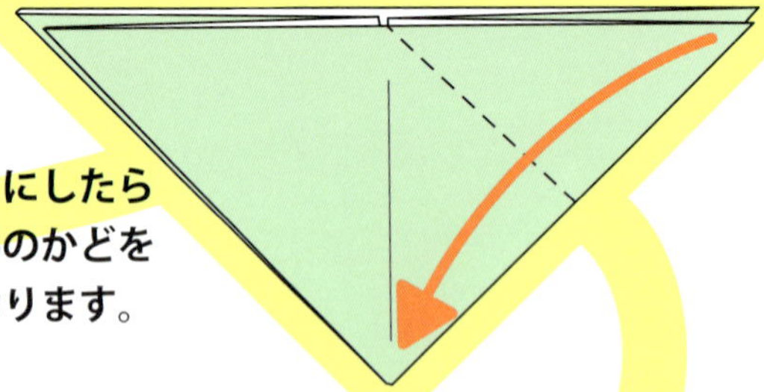

1

さかさまにしたら
1まいめのかどを
したへおります。

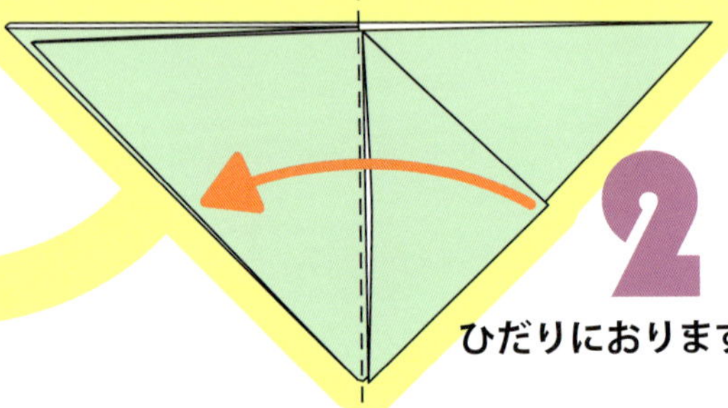

2

ひだりにおります。

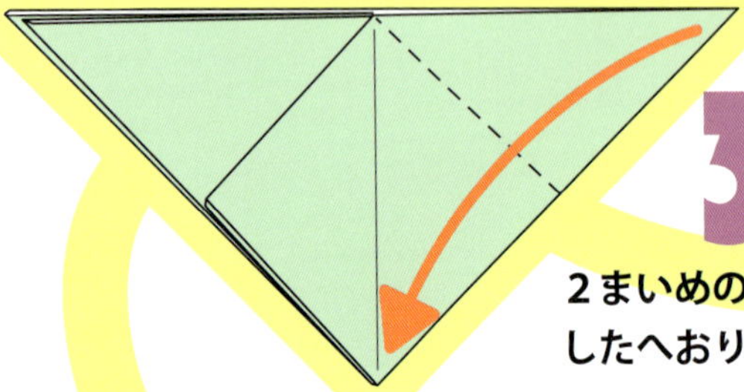

3

2まいめのかども
したへおります。

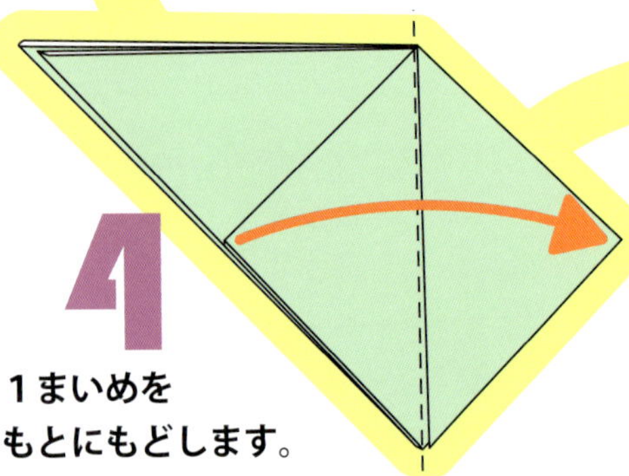

4

1まいめを
もとにもどします。

うらがえす

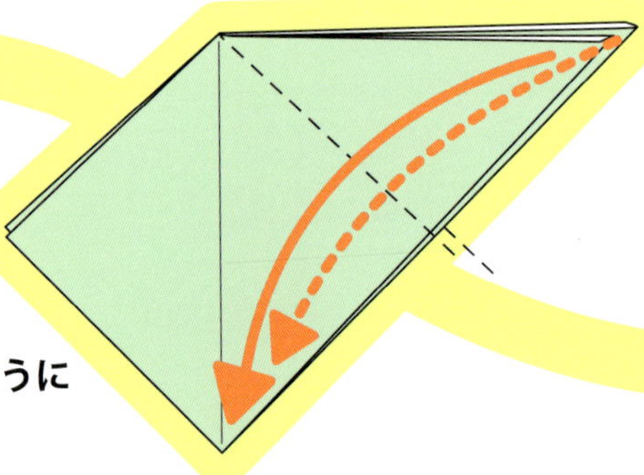

5

うらがえしたら、
1〜4とおなじように
おります。

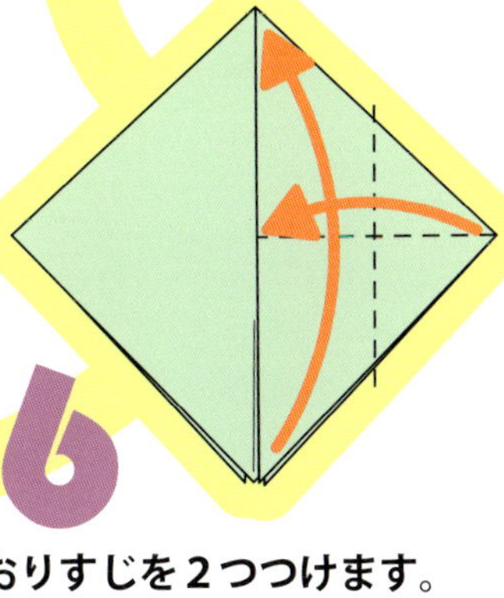

6
おりすじを2つつけます。

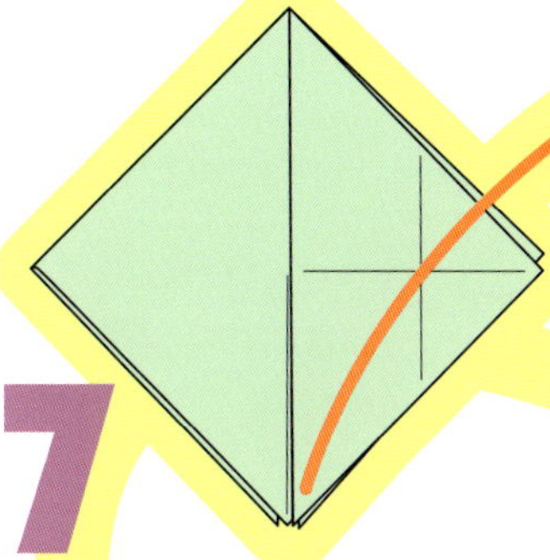

7
やじるしのほうへひらきます。

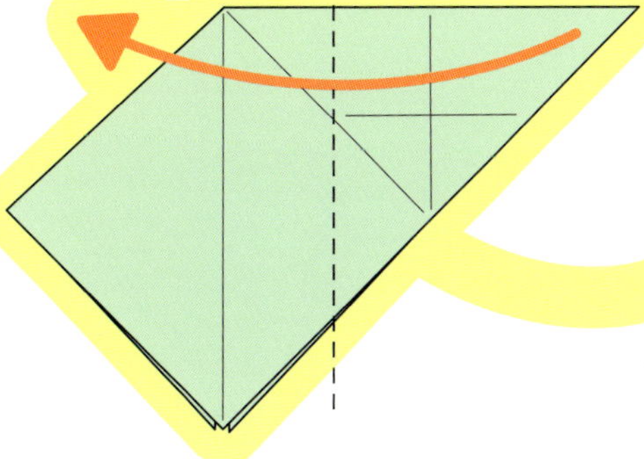

8
おりすじのところでおります。

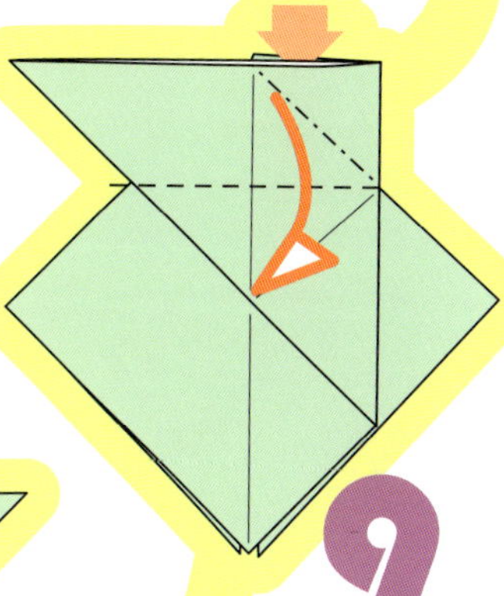

9
2まいめのしたに⇧からゆびをいれ、ひらいてつぶします。

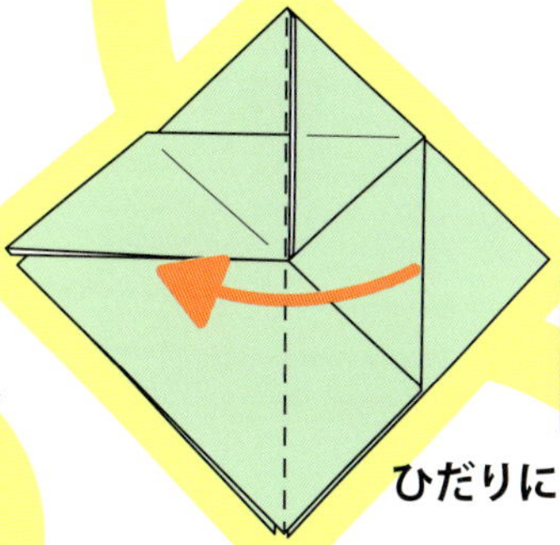

10
ひだりにおります。

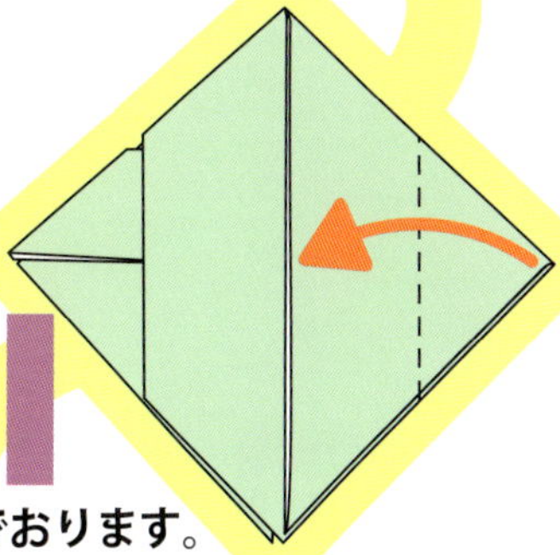

11
かどをまんなかまでおります。

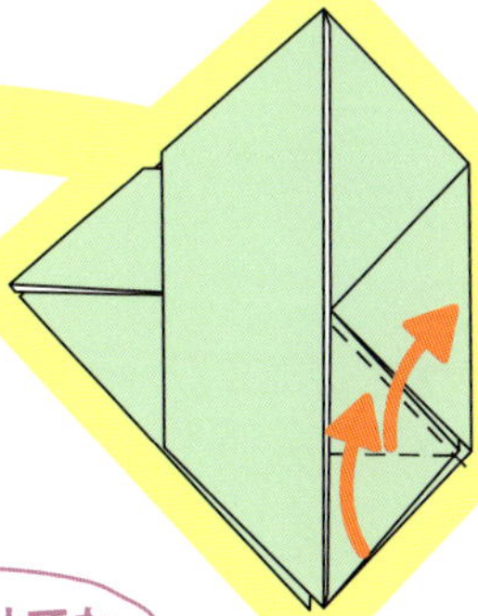

12
したのかどを2かいおってふくろのなかへいれます。

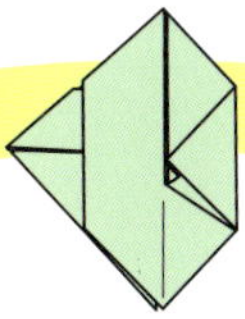

12をおったところ

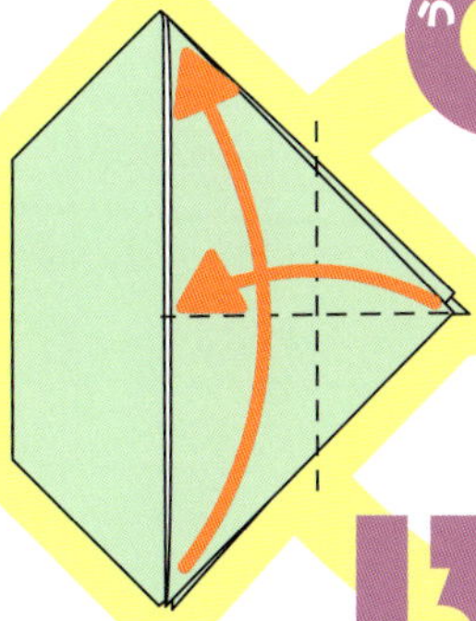

13
うらがえしたらもういちど6～12をおります。

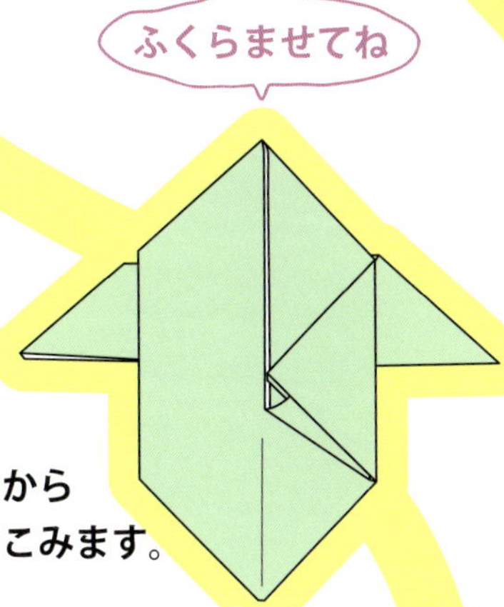

14
うえのあなからいきをふきこみます。

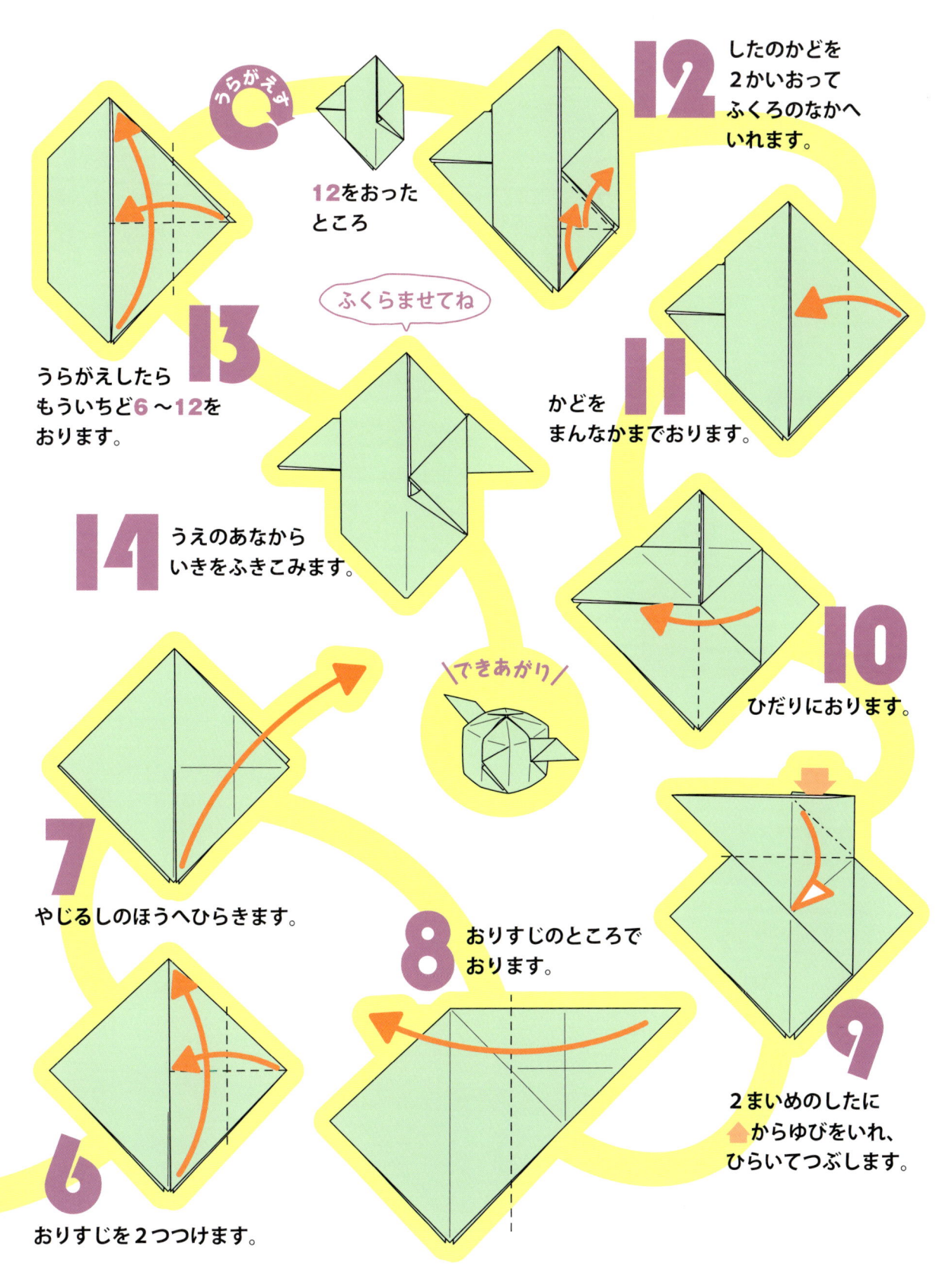

ミニのワンボックスカーだよ

エコカー

つる（42ページ）の
4までおります。

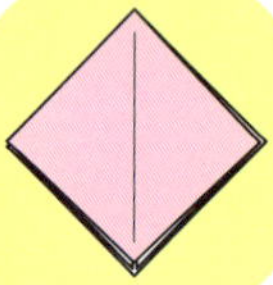

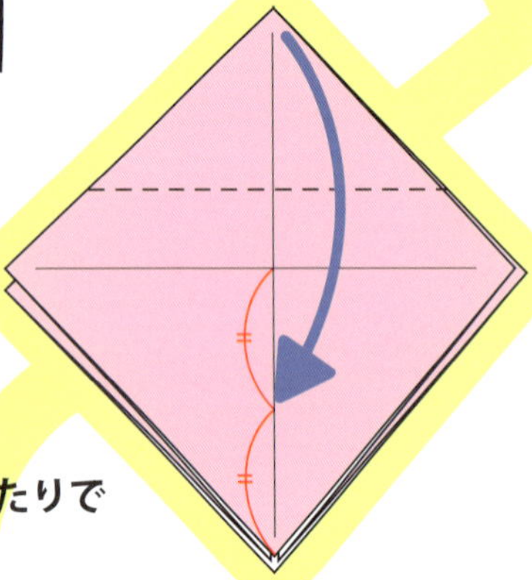

1

おりすじを
つけたら
てんせんのあたりで
おります。

2

おりすじを
2つつけます。

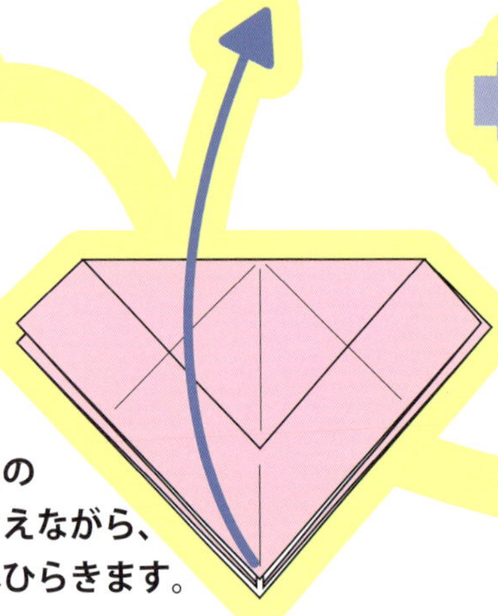

3

いちばんしたの
1まいをおさえながら、
かどをうえへひらきます。

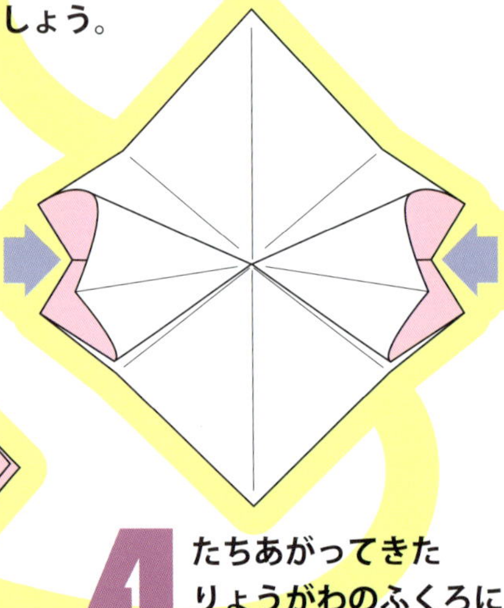

4

たちあがってきた
りょうがわのふくろに
↑からゆびをいれ、
ひらいてつぶします。

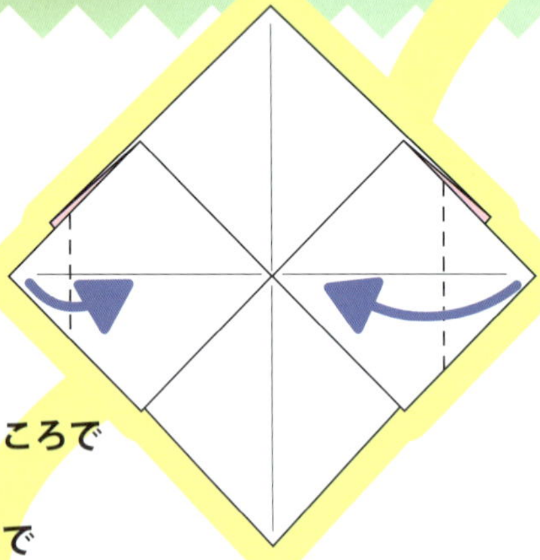

5

てんせんのところで
おります。
みぎとひだりで
おるところがちがうので
ちゅういしましょう。

6 ひだりのかどを
みぎのようにおります。

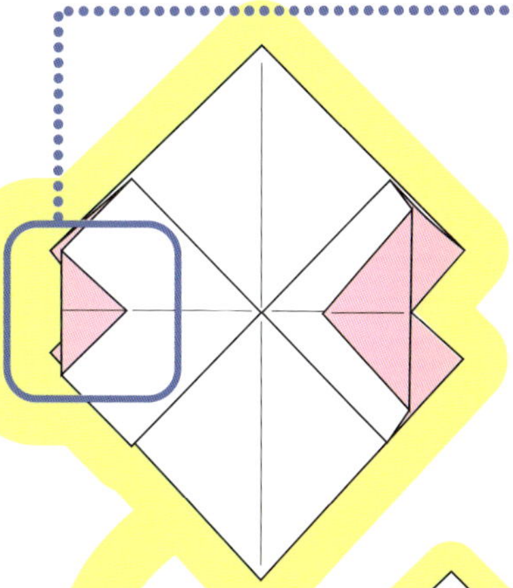

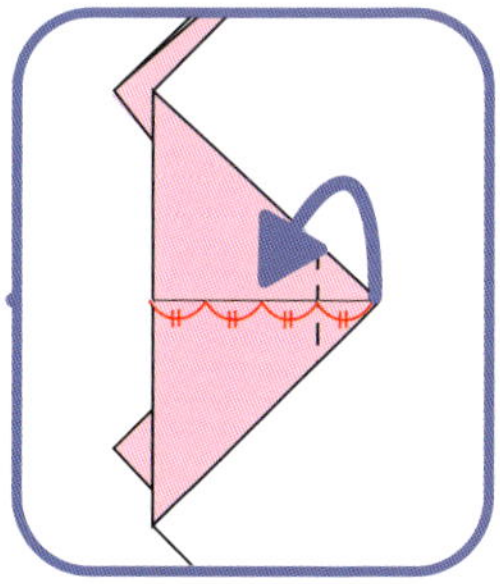

ちいさい
さんかくを
おります。

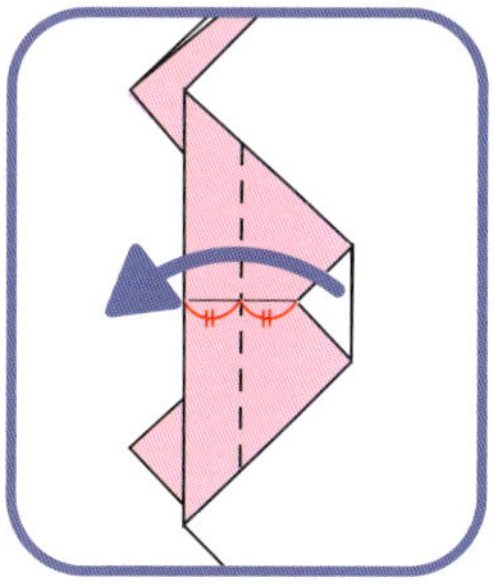

ひだりに
とびだすように
おります。

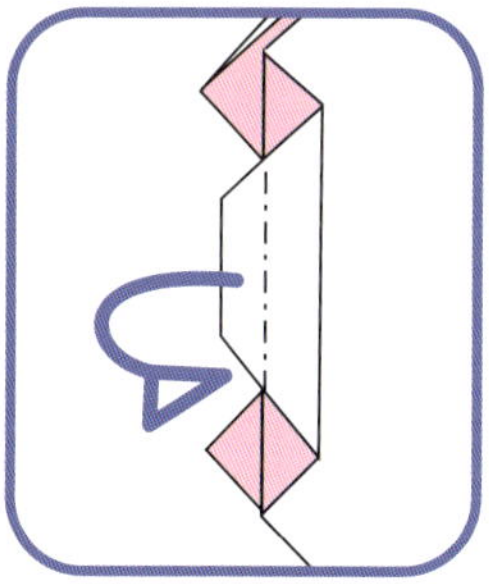

むこうがわへ
おります。

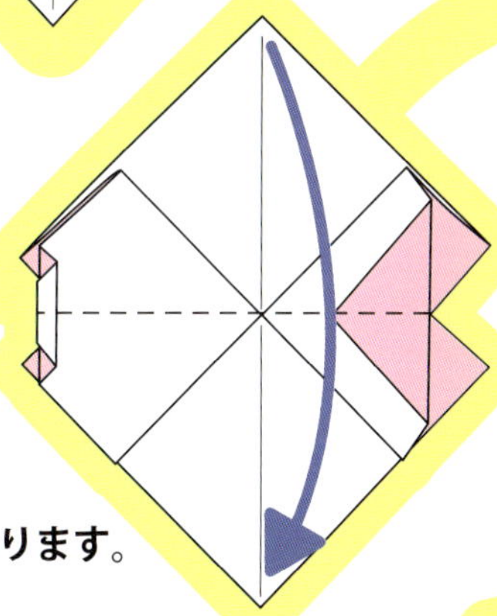

7
はんぶんにおります。

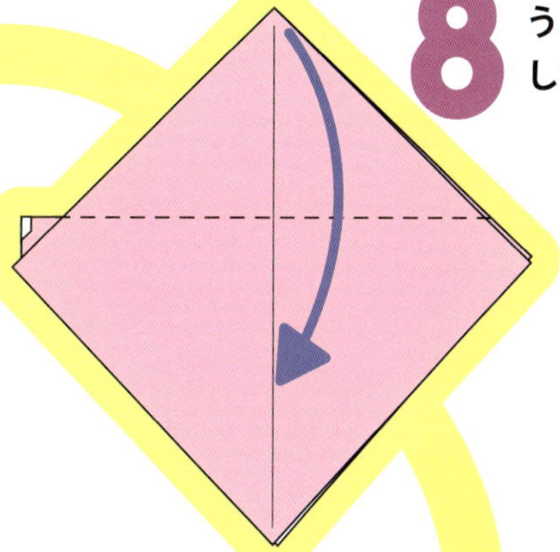

8 うえのかどを
したへおります。

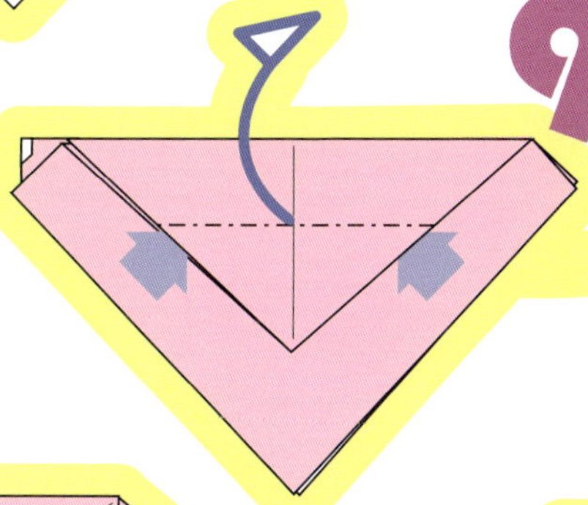

9 ⇧からゆびをいれ、
もちあげるようにして
しかくくつぶします。

つぎのページへ

うえへおります。
10

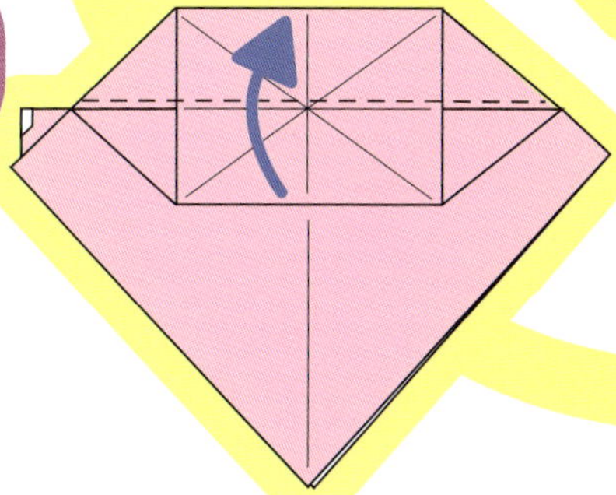

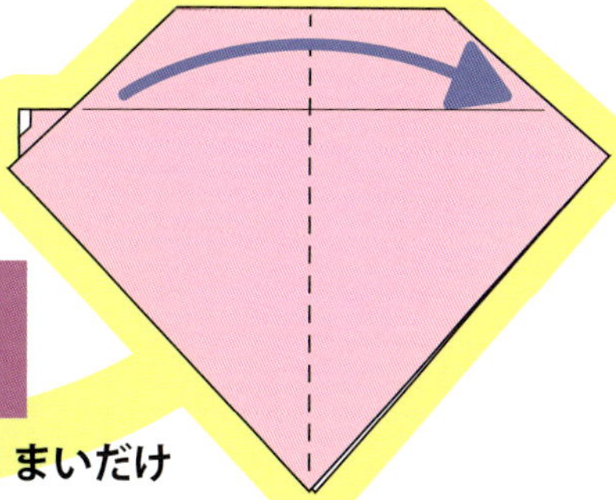

11
ひだりの１まいだけ
みぎへおります。

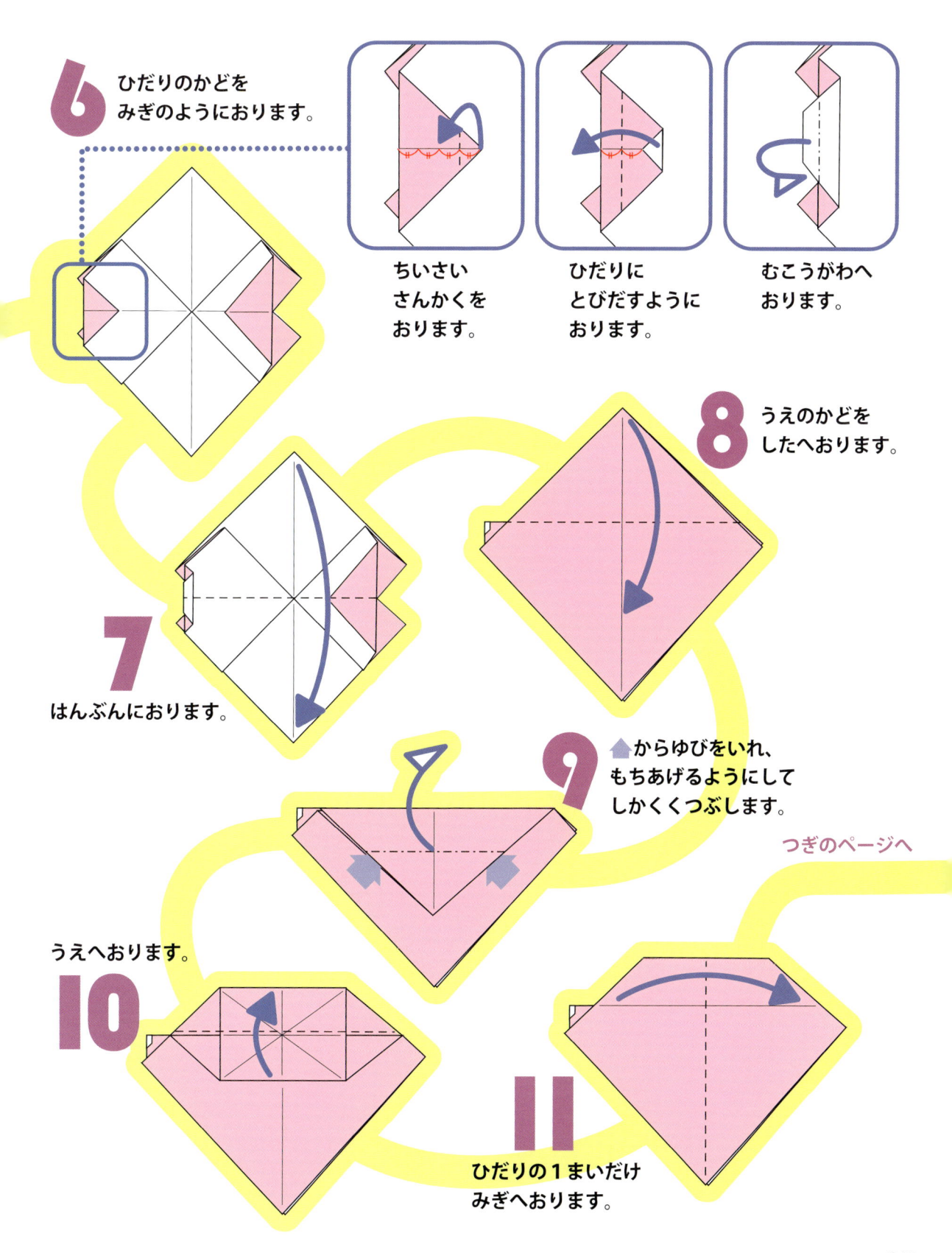

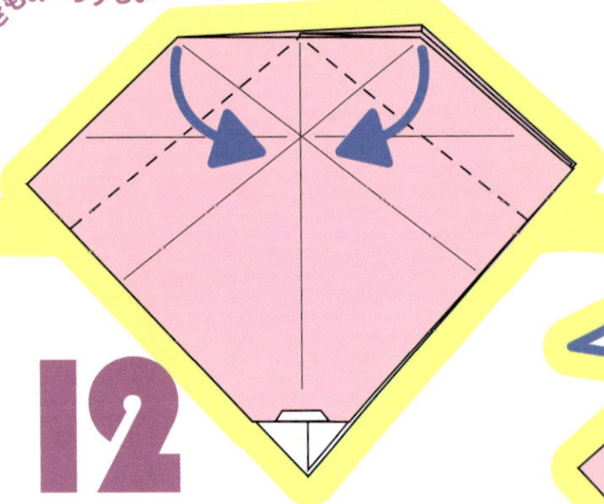

12

てんせんのところで
おります。
みぎは
てまえの１まいだけ。

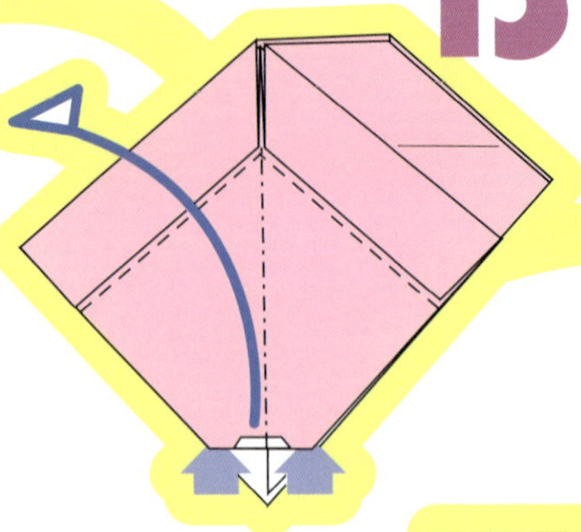

13

⇧からゆびをいれ、
やじるしのほうへおって
たおします。

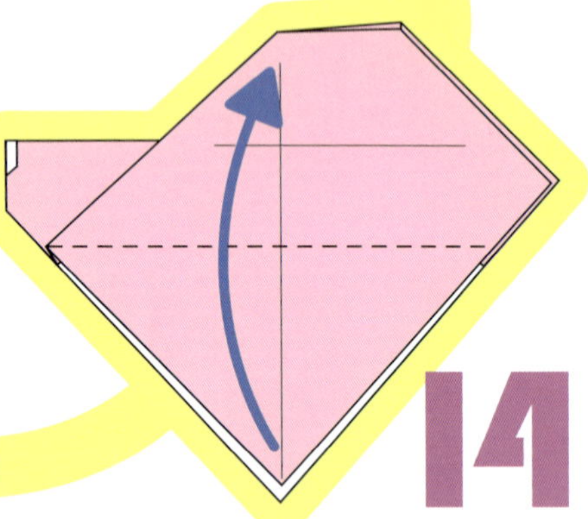

14

したのかどを
てっぺんまでおります。
うらもおなじに。

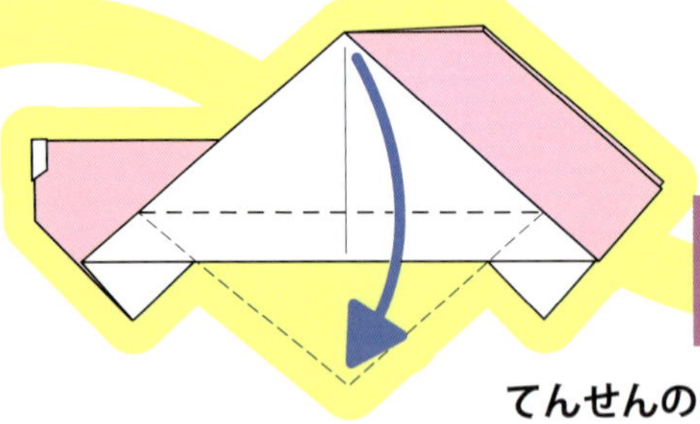

15

てんせんのあたりで
したへおります。
うらもおなじに。

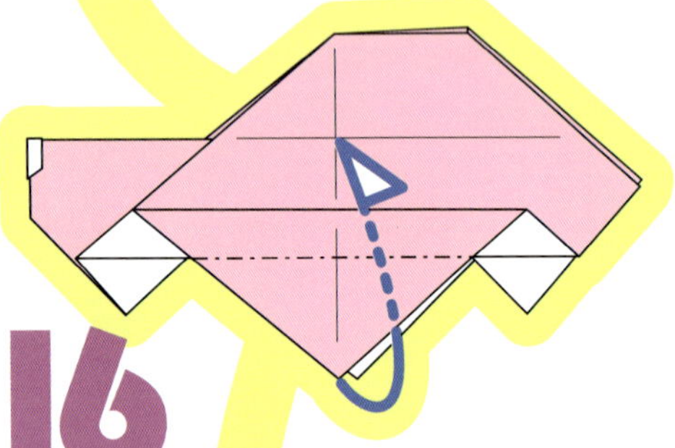

16

したのさんかくを
うちがわへおりこみます。
うらもおなじに。

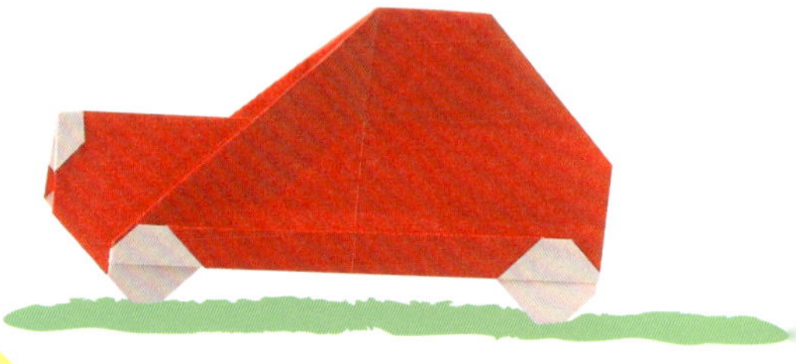

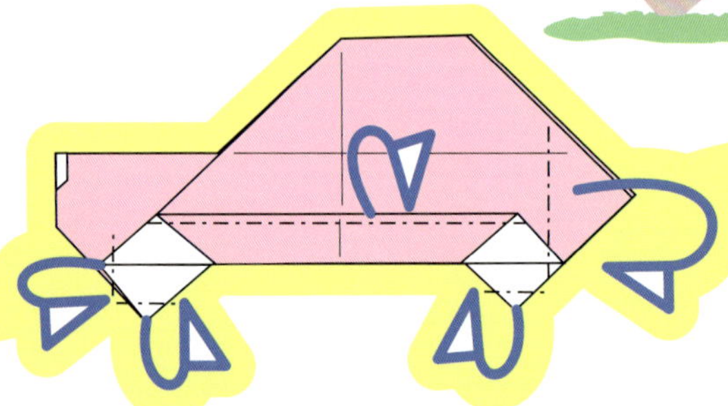

17

それぞれすこしずつおって
かたちをととのえます。
うらもおなじに。

＼できあがり／

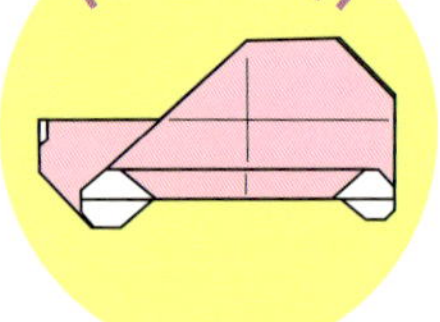

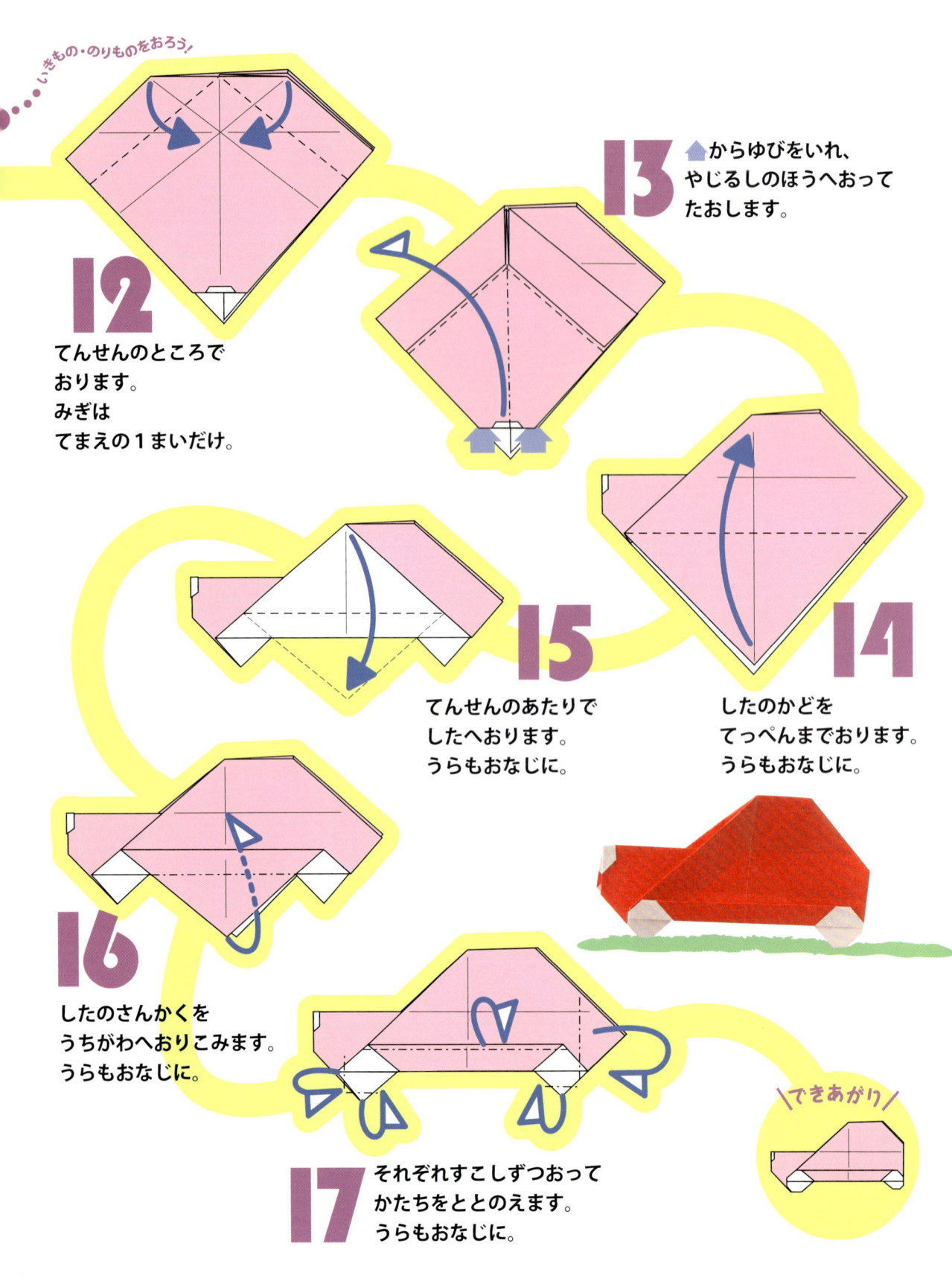

パート
3

かざってたのしもう!

はな、くだもの、きせつのかざりなど

かざってたのしもう!

チューリップ

あか、しろ、きいろ、いろいろさかせよう

おりがみを２まいつかいます。

はっぱ

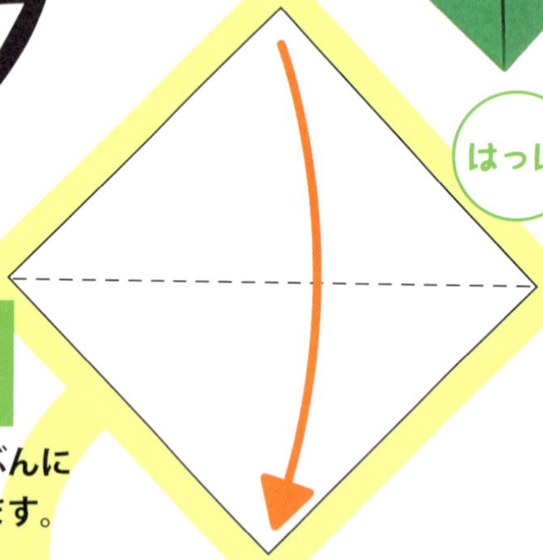

1
はんぶんに
おります。

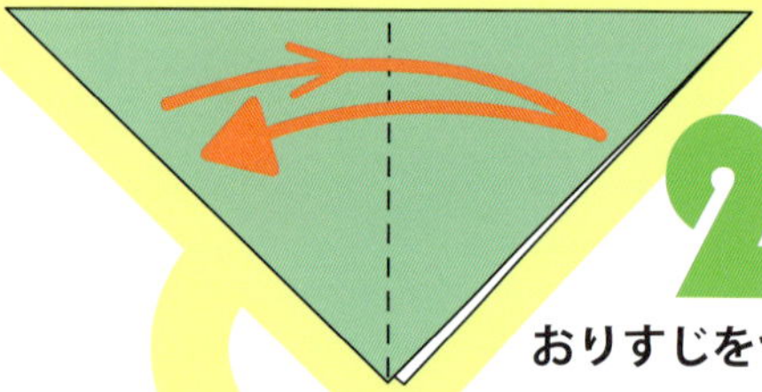

2
おりすじをつけます。

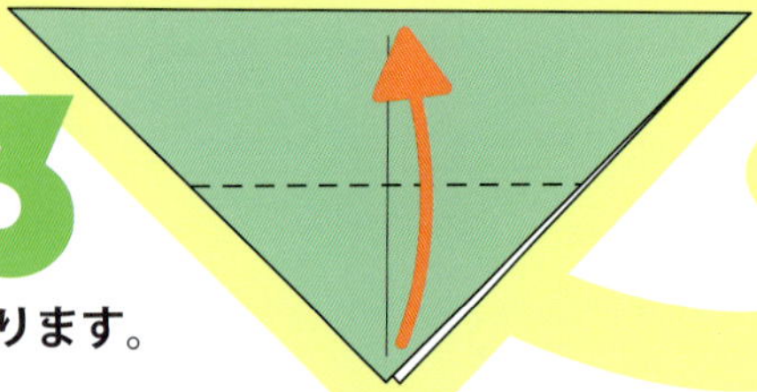

3
うえへおります。

4
おりすじにあわせて
おります。

はな

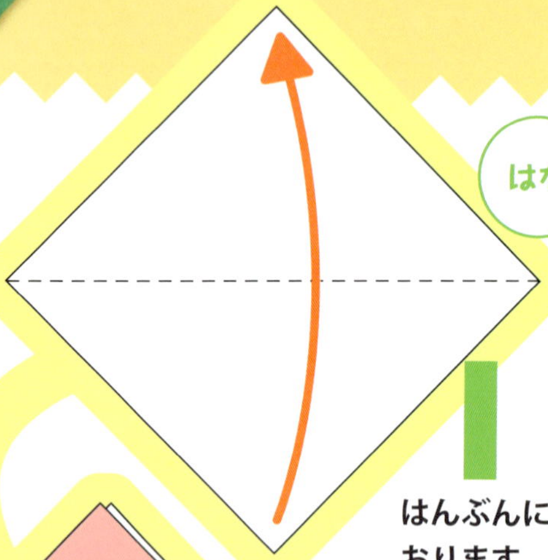

1
はんぶんに
おります。

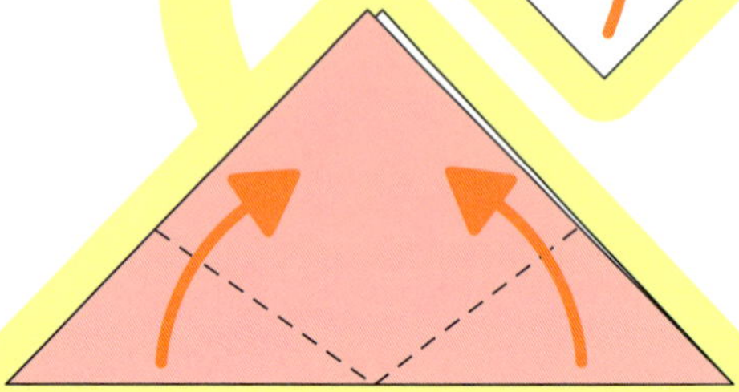

2
りょうがわをうえへおります。

できあがり

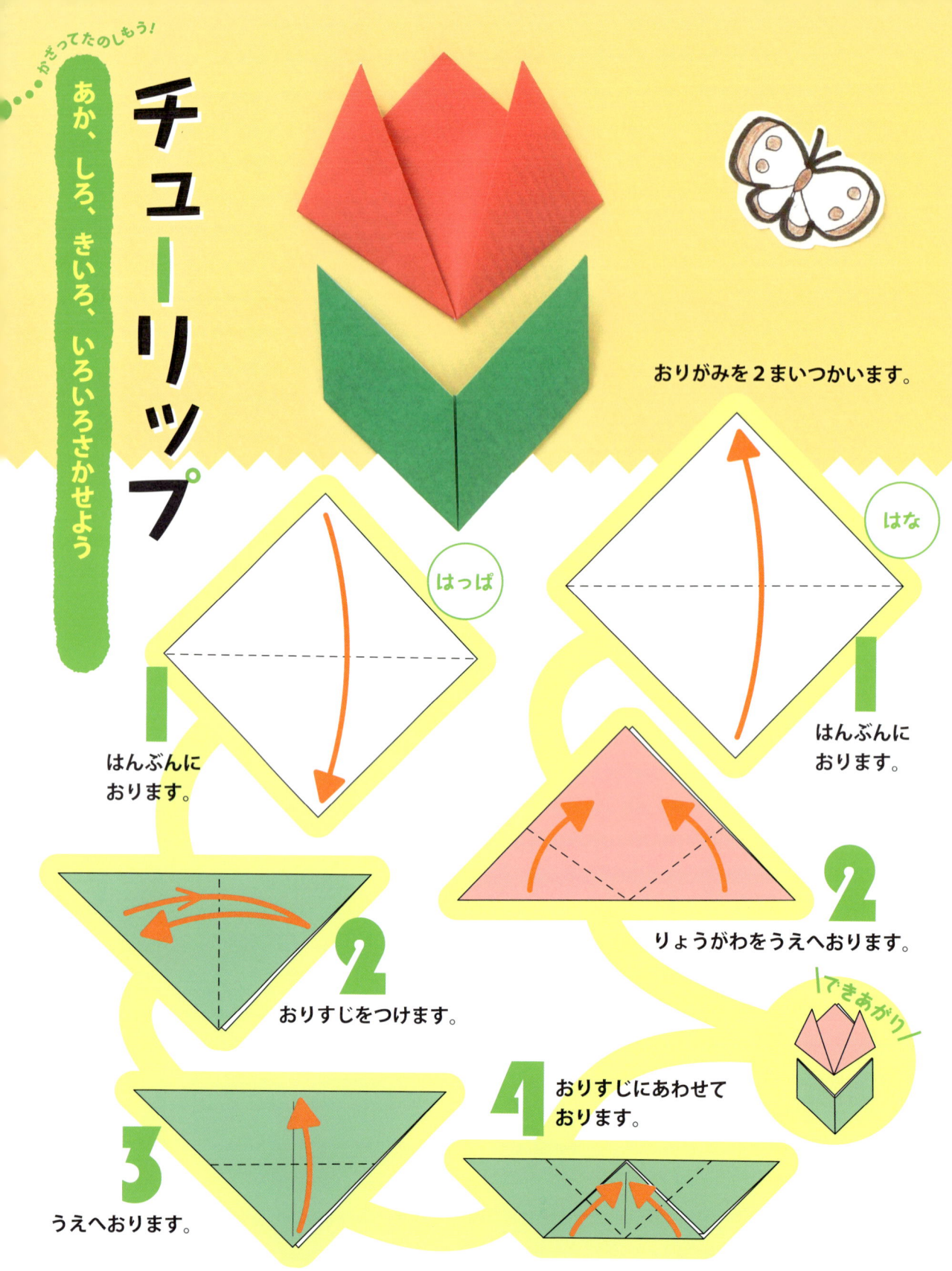

ラッキーアイテムをおっちゃおう

よつばのクローバー

きみどりをおもてにして、
つる（42ページ）の4までおります。

むきをかえる

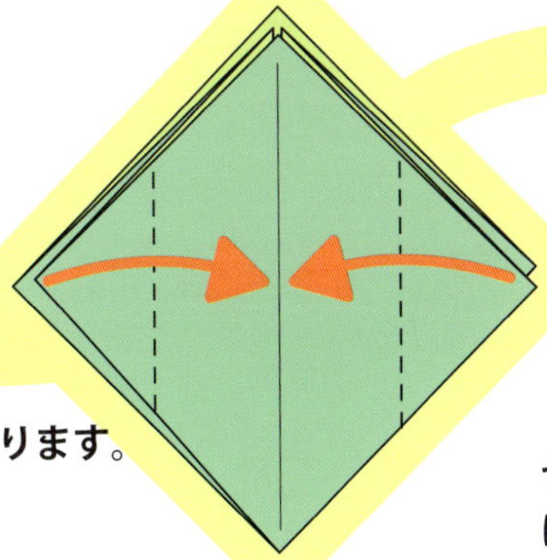

1
さかさまにしたら、
よせるようにかどをおります。
うらもおなじに。

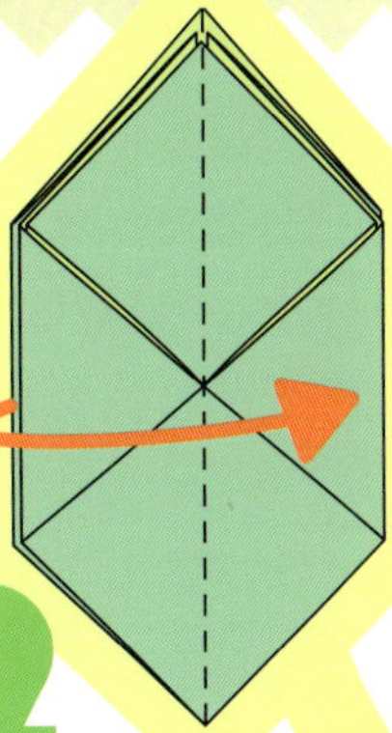

2
ぜんたいを
はんぶんにおります。

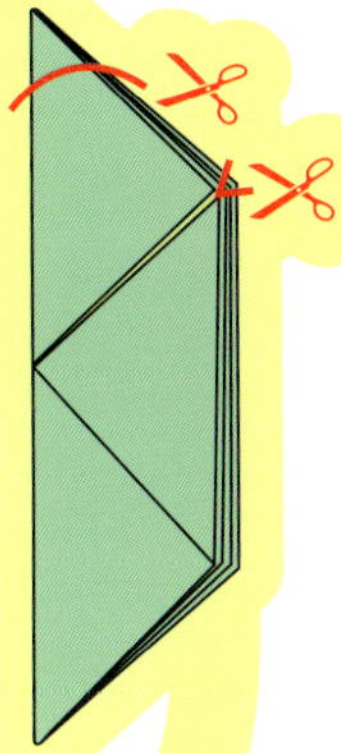

3
さきをまるくきり、
ちいさなきりこみも
いれます。

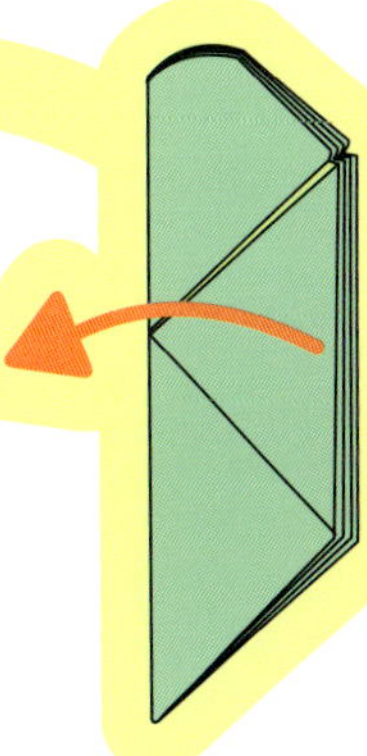

4
ひらいて
2のかたちに
もどします。

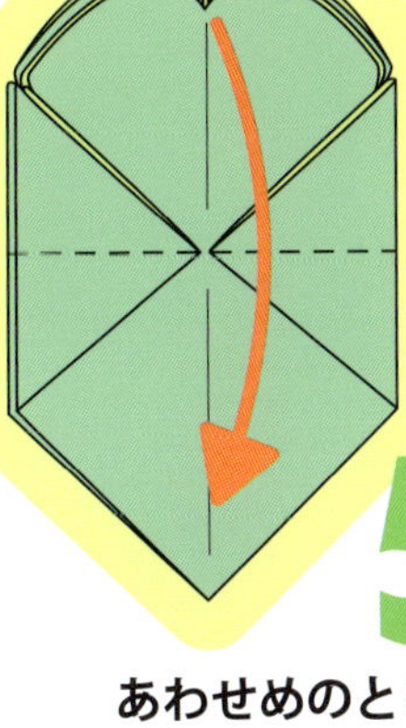

5
あわせめのところで
おります。

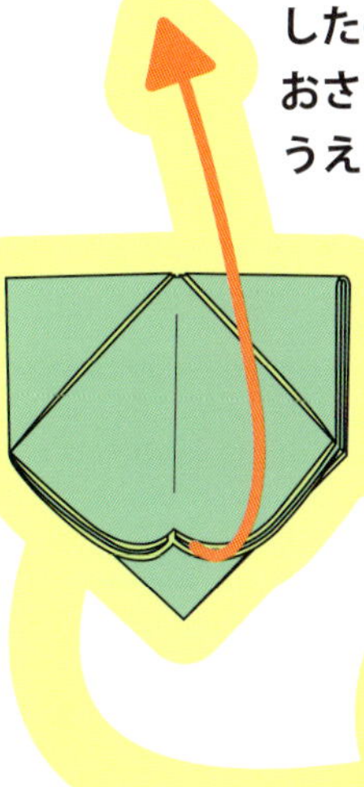

6
したの１まいを
おさえながらひろげたら、
うえからおしつぶします。

＼できあがり／

かざってたのしもう！

あさがお

さいごはまるで、つぼみがひらくみたい

親子であそぼ！

大小の紙で2色あさがおを折りましょう。

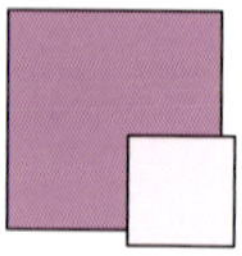

小は先を丸く切らず、大の中にさし込んで**3**以降を折ります。

作品を自由に工夫し始めたら、想像力を伸ばすチャンス。ほめてあげましょう。

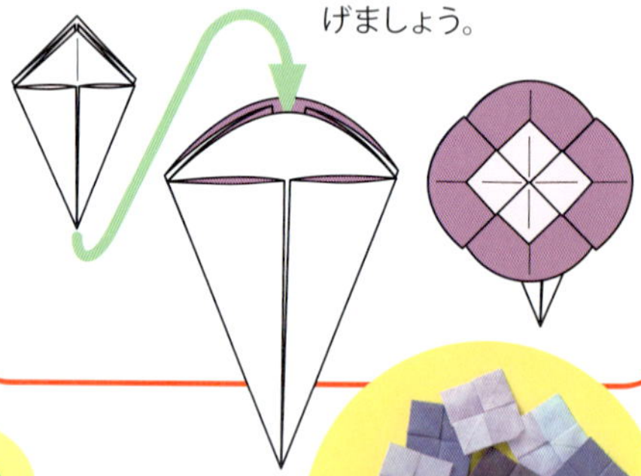

ほら、あじさいも

まるくきらずに、ちいさいかみでたくさんおってね。

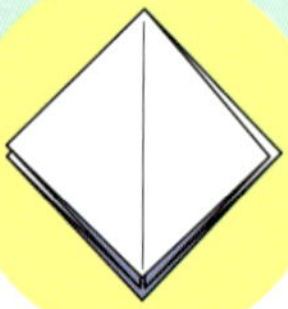

いろのほうをおもてにして、つる（42ページ）の**4**までおります。

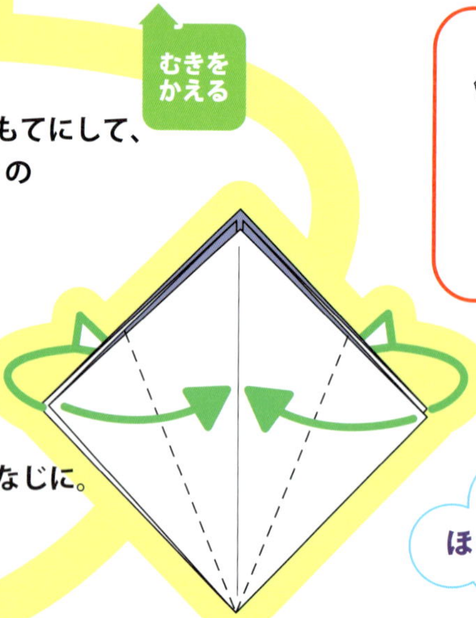

1

さかさまにしたら、おりすじにあわせております。うらもおなじに。

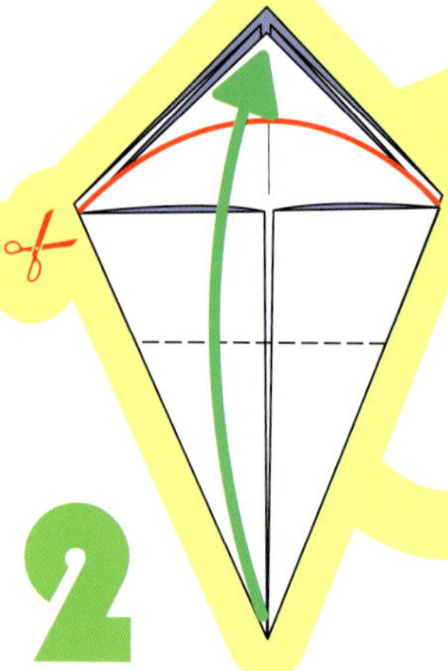

2

うえをまるくきりうえへおります。

3

からゆびをいれ、ひらいてつぶします。

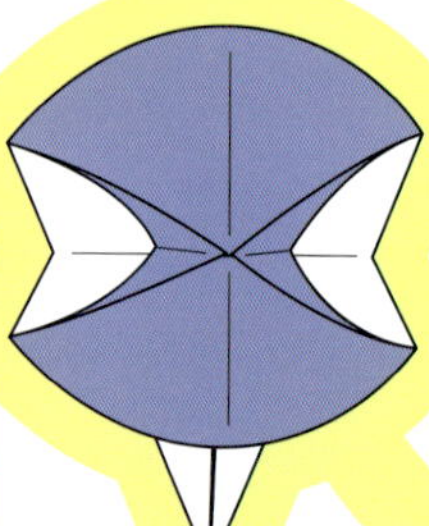

4

3をひろげているところ。うえからおしてつぶします。

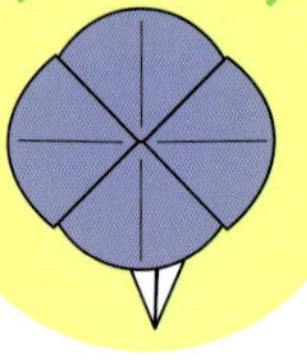

ダリア

こまかいはなびらが、とってもきれい

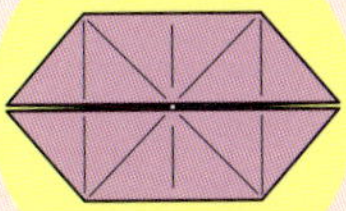

テーブル（16ページ）の
6までおります。

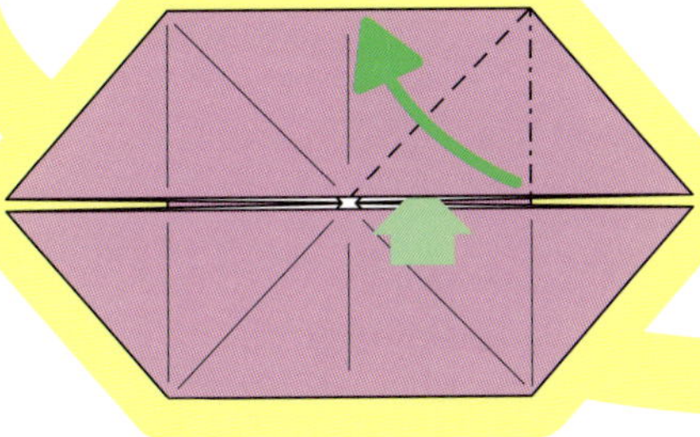

1

にゆびをいれ、ひらいてつぶします。

2

ほかのふくろも、ひらいてつぶします。

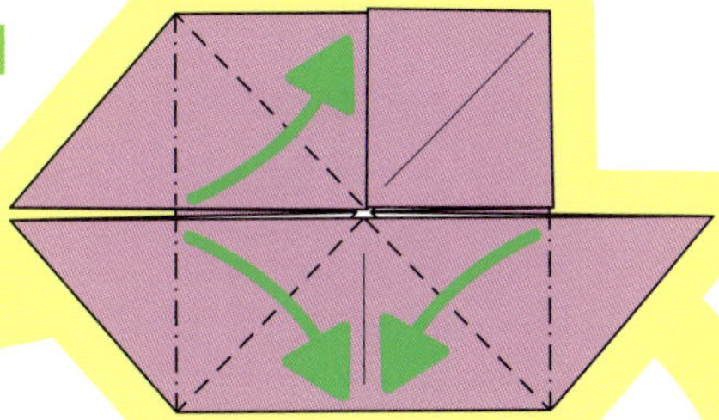

3

さんかくを
8つおります。

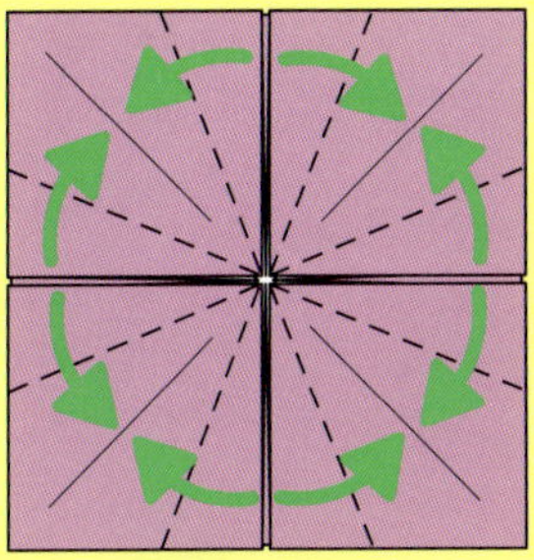

4

ふくろにゆびをいれ、
ひらいてつぶします。

5

ほかのふくろも、ひらいてつぶします。

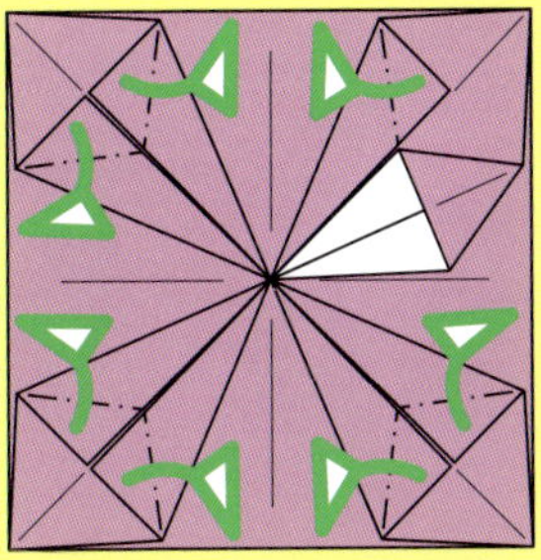

6

かどをむこうがわへ
おります。

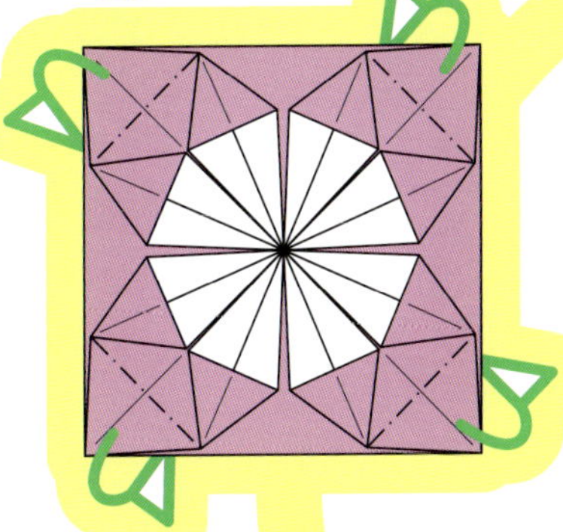

＼できあがり／

リボンをつけたら
くんしょうにも

かざってたのしもう！

おおきなかみでおると、ほんものみたいに

バラ

1

おりすじを２つつけます。

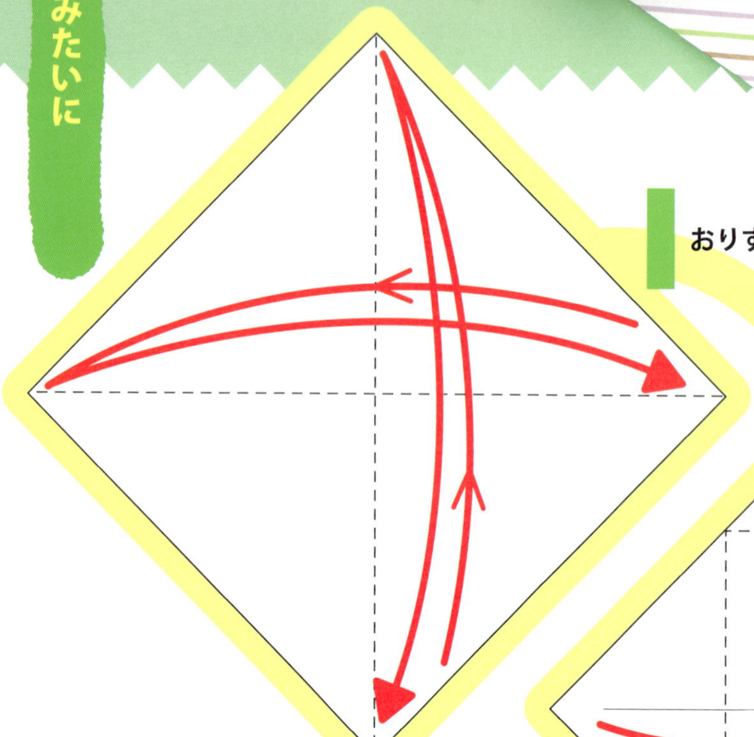

2

まんなかによせて
かどをおります。

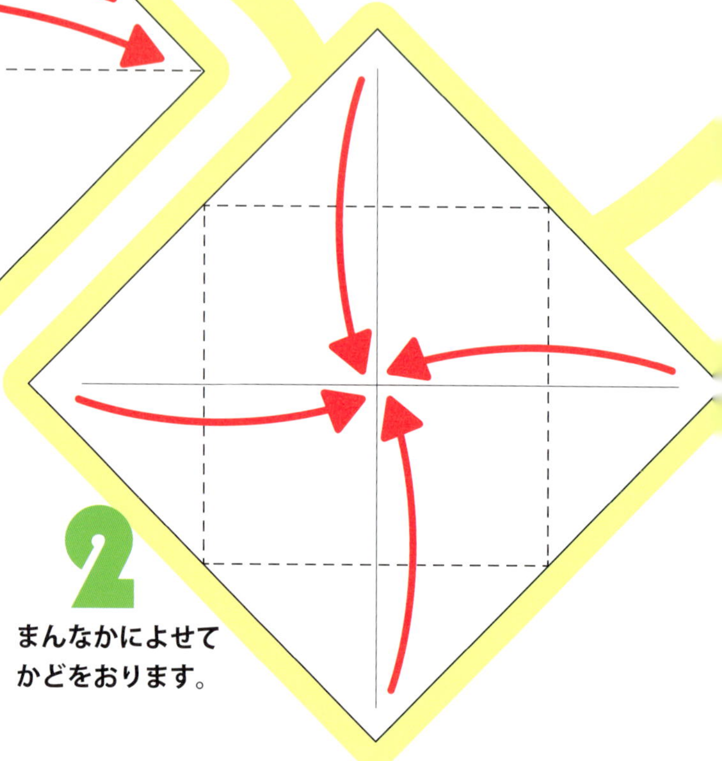

3

もういちど、
まんなかによせております。

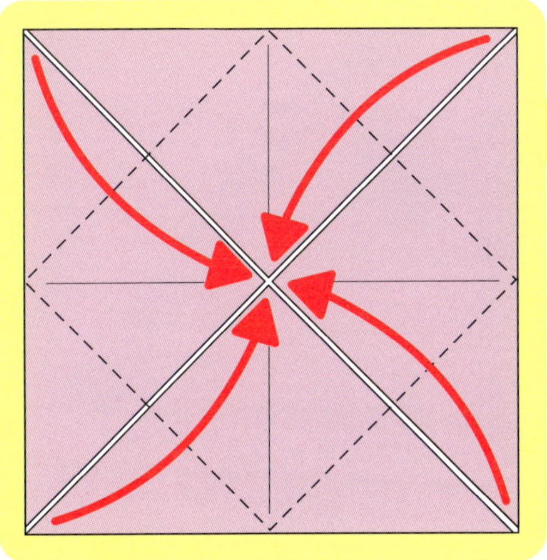

4

また、
まんなかによせて
おります。

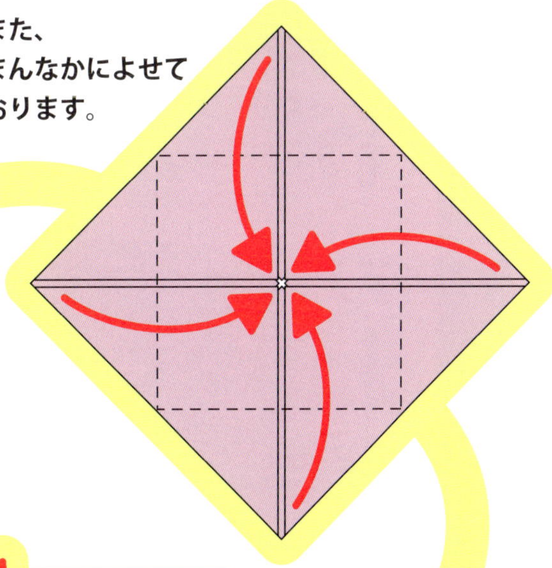

5

こんどはむこうがわへ
おります。

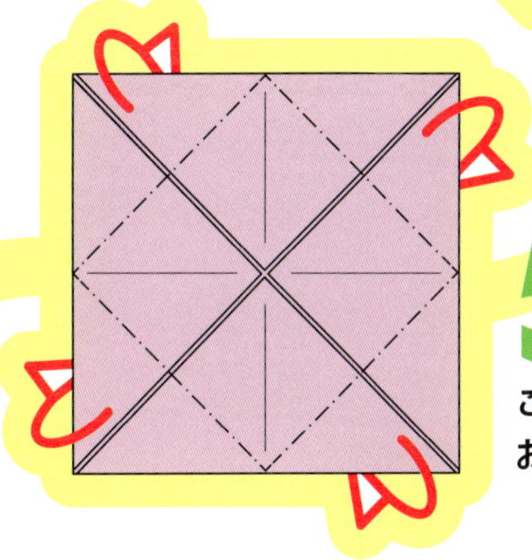

6

まんなかのかどを
そとへひらきます。

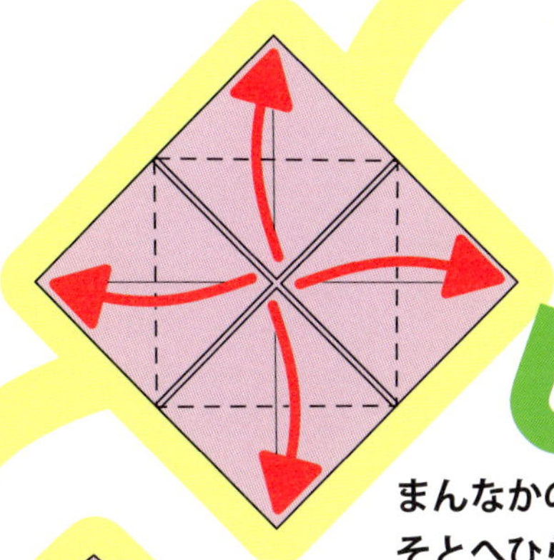

7

もういちどひらきます。

8

さいごに
またひらきます。

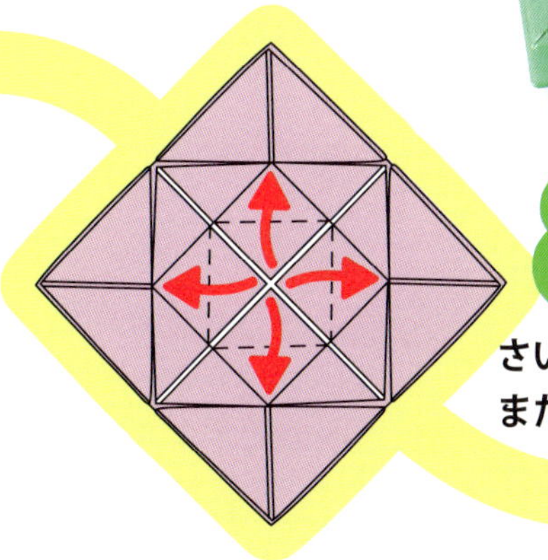

＼できあがり／

かざってたのしもう！

つりがねそう

さいごにひろげて、ふっくらさせてね

こいいろをおもてにして、
つる（42ページ）の
4までおります。

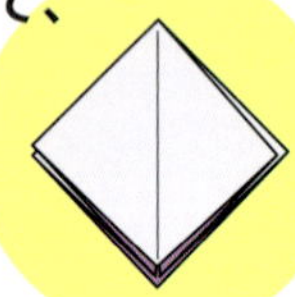

むきを
かえる

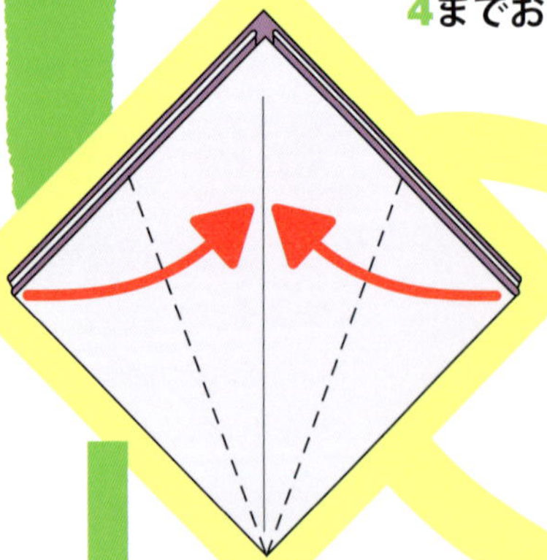

1

さかさまにしたら、
おりすじにあわせております。
うらもおなじに。

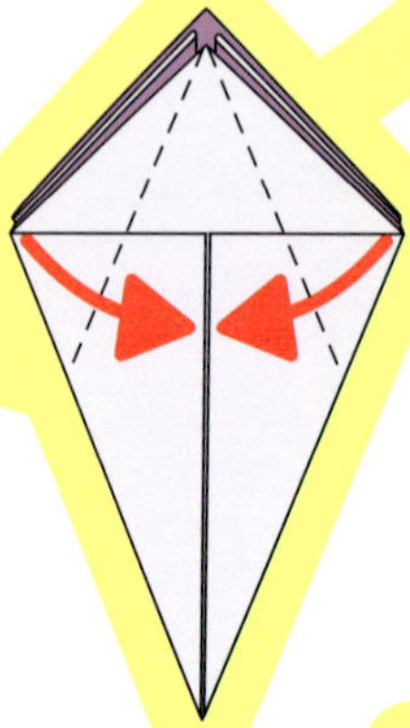

2

おりすじに
あわせて
うえをおります。

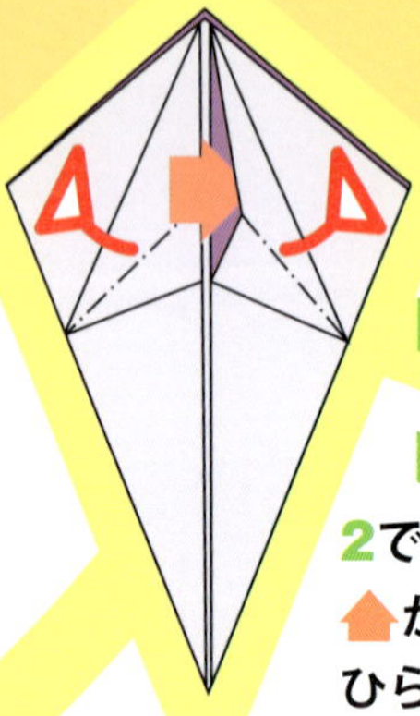

3

2でおったふくろに
⬆からゆびをいれ、
ひらいてつぶします。

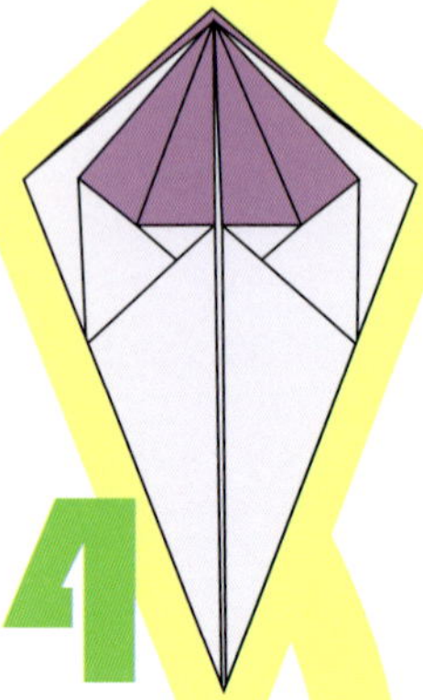

4

3をおったところ。
うらも2〜3と
おなじにおります。

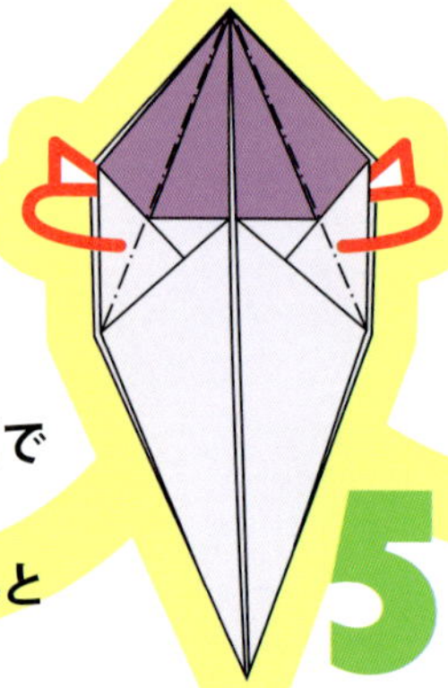

5

てんせんのところでおり、
あいだにいれます。
うらもおなじに。

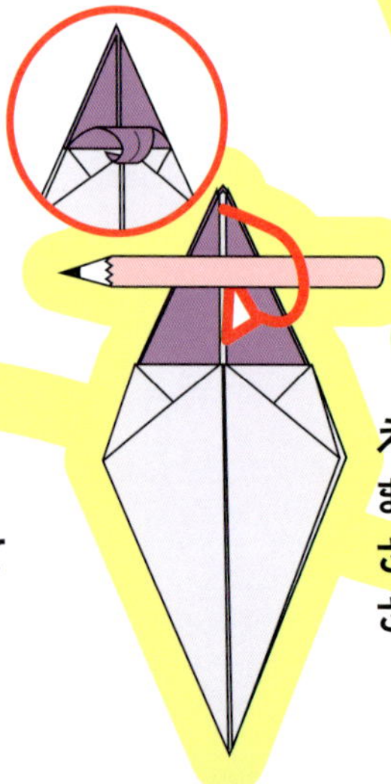

6

えんぴつなどで
まいて
さきをくるんと
させます。

＼できあがり／

なかにゆびをいれて
ふくらませてね！

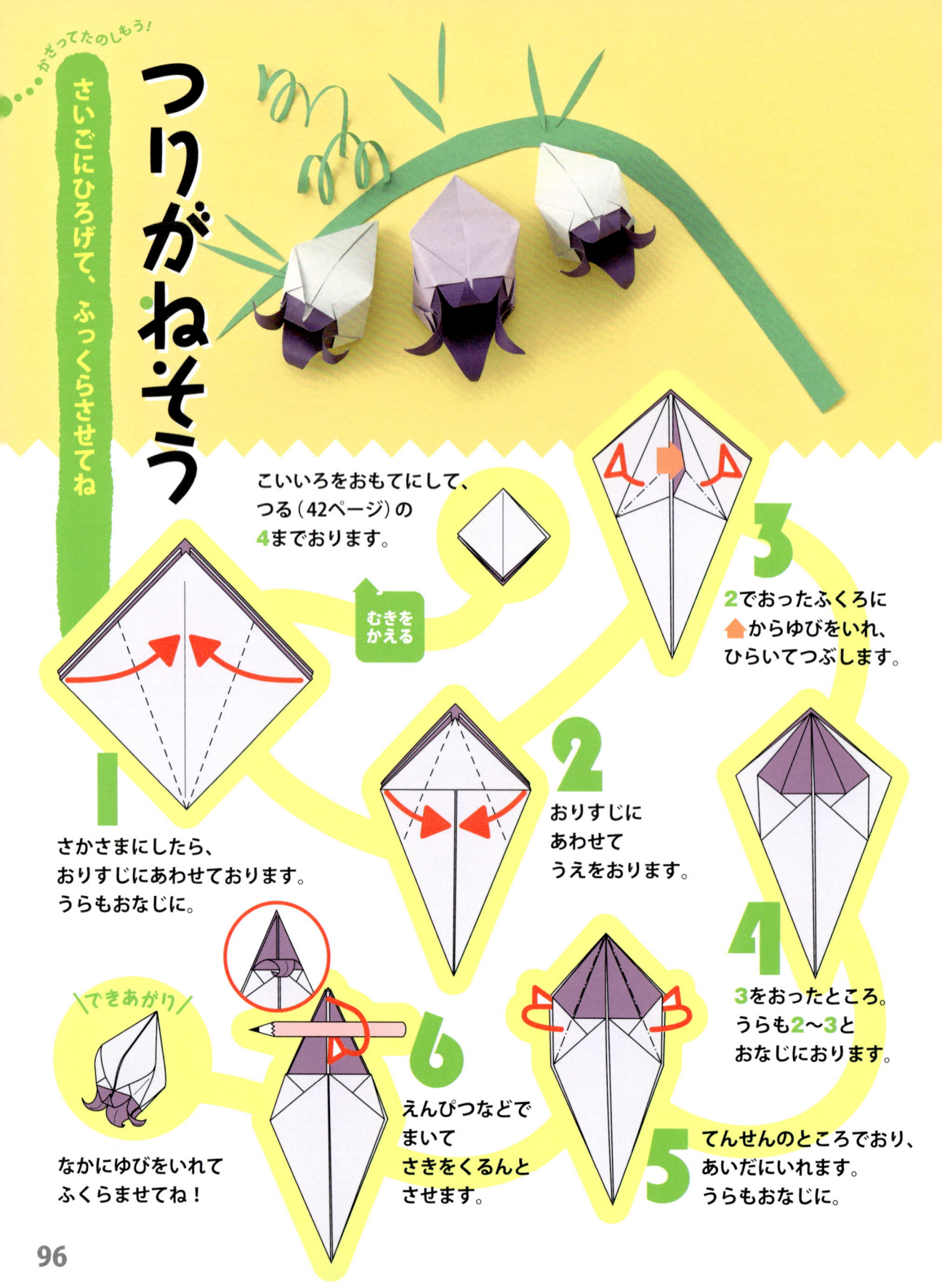

いちご

りょうめんおりがみでおると、たのしい！

1

おりすじを
つけます。

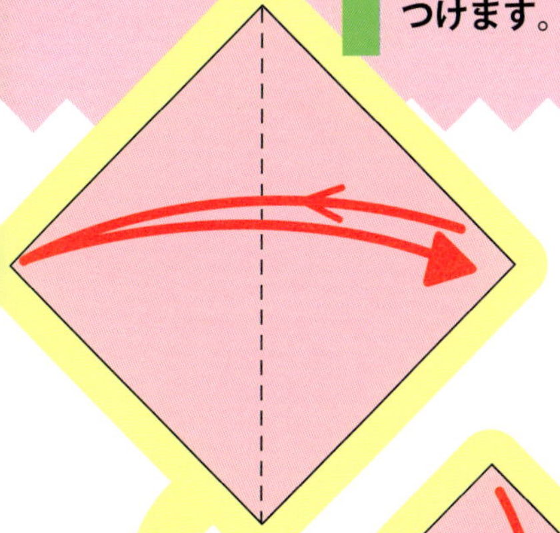

2

はんぶんに
おります。

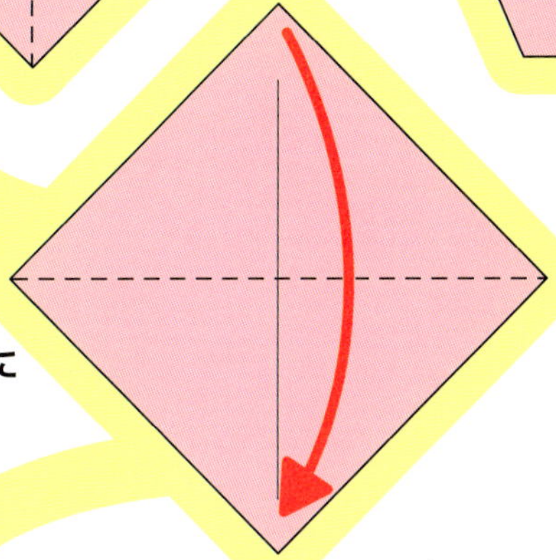

3

てまえの
１まいだけ
うえへおります。

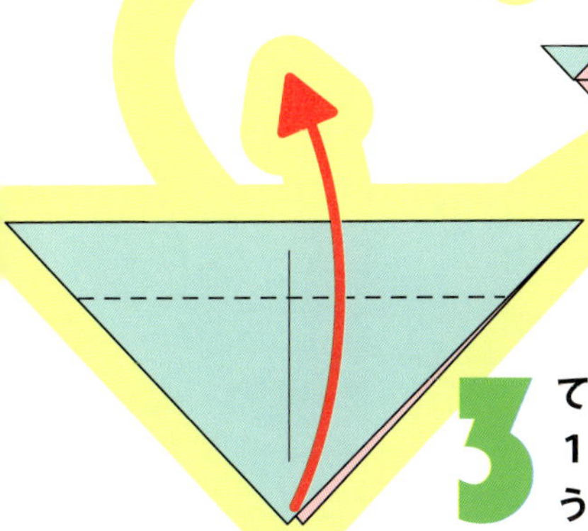

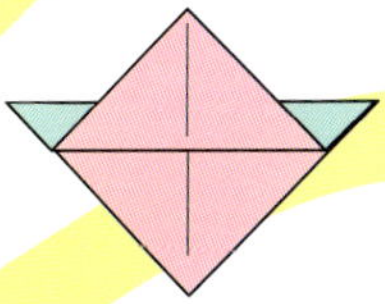

3をおった
ところ

うらがえす

4

うらがえしたら、
おりすじにあわせて
おります。

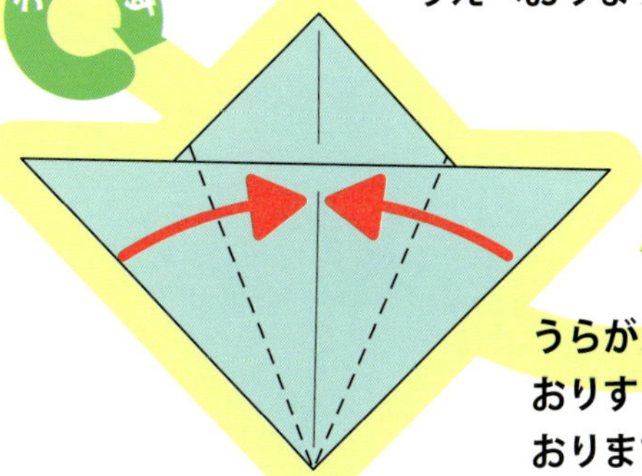

5

あわせめまで
うえへおります。

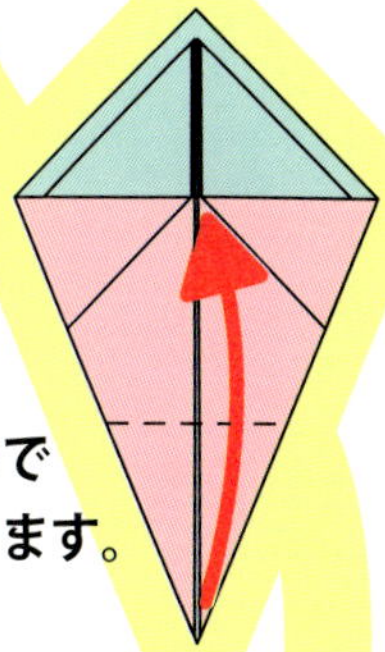

うらがえす

6

うらがえしたら、
うえをすこし
おります。

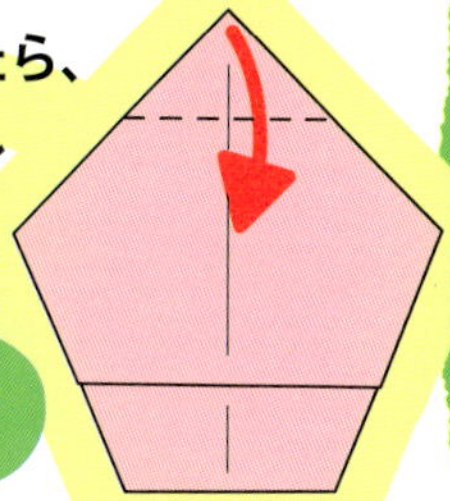

7

さきをななめに
おります。

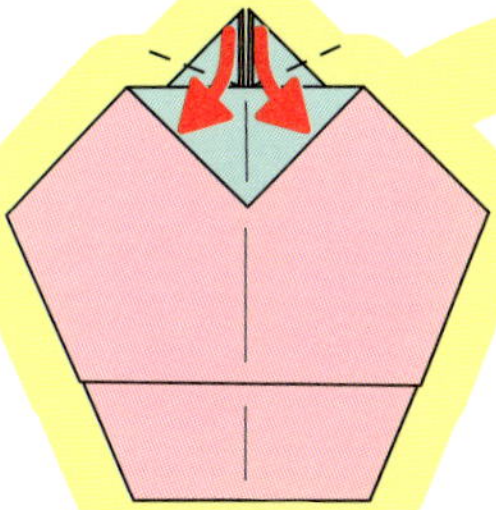

できあがり

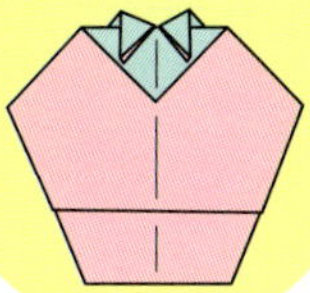

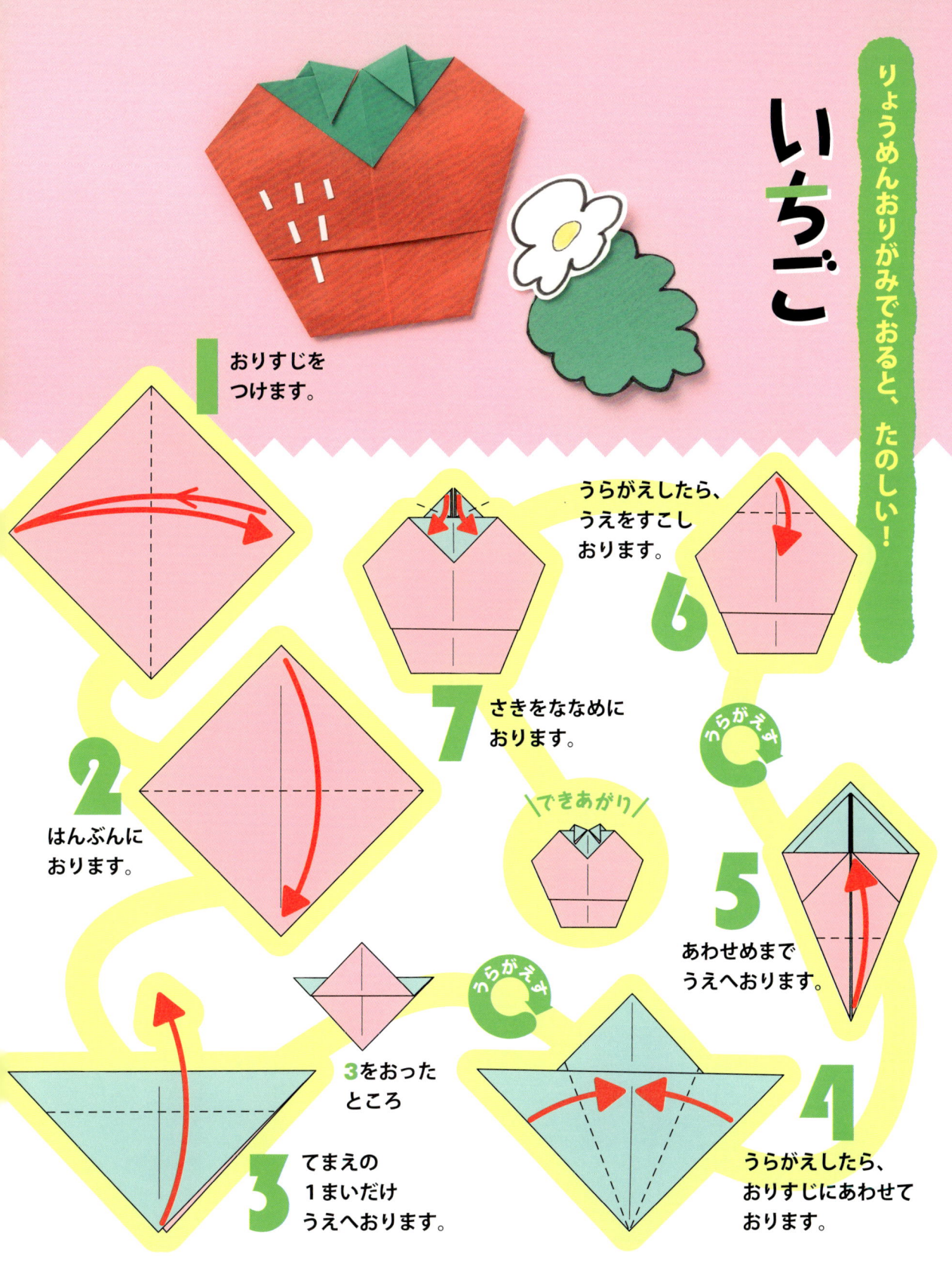

かざってたのしもう!

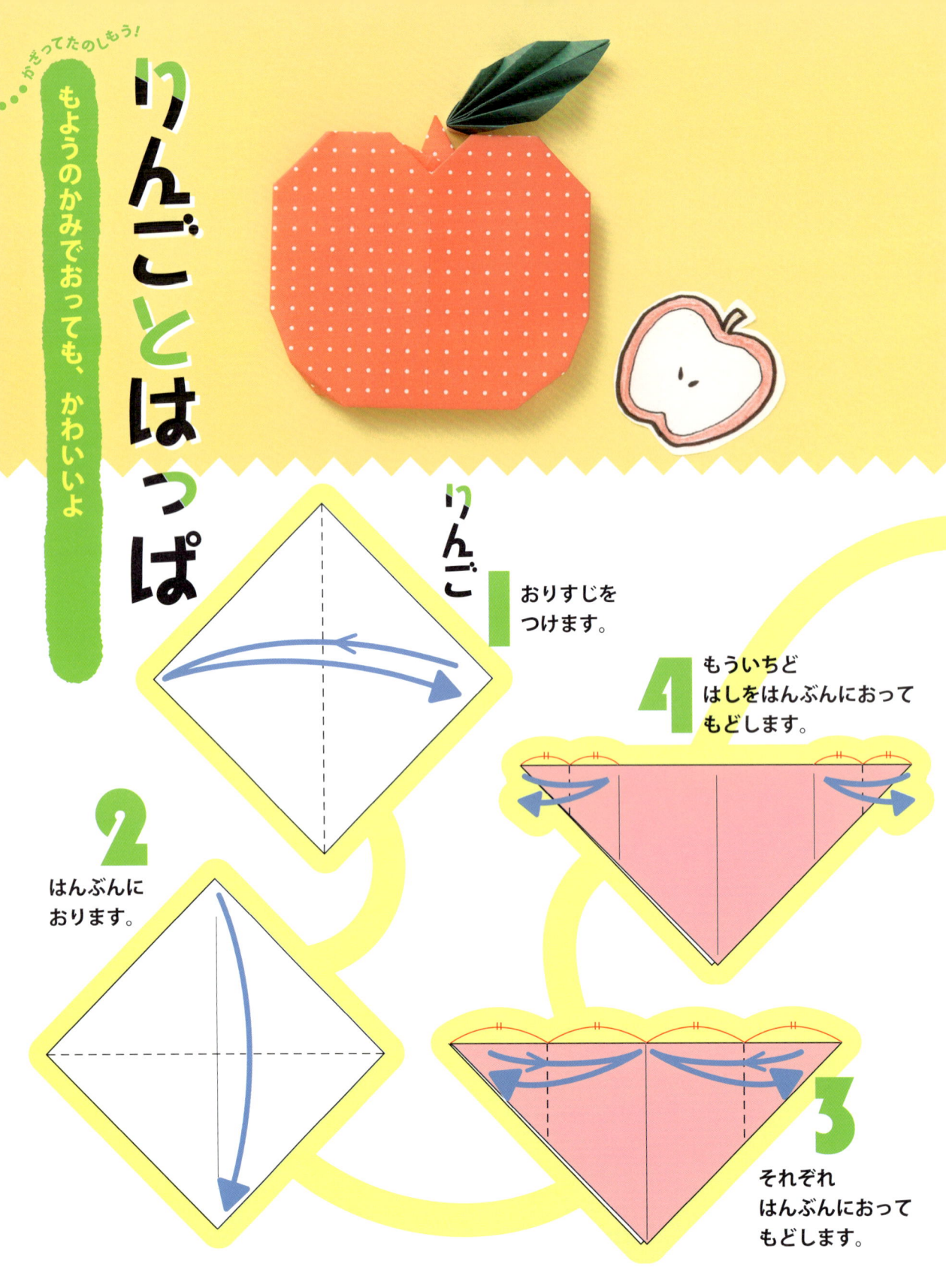

りんごとはっぱ

もようのかみでおっても、かわいいよ

りんご

1 おりすじをつけます。

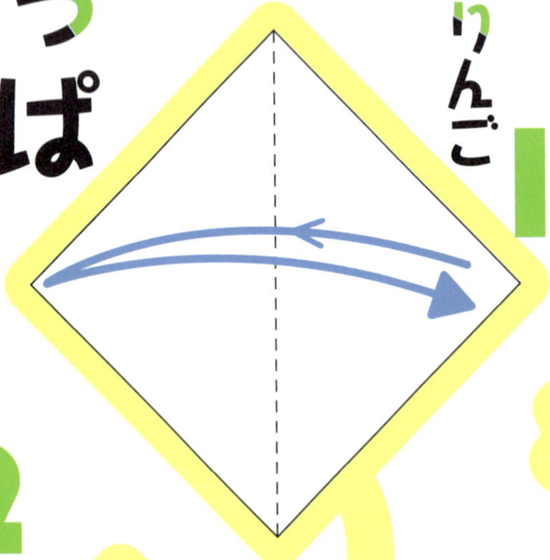

2 はんぶんにおります。

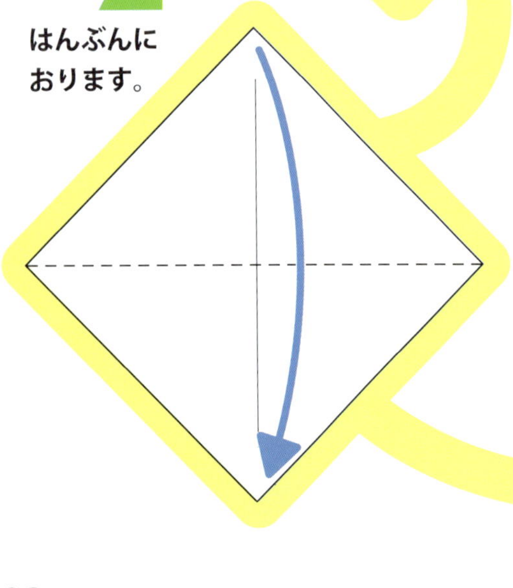

3 それぞれはんぶんにおってもどします。

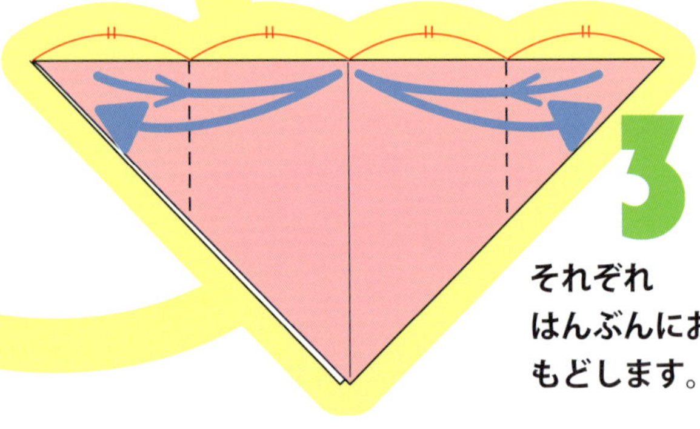

4 もういちどはしをはんぶんにおってもどします。

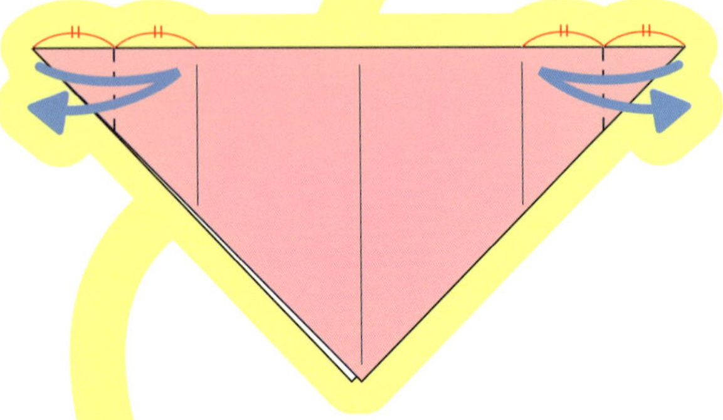

5 ★のおりすじどうしがあうようにおります。

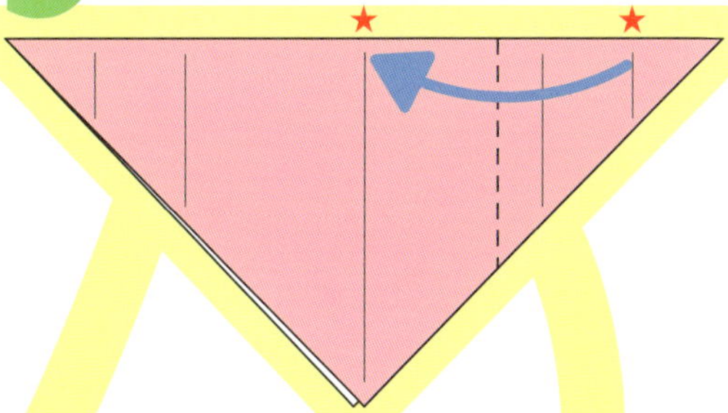

6 こんどは☆のおりすじどうしをあわせます。

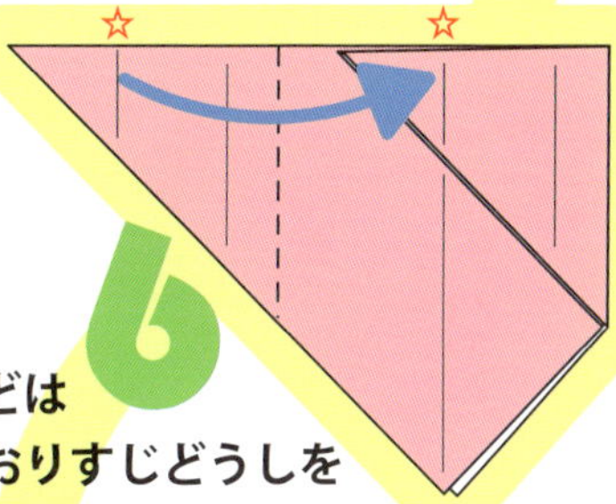

7 うえへおります。

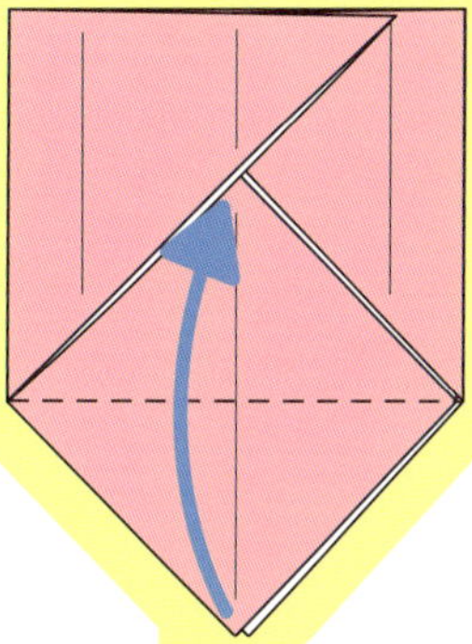

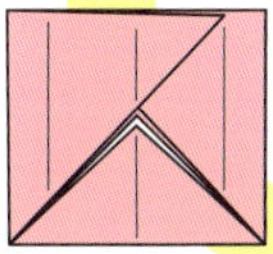

7をおったところ

8 ひだりをひらいたら、★のおりすじどうしをあわせております。

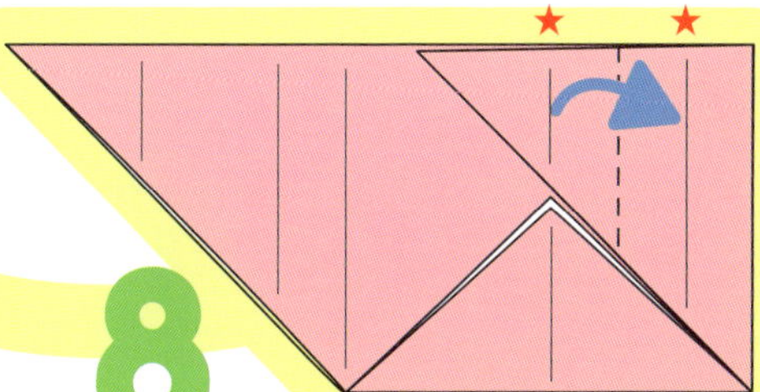

9 きりこみをいれてひらきます。

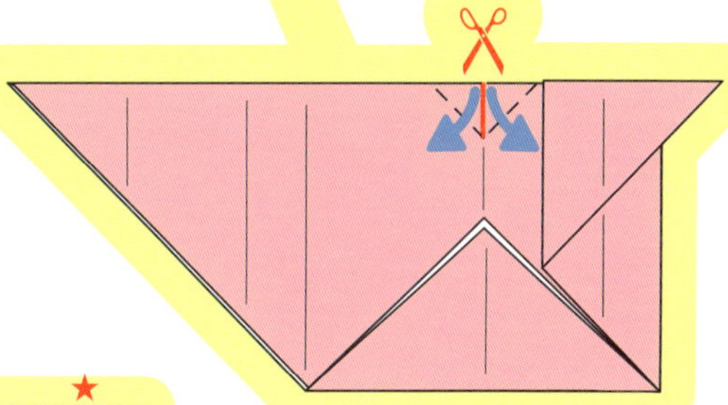

10 ななめにおります。

11 さきがとびだすようにおります。

12 おりすじのところでおります。

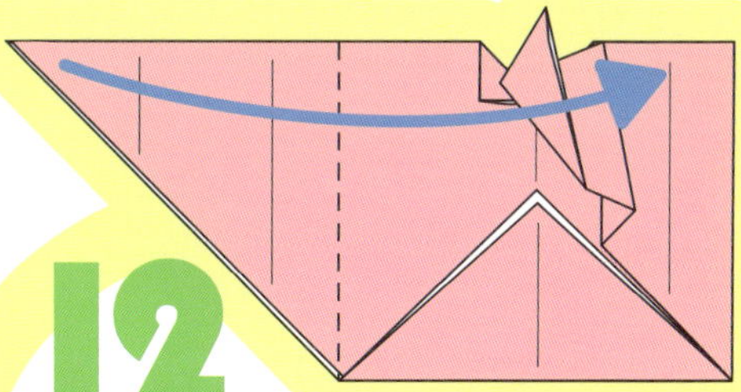

つぎのページへ

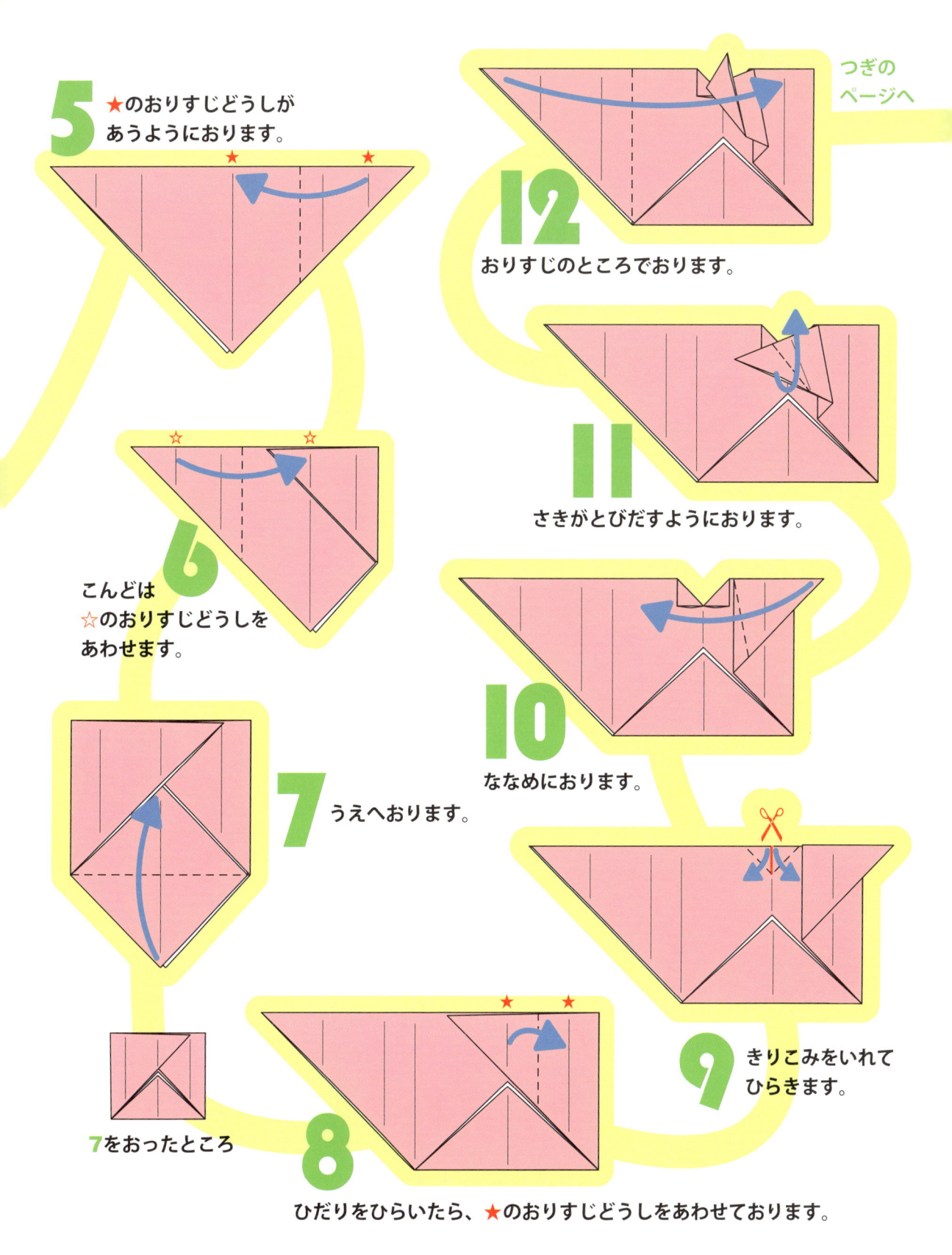

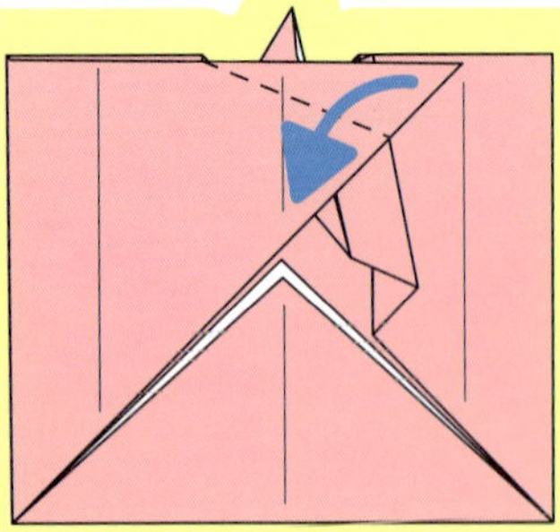

13 ななめにおります。

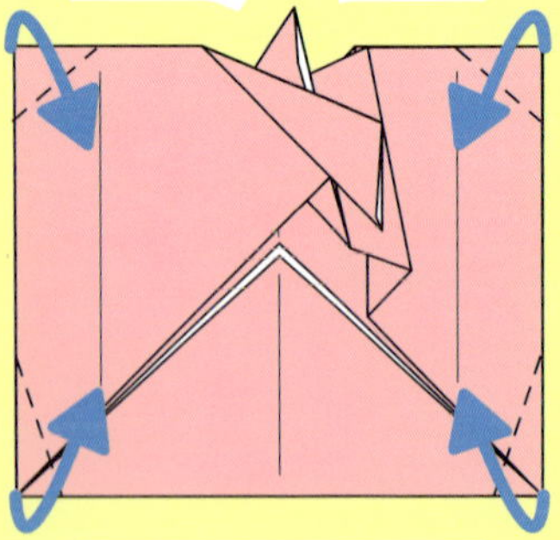

14 かどをおります。

15 うらがえしたら、したのかどだけちいさくおります。

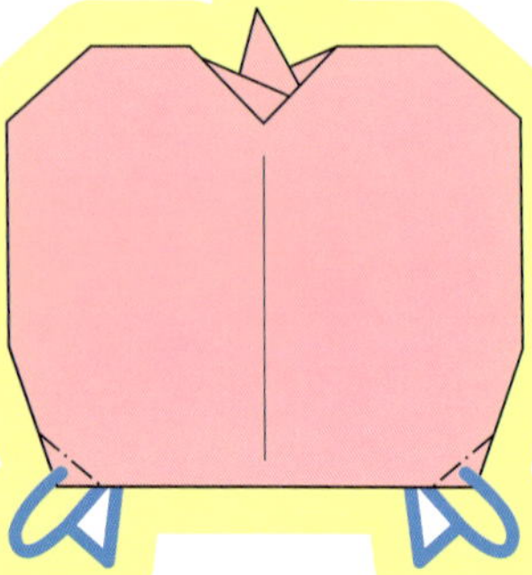

できあがり

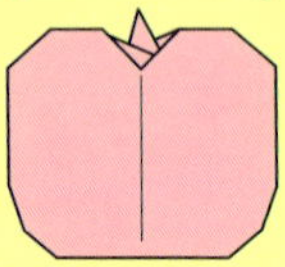

はっぱ

はんぶんにきってつかいます。

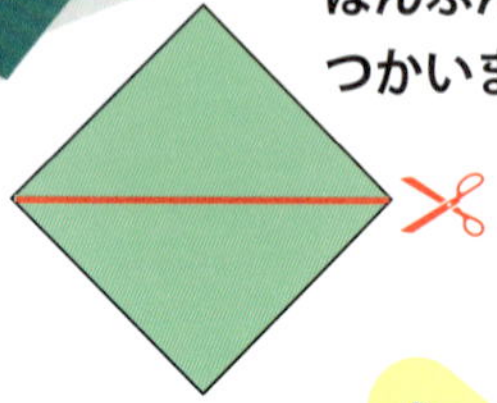

1 やまおり、たにおりを6かいします。

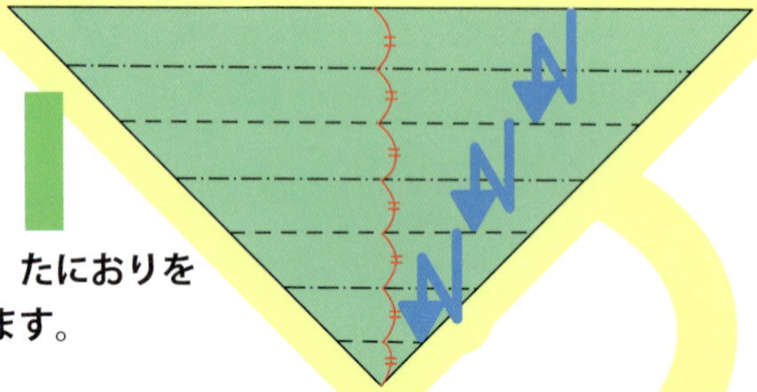

2 ぜんたいをはんぶんにおります。

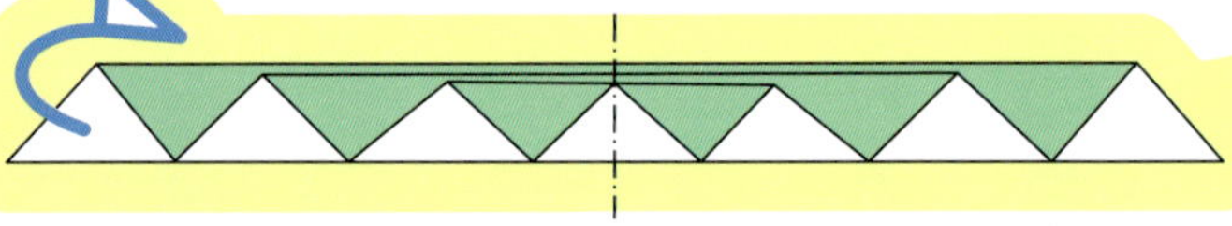

3 のりをつけてはりあわせます。

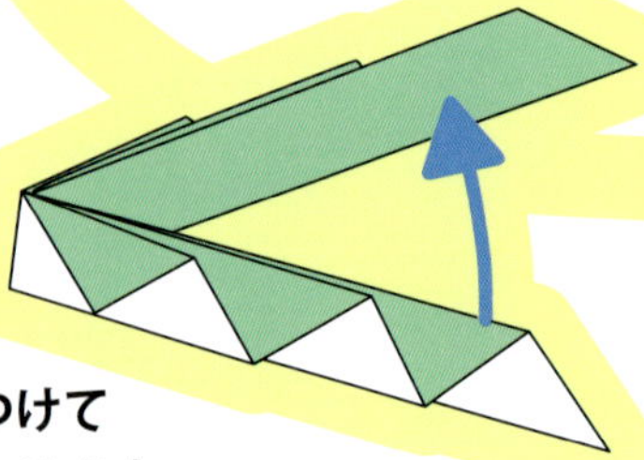

4 さきをさんかくにきってひろげます。

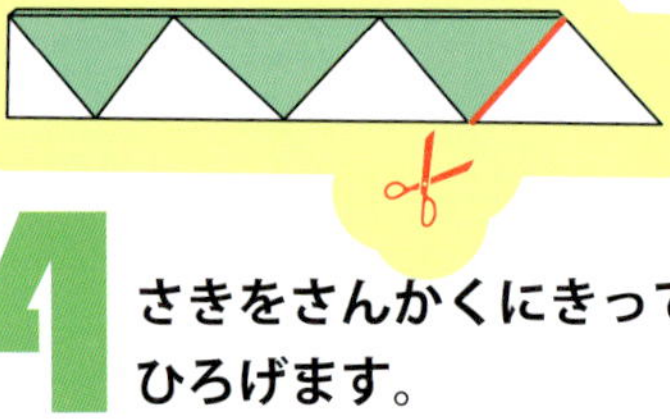

できあがり

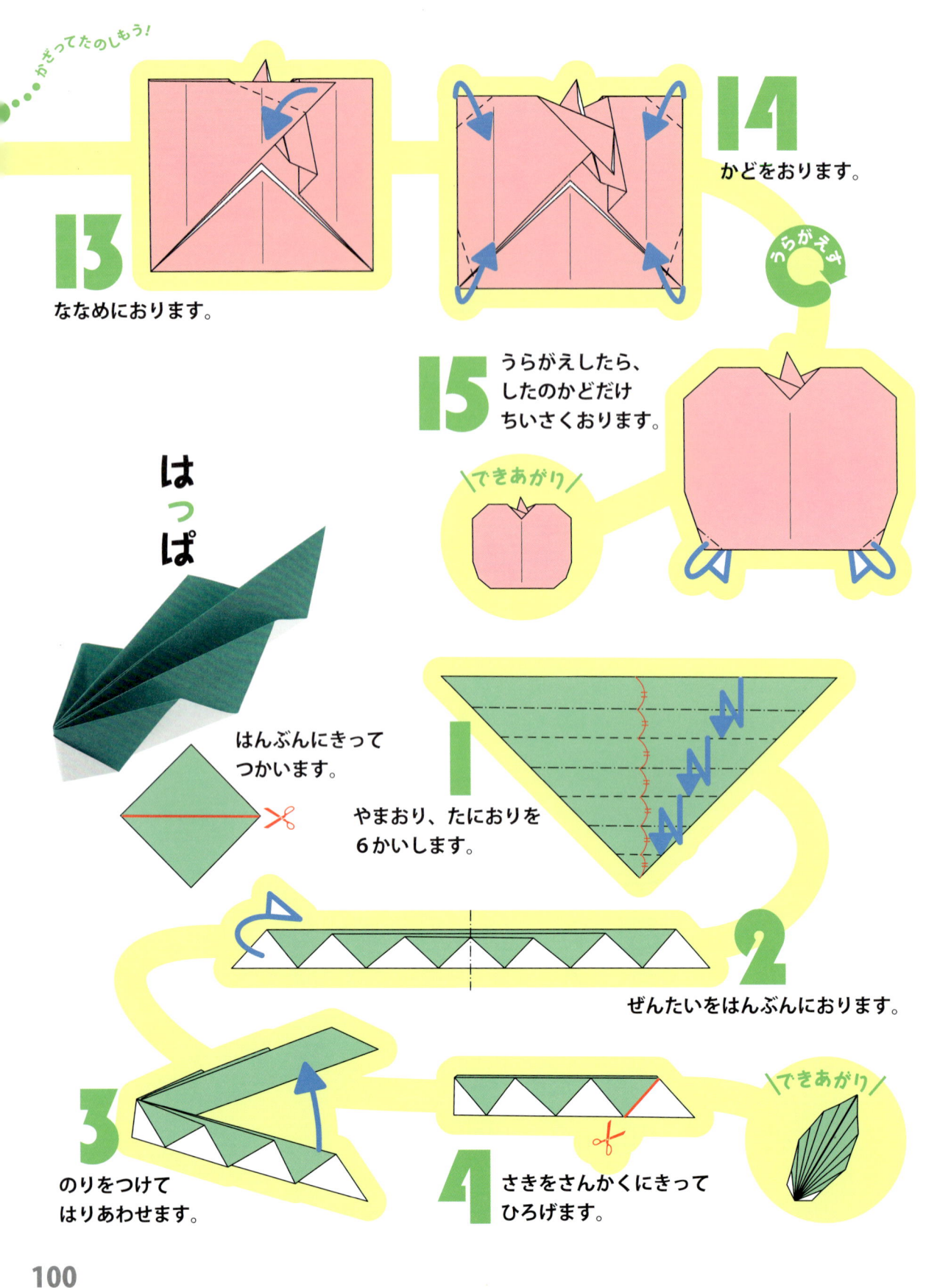

おいしそうにおれたよ

もも

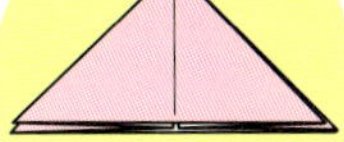

かえる（70ページ）の4までおります。

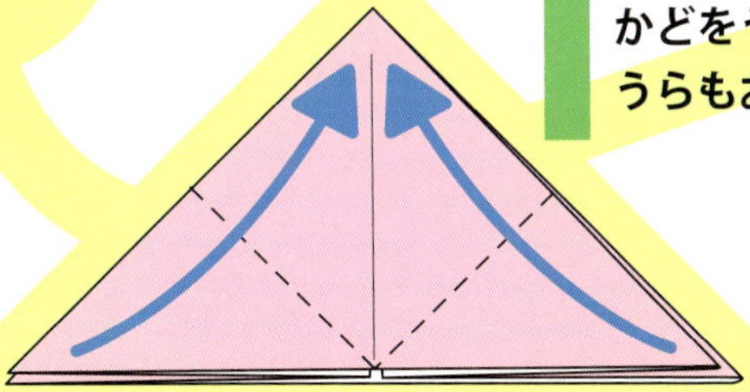

1 かどをうえへおります。
うらもおなじに。

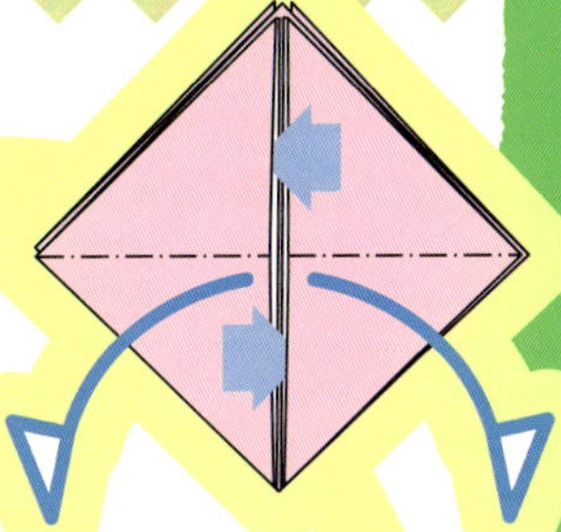

2 にゆびをいれ、ひらいてつぶします。
うらもおなじに。

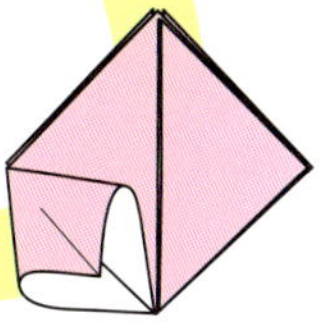

2をつぶして
いるところ

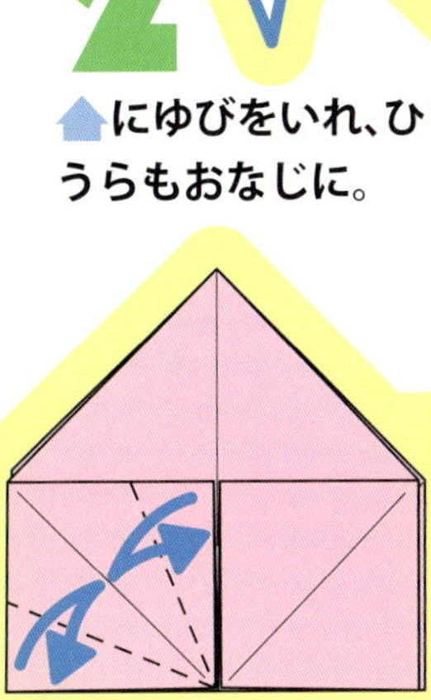

3 おりすじをつけます。

4 ダイヤの
かたちに
ひらいて
つぶします。

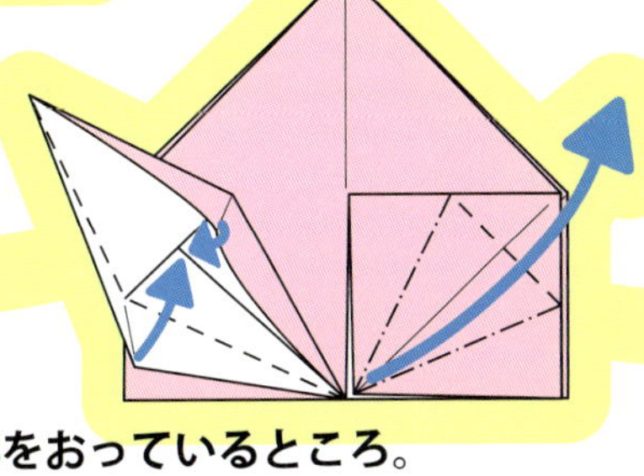

5 4をおっているところ。
みぎもおなじに。

6 うらも3～5とおなじに
おります。

できあがり

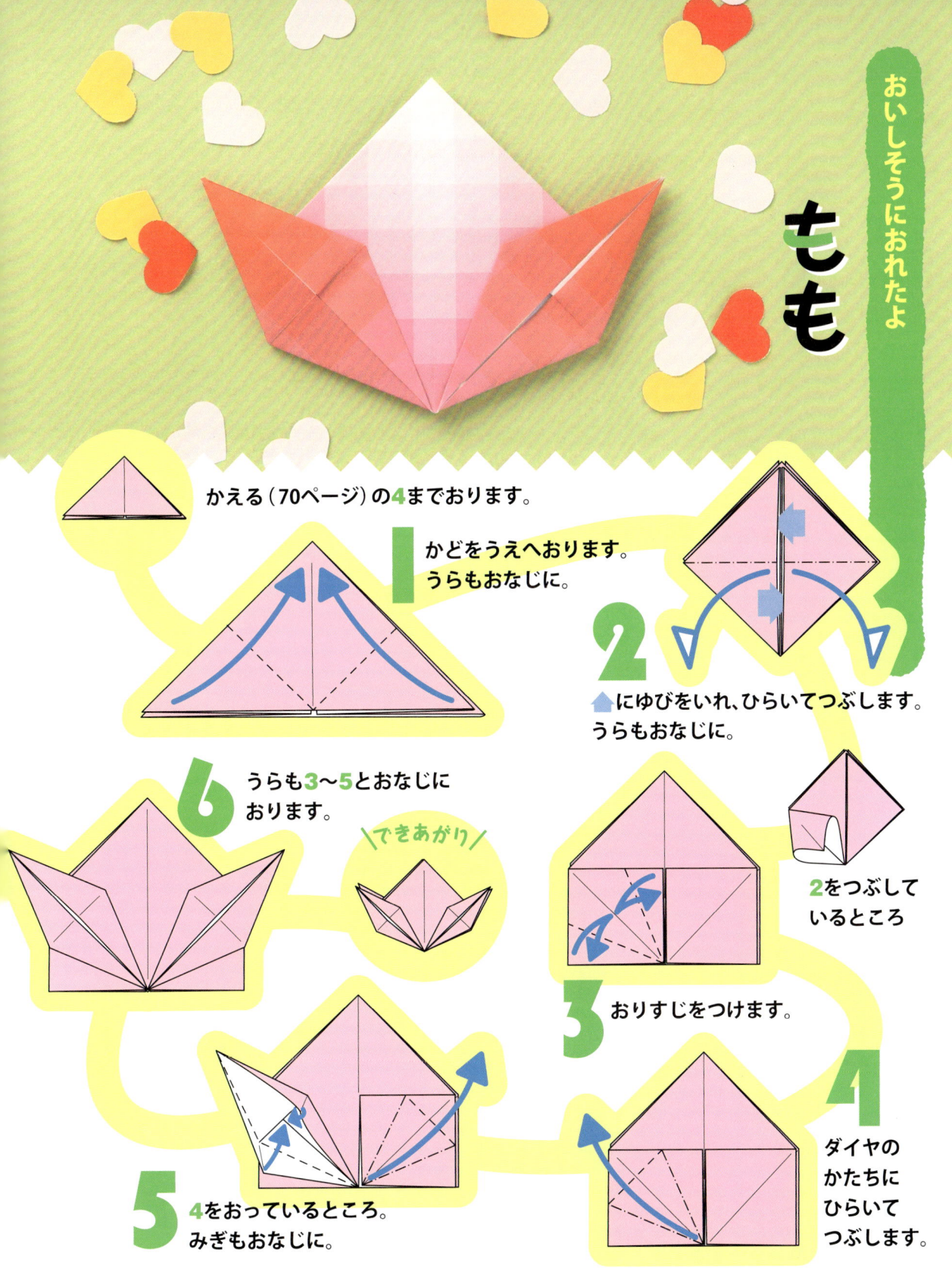

かざってたのしもう!

いがとみを、べつべつのかみでおるよ

くり

おりがみを2まいつかいます。

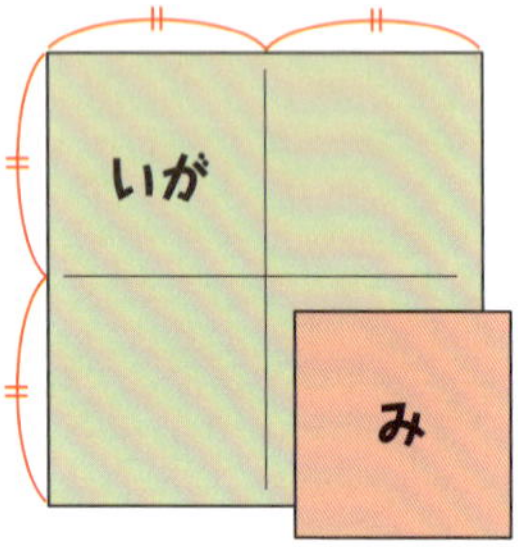

みは、ちいさいおりがみでおります。

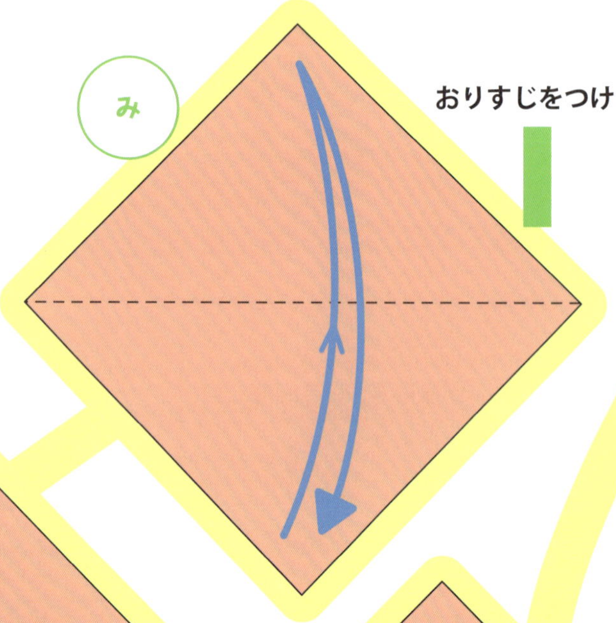

1

おりすじをつけます。

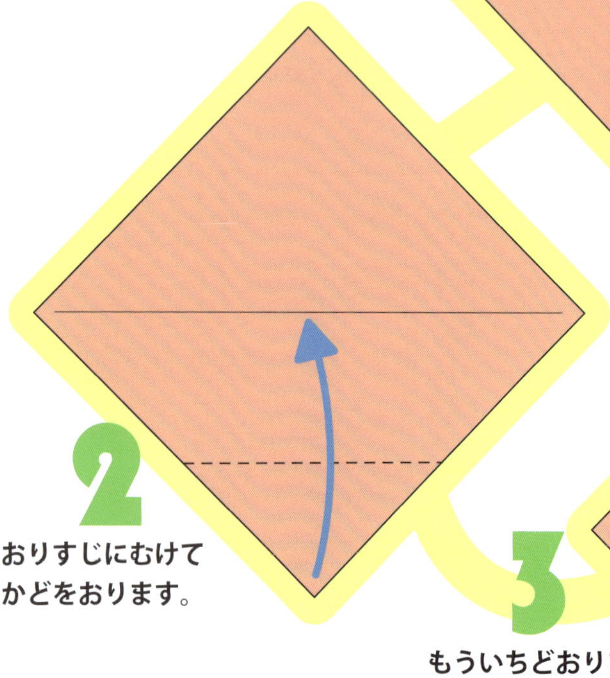

2

おりすじにむけて
かどをおります。

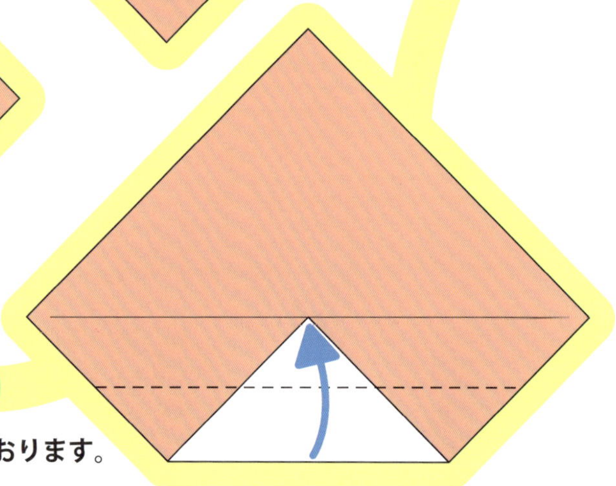

3

もういちどおります。

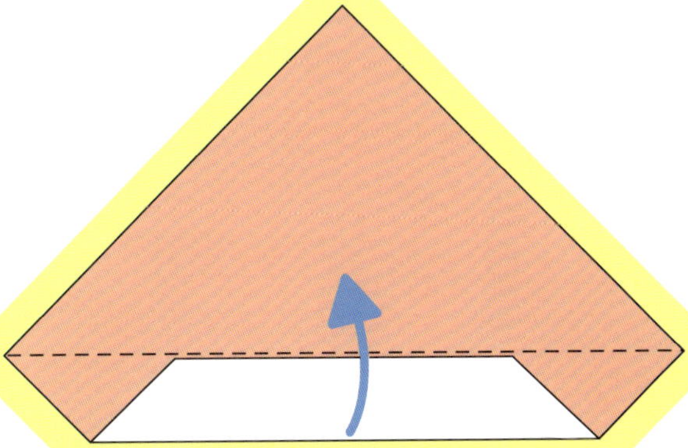

4 おりすじのところでおります。

4をおったところ

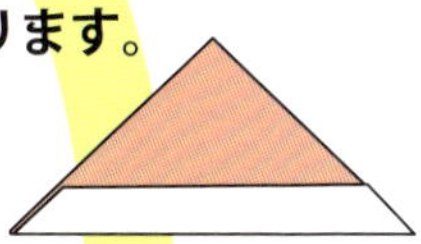

うらがえす

うらがえしたら、
かどをうえへ
おります。

5

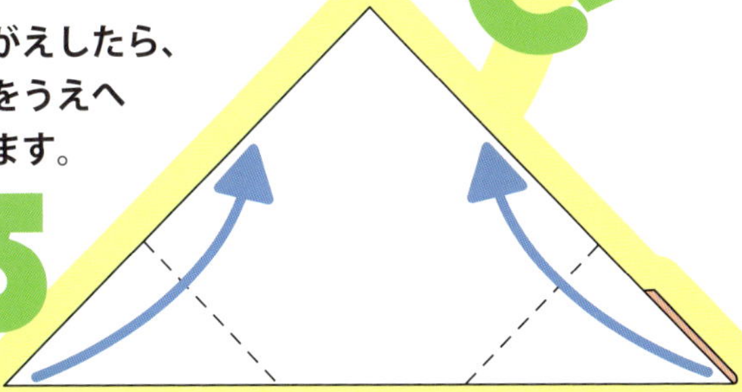

5をおったところ

うらがえす

み

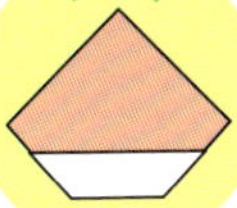

いが

カメラ（20ページ）の
3までおります。

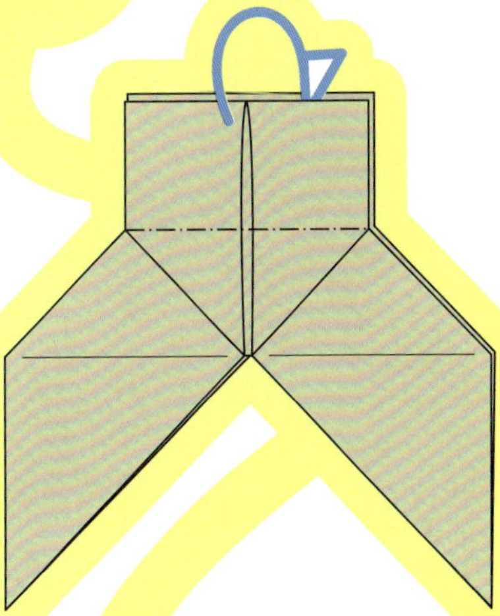

1 うちがわへおりこみます。うらもおなじに。

1をおっているところ。
あわせめを
のりでとめます。

2

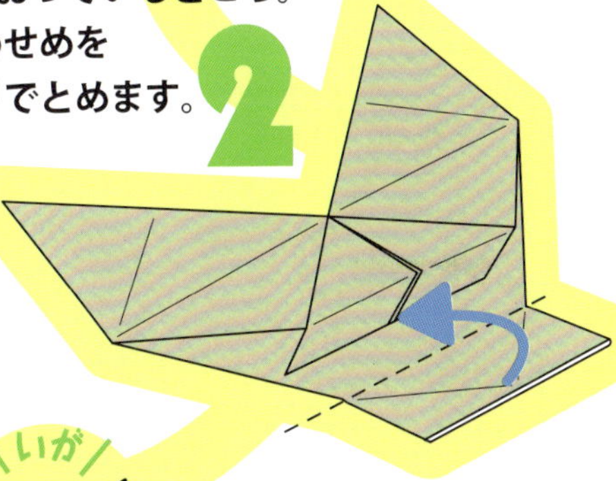

いが

できあがり

みをいがに
さしこんでね！

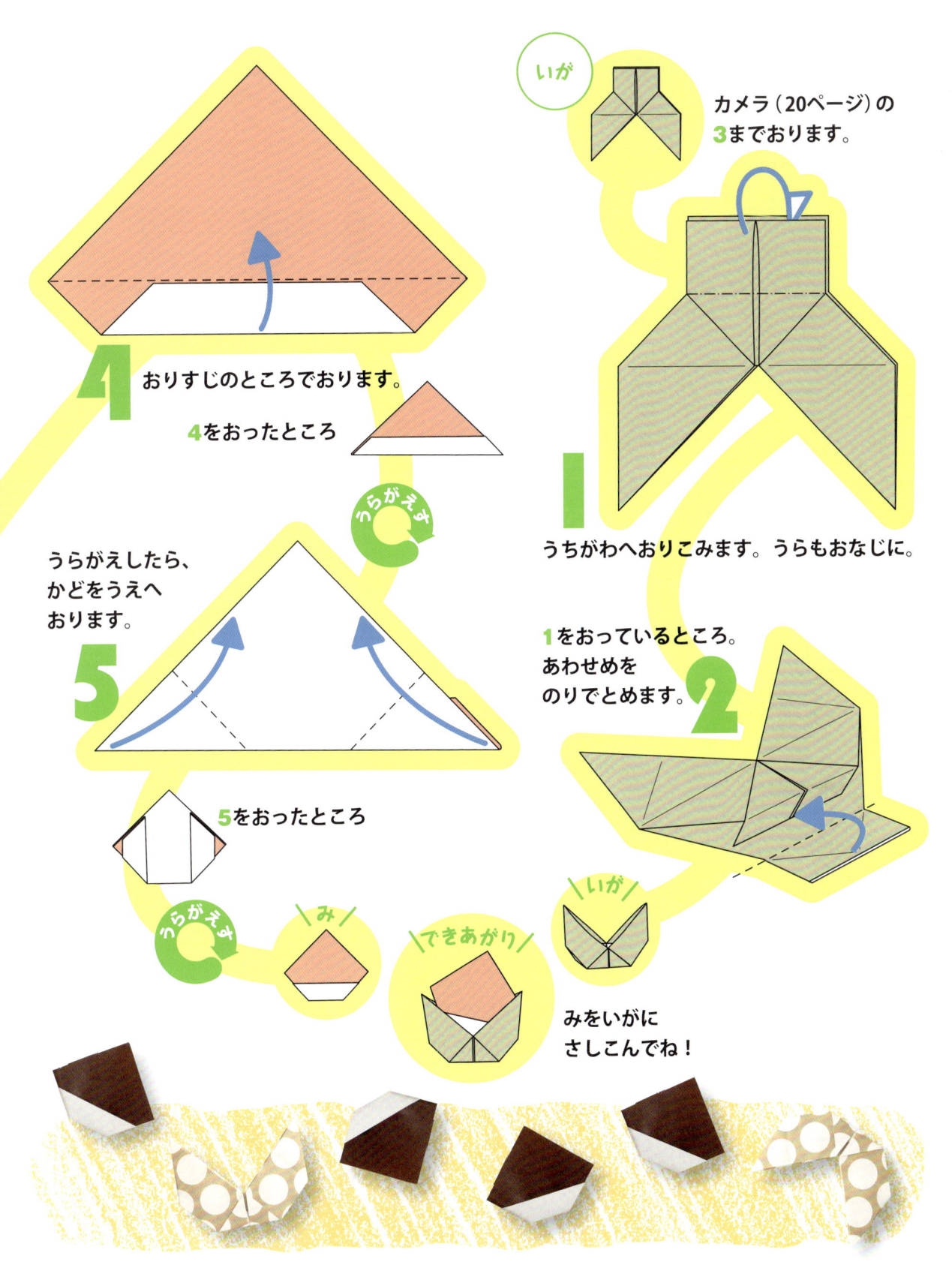

かざってたのしもう！

ちいさいかみでおると、かわいいよ！

どんぐり

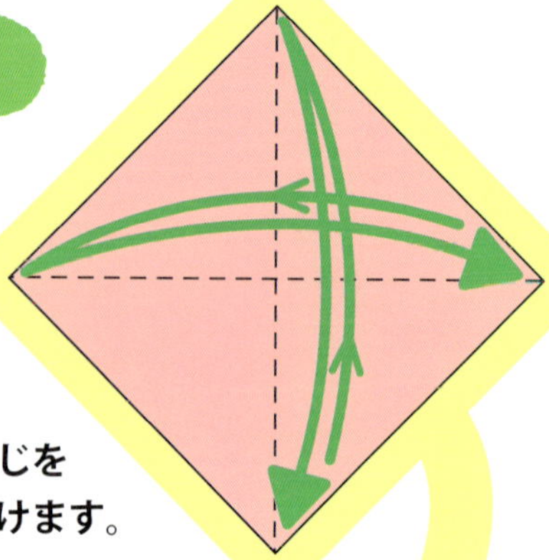

1 おりすじを2つつけます。

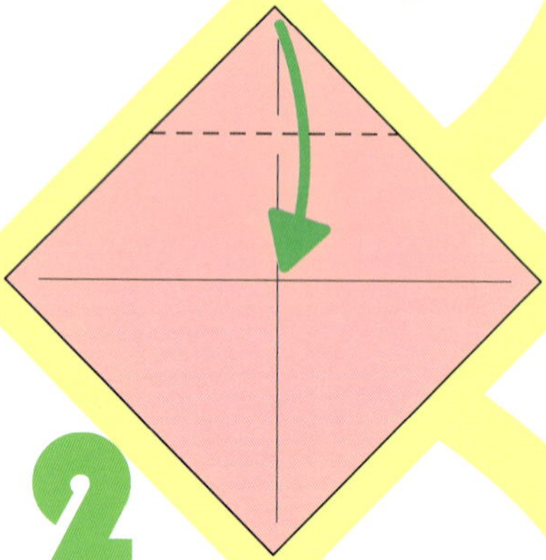

2 まんなかにむけてかどをおります。

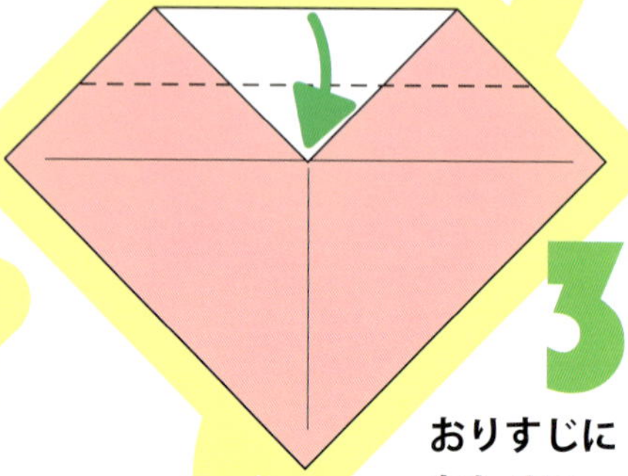

3 おりすじにあわせております。

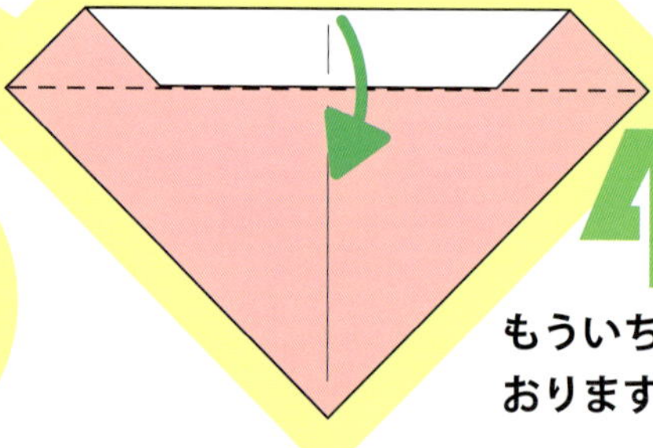

4 もういちどおります。

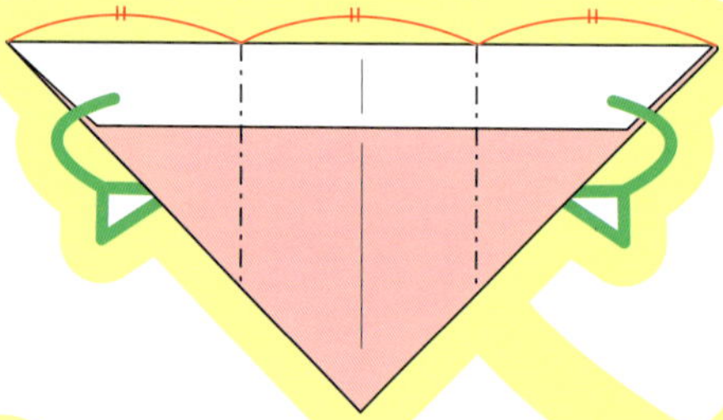

5 りょうがわをむこうへおります。

うらがえす

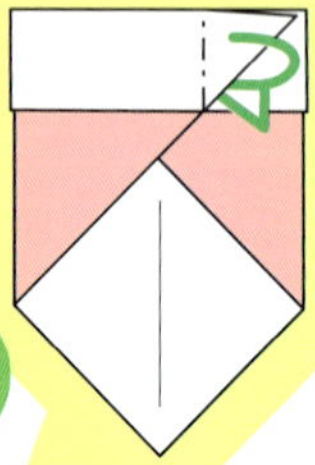

6 うらがえしたら、かどをおりいれます。

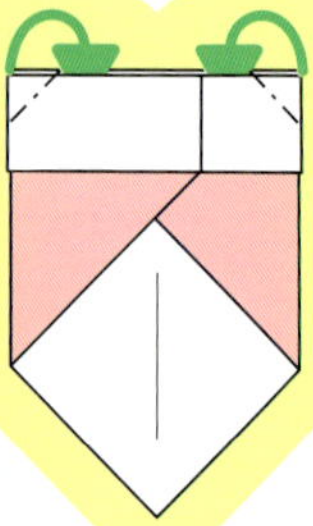

7 はしをなかへおりこみます。

うらがえす

できあがり

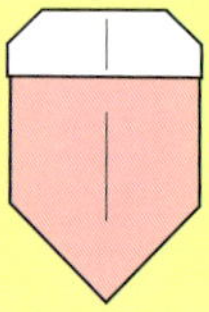

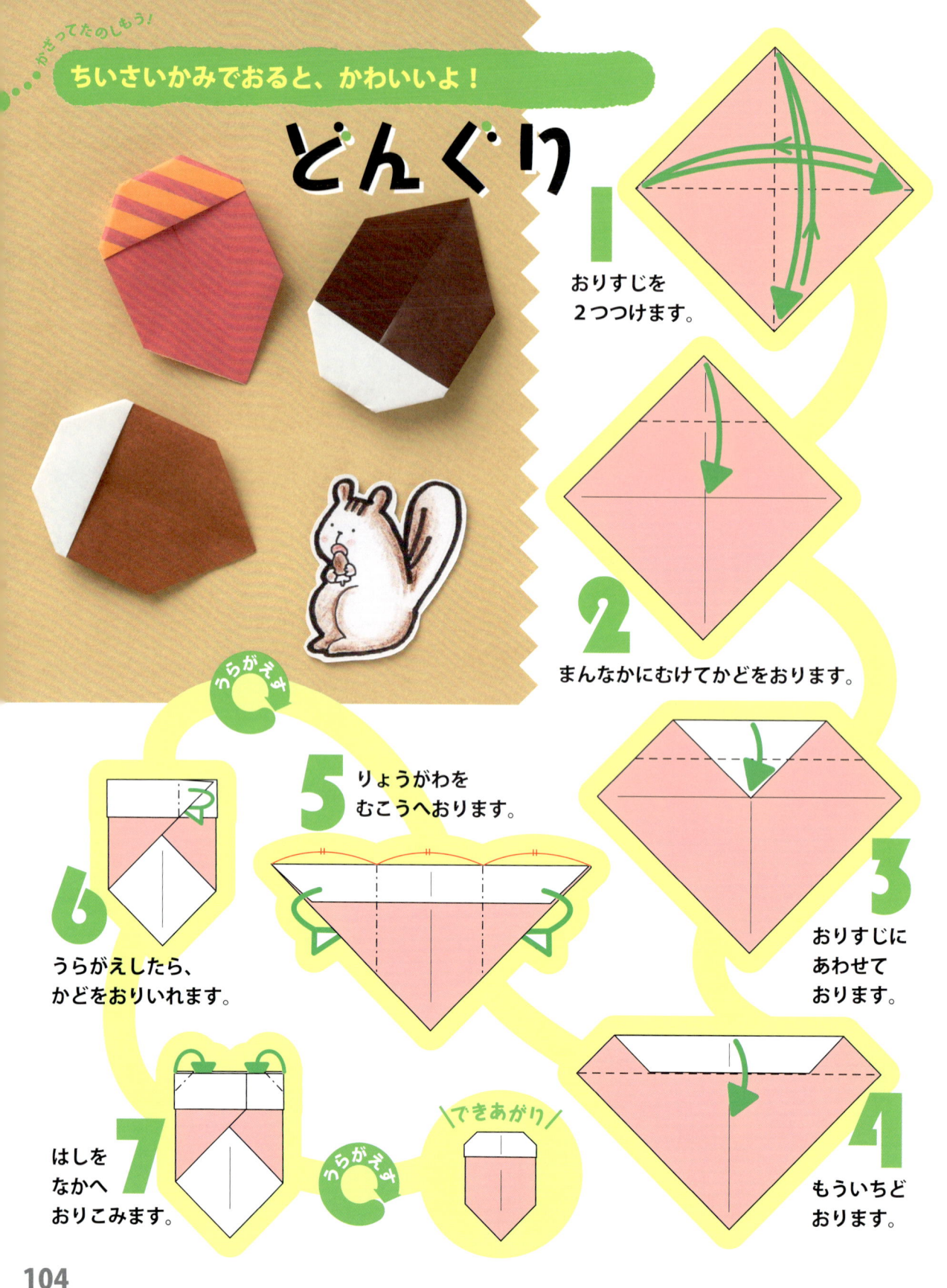

いろいろなもようのかみでためしてね

きのこ

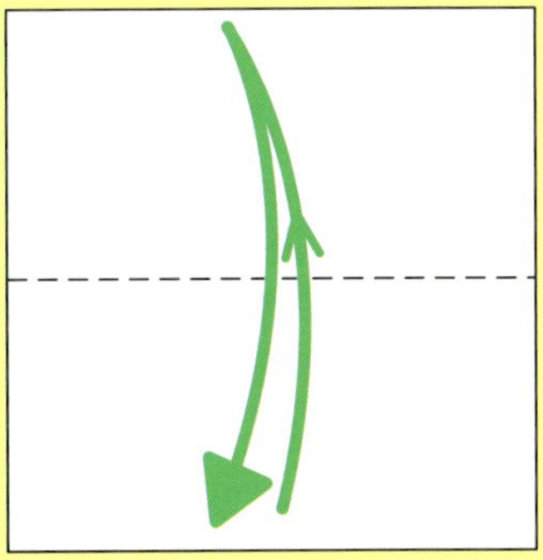

1 おりすじをつけます。

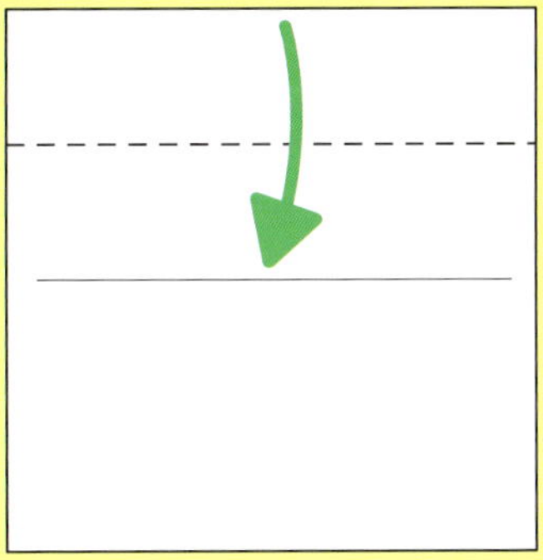

2 おりすじにあわせてうえをおります。

うらがえす

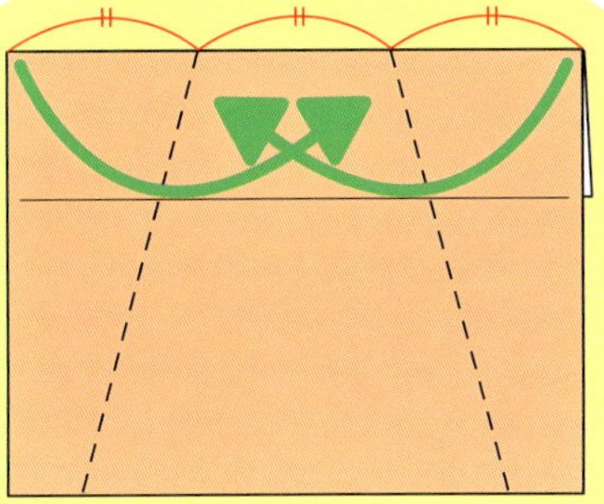

3 うらがえしたら、りょうがわをななめにおってかさねます。

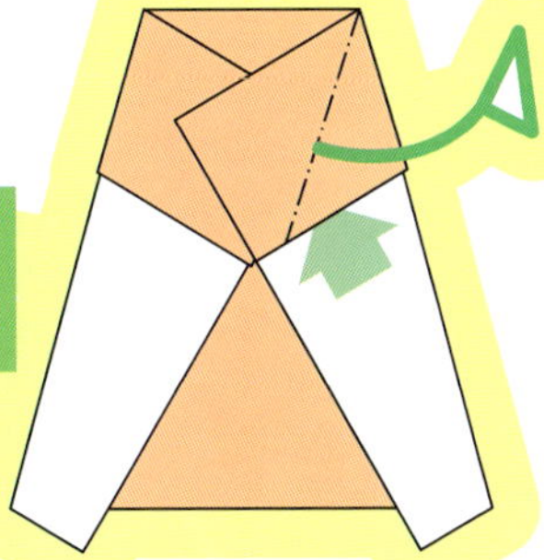

4 からゆびをいれ、ひらいてつぶします。

5 ひだりもひらいてつぶします。

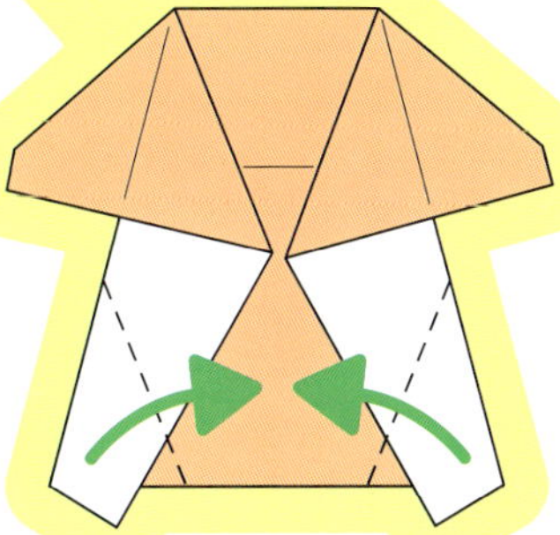

6 かどをななめにおります。

うらがえす

\できあがり/

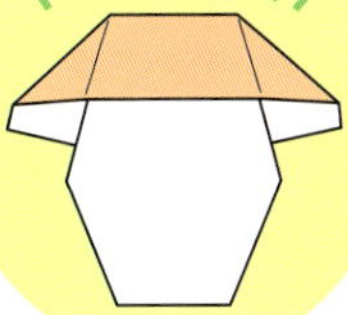

かざってたのしもう!

おえかきやシールでたのしくかざろう

おりがみを5まいつかいます。

クリスマスツリー

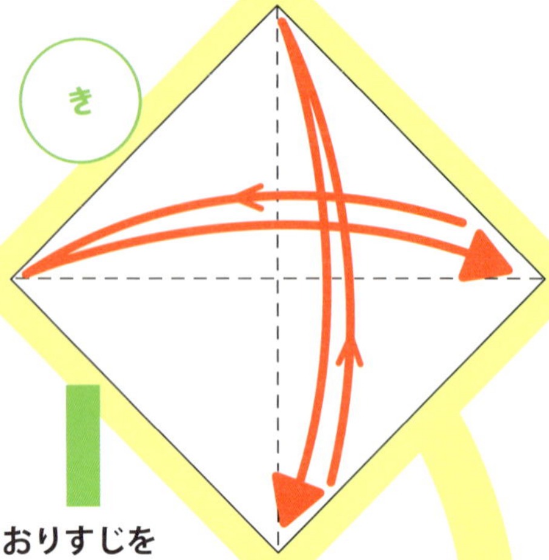

1 おりすじを2つつけます。

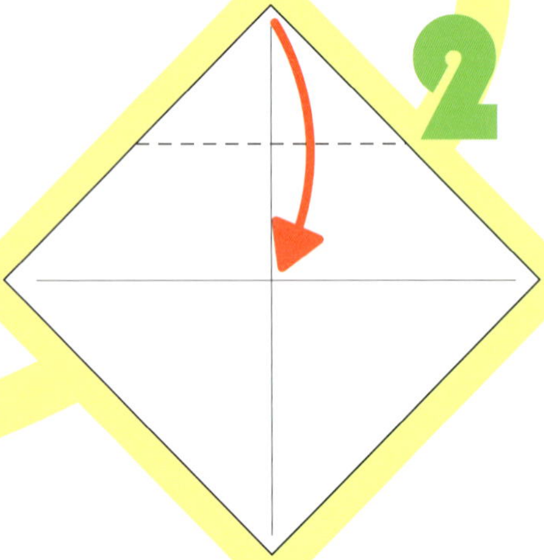

2 まんなかによせてかどをおります。

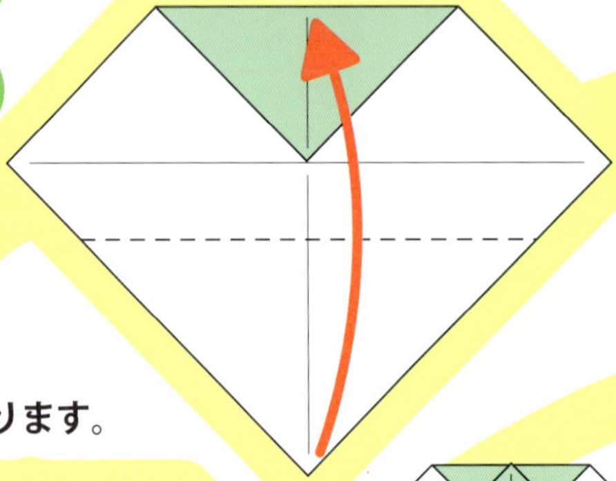

3 うえまでおります。

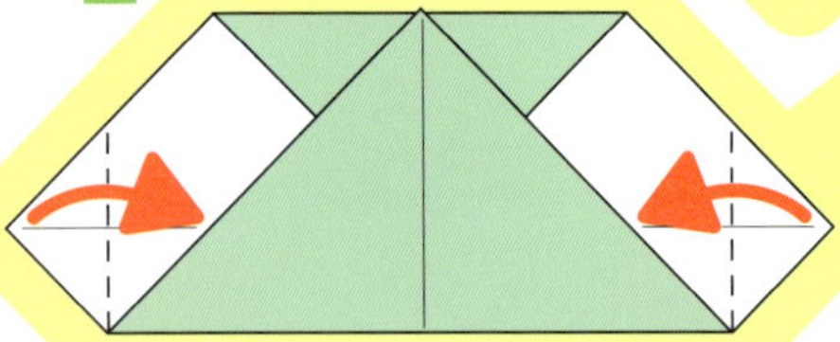

4 はしをおります。

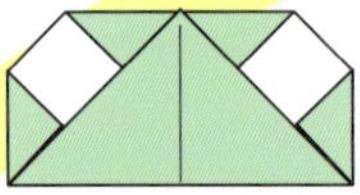

4をおったところ

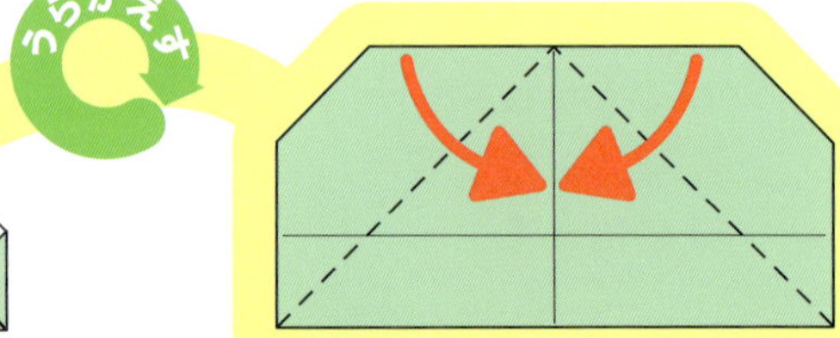

5 うらがえしたら、おりすじにあわせております。

みき

1 おりすじをつけます。

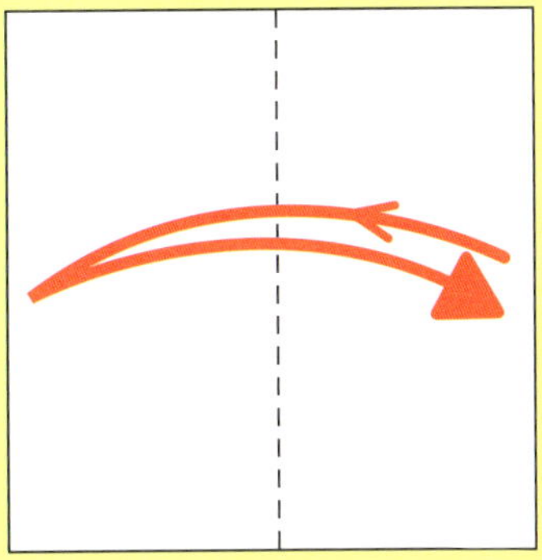

2 おりすじにあわせております。

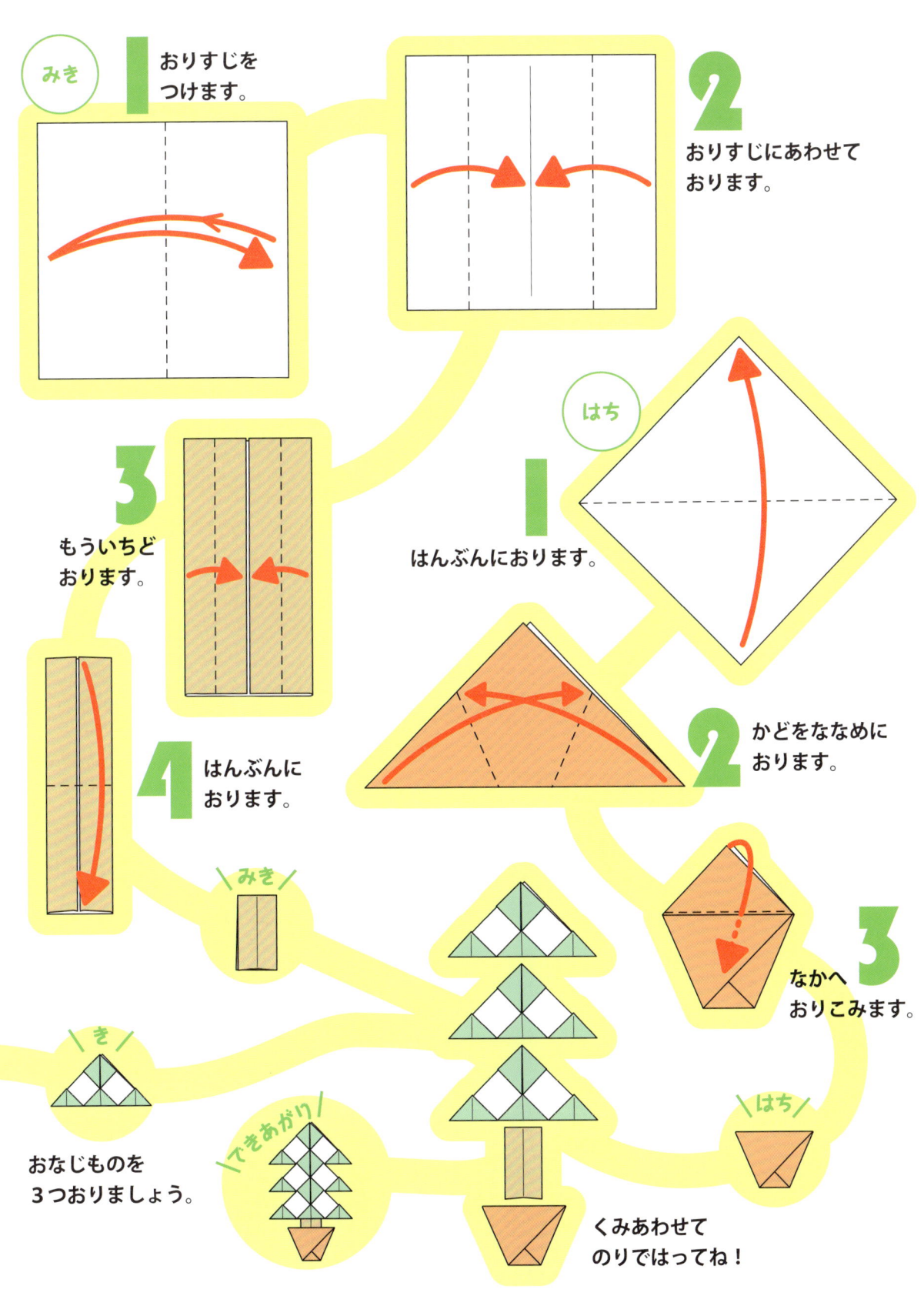

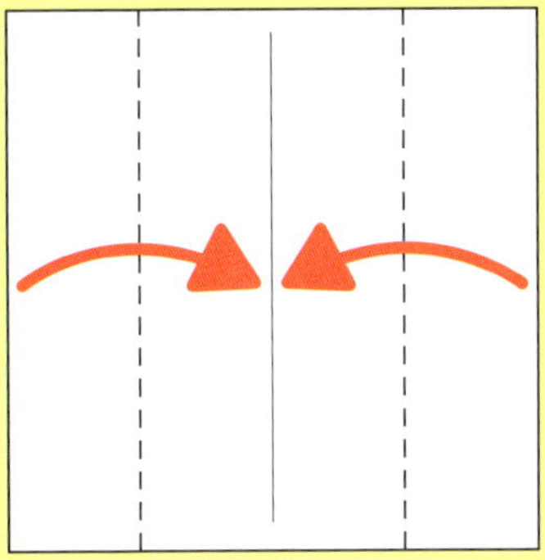

3 もういちどおります。

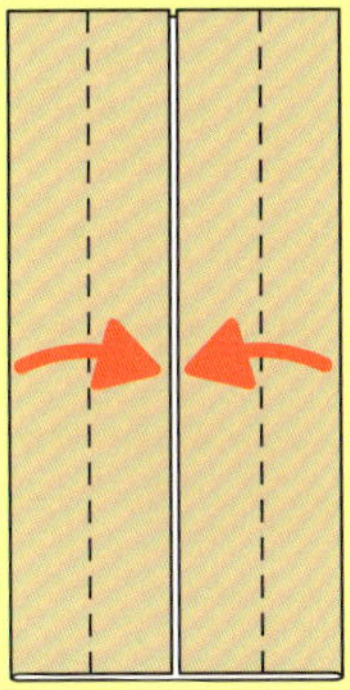

4 はんぶんにおります。

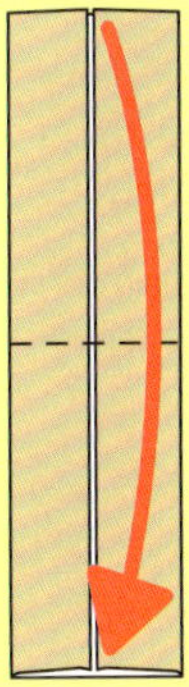

みき

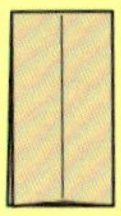

はち

1 はんぶんにおります。

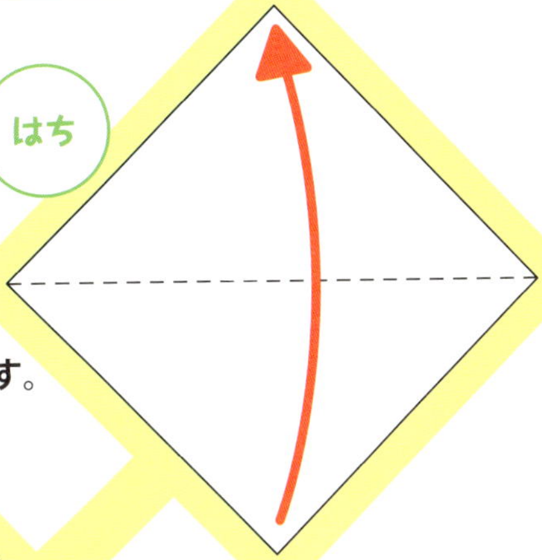

2 かどをななめにおります。

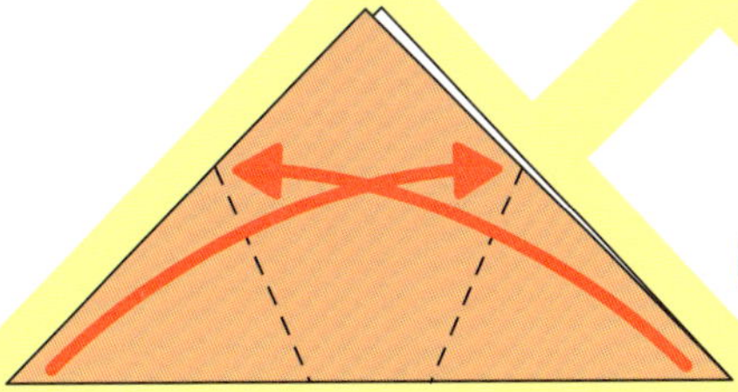

3 なかへおりこみます。

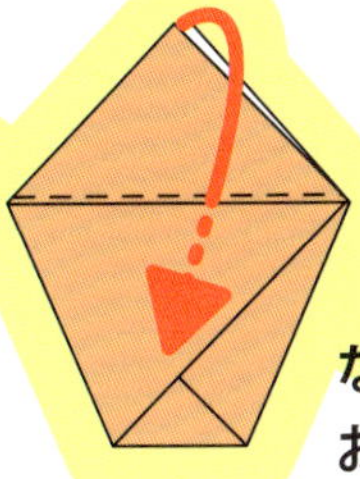

はち

き

おなじものを3つおりましょう。

くみあわせてのりではってね！

できあがり

かざってたのしもう!

サンタクロース

プレゼントいっぱいくれるかな?

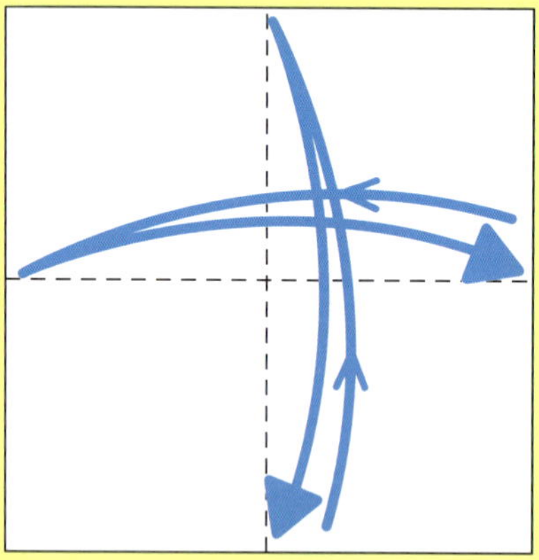

1 おりすじを
2つつけます。

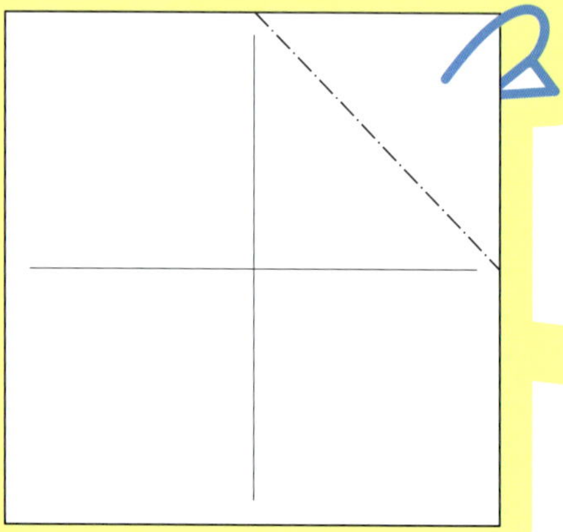

2 かどをむこうがわへ
おります。

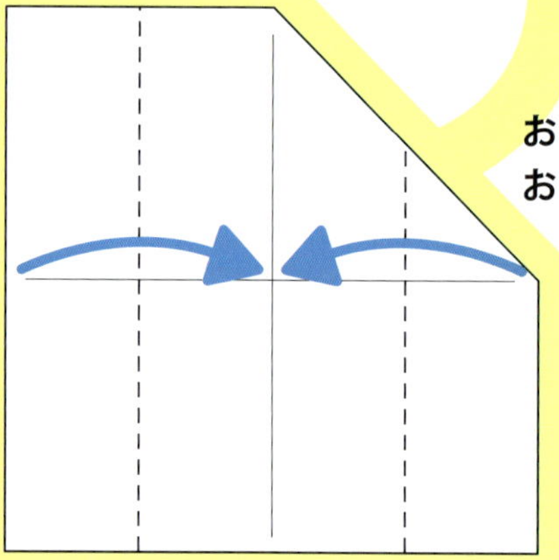

3 おりすじにあわせて
おります。

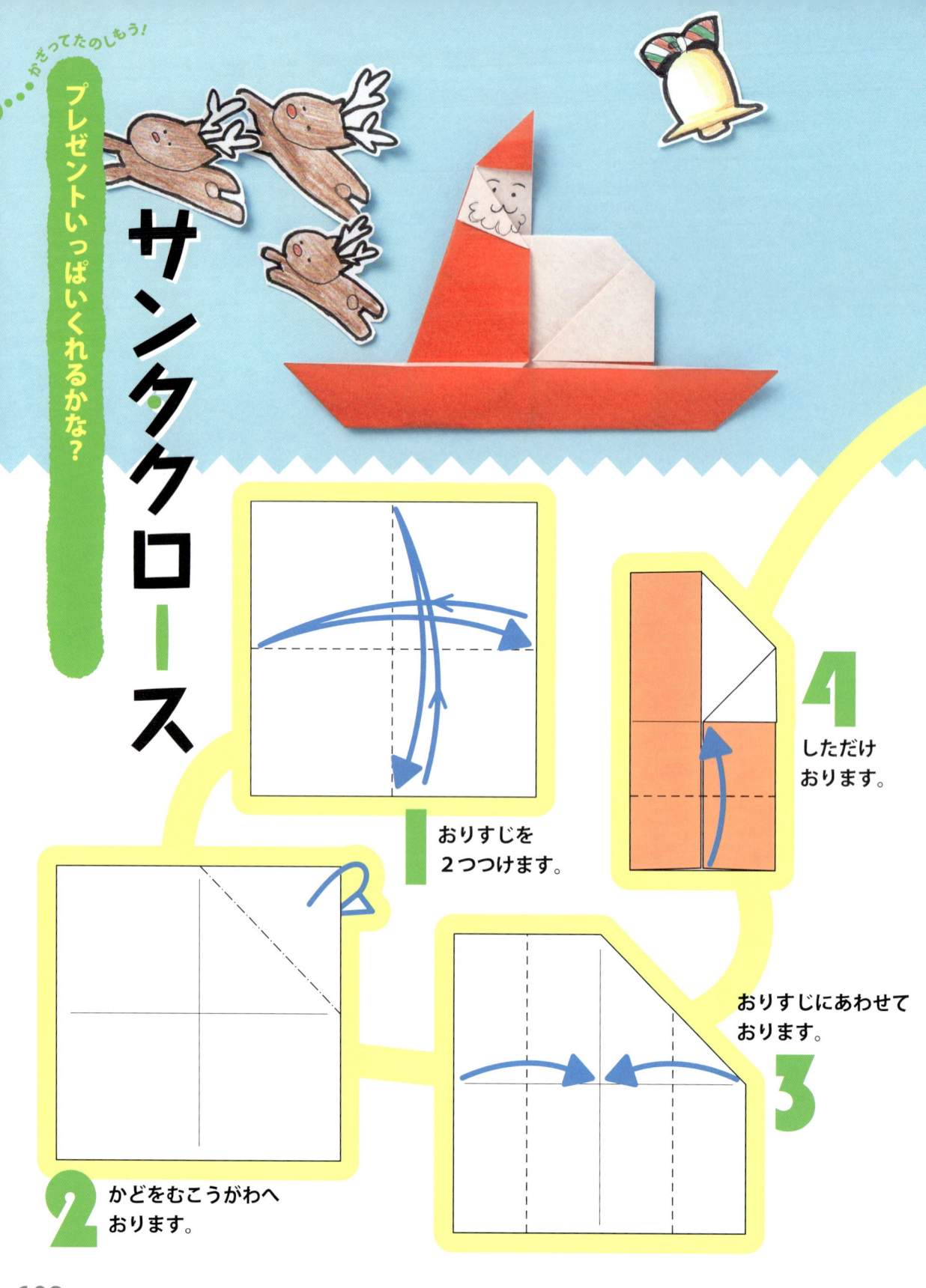

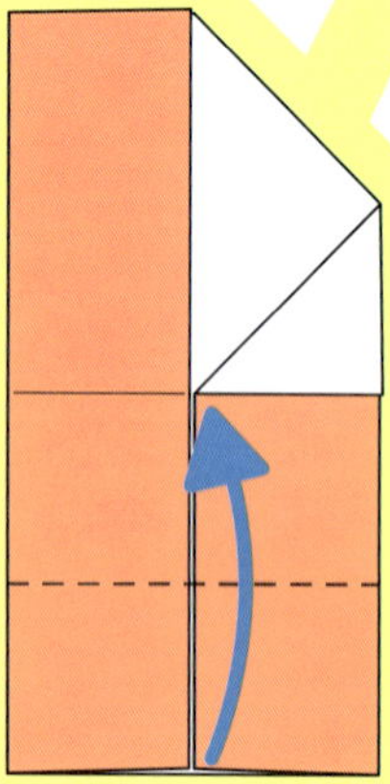

4 しただけ
おります。

5

ななめに2つ
おりすじをつけます。

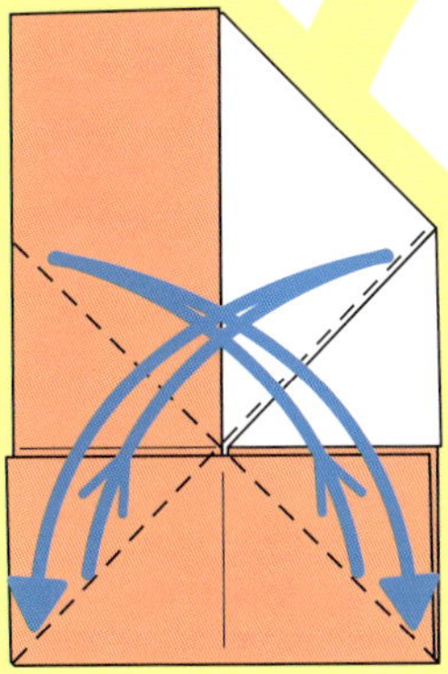

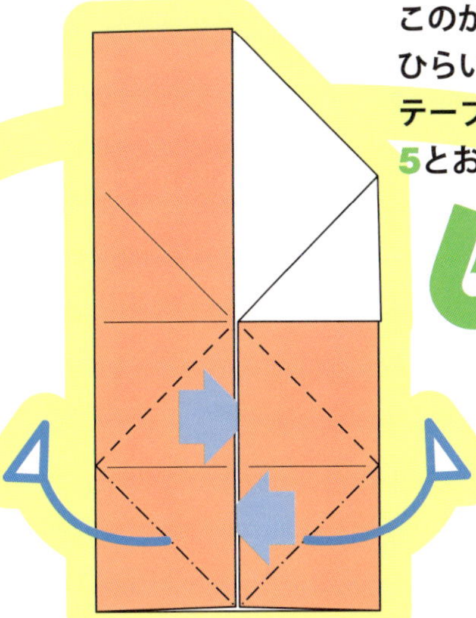

6

このかたちまでもどしたら、
ひらいてつぶします。
テーブル（16ページ）の
5とおなじおりかたです。

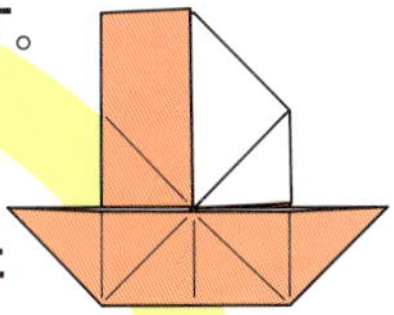

6をおった
ところ

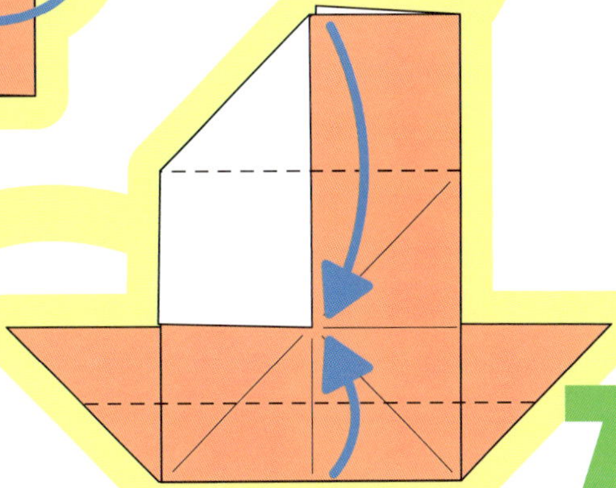

7

うらがえしたら、それぞれおります。

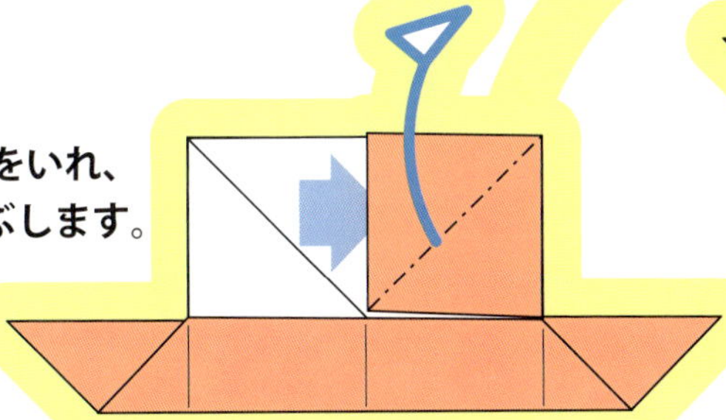

8

からゆびをいれ、
ひらいてつぶします。

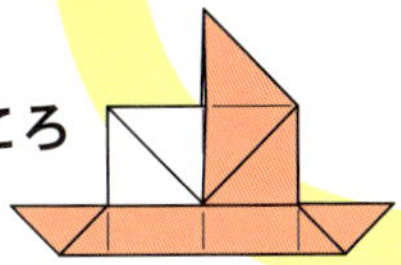

8をおったところ

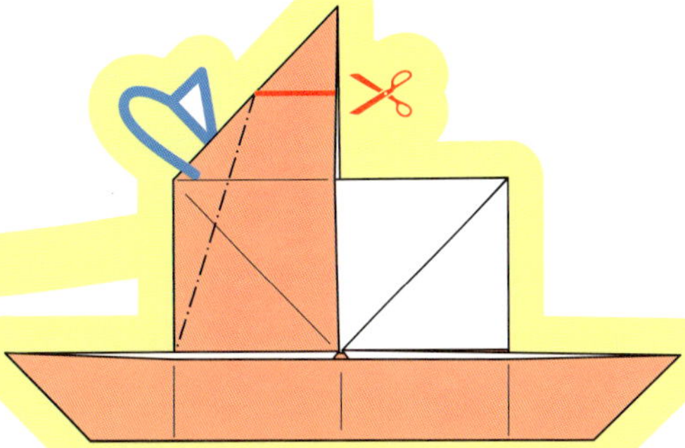

9

うらがえしたら、
うえの1まいにきりこみをいれて、
かどをむこうがわへおります。

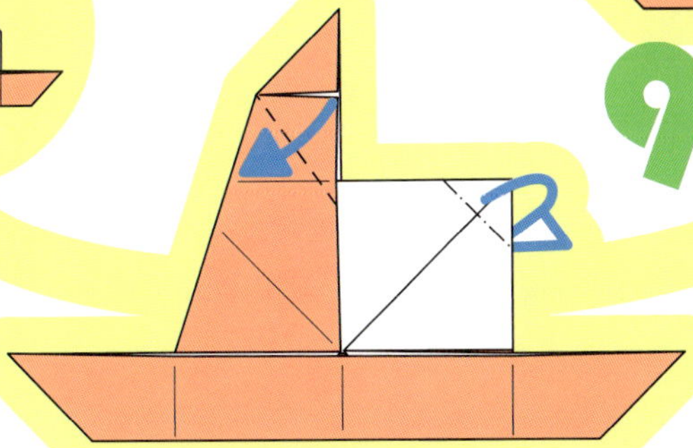

10

それぞれおります。

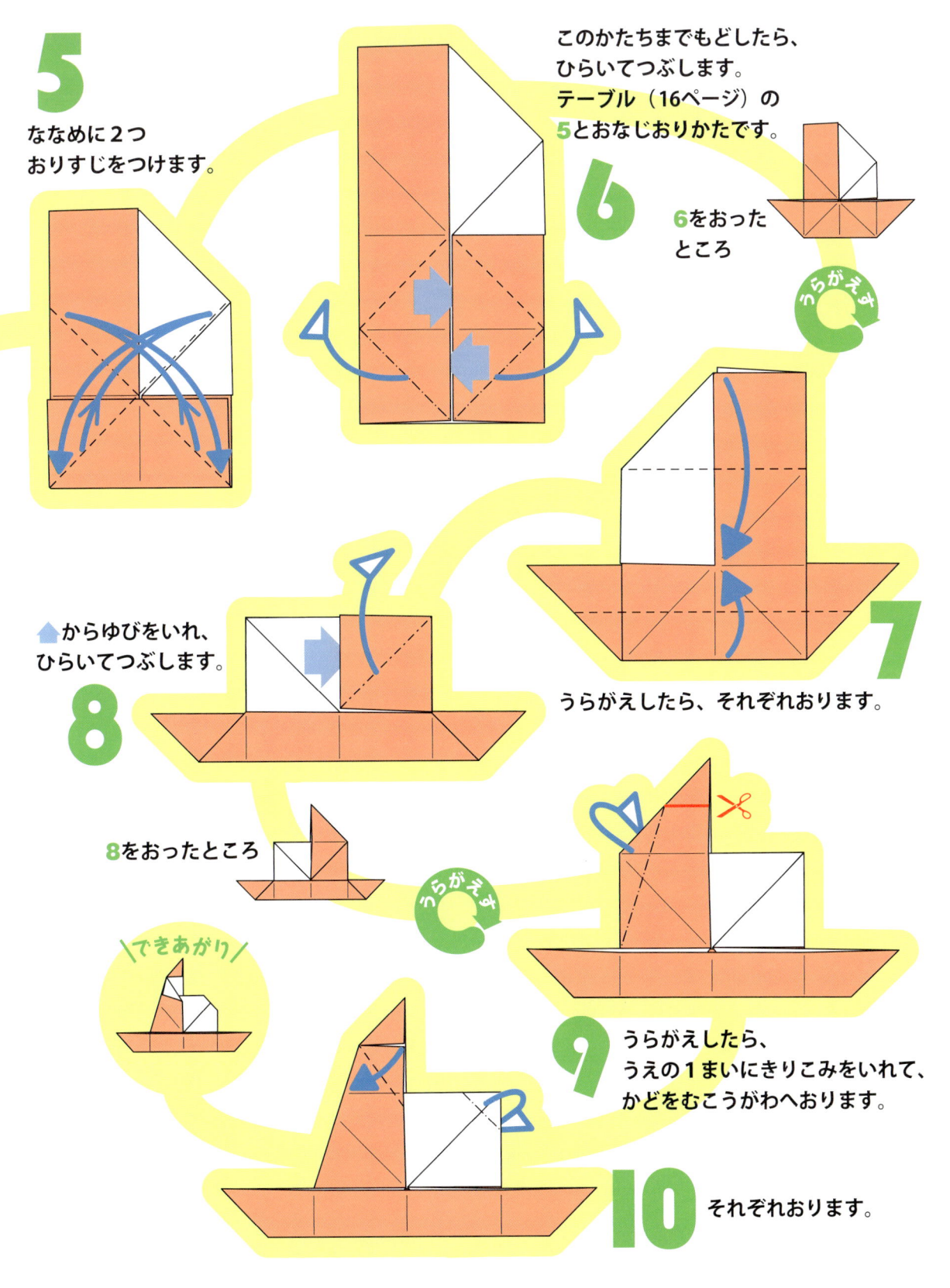

かざってたのしもう!

おりはづる

やわらかい「わし」でおって、おしょうがつに

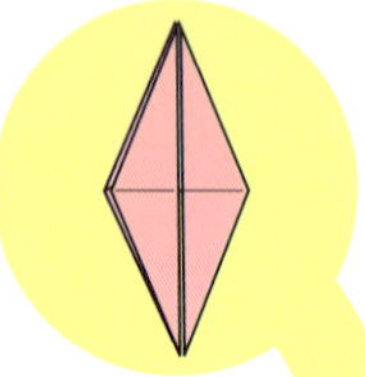

つる（42ページ）の
6までおります。

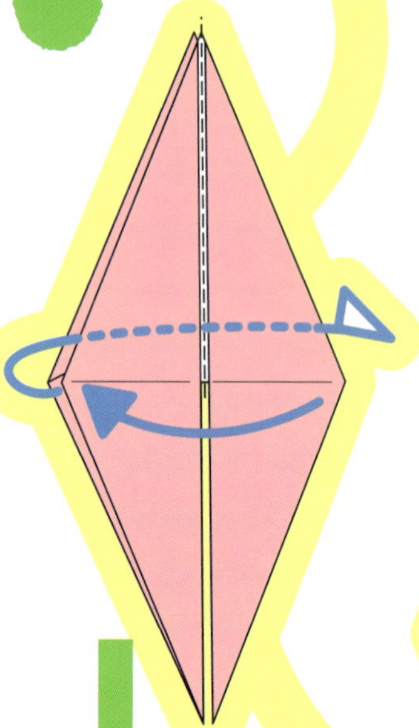

1

おりずらして
おるめんをかえます。

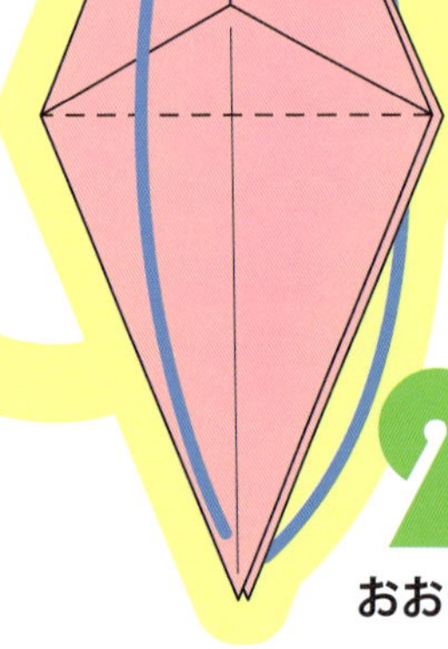

2

おおきくうえへおります。これがはね。

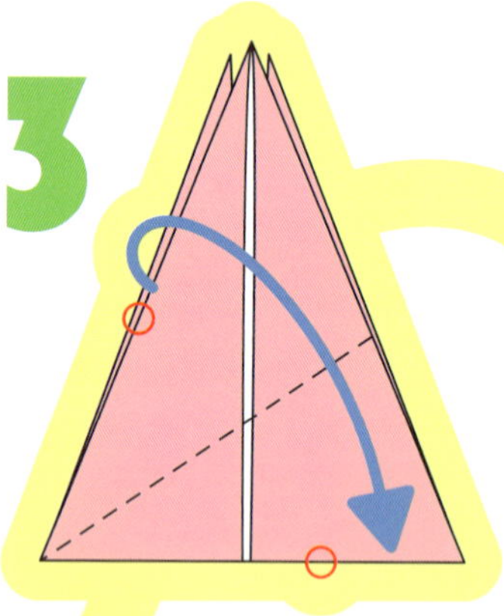

3

ここから8までは、
うらもおなじように
おっていきます。
○と○があうように
はねをおります。

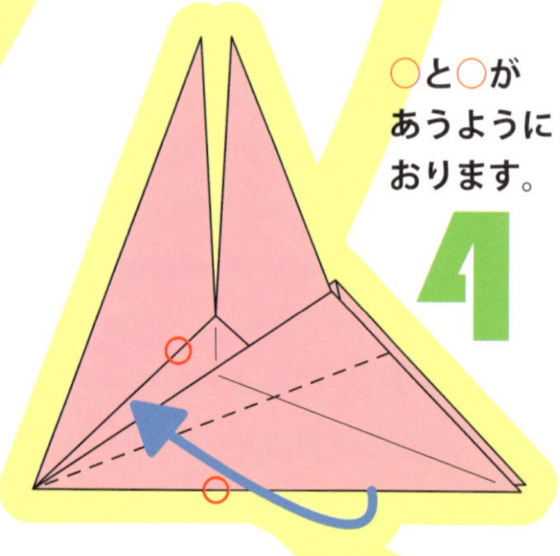

4

○と○が
あうように
おります。

5

○と○があうように
はんぶんにおります。

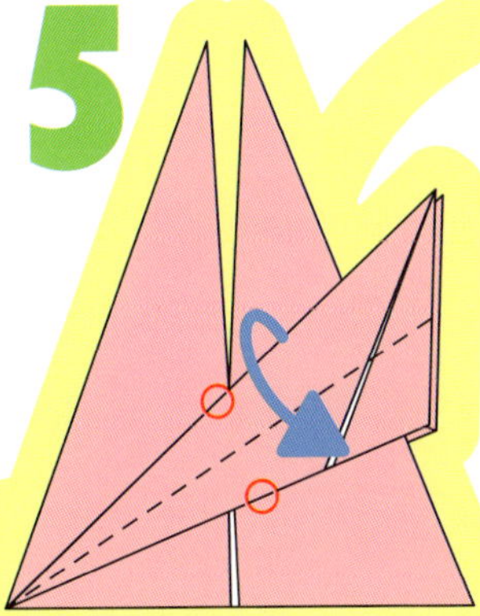

6

はねぜんたいを、したにひらきます。

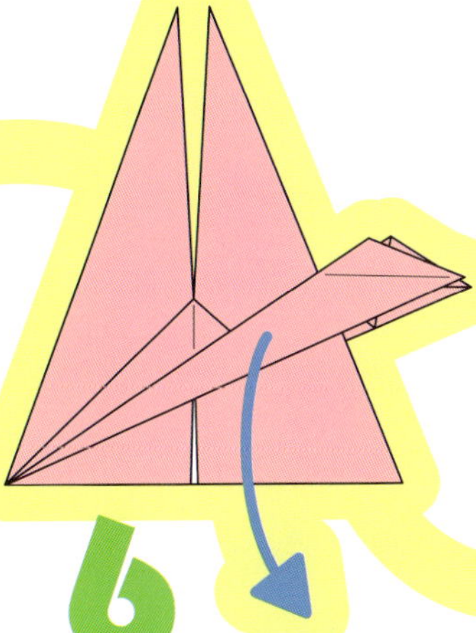

7

たたんだはねと
おなじはばで
おります。

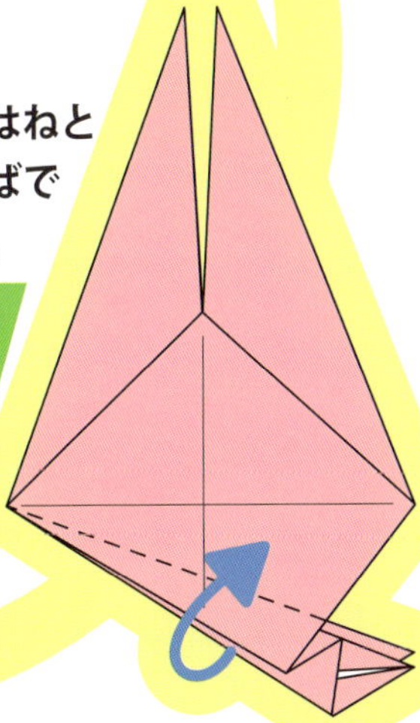

8

おりすじのところで
おります。

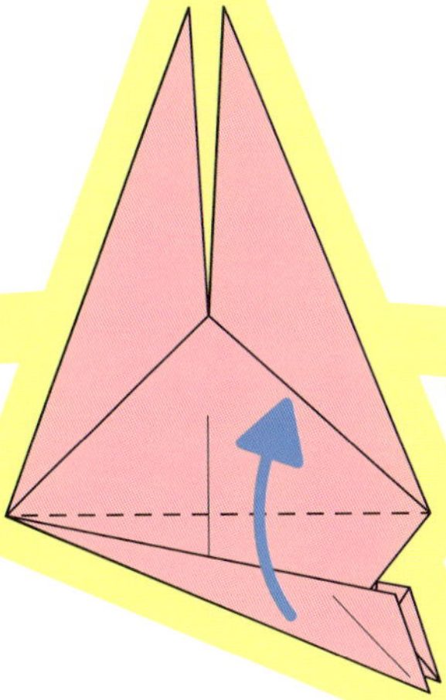

9

○と○があうように
おります。

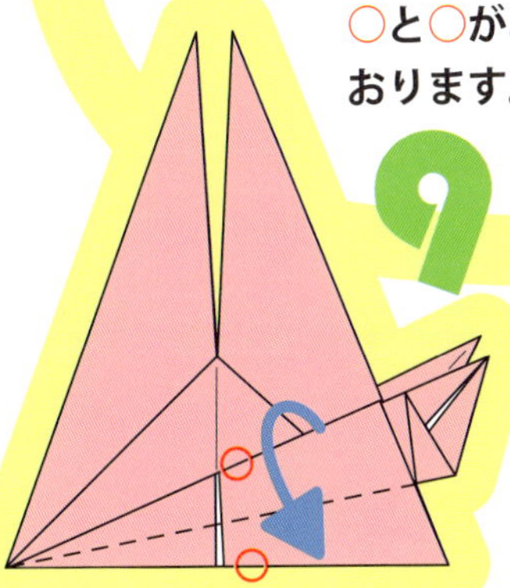

10

ひだりをうちがわに
おりこみます。

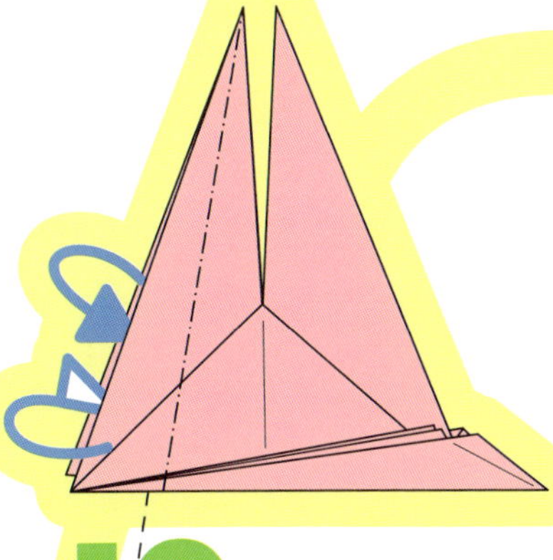

11

なかわりおりで
くびをおります。

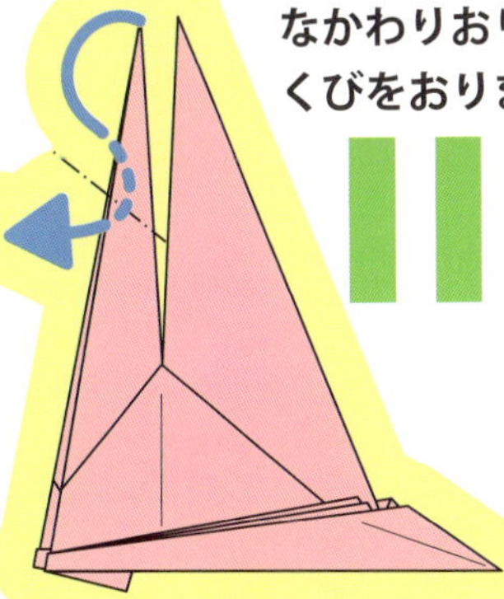

12

はねをひろげます。

できあがり

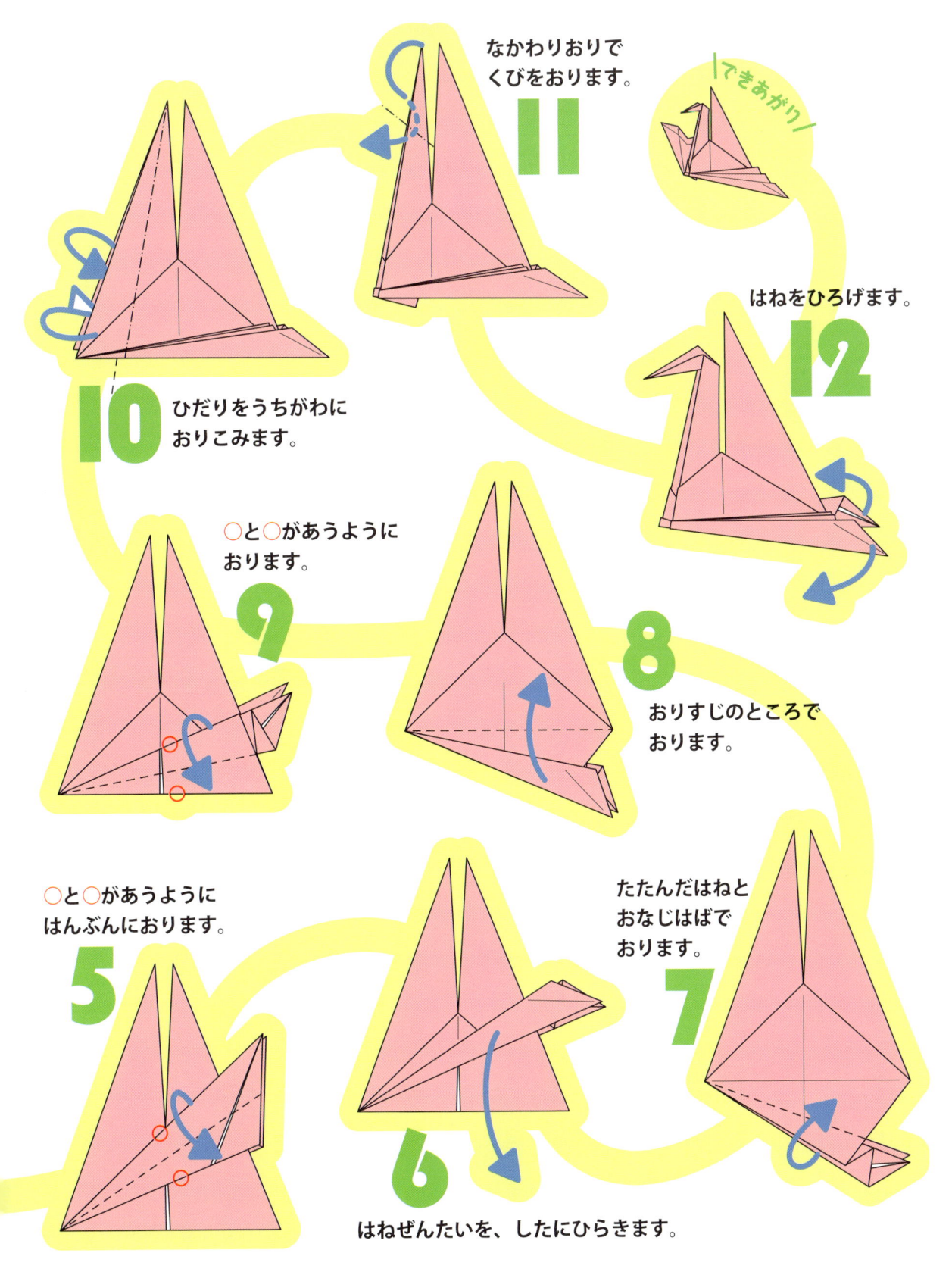

かざってたのしもう!

おひなさま

とちゅうから、おびなとめびなにわかれるよ

おりがみを
2まい
つかいます。

1 おりすじをつけます。

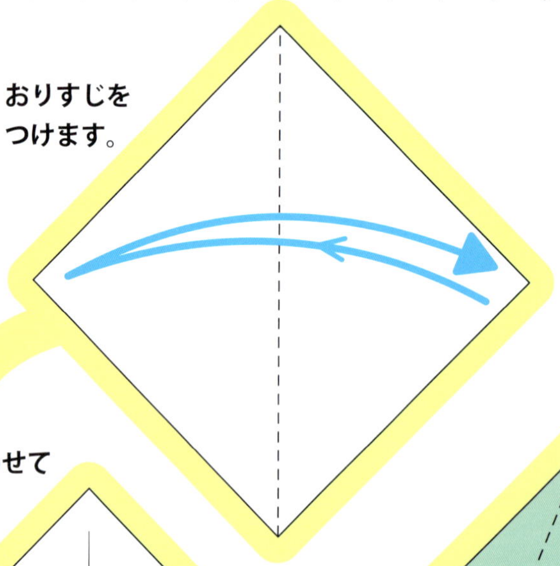

2 おりすじにあわせております。

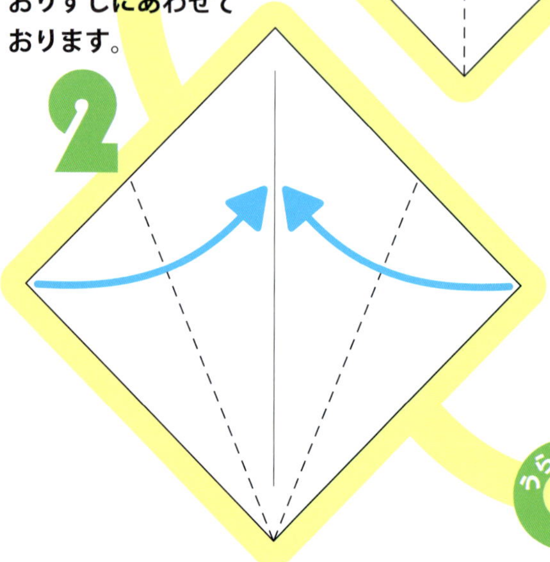

3 うらがえしたら、うえをおりすじにあわせております。

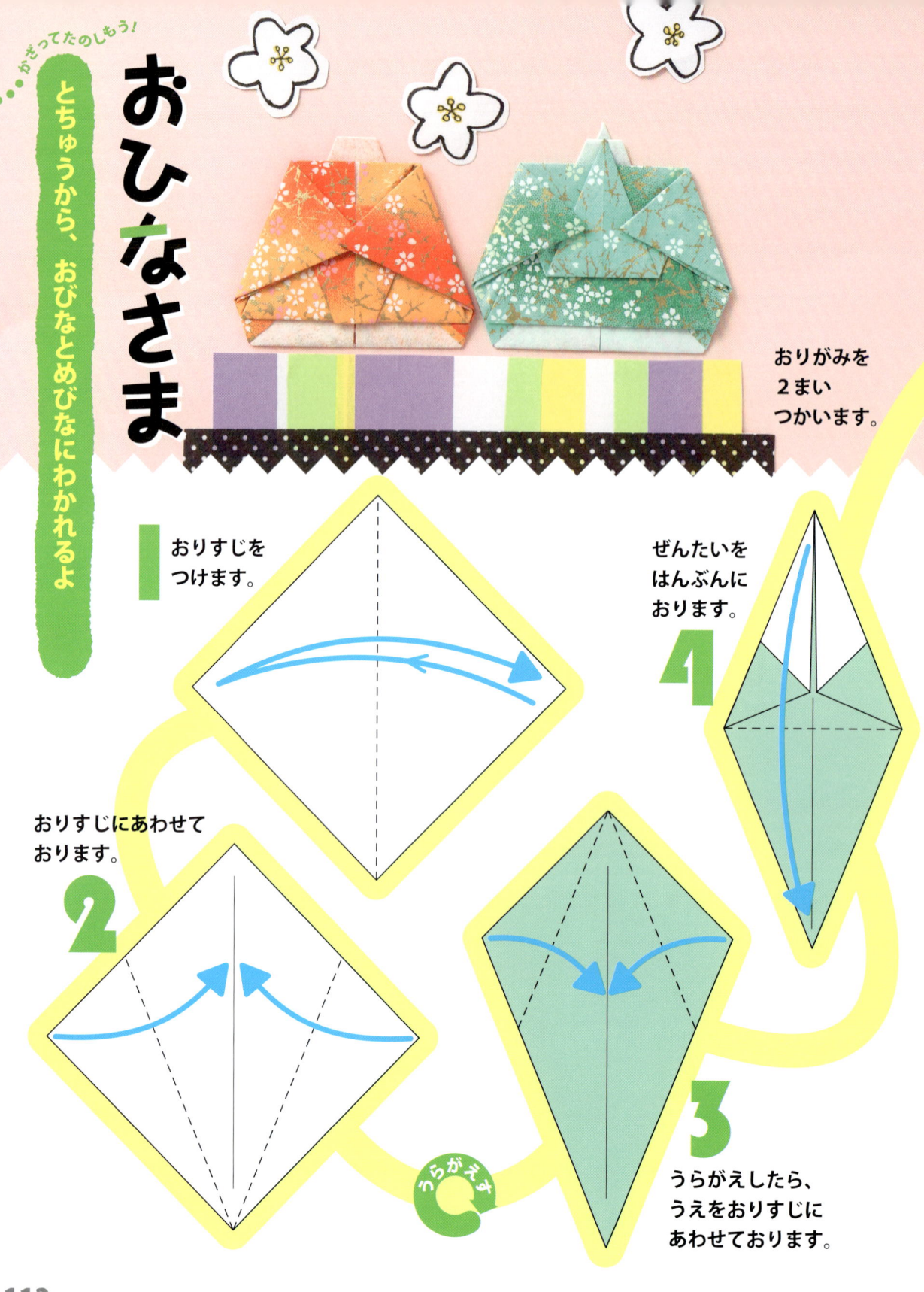

4 ぜんたいをはんぶんにおります。

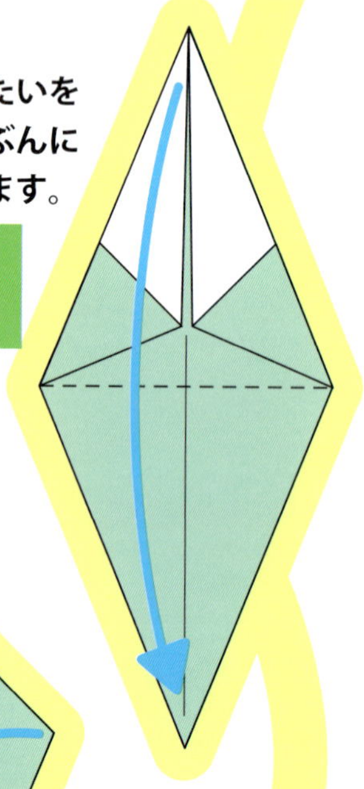

5

あわせめで
うえへおります。

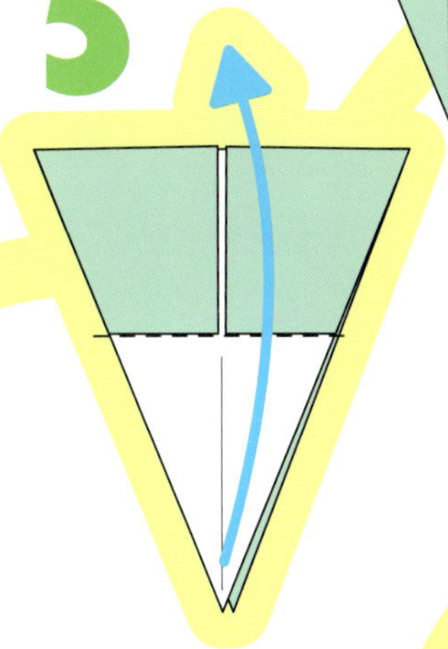

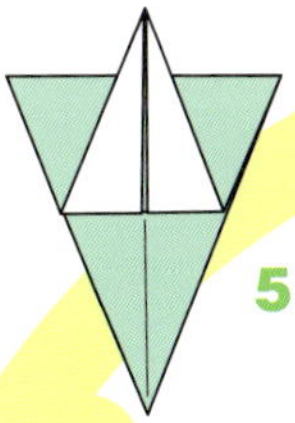

5をおったところ

うらがえす

6

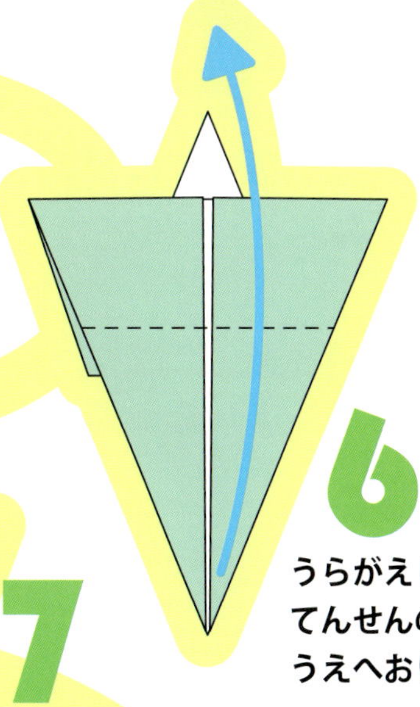

うらがえしたら、
てんせんのところで
うえへおります。

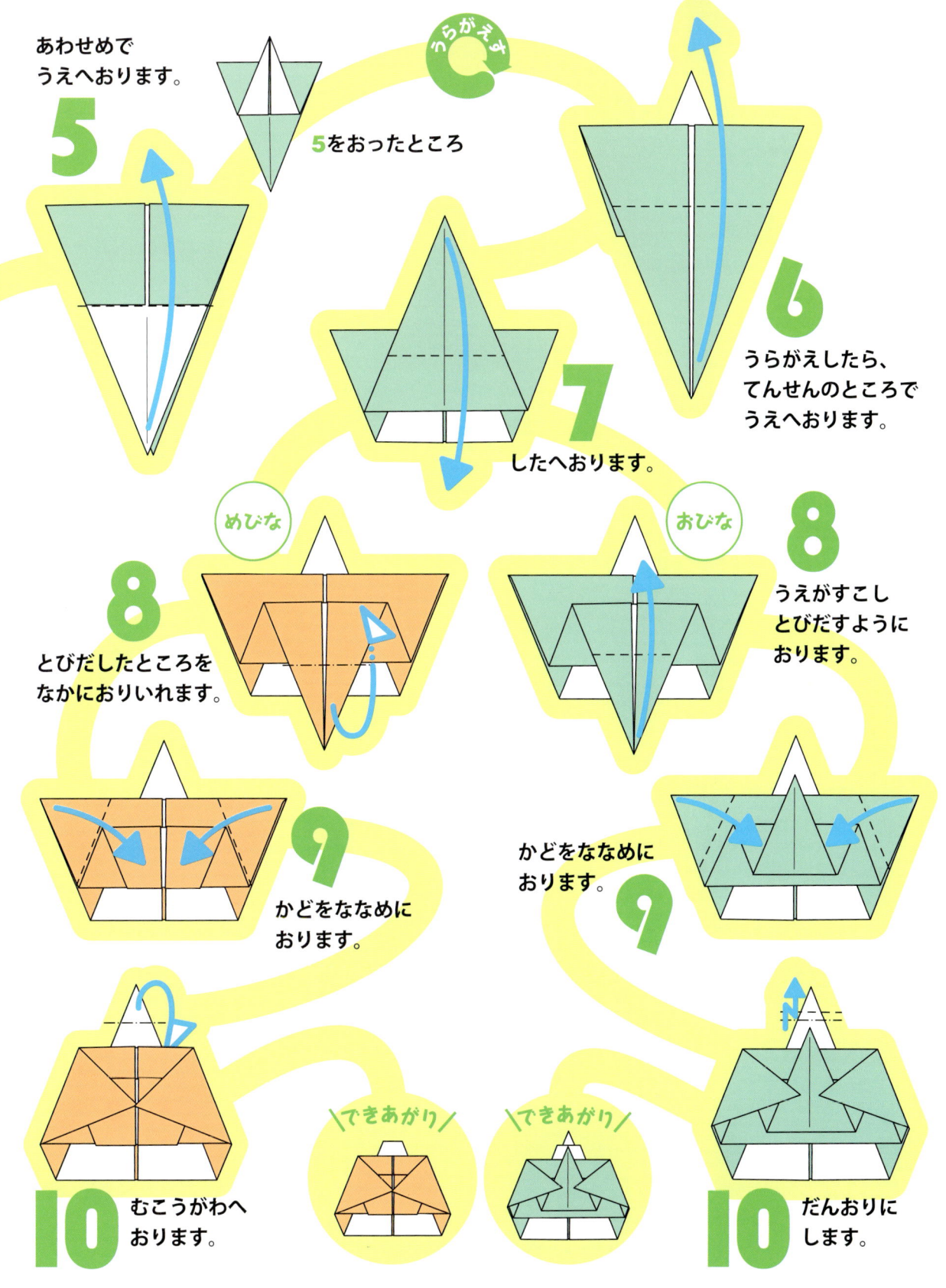

7

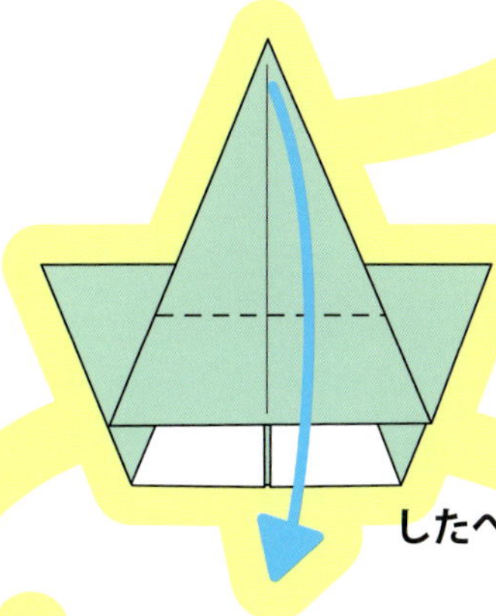

したへおります。

めびな

8

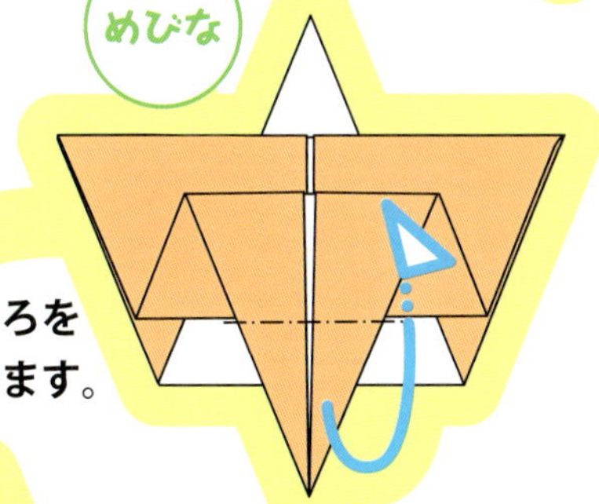

とびだしたところを
なかにおりいれます。

おびな

8

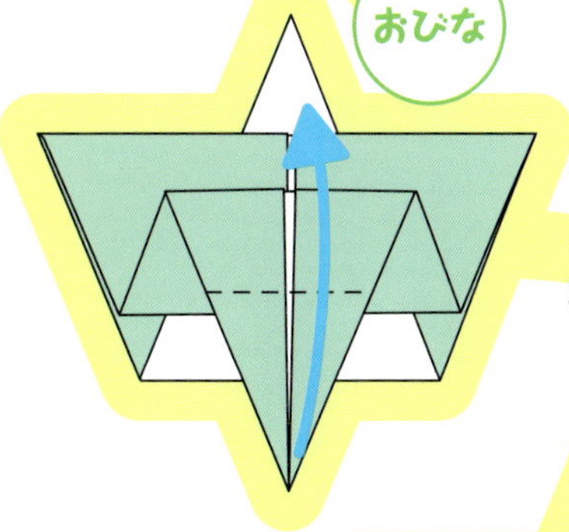

うえがすこし
とびだすように
おります。

9

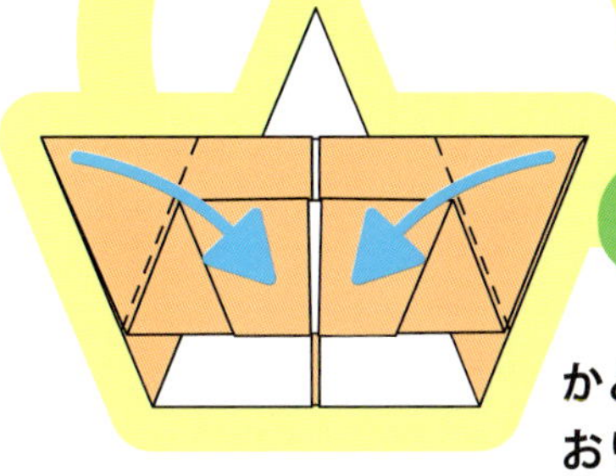

かどをななめに
おります。

9

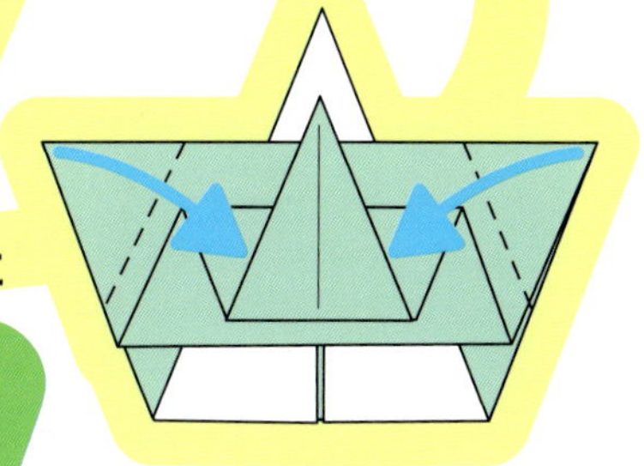

かどをななめに
おります。

10

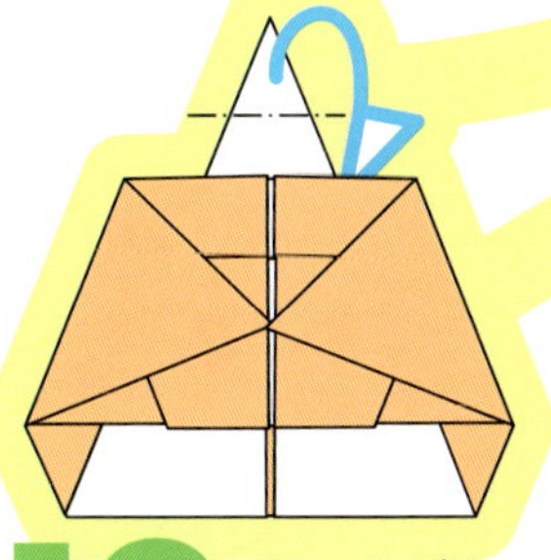

むこうがわへ
おります。

できあがり

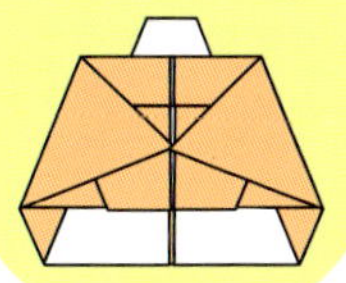

できあがり

10

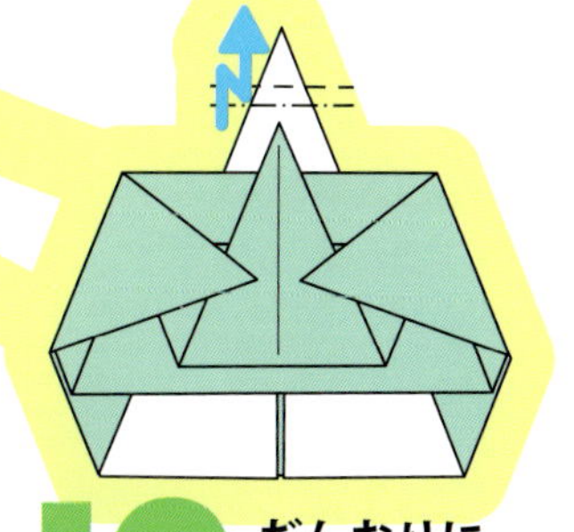

だんおりに
します。

かざってたのしもう!

おおきなかみでおって、かぶろう!

かぶと

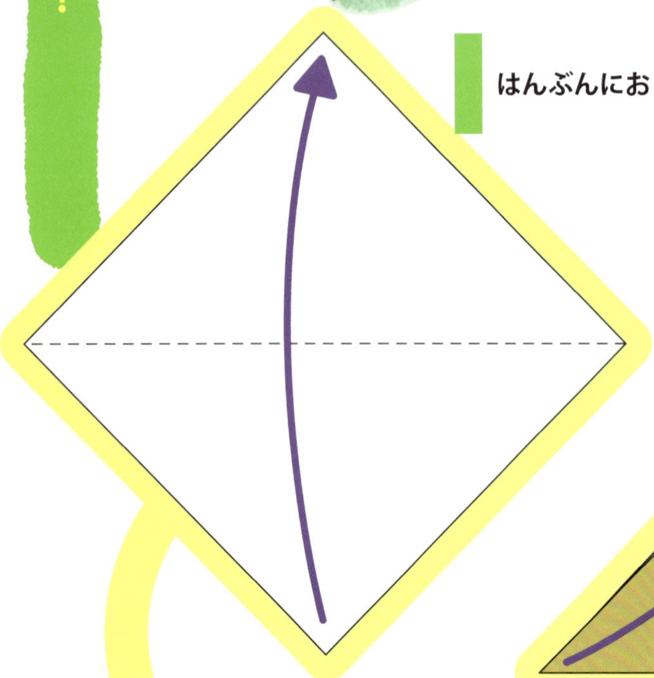

1

はんぶんにおります。

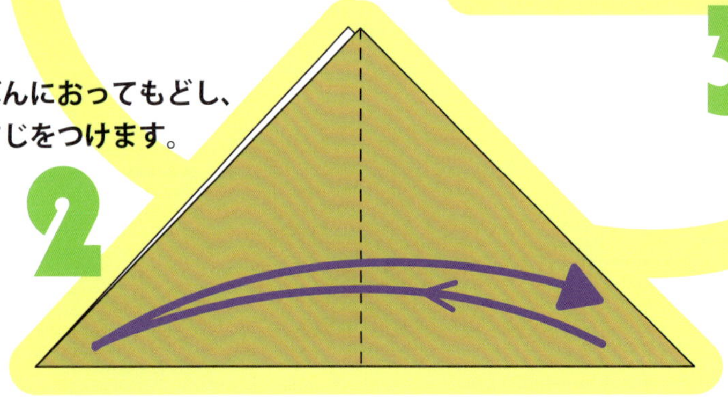

2

はんぶんにおってもどし、
おりすじをつけます。

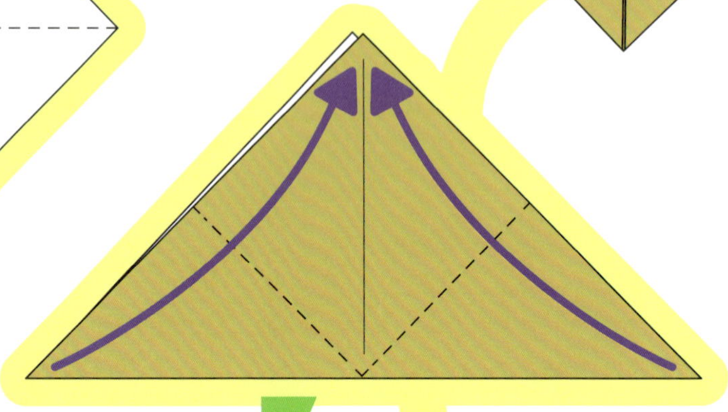

3

かどをうえへおります。

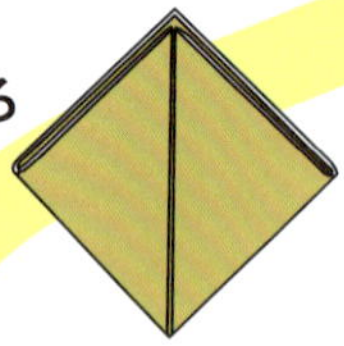

3をおったところ

4 さかさまにしたら、
かどを２つ
うえへおります。

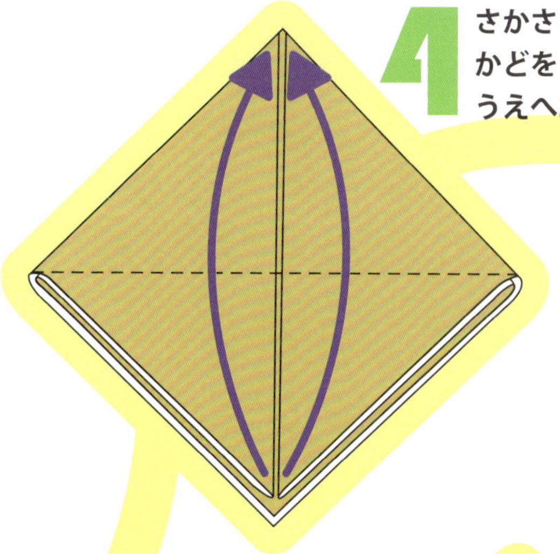

5 さきを
やじるしのほうへ
ひらきます。

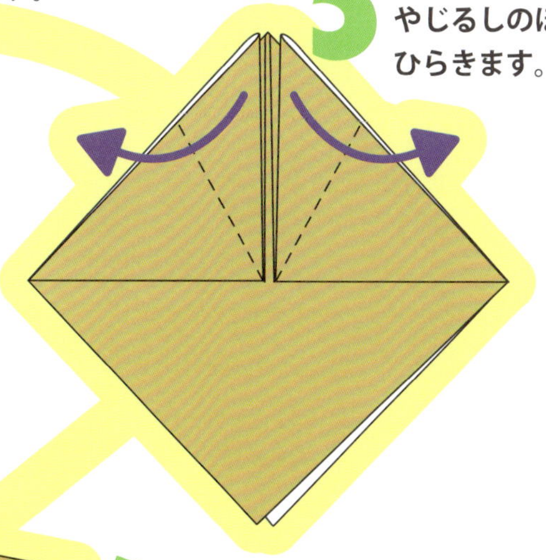

むきを
かえる

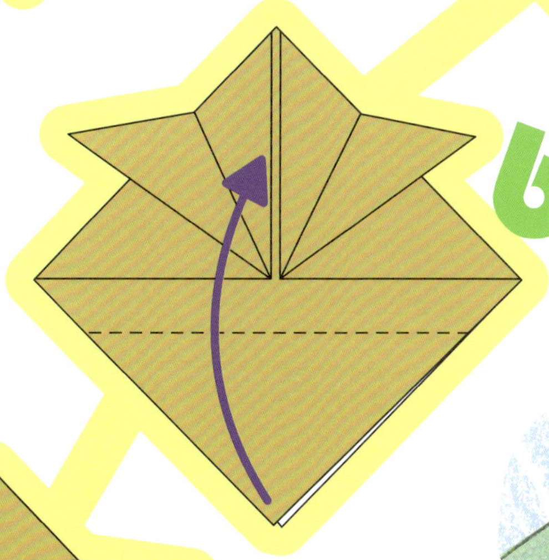

6 てまえの１まいだけ
てんせんのあたりで
おります。

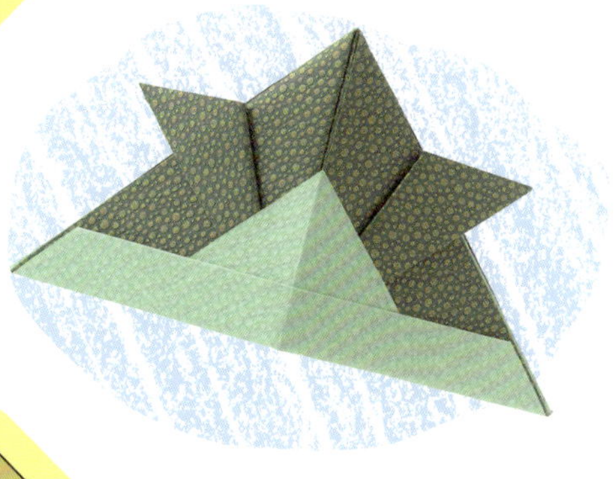

7
もういちど
おります。

8 したはんぶんを
むこうがわへ
おります。
うちがわへおりこんでも
いいね。

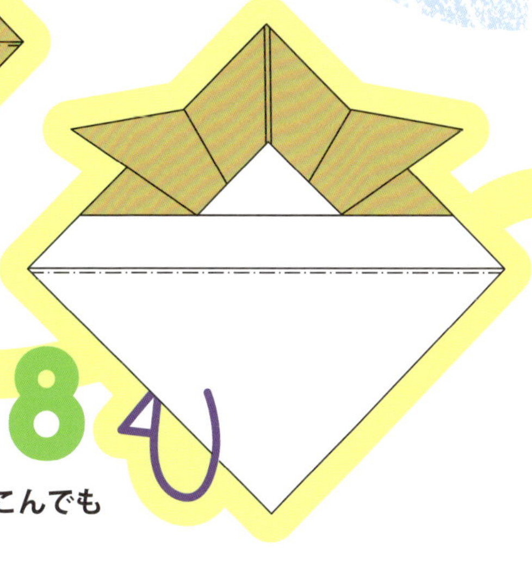

かざってたのしもう!

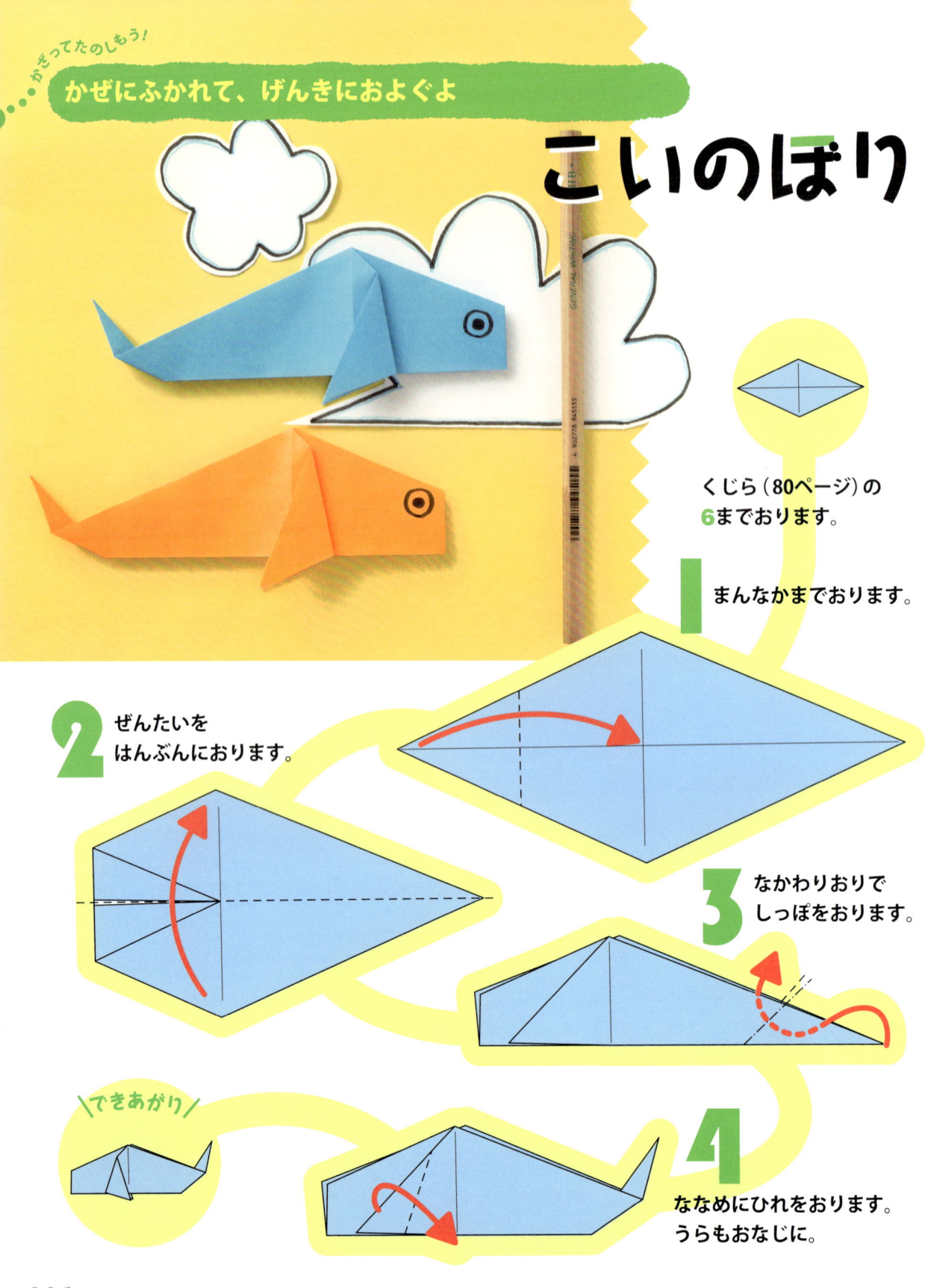

かぜにふかれて、げんきにおよぐよ

こいのぼり

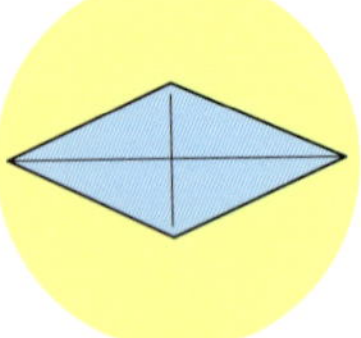

くじら（80ページ）の
6までおります。

1 まんなかまでおります。

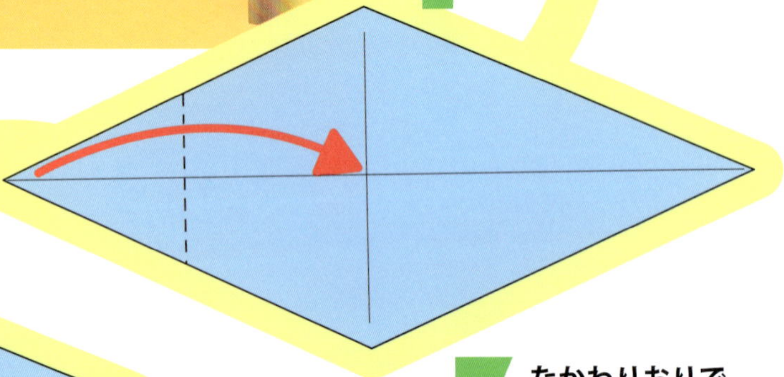

2 ぜんたいを
はんぶんにおります。

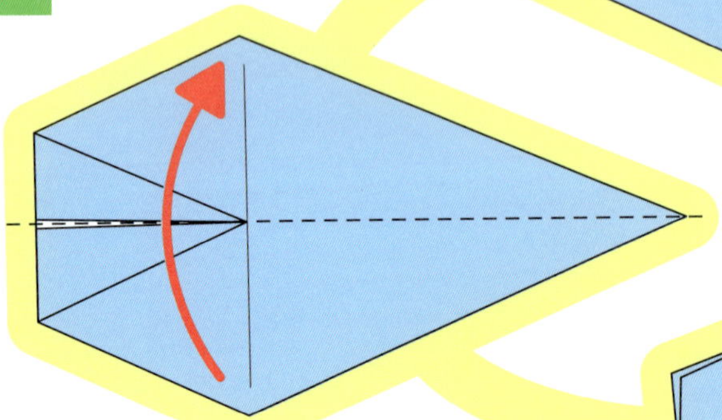

3 なかわりおりで
しっぽをおります。

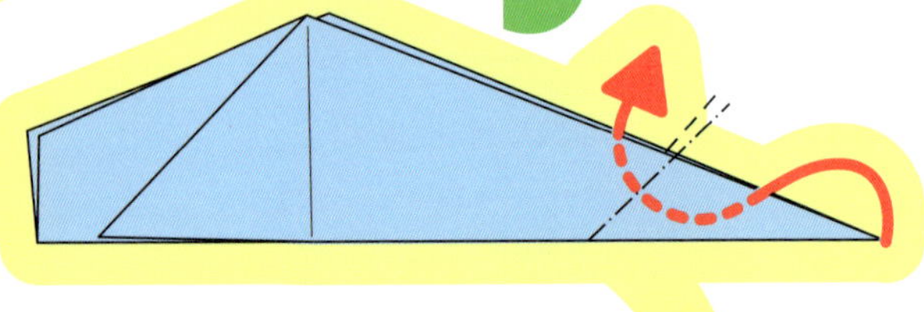

4 ななめにひれをおります。
うらもおなじに。

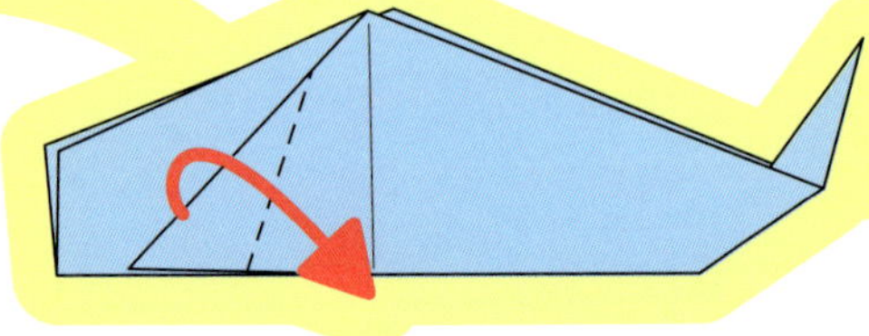

できあがり

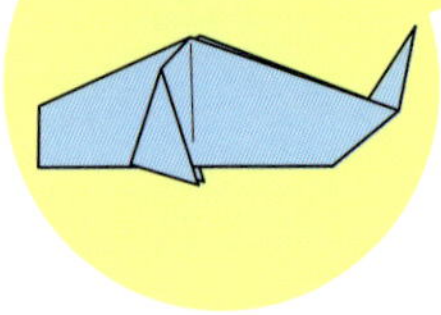

パート

4

みんなであそぼう！

とばす、うごかす、たいせんものなど

みんなであそぼう!

ジェットき

さきっぽのカバーがかっこいいね

2つかさねてとばしてみよう。
とちゅうから
2つにわかれてとぶぞ!

1 おりすじをつけます。

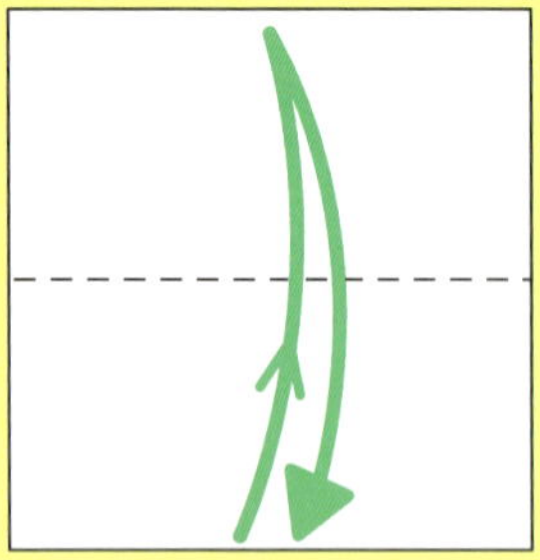

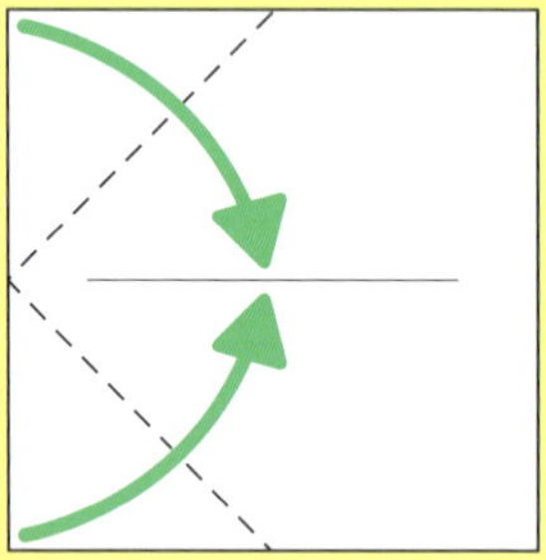

2 おりすじにあわせてかどをおります。

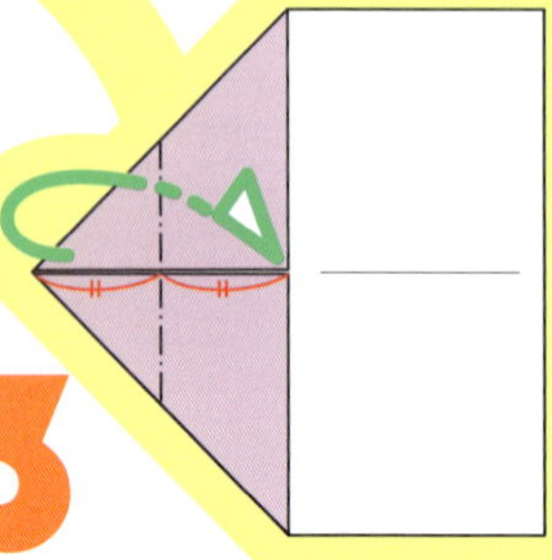

3 ひだりのかどをむこうがわへおります。

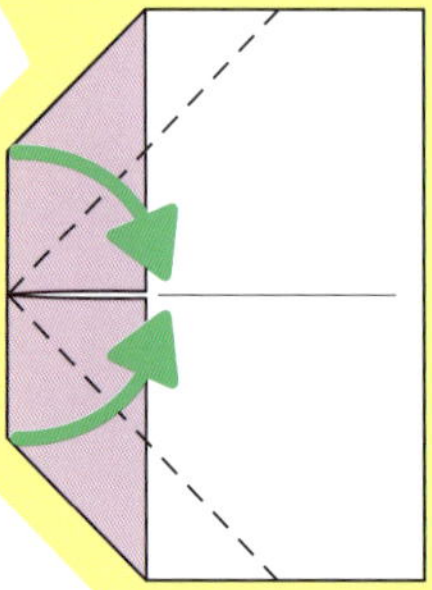

4 かどがまんなかであうようにおります。

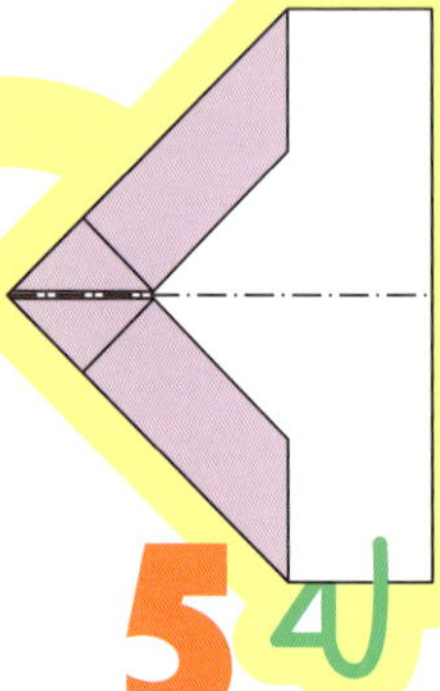

5 むこうがわへはんぶんにおります。

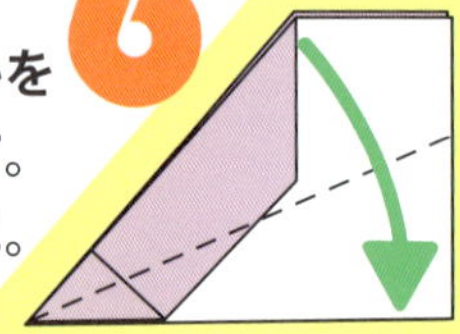

6 てまえの1まいをしたへおります。うらもおなじに。

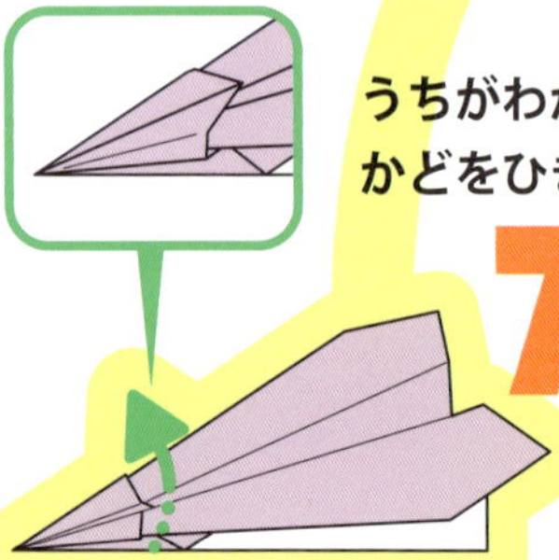

7 うちがわからかどをひきだします。

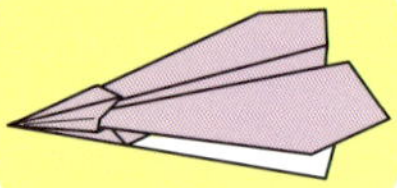

できあがり

のしいかひこうき

ひらべったいから、ふんわりとぶよ

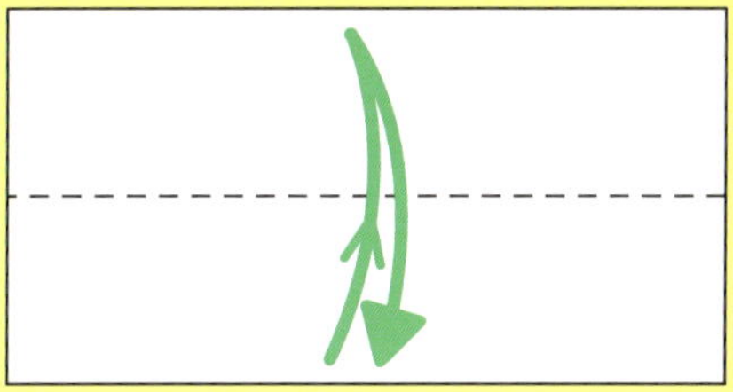

1 ながしかくのかみに
おりすじをつけます。

2 さんかくにおります。

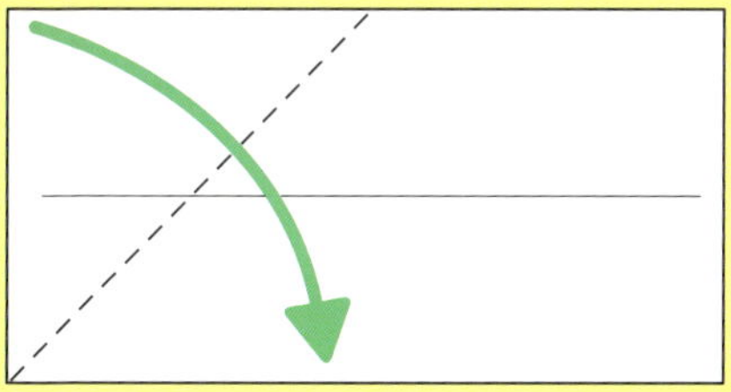

3 もういちど
さんかくに
おります。

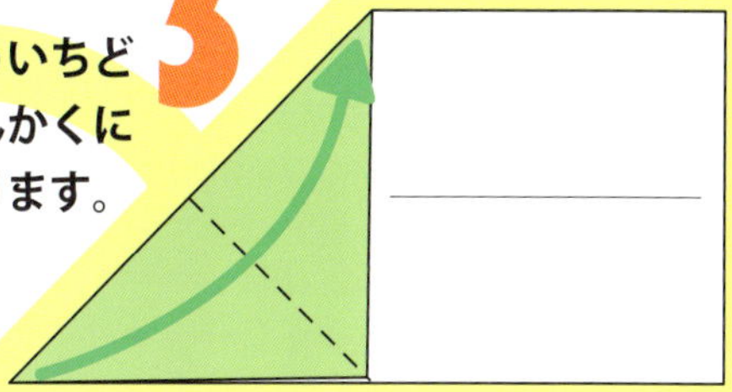

4 さんかくのさきが
とびだすように
おります。

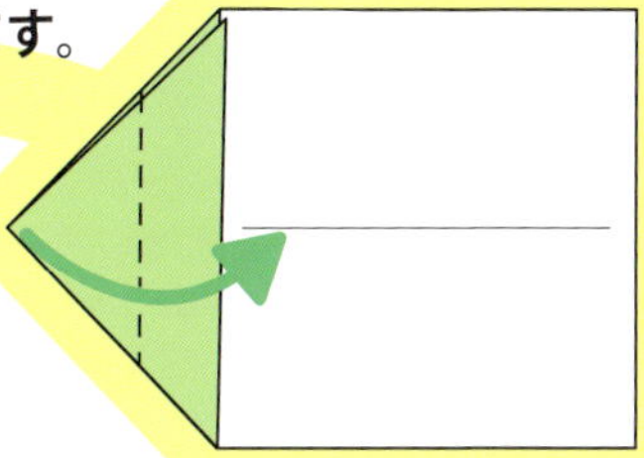

5 ぜんたいを
はんぶんにおります。

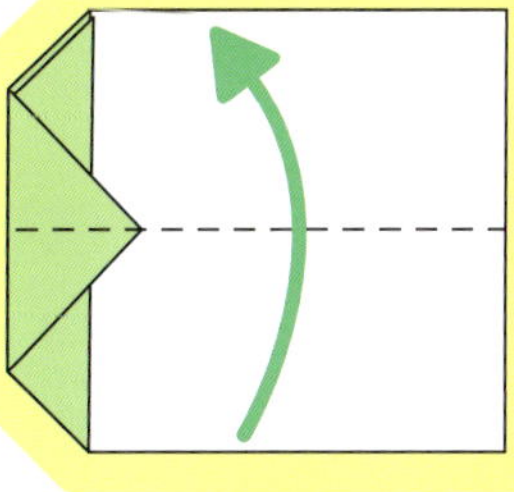

6 てまえの１まいを
おります。
うらもおなじに。

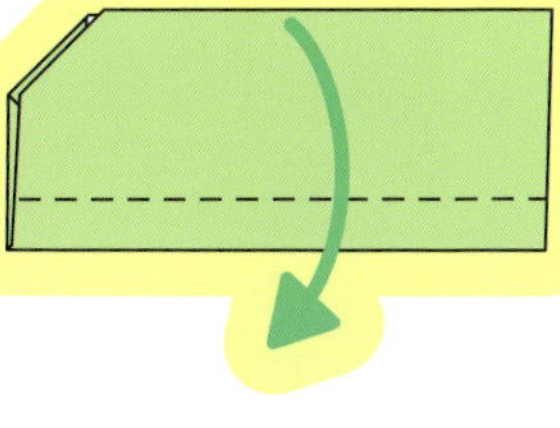

7 はしをすこし
おります。
うらもおなじに。

できあがり

はねをたいらに
ひろげてね！

みんなであそぼう!

ロケット

ストローでふいてとばそう

かえる（70ページ）の
4までおります。

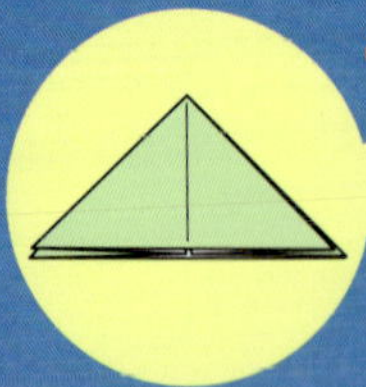

1 おりすじに
あわせております。

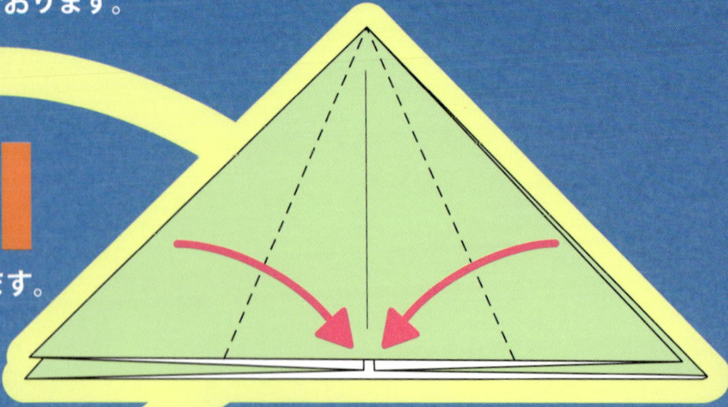

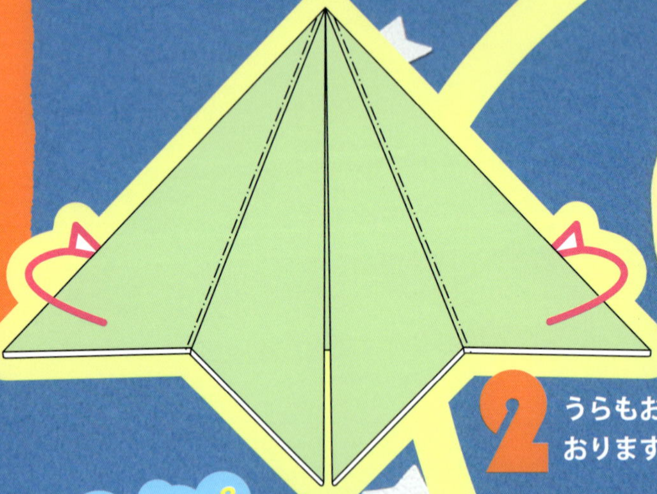

2 うらもおなじに
おります。

たかくとぶかな～？

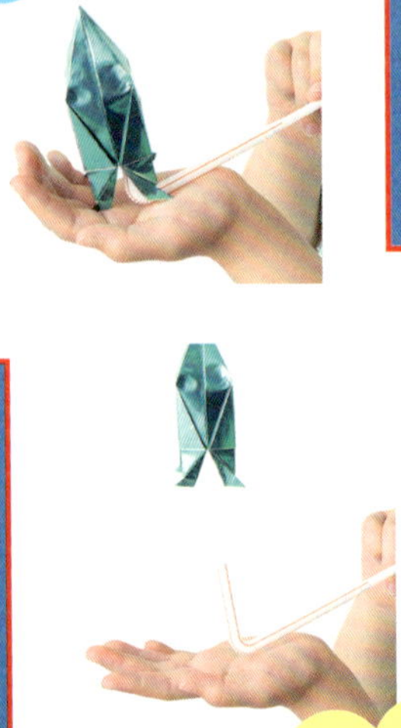

3・2・1、
はっしゃ！

親子であそぼ！

曲がるストローを下からさし込んで息を吹くと、ロケットが飛びます。

飛ぶ様子に合わせて、ぜひ「びゅーん」「発射」など生き生きとした言葉を織り交ぜて声をかけましょう。言語表現が身につきます。

3

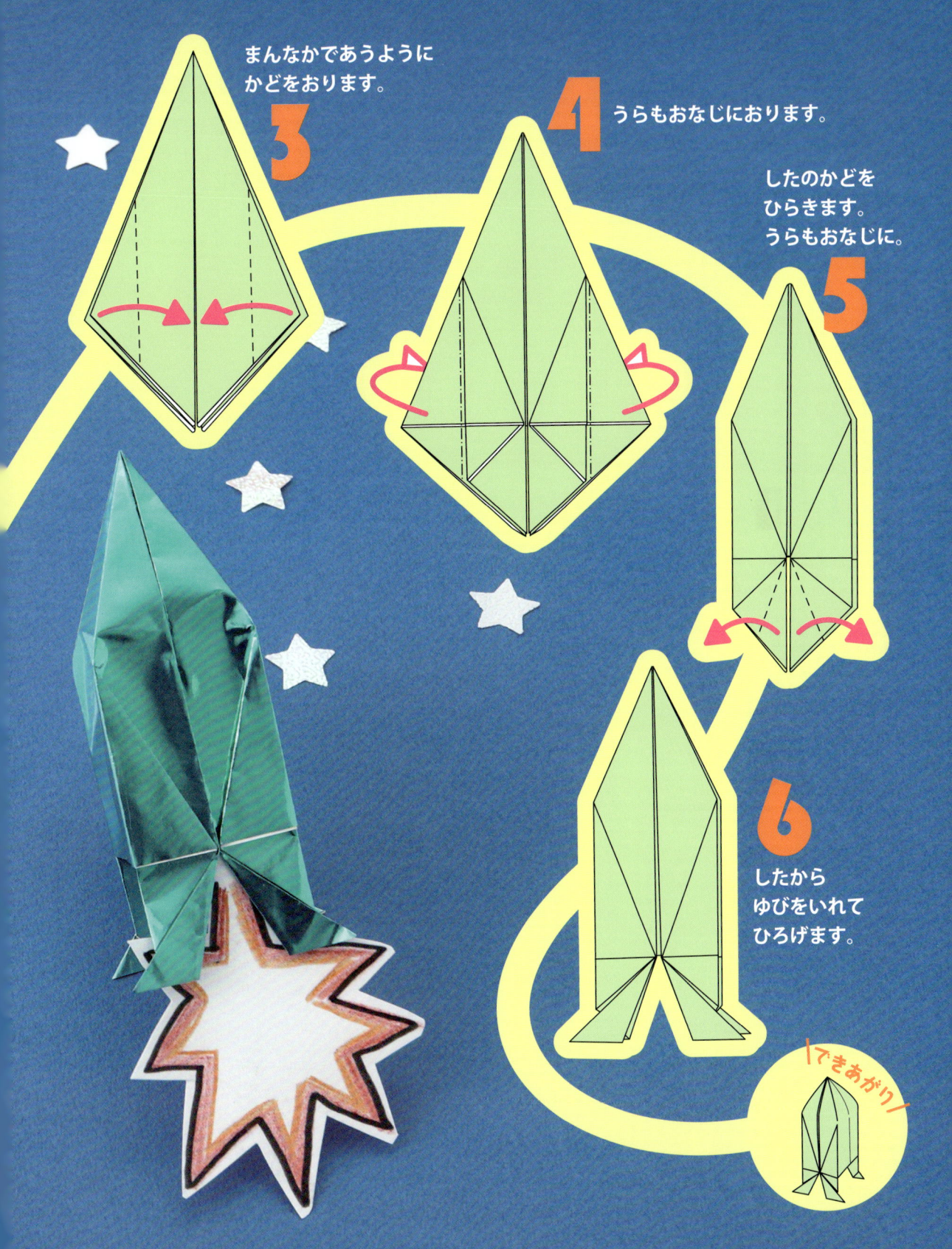

まんなかであうように
かどをおります。

4

うらもおなじにおります。

5

したのかどを
ひらきます。
うらもおなじに。

6

したから
ゆびをいれて
ひろげます。

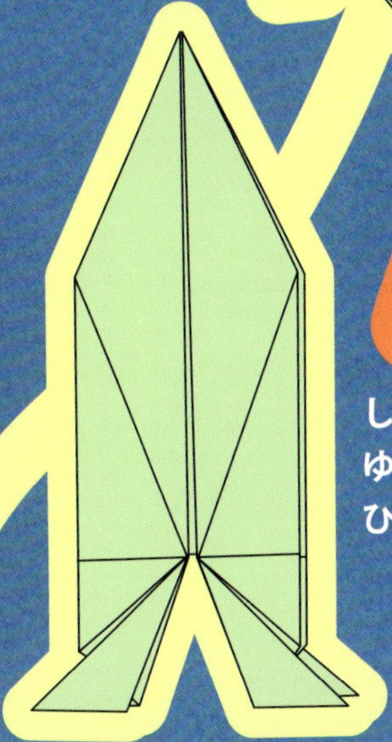

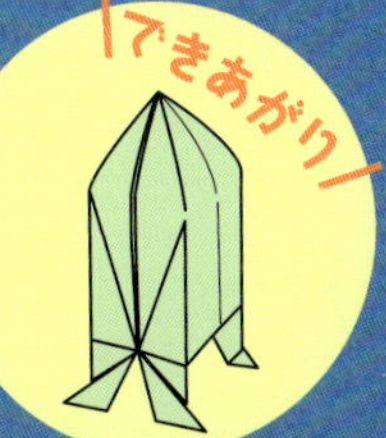

みんなであそぼう!

ウインドボート

ひろげた「ほ」をふいてはしらせよう

「フーッ」とうしろから
いきをかけると、
すべるようにはしるよ。
きょうそうしよう！

いろのついたほうを
おもてにして
ヨット（82ページ）を
おります。

1 むこうがわの１まいを
ひろげます。

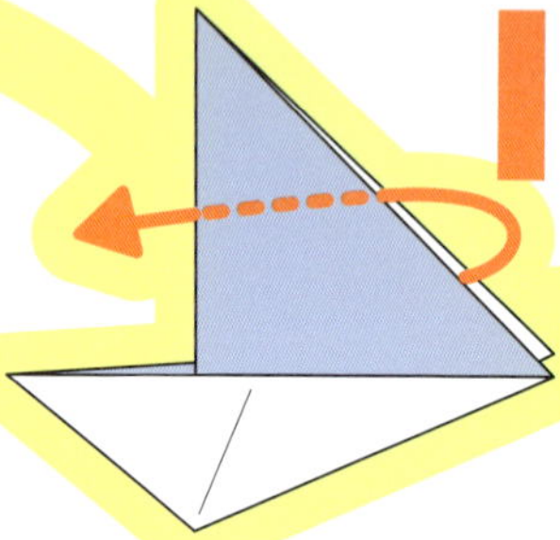

2 ツノをみぎひだりに
おってたたせます。

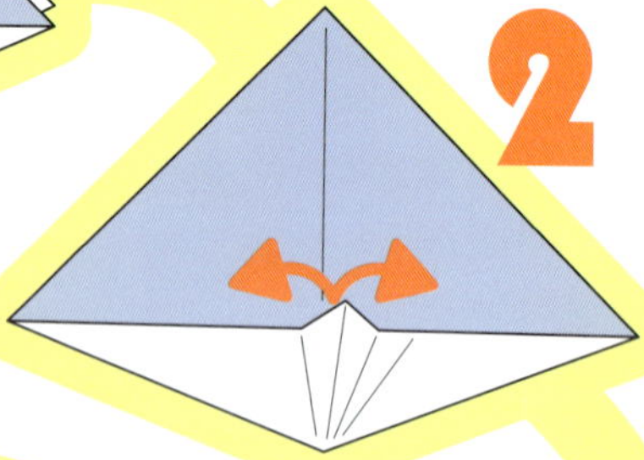

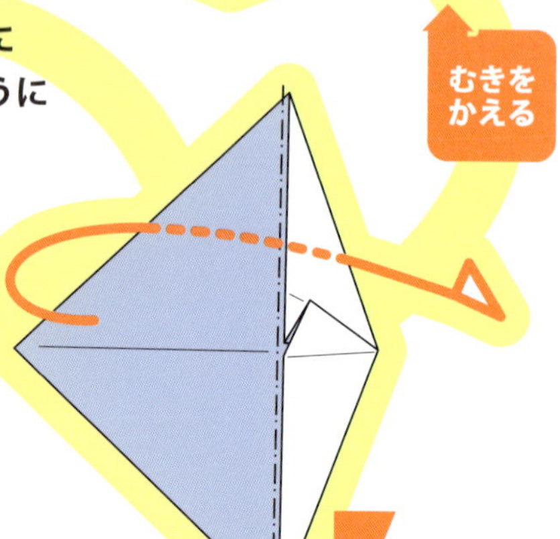

3 むきをかえたら、むこうがわへ
おおきくおりかえします。

4 まんなかに
よせるように
おります。

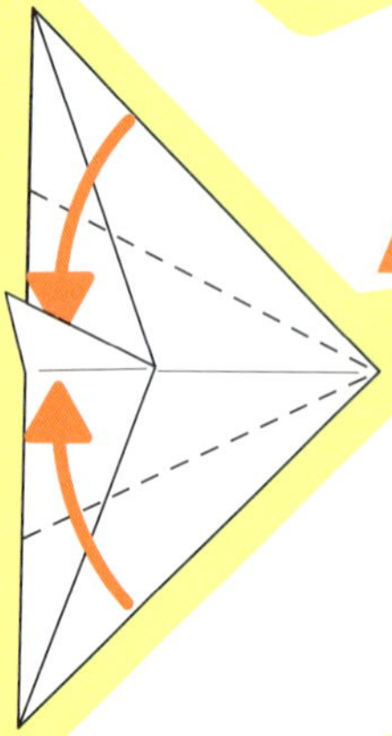

5 かどがまんなかで
あうようにおります。

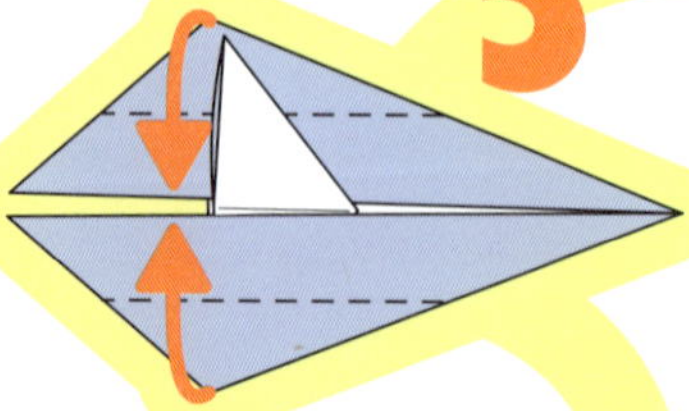

6 りょうわきを
おこします。

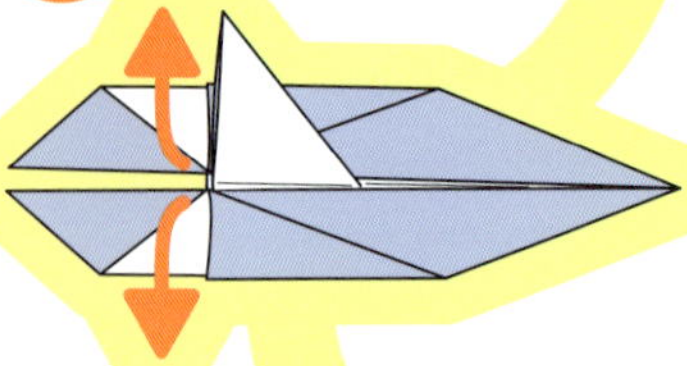

7 ほをひろげましょう。

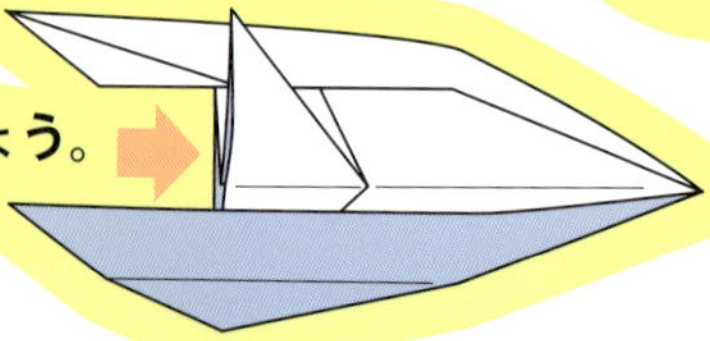

できあがり

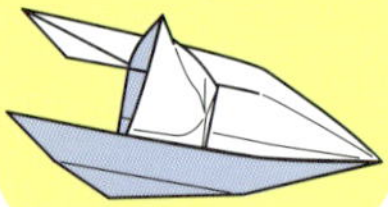

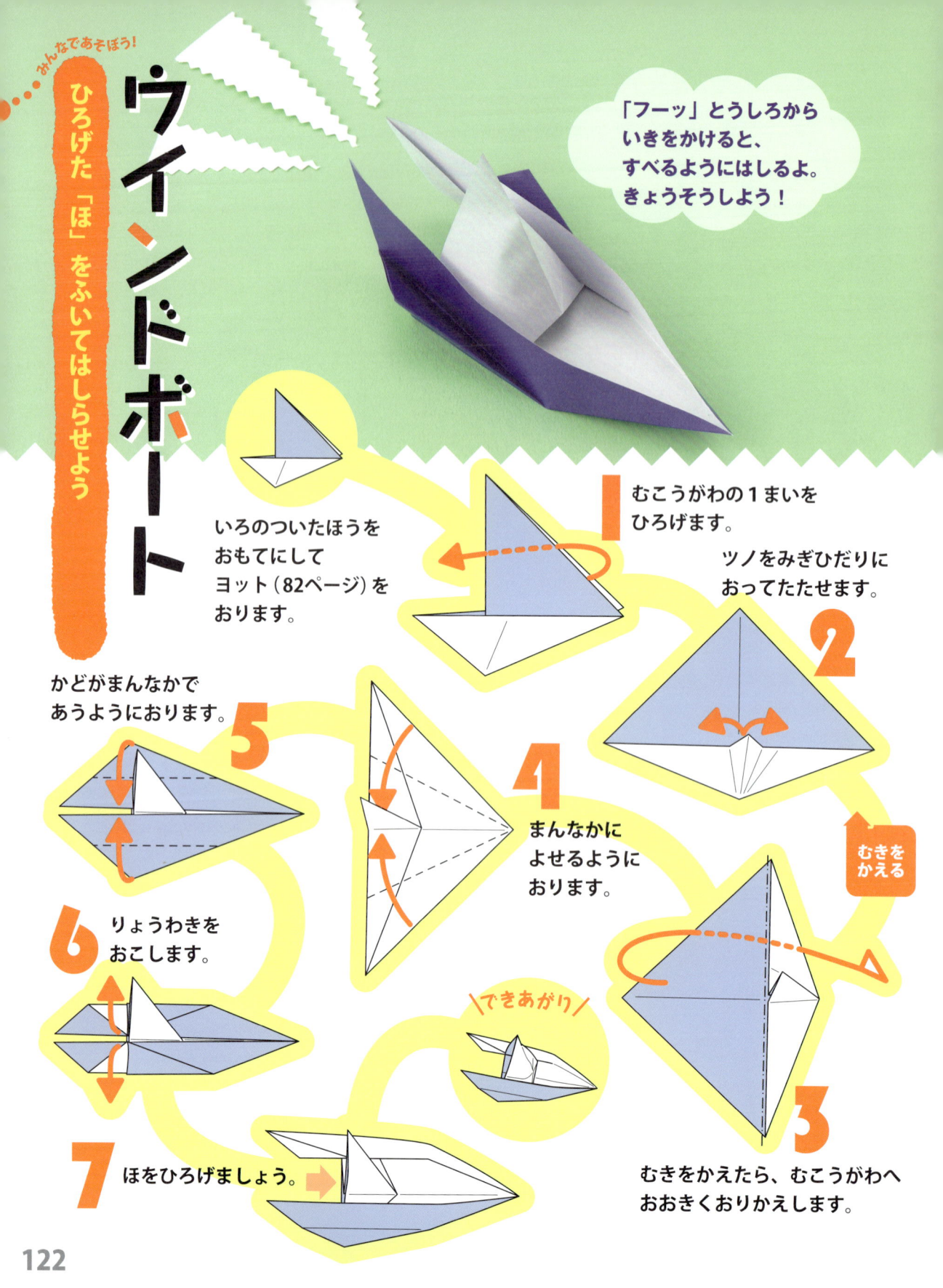

かみでっぽう

おおきなおとがパーン！　かみのてっぽうだ

ほうそうしや
チラシでおってね

★のところをもって
おおきくふりかぶったら、
いきおいよくしたにふりおろそう。
たたむとまたあそべるよ。

＼できあがり／

1 ながしかくのかみに
おりすじをつけます。

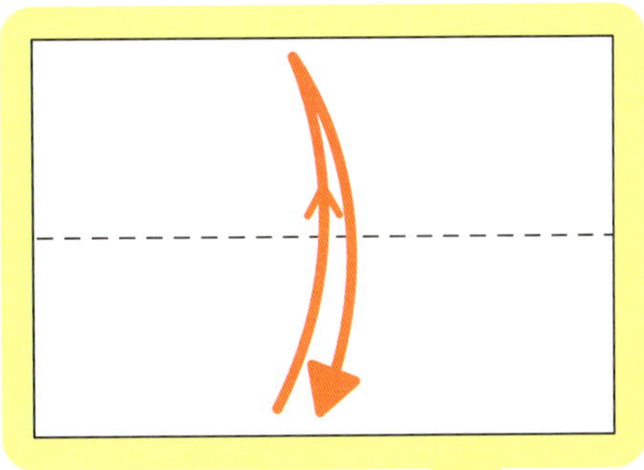

2 かどを４つおります。

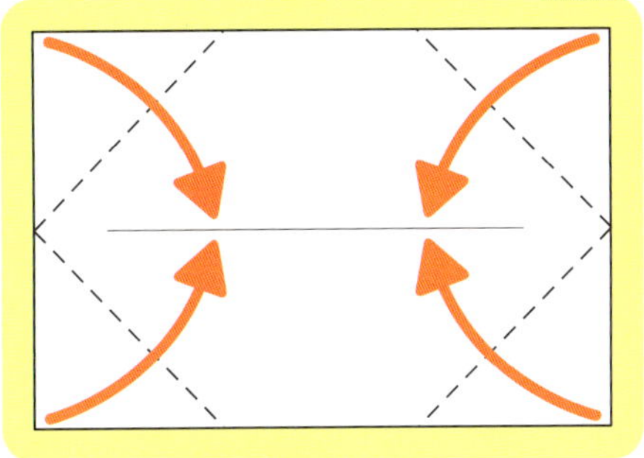

3 ぜんたいをはんぶんにおります。

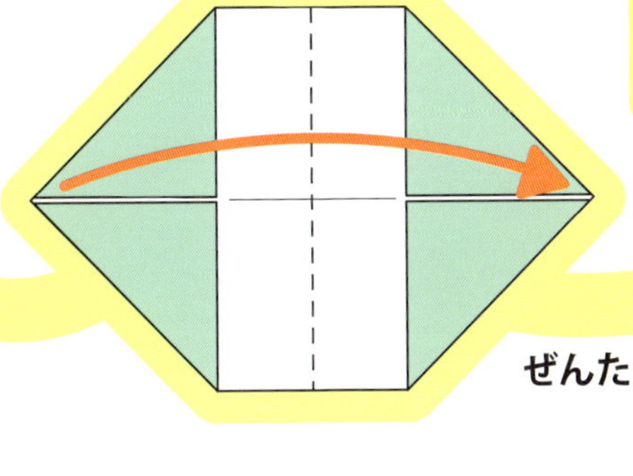

4 もういちど
はんぶんに。

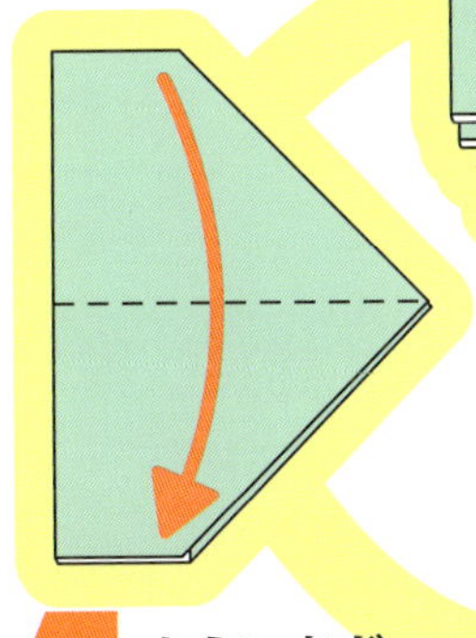

5 ふくろにてをいれ、
ひらいてつぶします。

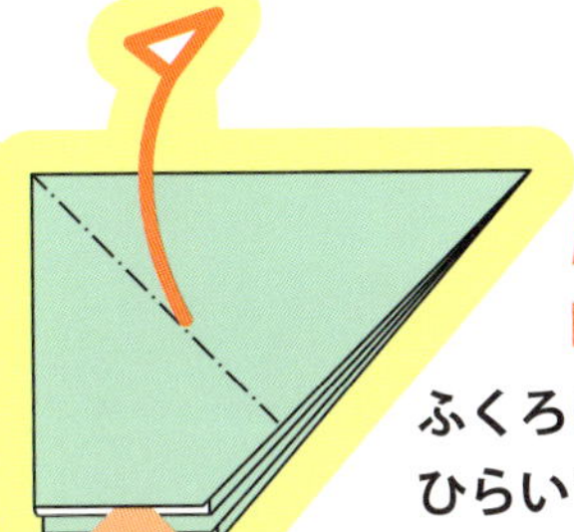

6 うらもひらいて
つぶします。

7 てまえとむこうに
それぞれおります。

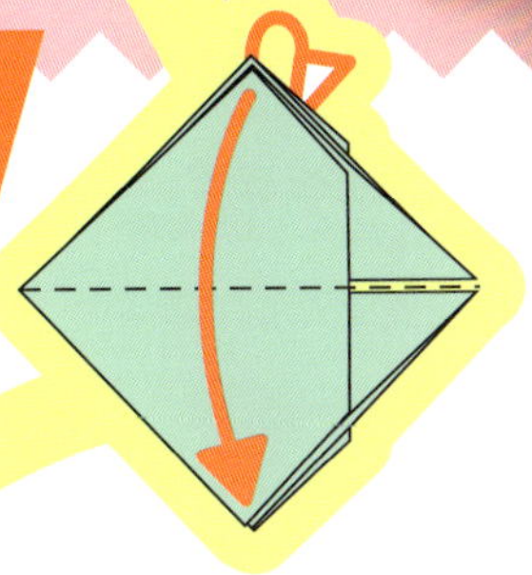

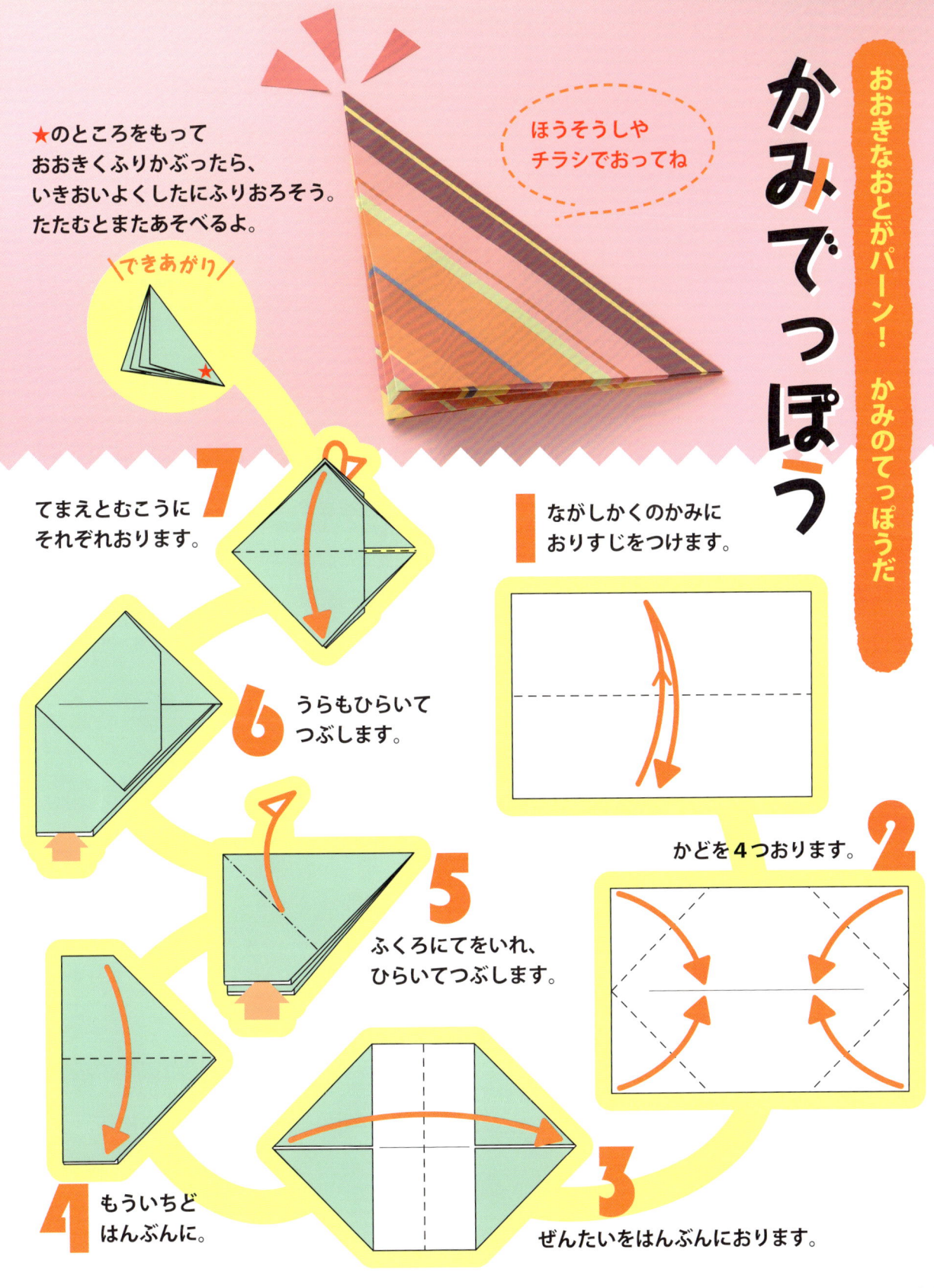

ゆびでたたくと、くるりとちゅうがえり

とぶばった

1 はんぶんにおります。

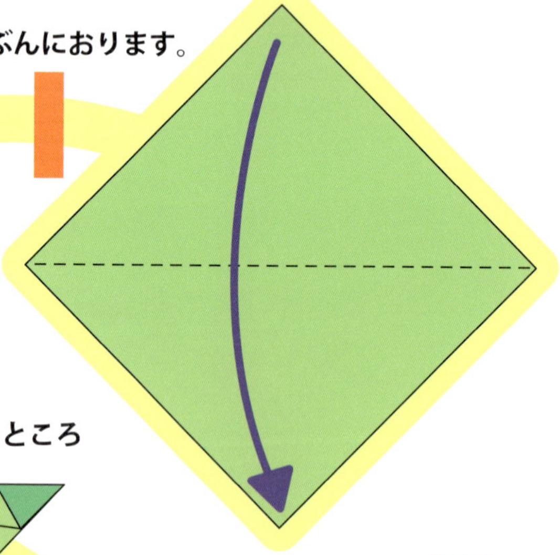

2 かどがとびだすように
おります。

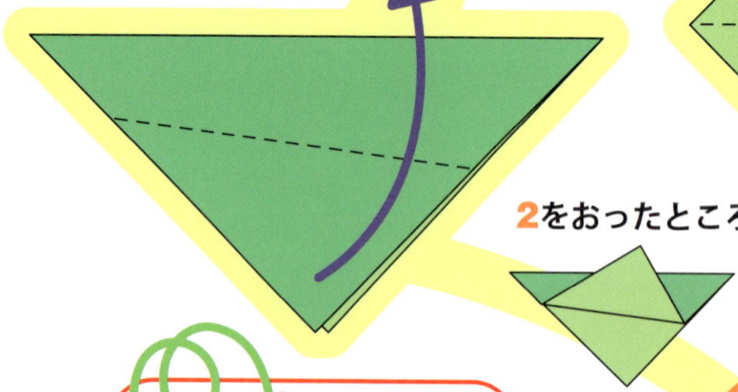

2をおったところ

うらがえす

3 うらがえしたら、
かどをあわせております。

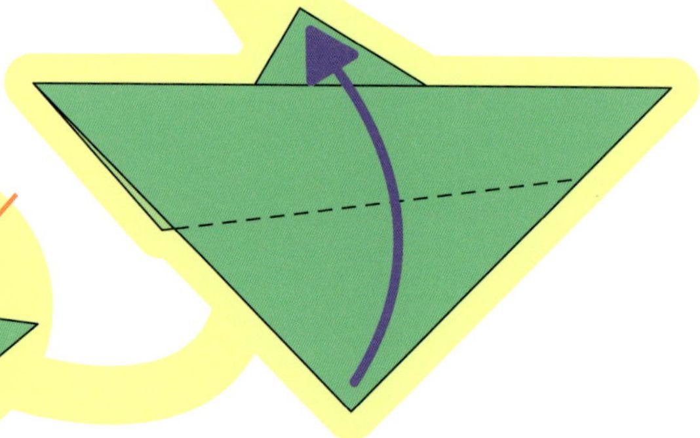

できあがり

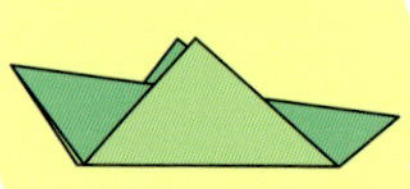

親子であそぼ!

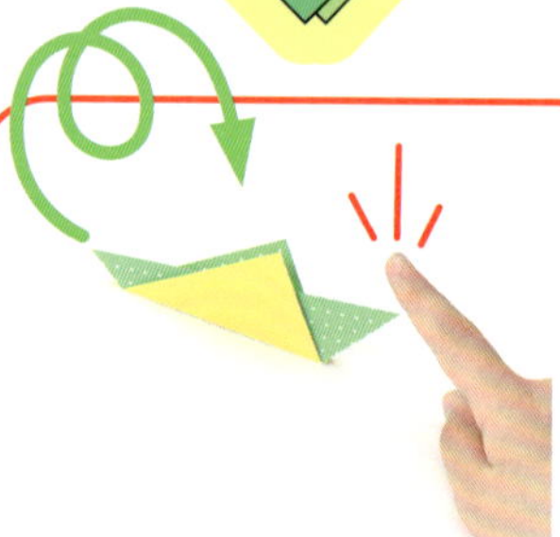

指先でちょこんと先端をたたきましょう。小さい紙で折ったほうがよくとびます。図鑑などで本物と見比べたり、大きな後ろ足の様子を観察したり。旺盛な好奇心に応えてあげてくださいね。

はばたくとり

ほんもののみたいにはばたくよ

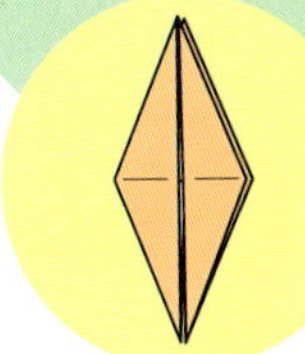

つる（42ページ）の
6までおります。

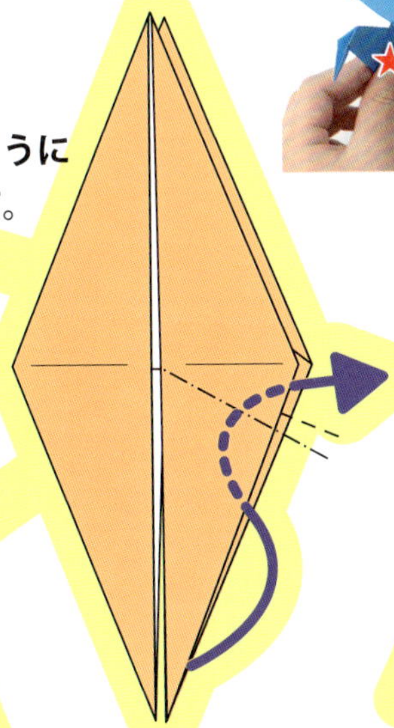

1
さきがまよこにくるように
なかわりおりをします。

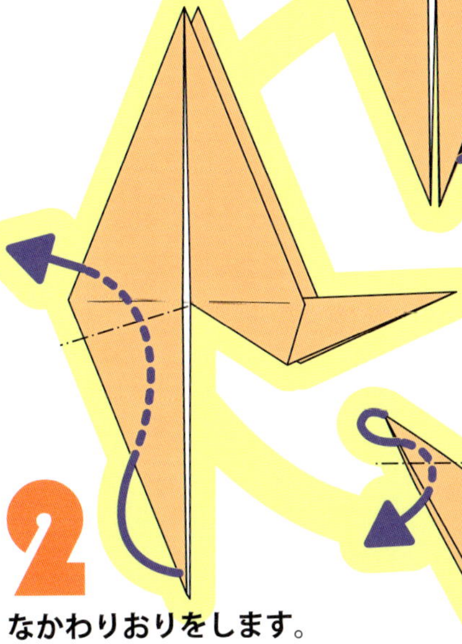

2
なかわりおりをします。

3
なかわりおりで
あたまをおります。

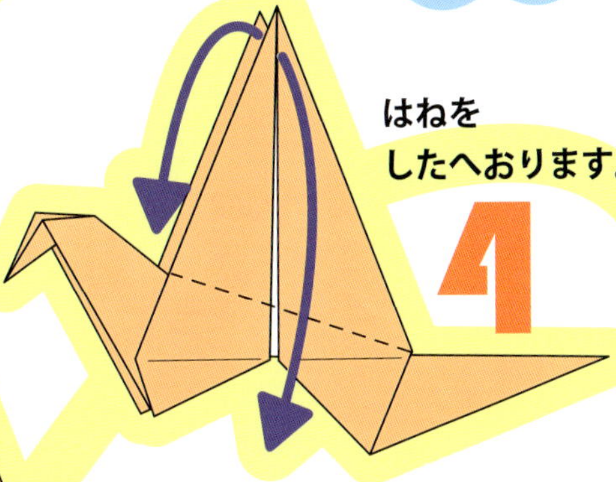

4
はねを
したへおります。

★のあたりをもって、
しっぽを
ひっぱってみよう！

はねがパタパタ～！
とんでるみたい

\できあがり/

みんなであそぼう!

はらぺこがらす

くちがパクパク、くいしんぼうのからすだよ

1 おりすじを２つつけます。

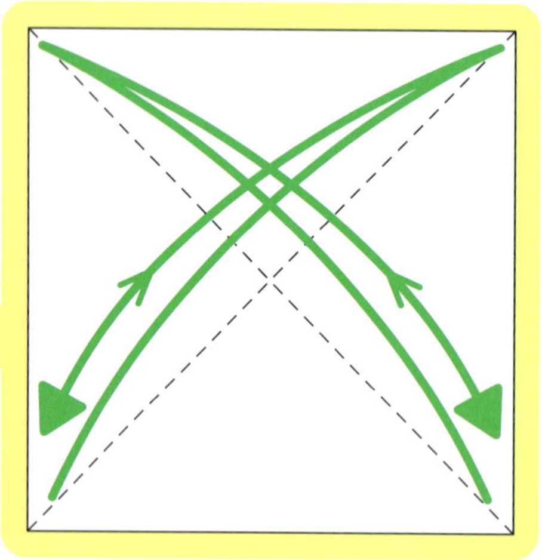

2 まんなかによせて、かどをおります。

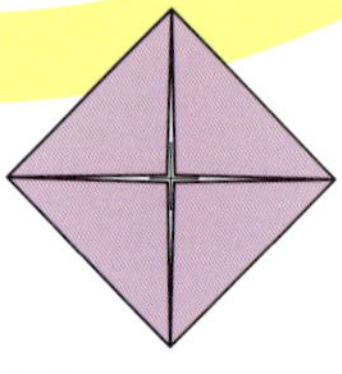

2をおったところ

うらがえす

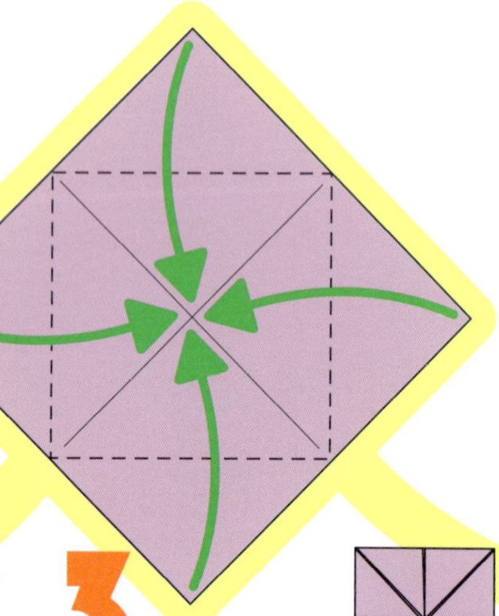

3 うらがえしたら、もういちど まんなかによせて かどをおります。

3をおったところ

うらがえす

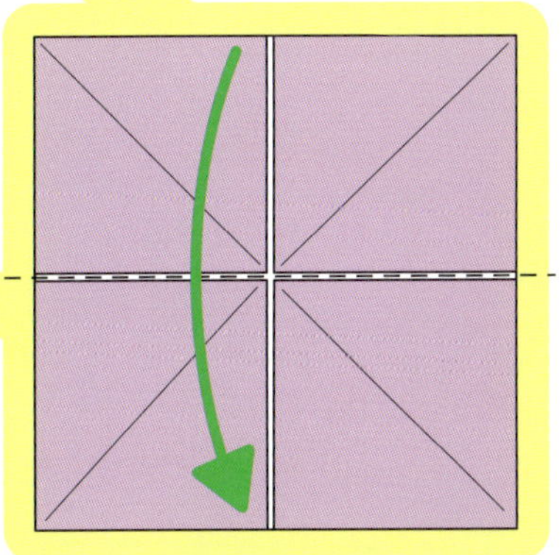

4

うらがえしたら、はんぶんにおります。

5

もういちど
はんぶんにおります。

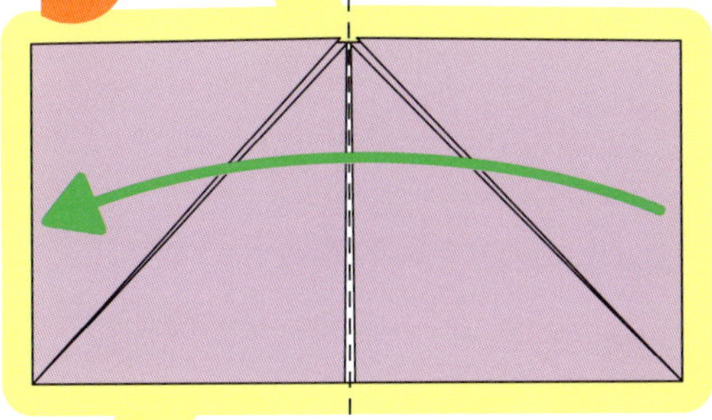

6

からゆびをいれ
ひらいてつぶします。
うらもおなじに。

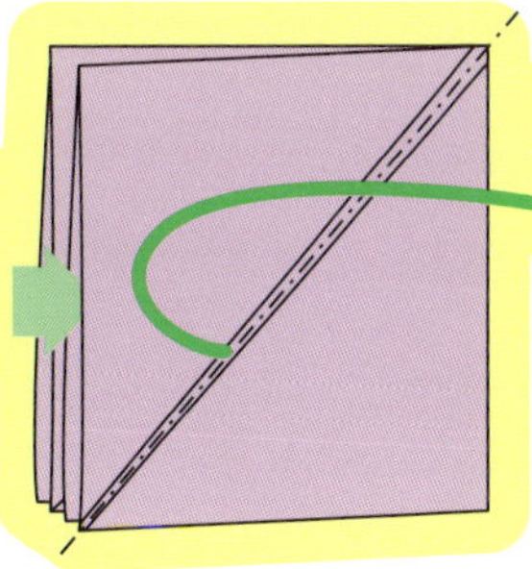

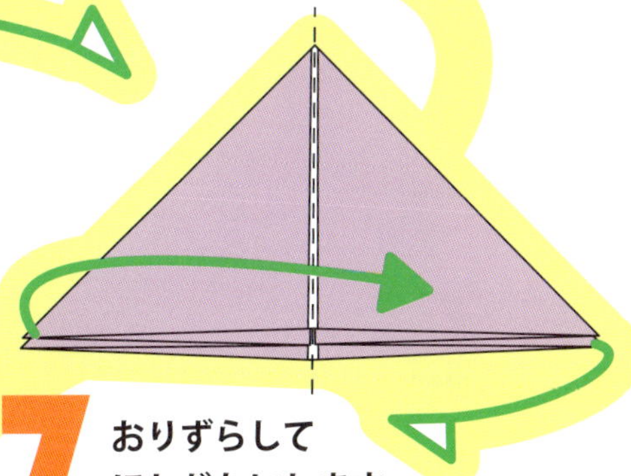

7

おりずらして
ほしがたにします。

8

うちがわから、かどを
ひきだします。

できあがり

親子であそぼ！

羽を左右に引っぱったり戻したりすると、口が動きます。何か小さいものを食べ物に見立てて、パクパク遊びをしましょう。こういうとき、ただ見守るだけでなく一緒に遊ぶとベター。親子のあたたかい時間こそが育脳には効果的です。

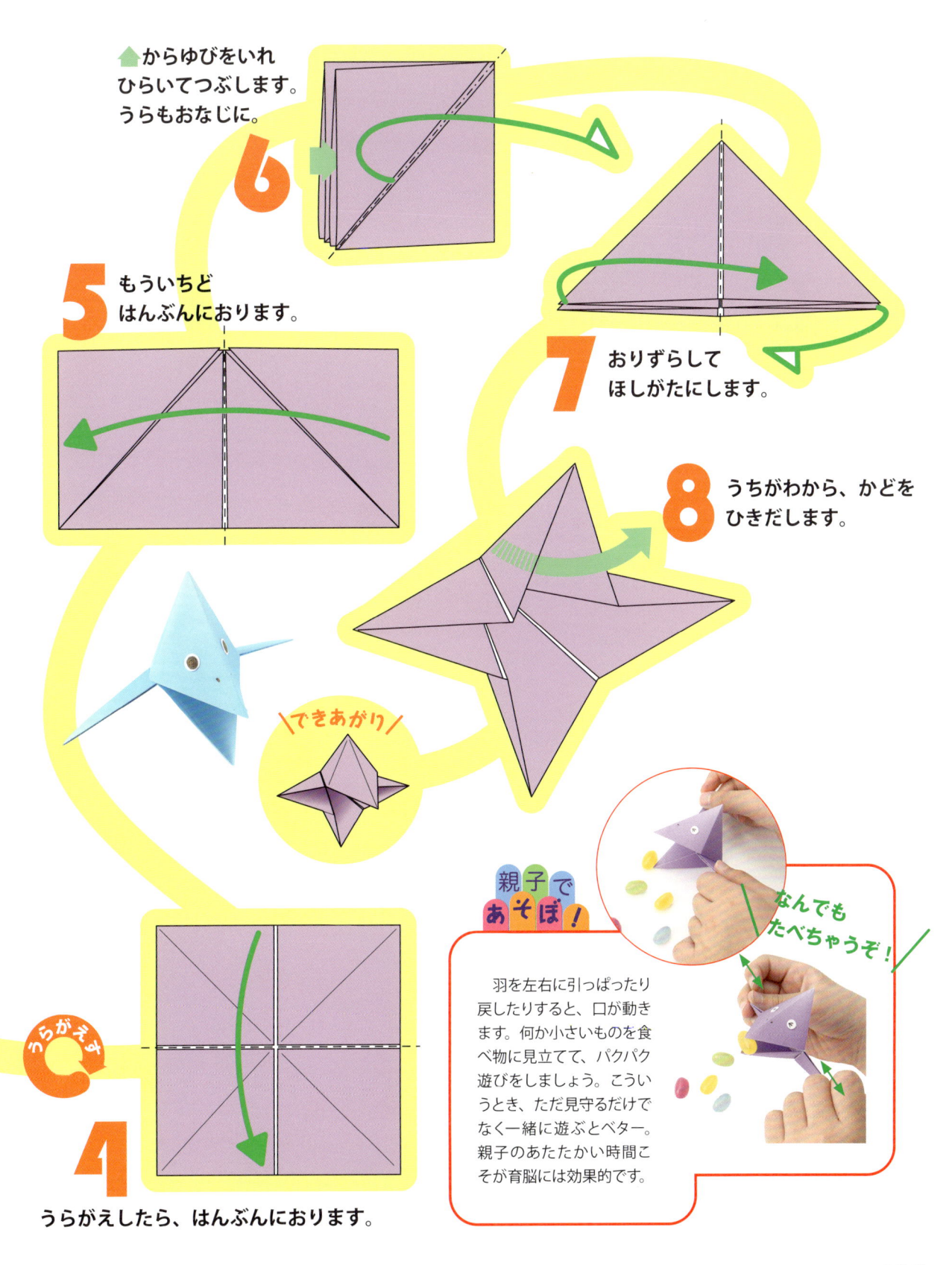

みんなであそぼう！

ぴょんぴょんがえる

おしりをはじくと、ピョーンとジャンプ！

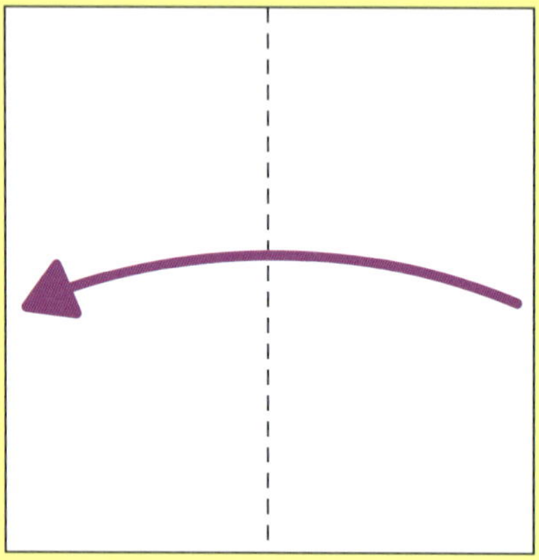

1

はんぶんに
おります。

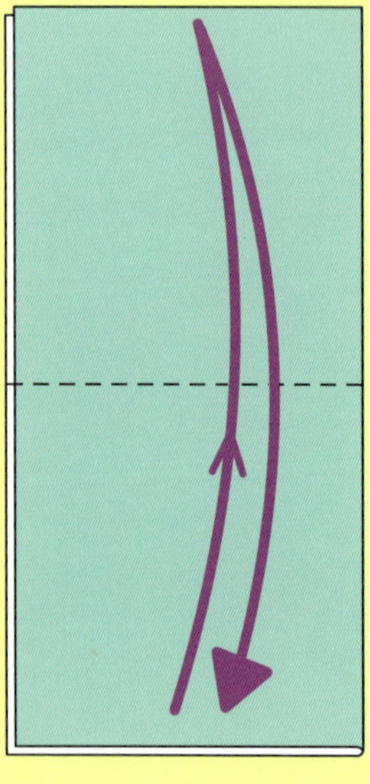

2

おりすじを
つけます。

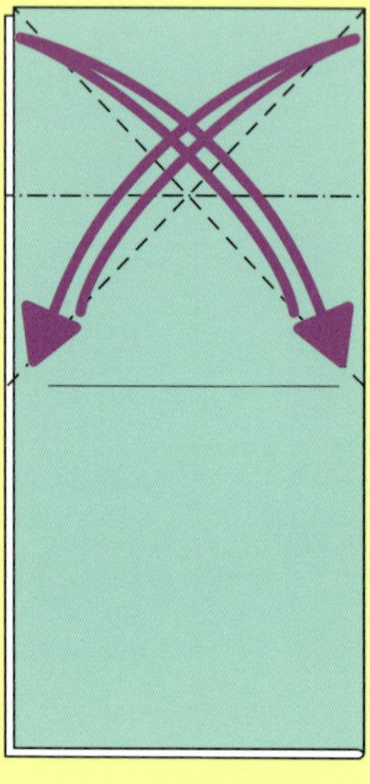

3

おりすじを３つつけます。
まんなかはやまおりです。

4

おりすじをつかって
○と○、◎と◎を
あわせるように
たたみます。

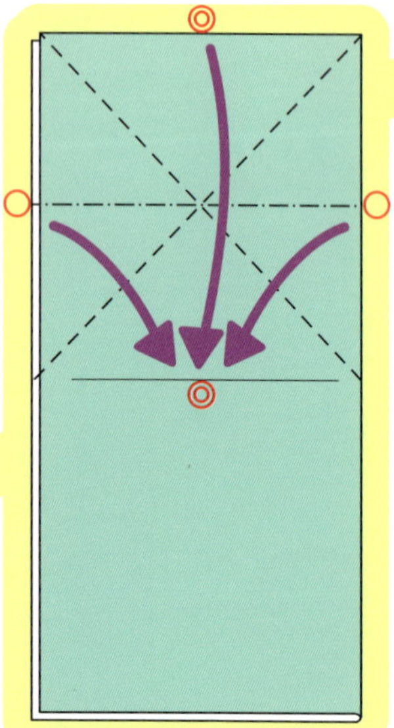

5

かどをおります。

6

うえへおります。

7

したたけ
おりすじをつけます。

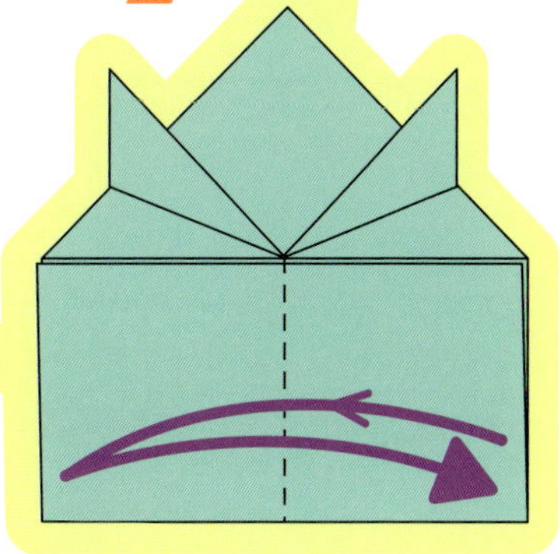

8

おりすじにあわせて
おります。

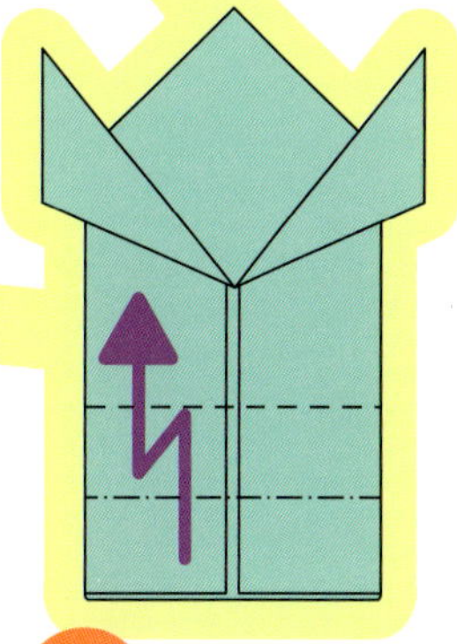

うらがえす

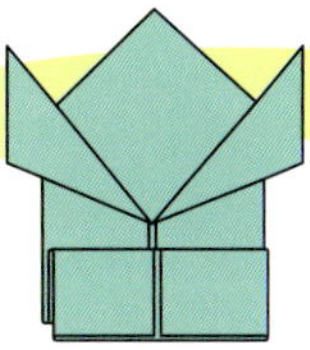

9をおったところ

9

だんおりをして
あしを
バネにします。

できあがり

親子であそぼ！

おしりのところを引っかくように指をすべらせると、よくとびます。少し大きい子どもなら、「なぜとぶの?」という問いに対して、足のZ状になったバネのことを教えてあげましょう。

みんなであそぼう!

あら、ふしぎ！　さるがスルスルきのぼりするよ

さるのきのぼり

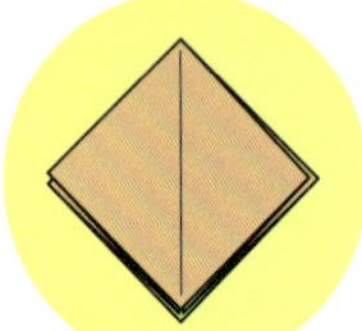

つる（42ページ）の
4までおります。

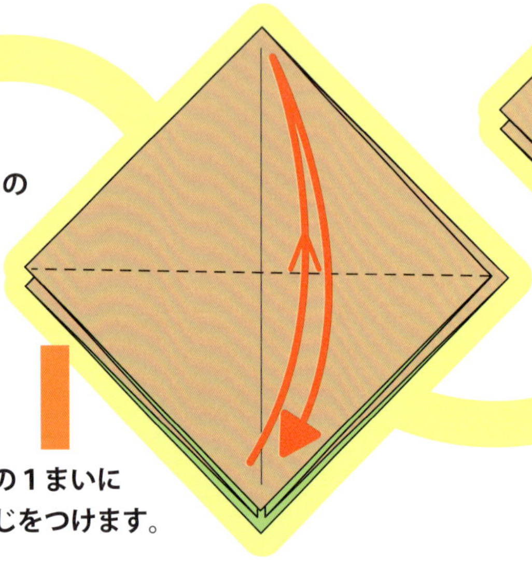

1
てまえの１まいに
おりすじをつけます。

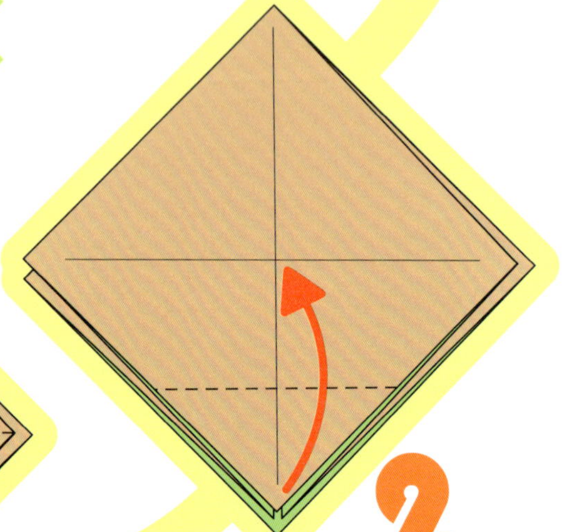

2
まんなかにむけて、かどをおります。

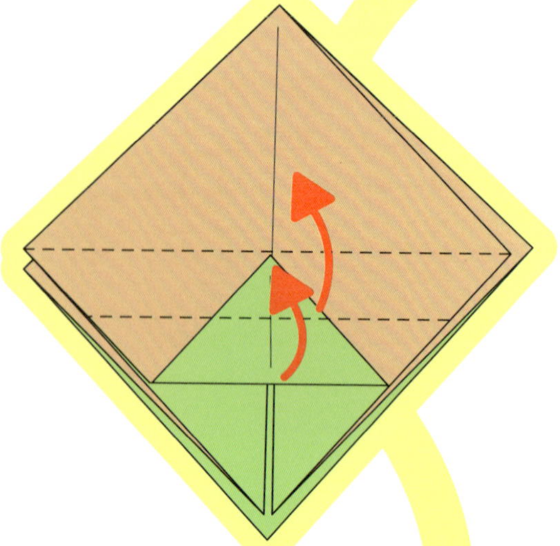

3
2かいおります。
うらも1～3を
おなじにおります。

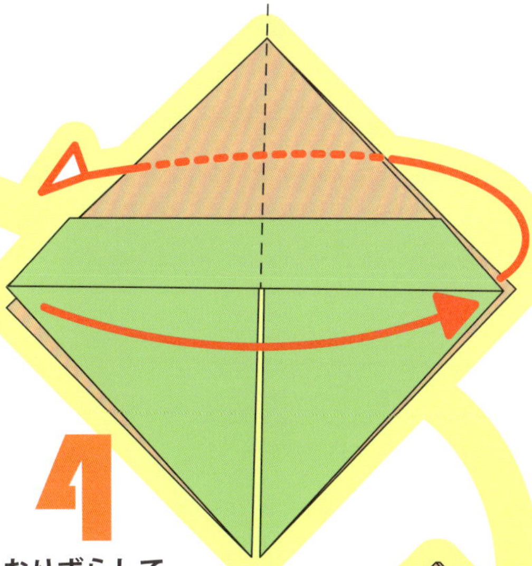

4 おりずらして
おるめんをかえます。

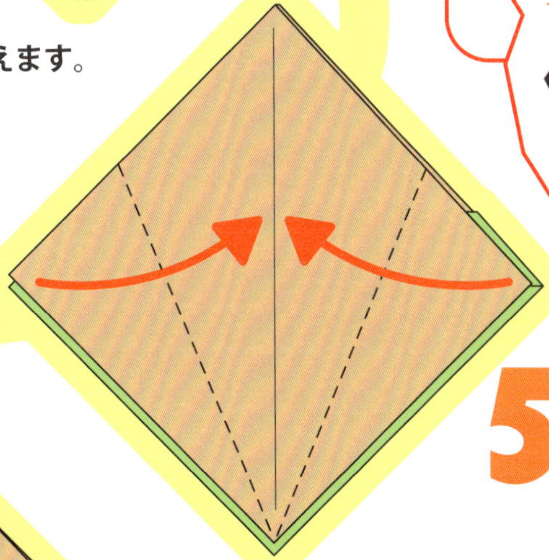

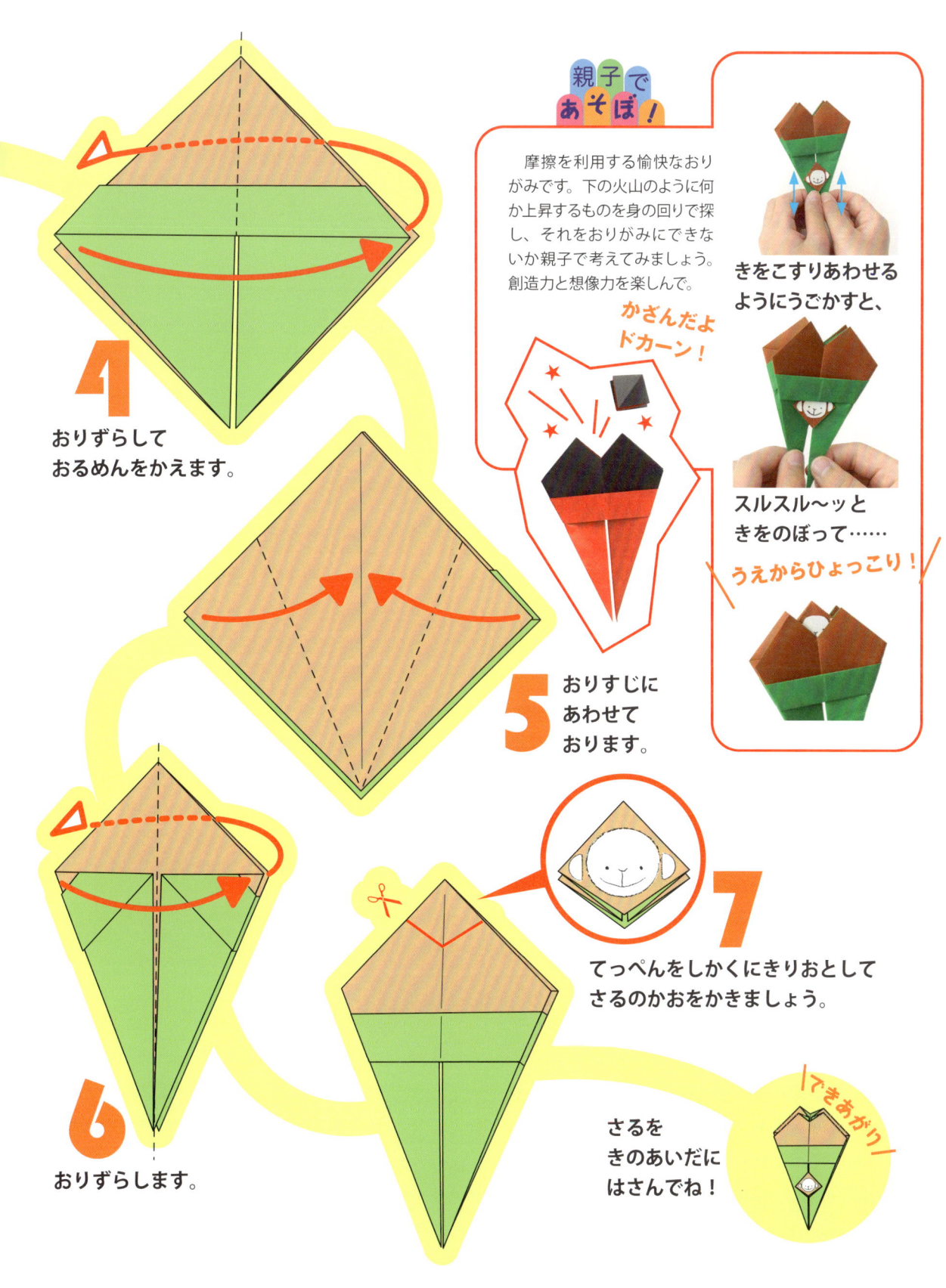

5 おりすじに
あわせて
おります。

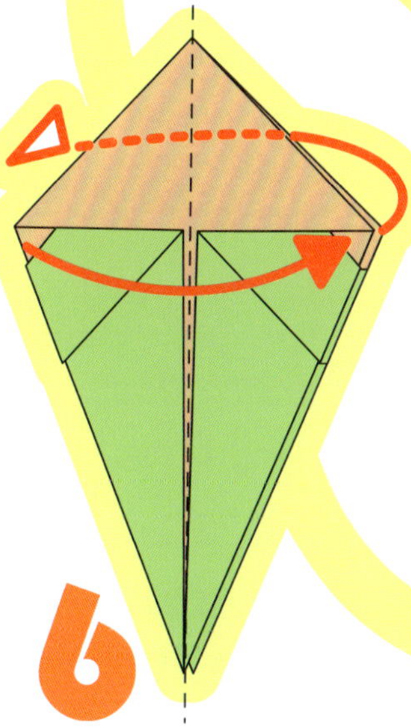

6 おりずらします。

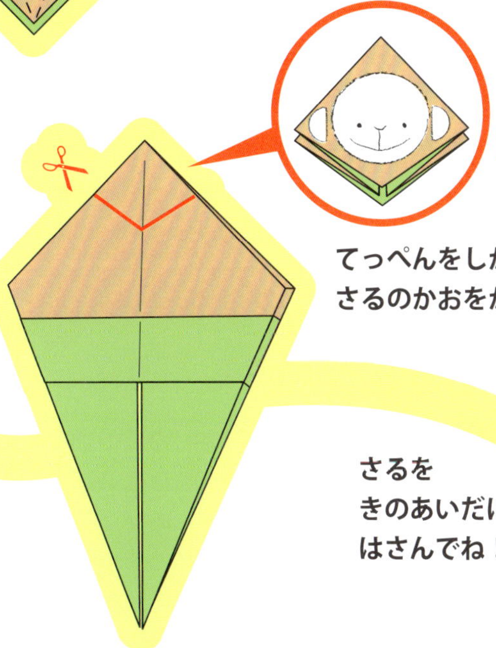

7 てっぺんをしかくにきりおとして
さるのかおをかきましょう。

さるを
きのあいだに
はさんでね！

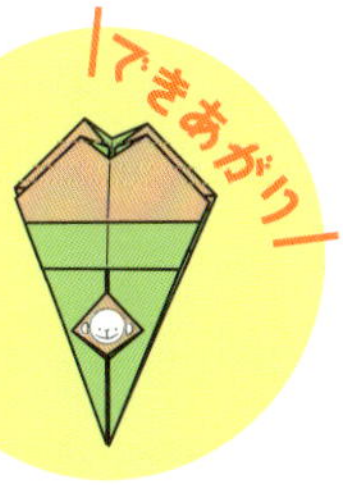

親子であそぼ！

摩擦を利用する愉快なおりがみです。下の火山のように何か上昇するものを身の回りで探し、それをおりがみにできないか親子で考えてみましょう。創造力と想像力を楽しんで。

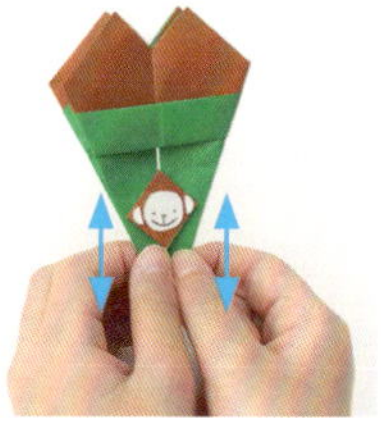

きをこすりあわせる
ようにうごかすと、

スルスル〜ッと
きをのぼって……

うえからひょっこり！

みんなであそぼう！

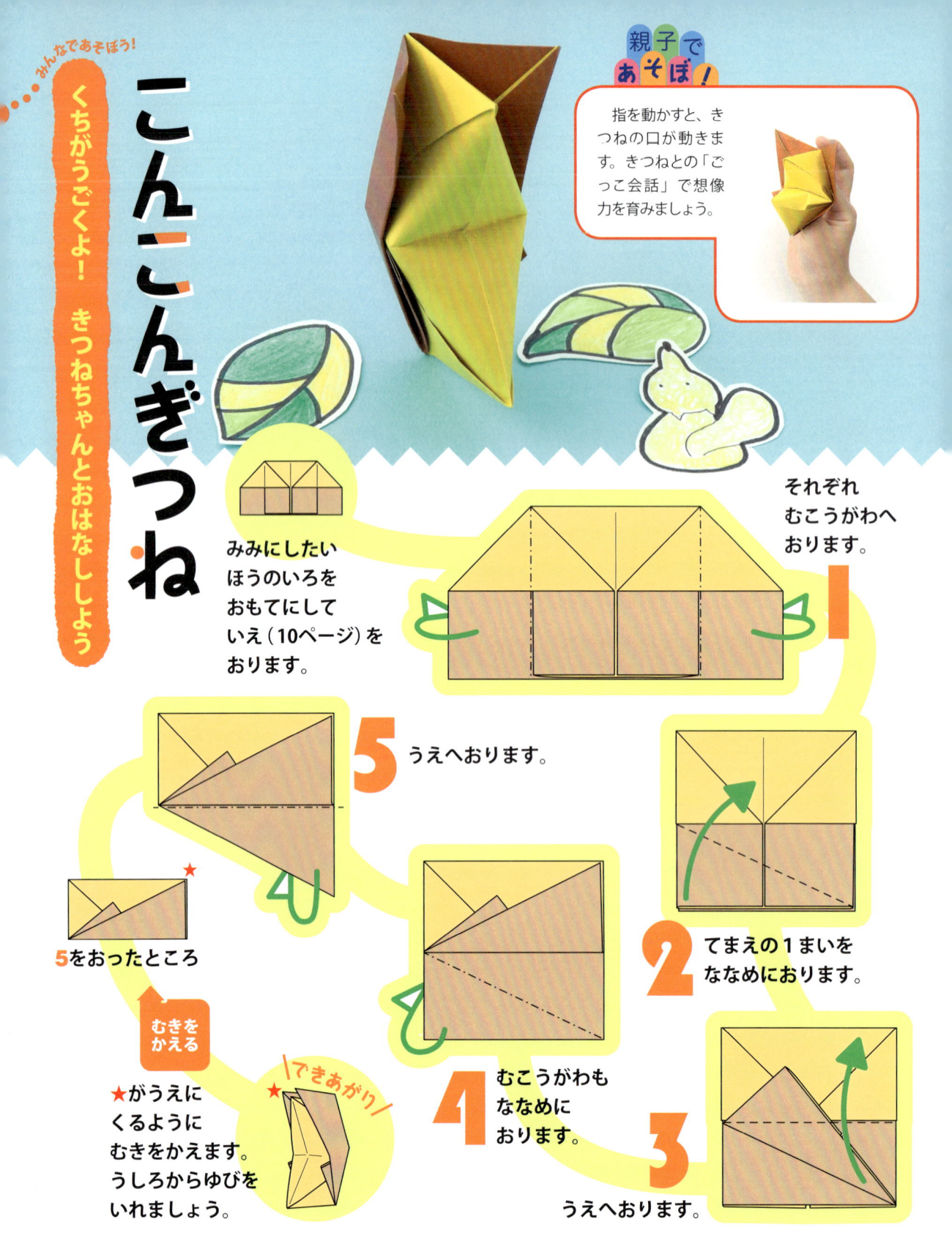

くちがうごくよ！　きつねちゃんとおはなししよう

こんこんぎつね

親子であそぼ！

指を動かすと、きつねの口が動きます。きつねとの「ごっこ会話」で想像力を育みましょう。

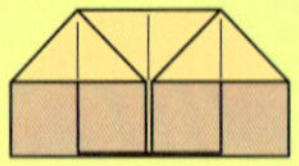

みみにしたいほうのいろをおもてにしていえ（10ページ）をおります。

いえ（10ページ）

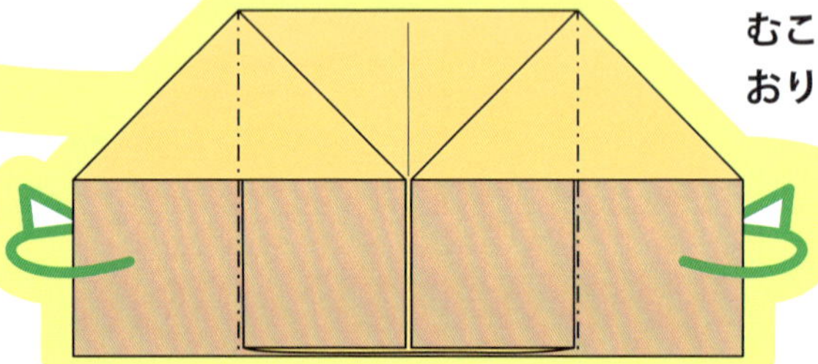

1 それぞれむこうがわへおります。

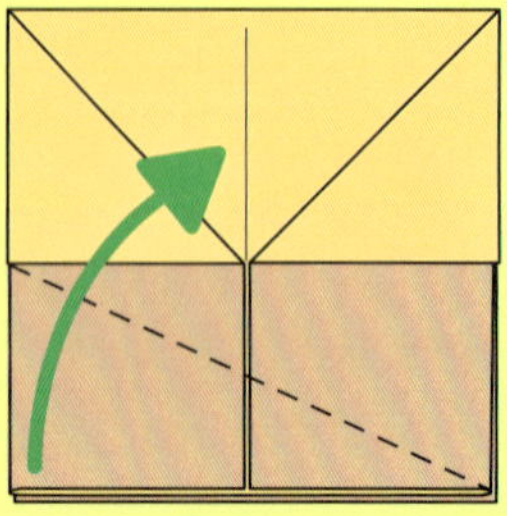

2 てまえの１まいをななめにおります。

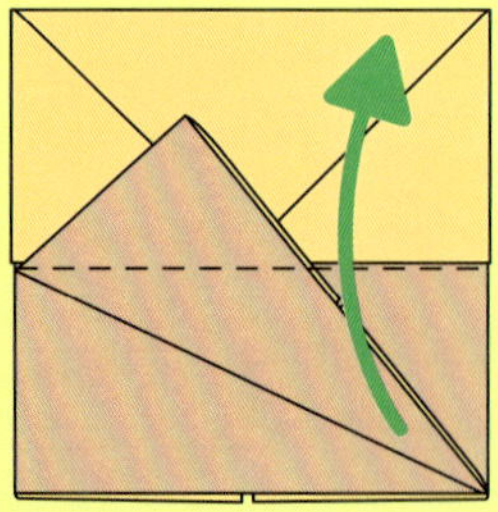

3 うえへおります。

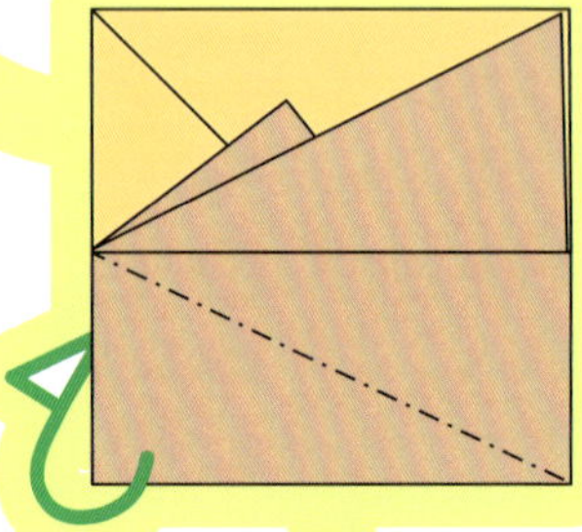

4 むこうがわもななめにおります。

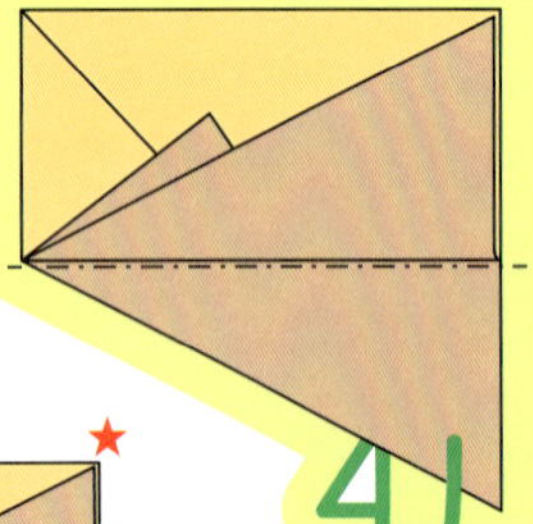

5 うえへおります。

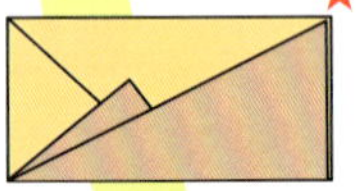

5をおったところ

むきをかえる

できあがり

★がうえにくるようにむきをかえます。うしろからゆびをいれましょう。

いきをふいてクルクルまわそう

かざぐるま

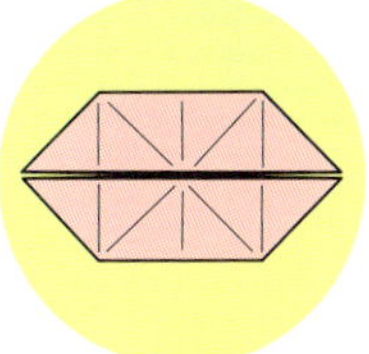

テーブル（16ページ）の**6**までおります。

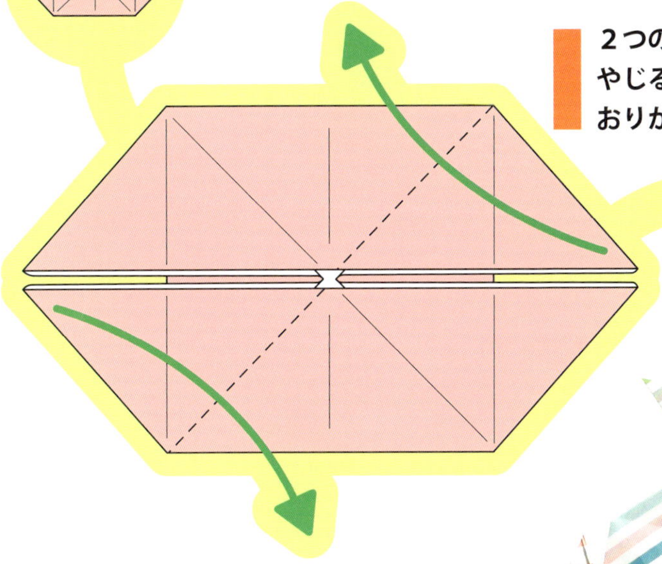

1 2つのはねを
やじるしのほうへ
おりかえします。

＼できあがり／

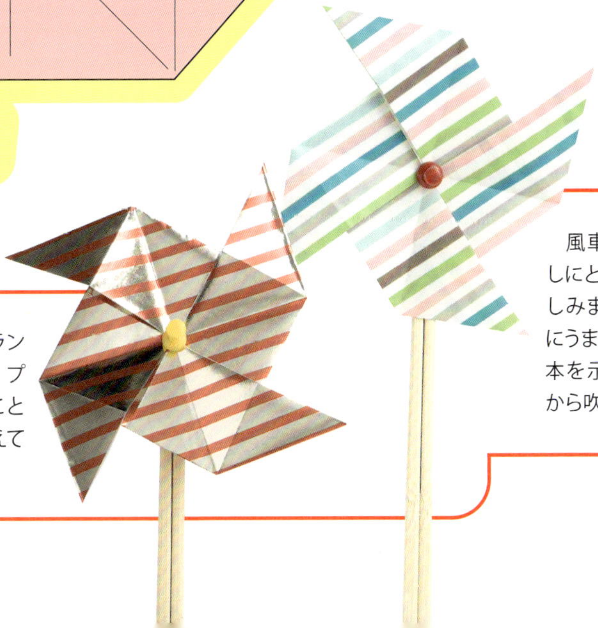

親子で
あそぼ！

風車の中心をピンでわりばしにとめます。吹いて回して楽しみましょう。羽根の袋の中にうまく息が当たるよう、お手本を示しながら「少しななめから吹くのよ」など、声かけを。

興味がわくようなら、オランダの風車や風力発電の風車、プロペラなども風の力で回ることを、写真などを見ながら教えてあげると楽しいでしょう。

えをかいて、おはなしをつくっちゃおう

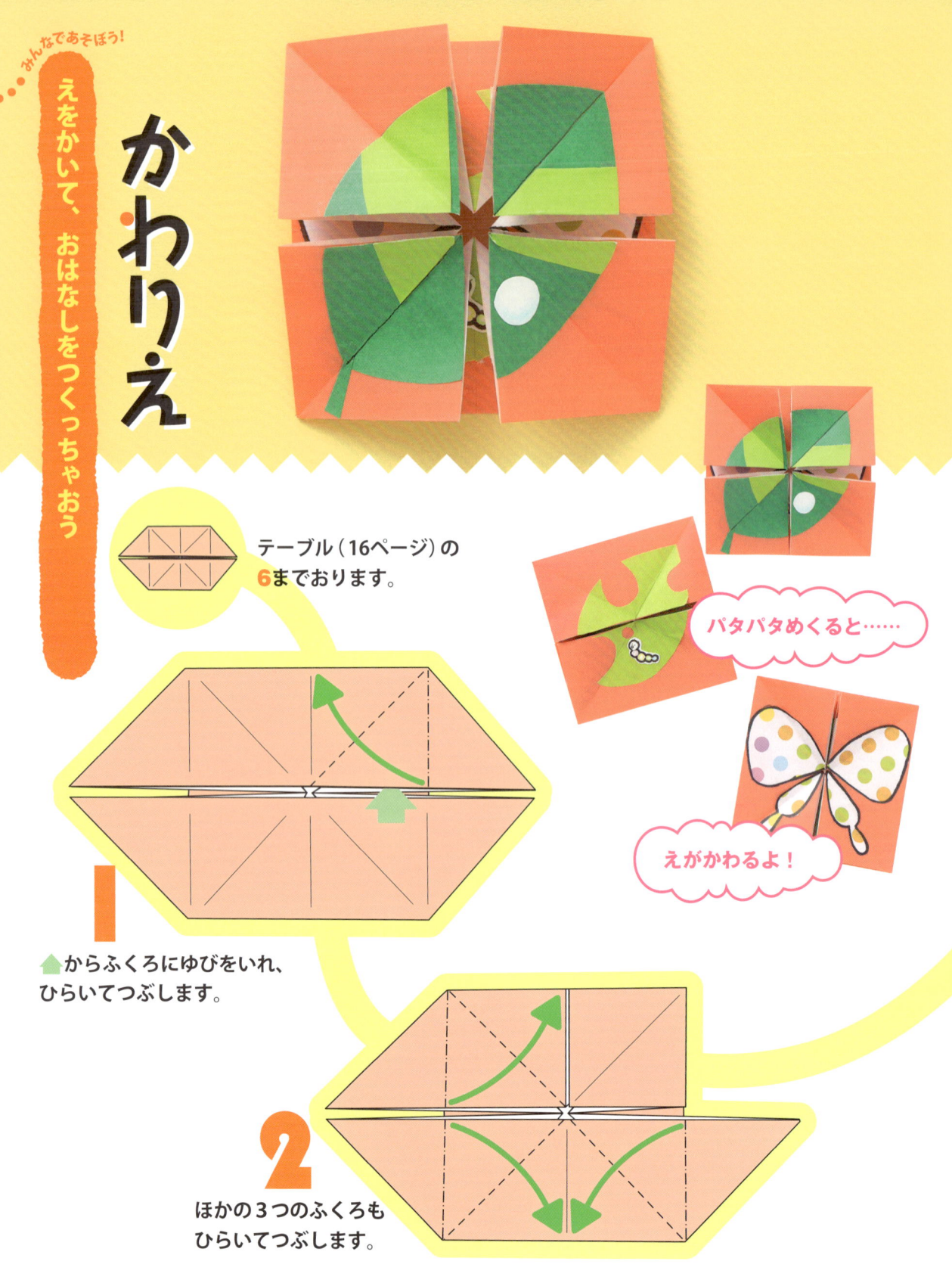

かわりえ

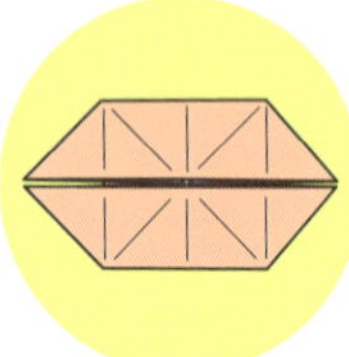

テーブル（16ページ）の
6までおります。

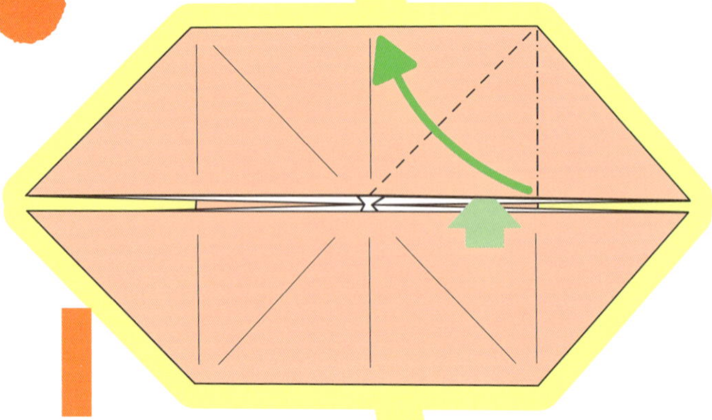

1

⇧からふくろにゆびをいれ、
ひらいてつぶします。

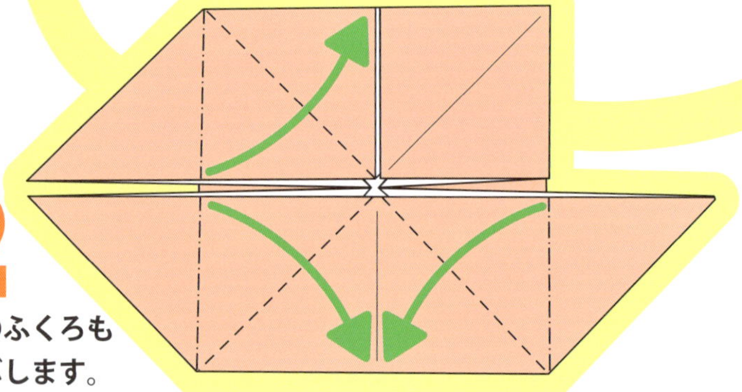

2

ほかの３つのふくろも
ひらいてつぶします。

親子であそぼ！

めくるといろいろな面が現れるので、そこに絵を描いて遊びましょう。顔を描けば百面相のように、また左ページのようにちょっとした展開のあるものを描けば、お話風にもなります。

お手本を描いてあげたり、「お話を作ろうか」と声かけしたりして、じょうずに子どもを遊びに導きましょう。

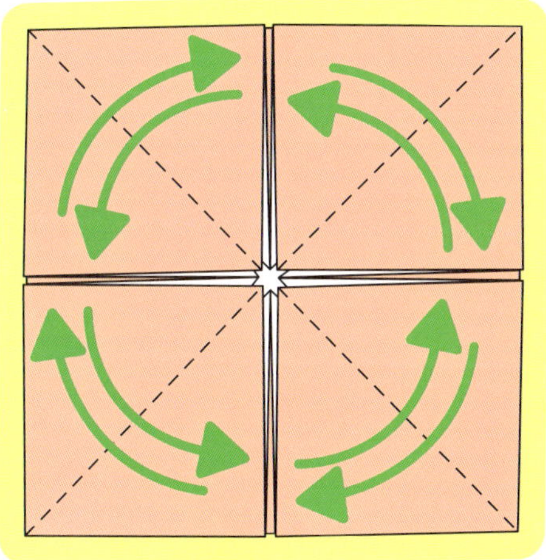

3

おりすじのところで おりかえしておきます。

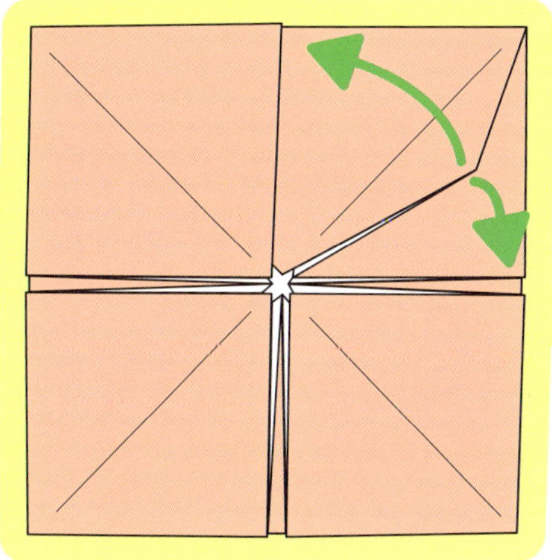

4

めんをかえながら いろいろなえを かきましょう。

みんなであそぼう!

だましぶね

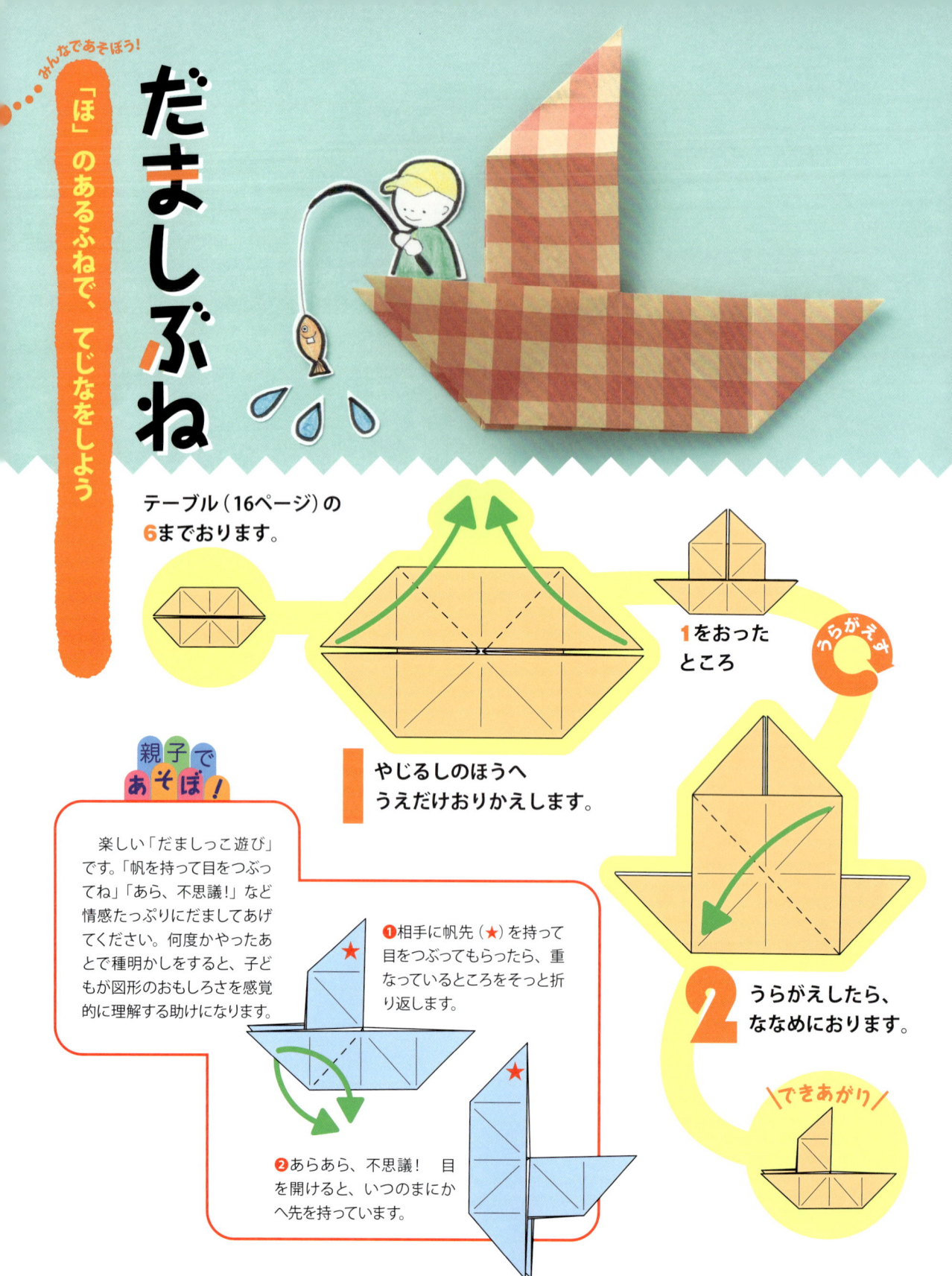

「ほ」のあるふねで、てじなをしよう

テーブル（16ページ）の6までおります。

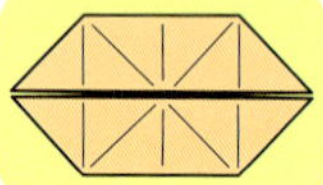

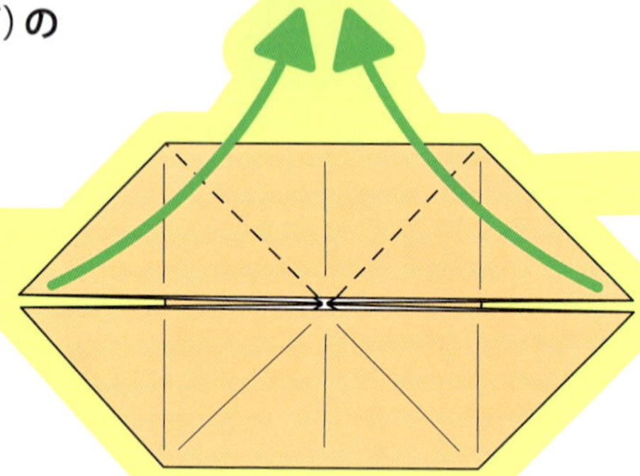

1 やじるしのほうへうえだけおりかえします。

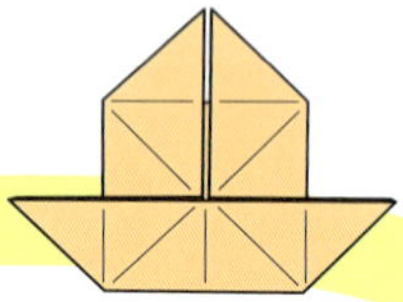

1をおったところ

うらがえす

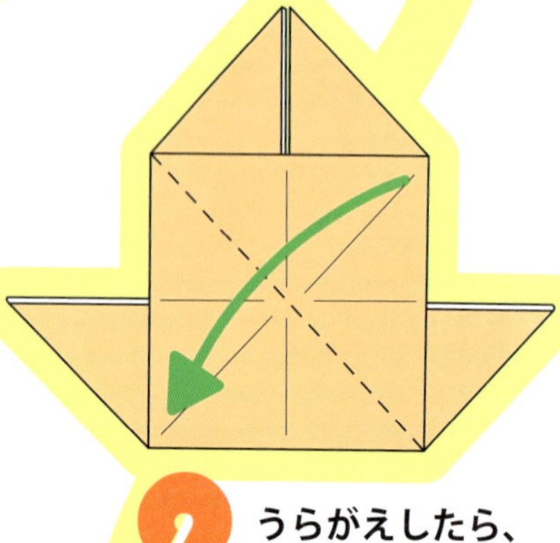

2 うらがえしたら、ななめにおります。

できあがり

親子であそぼ!

楽しい「だましっこ遊び」です。「帆を持って目をつぶってね」「あら、不思議!」など情感たっぷりにだましてあげてください。何度かやったあとで種明かしをすると、子どもが図形のおもしろさを感覚的に理解する助けになります。

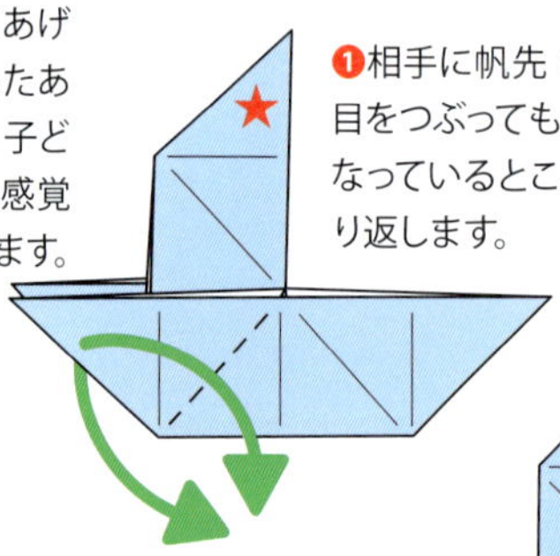

❶相手に帆先（★）を持って目をつぶってもらったら、重なっているところをそっと折り返します。

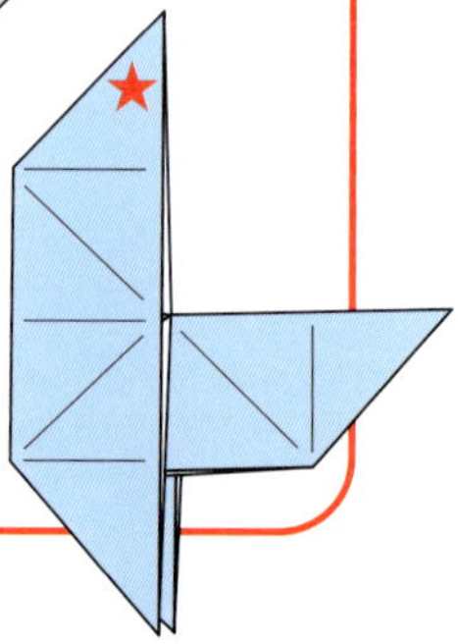

❷あらあら、不思議！　目を開けると、いつのまにかへ先を持っています。

ポーンポーンとついてあそんでね

ふうせん

かえる（70ページ）の
4までおります。

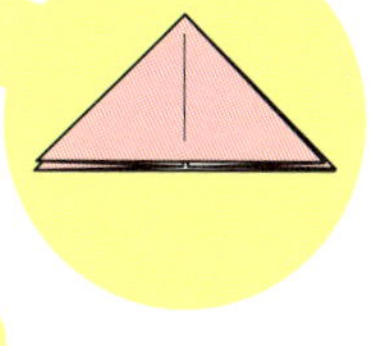

かどをてっぺんまで
おります。
うらもおなじに。

1

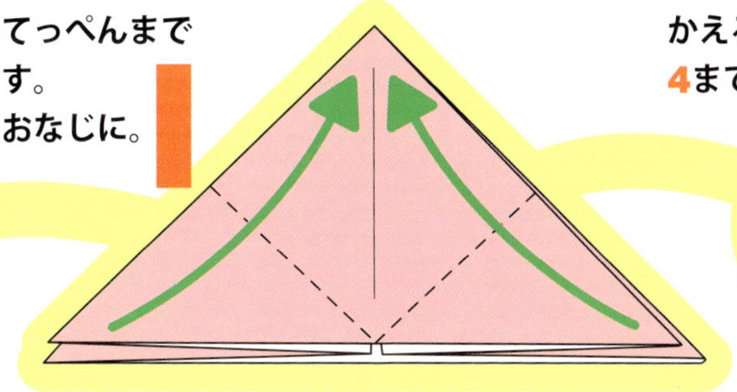

まんなかで
あうように
かどをおります。

2

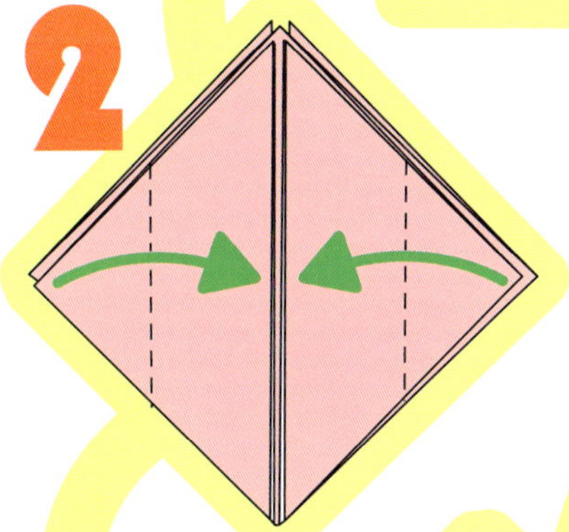

3

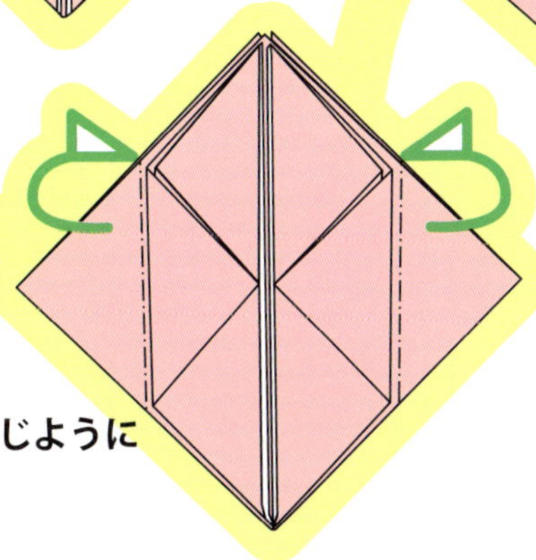

うらもおなじように
おります。

4

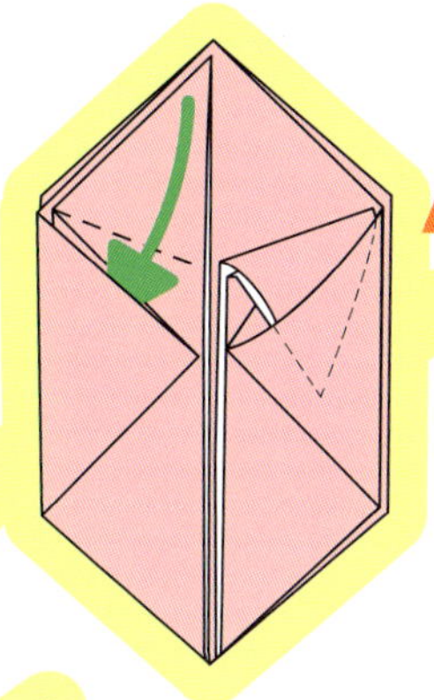

さんかくの
ふくろのなかに
さきを
おりいれます。

うらも
おなじにおったら、
したのあなから
いきをふきこんで
ふくらませます。

5

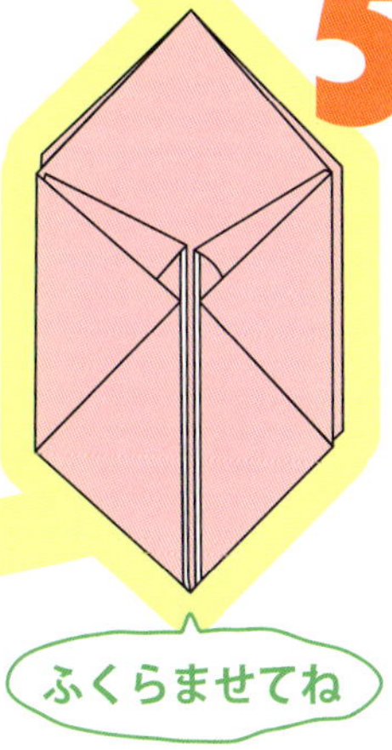

＼できあがり／

みんなであそぼう!

ふくとクルクルまわる、ゆかいなこま

ふきごま

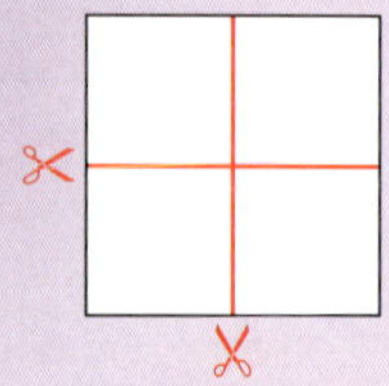

4つにきった
おりがみを
6まいつかいます。

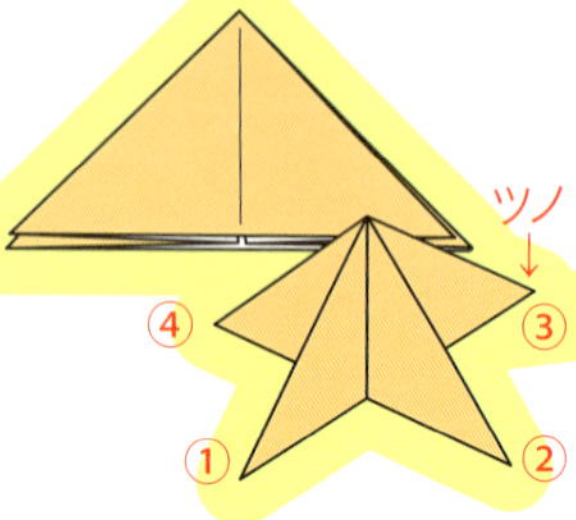

1 かえる（70ページ）の**4**までおったら、
ツノをたたせてほしがたにします。
これを6つつくります。

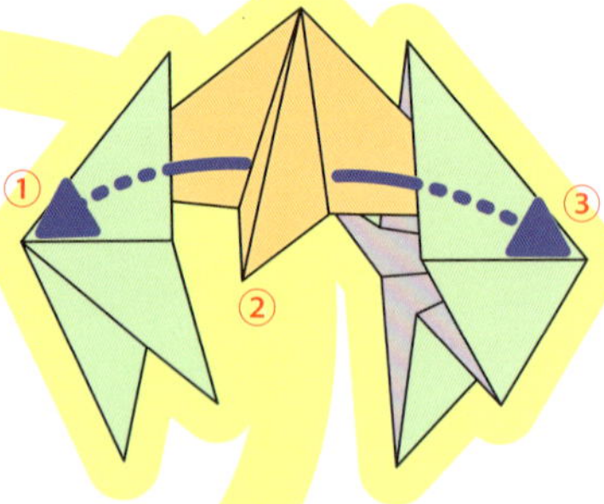

2 ほしがたをくみあわせます。
①と③のツノを
となりのほしがたのなかにいれたら、
②と④はおもてにだします。

3 おなじように
くみながら
1つずつほしがたを
ふやしていきます。

4 ゆるくくんでいきましょう。

5 6つくみおえたら、
トントンとたたいて
すきまをつめます。

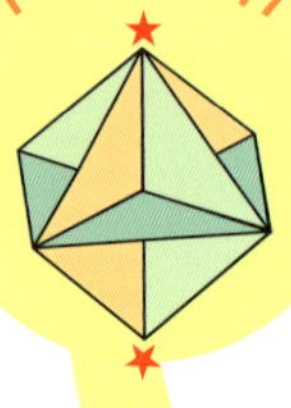

★のところを
てではさんで
フーッとふいてね。
クルクルまわるよ！

ぱくぱく

したからゆびをいれて、パクパクさせよう

親子であそぼ！

楽しく数字が覚えられる
「ぱくぱく占い」で遊びましょう。

2の形に戻したらマスに番号をふります。次に紙をめくり、番号に対応するところに好きな絵を描きます。

占う人の名前を言いながらたて横にパクパクさせ、止まったところに見える数字から1つを選ぶと、その内側の絵が今日のラッキーアイテムです。

いす（18ページ）の
3までおります。

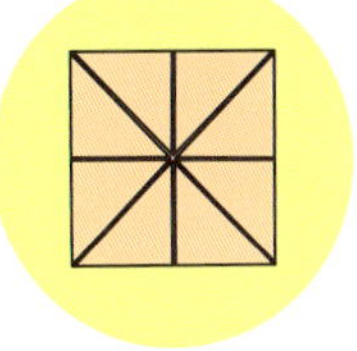

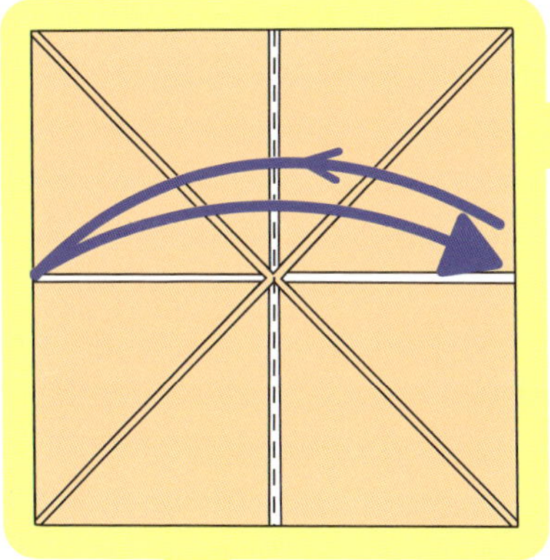

1 おりすじをつけます。

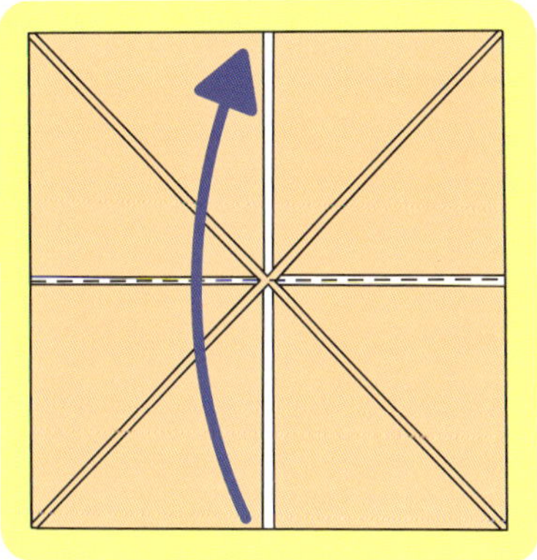

2 はんぶんにおります。

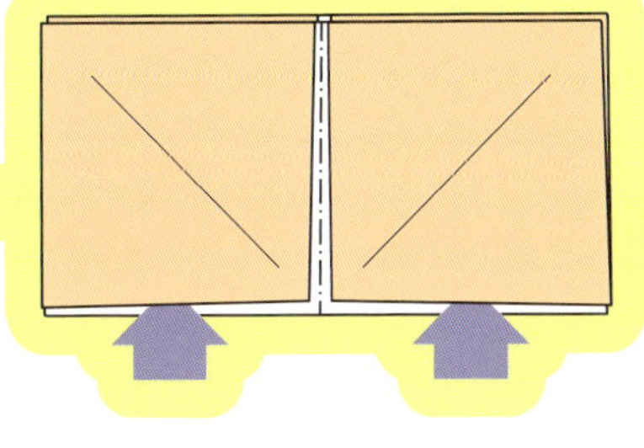

3 4つのふくろに、したから
りょうてのおやゆびと
ひとさしゆびをさしこみます。

できあがり

たてやよこにうごかそう。
しかくいくちがパクパクするよ！

みんなであそぼう！

おすもうさん

とんとんずもうで、たいせんしよう！

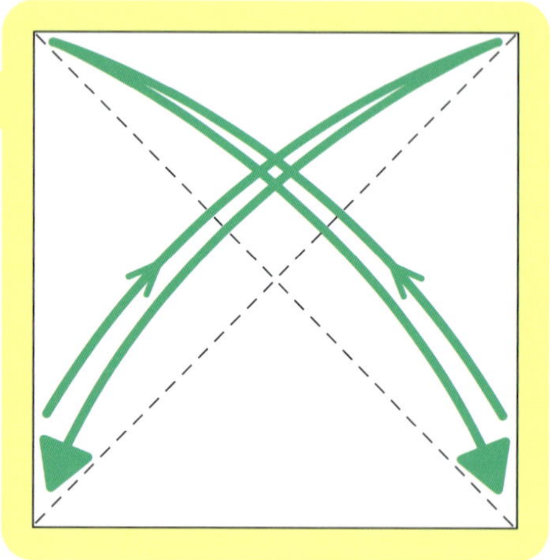

1

おりすじを
2つつけます。

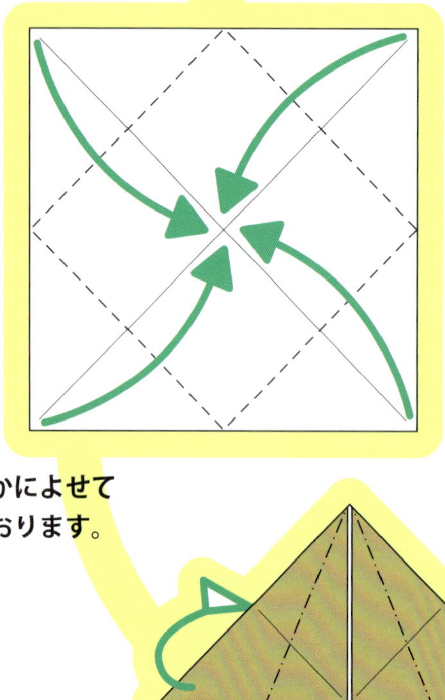

2

まんなかによせて
かどをおります。

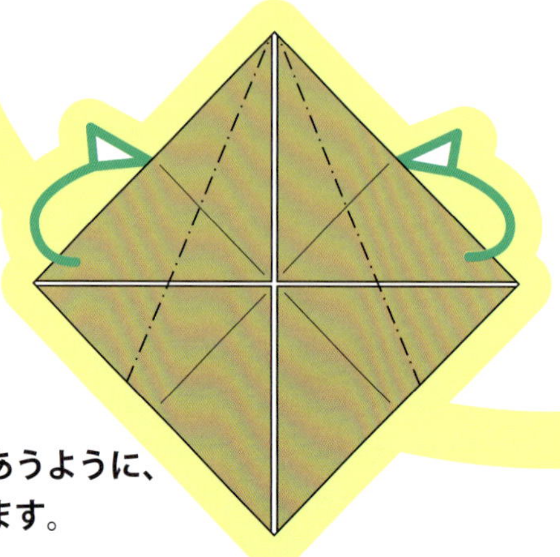

3

うらのまんなかであうように、
むこうがわへおります。

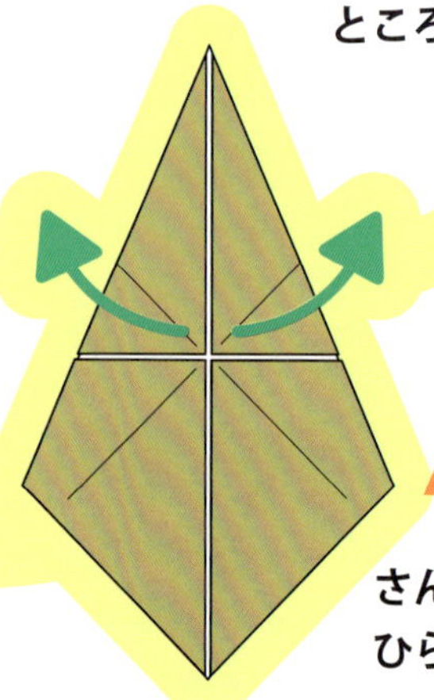

4

さんかくを
ひらきます。

4をおった
ところ

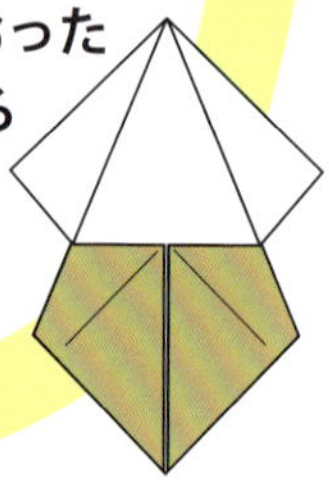

うらがえす

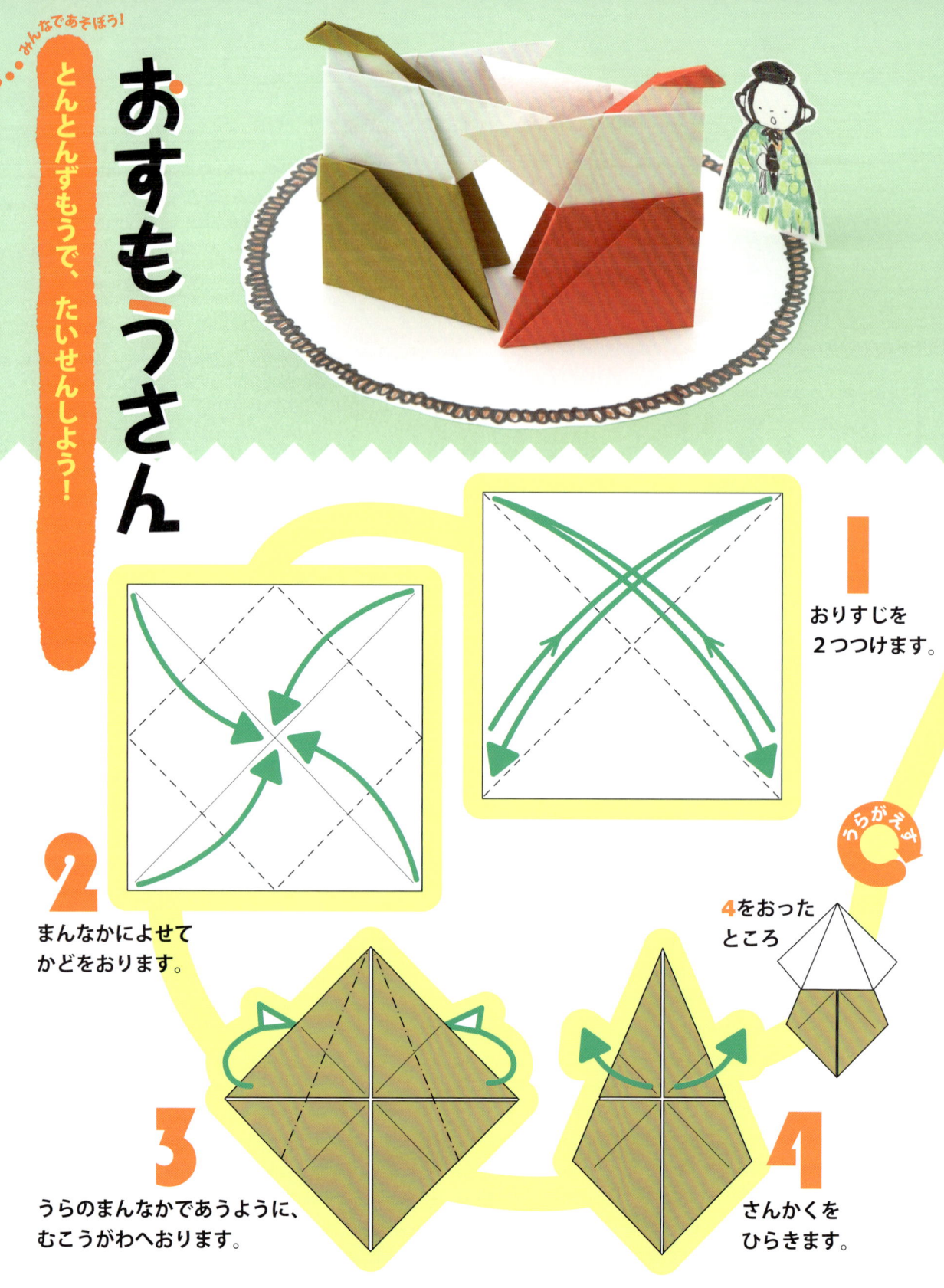

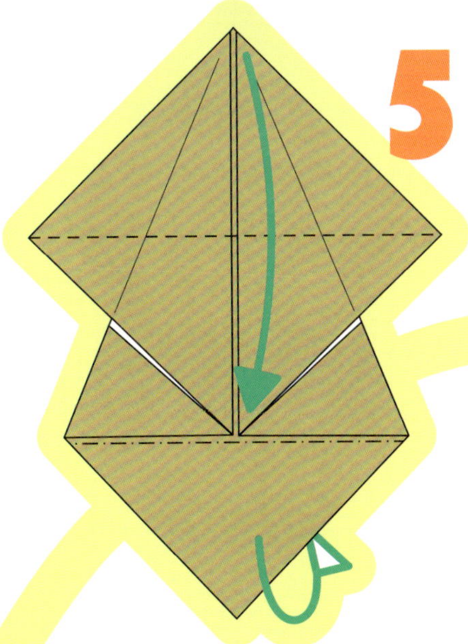

5 うらがえしたら、うえはたにおり、したはやまおりにします。

6 うえへおります。

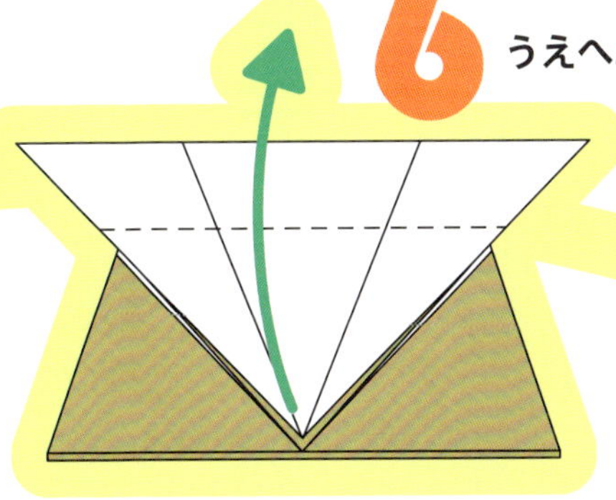

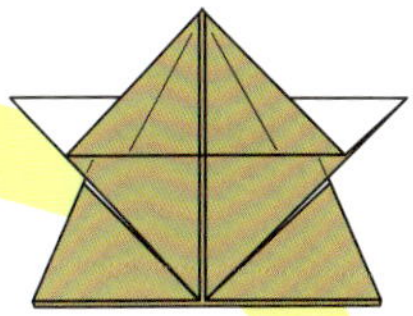

6をおったところ

うらがえす

7 うらがえしたら、とびでたさんかくをおります。

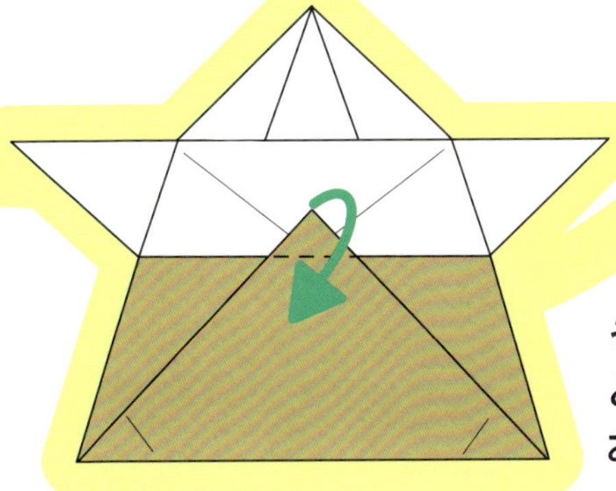

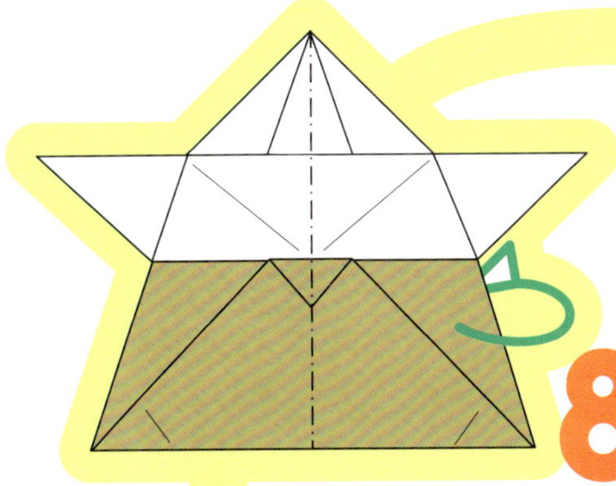

8 ぜんたいをはんぶんにおります。

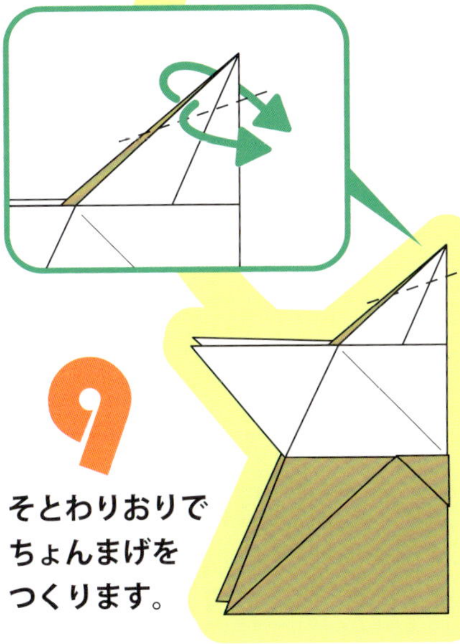

9 そとわりおりでちょんまげをつくります。

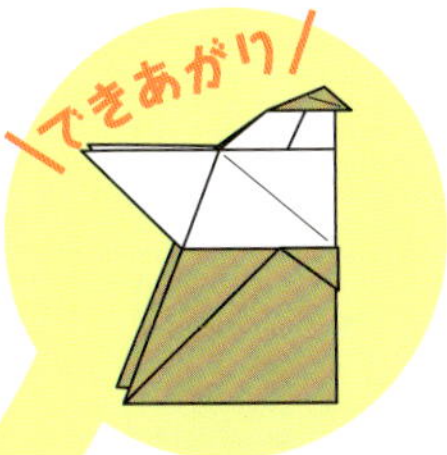

親子であそぼ！

空き箱で土俵を作って指で箱をトントンし、おすもうさんを対戦させます。どう立たせると倒れにくいかを親子で一緒に考えたり、実験したりしてみましょう。

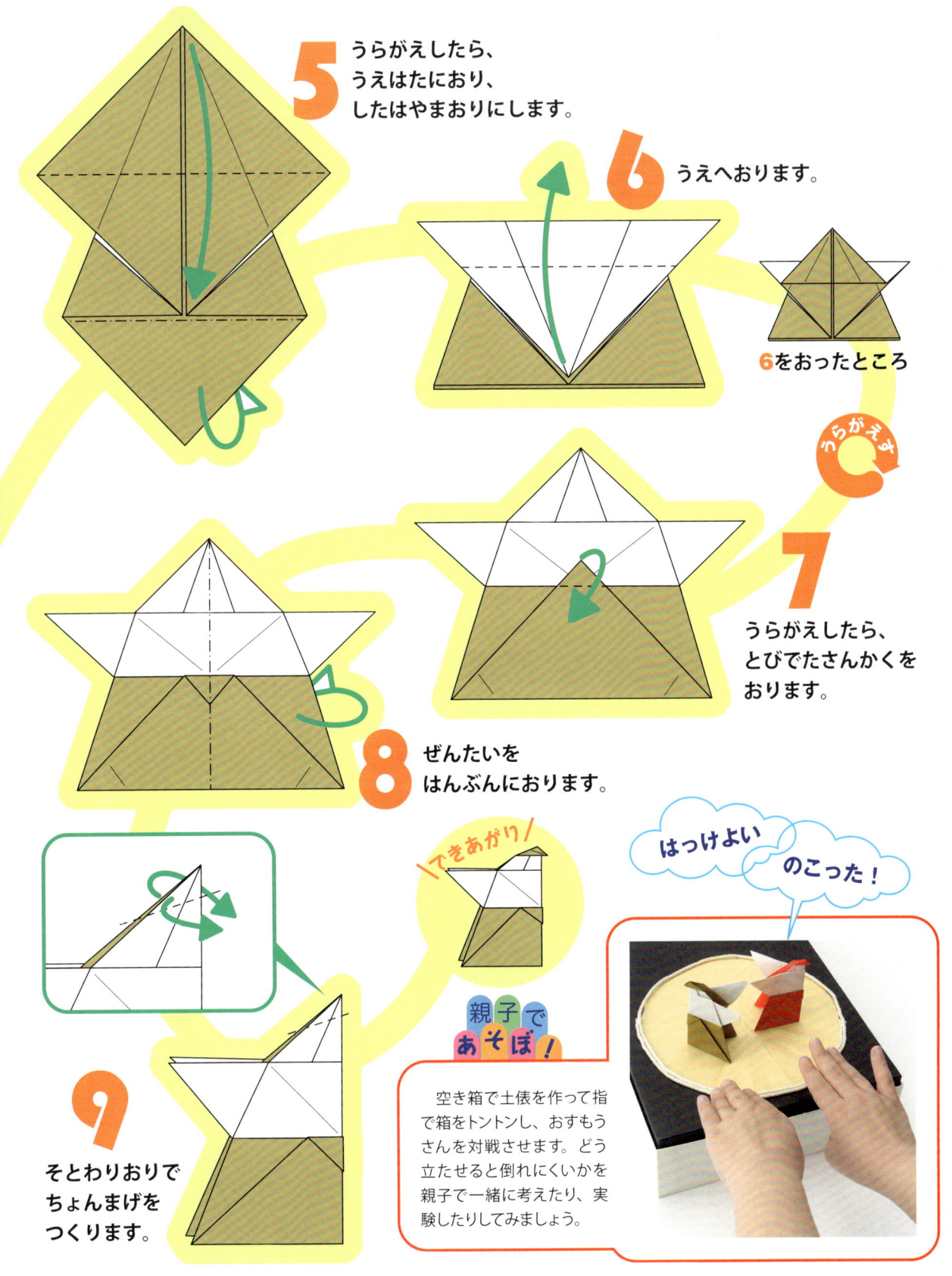

みんなであそぼう!

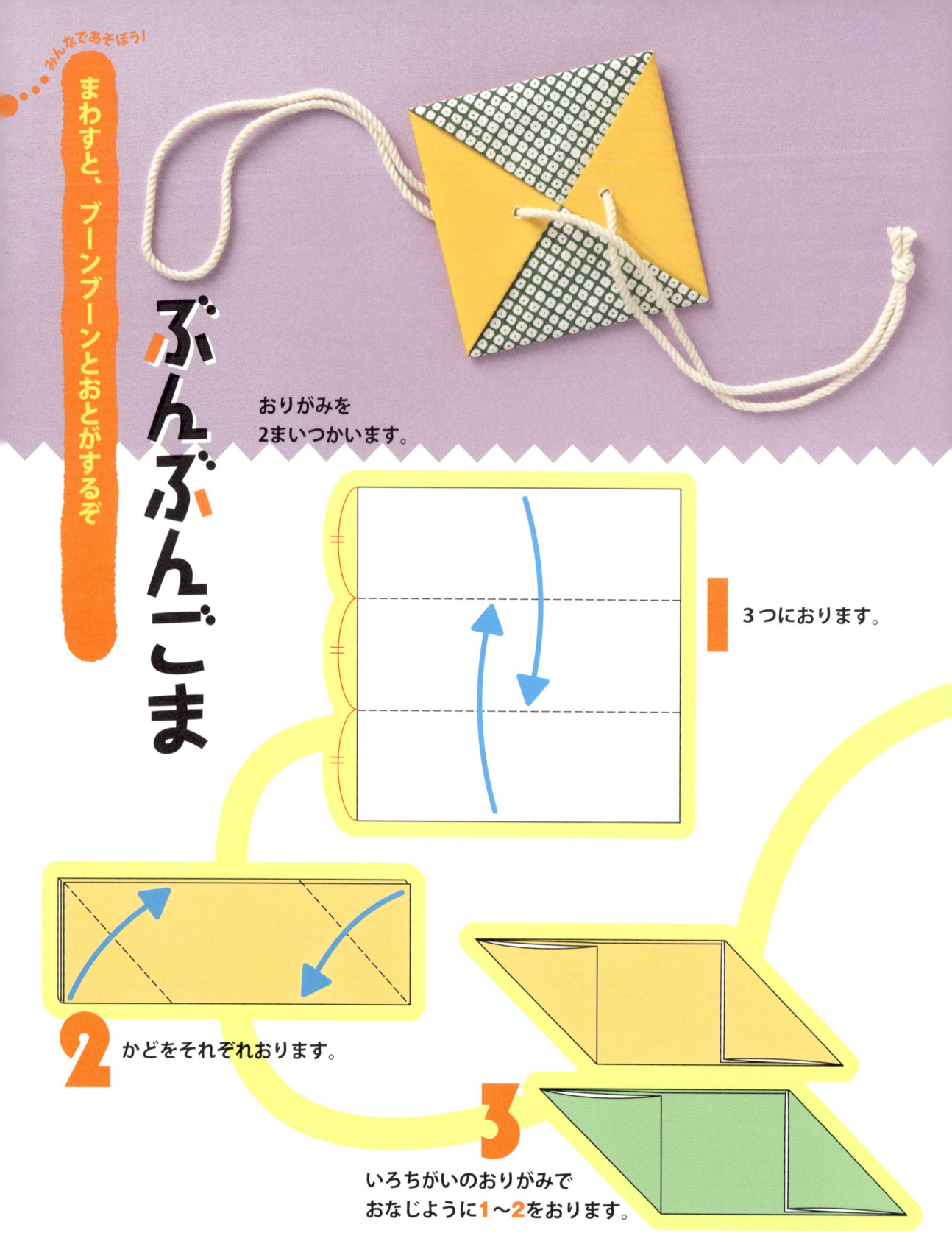

まわすと、ブーンブーンとおとがするぞ

ぶんぶんごま

おりがみを
2まいつかいます。

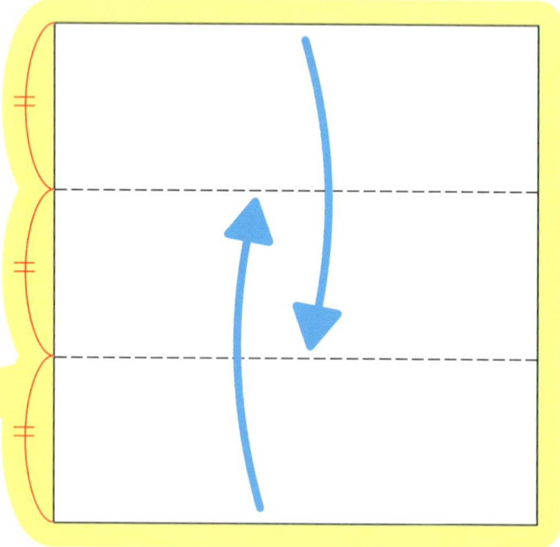

1 3つにおります。

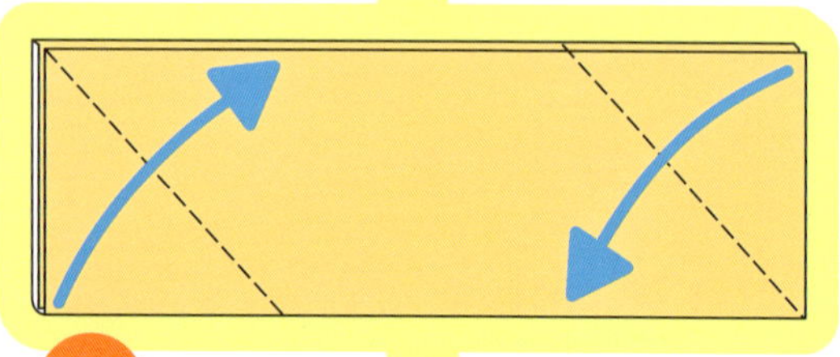

2 かどをそれぞれおります。

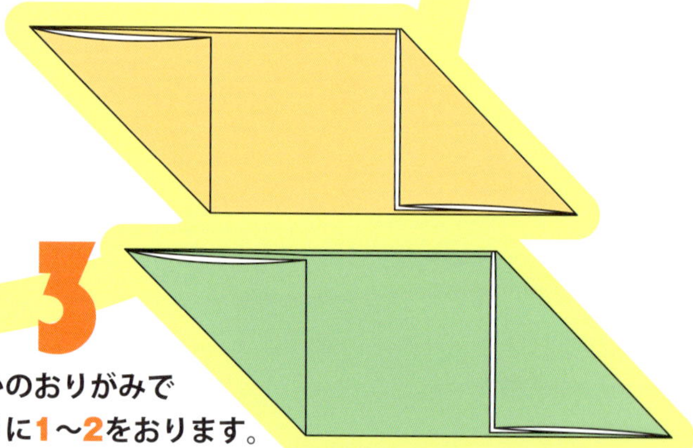

3 いろちがいのおりがみで
おなじように1～2をおります。

4

ずのようにかさねたら、うえのかどをたたみます。

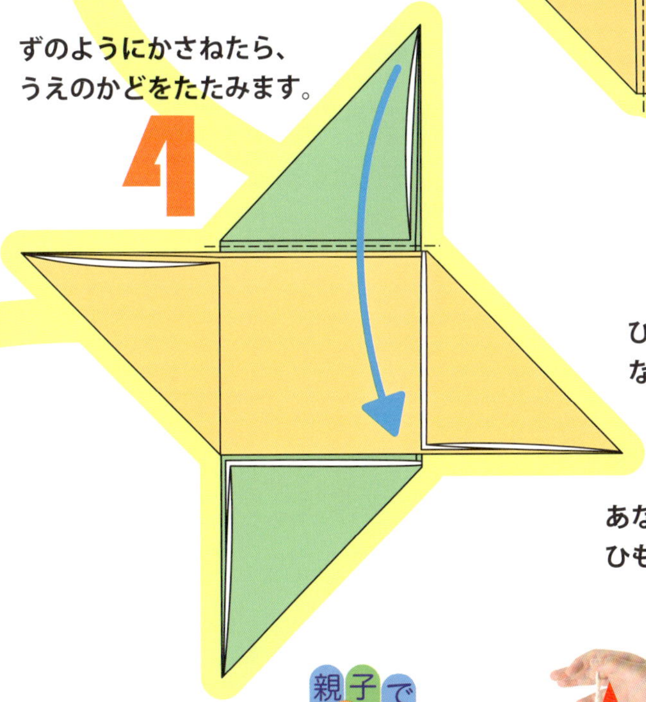

5

みぎのかどをたたみます。

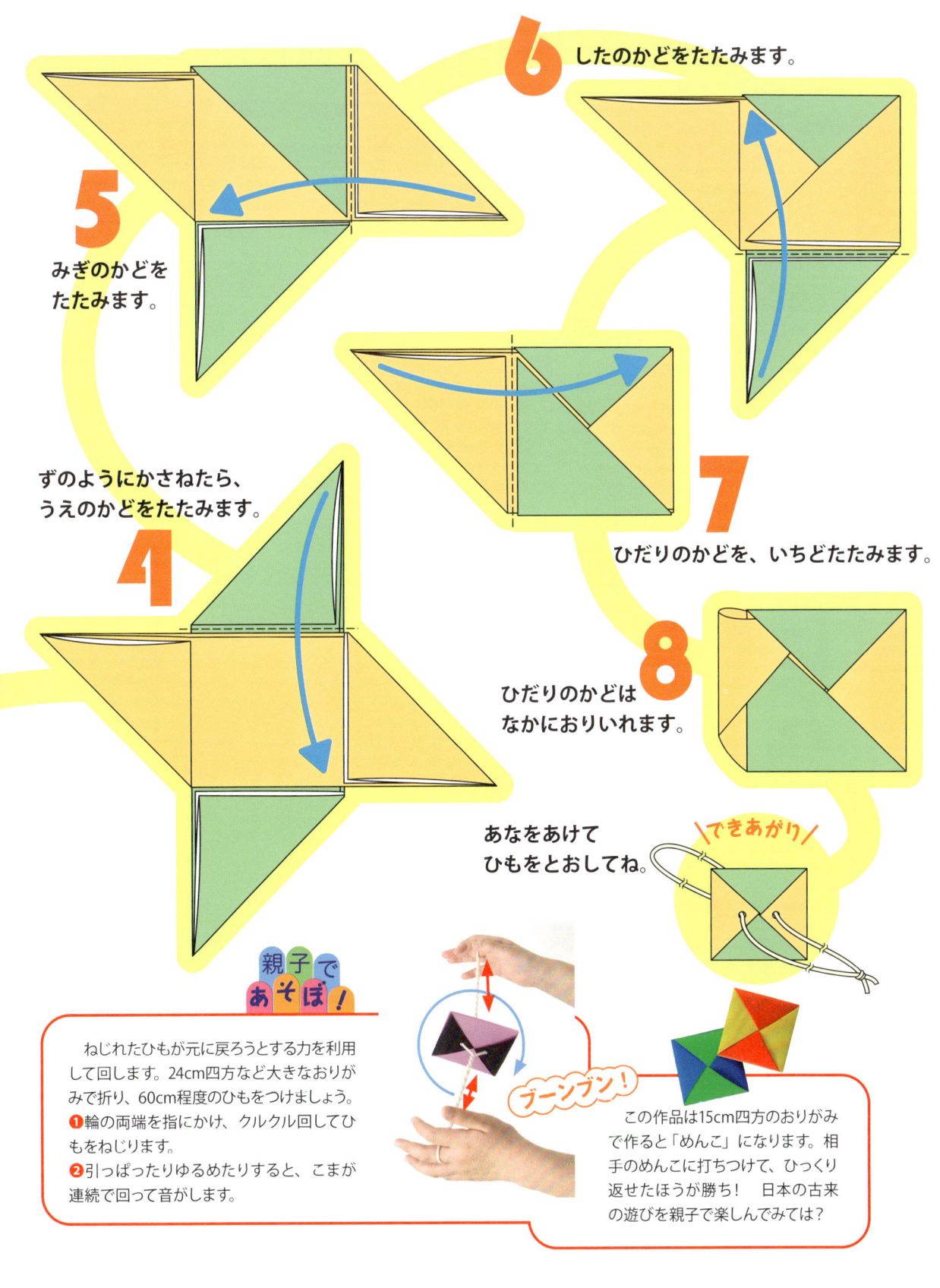

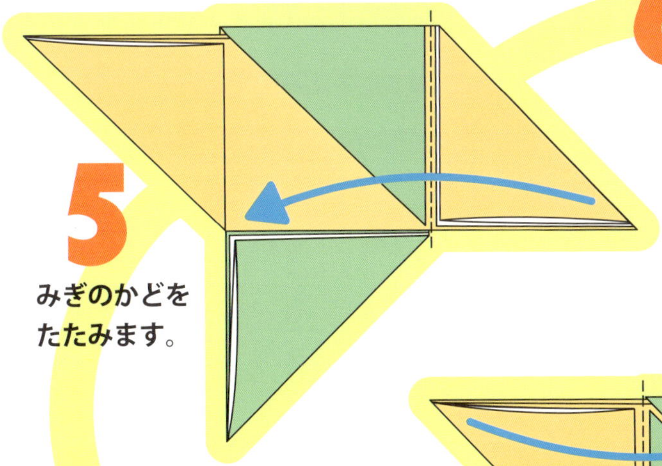

6

したのかどをたたみます。

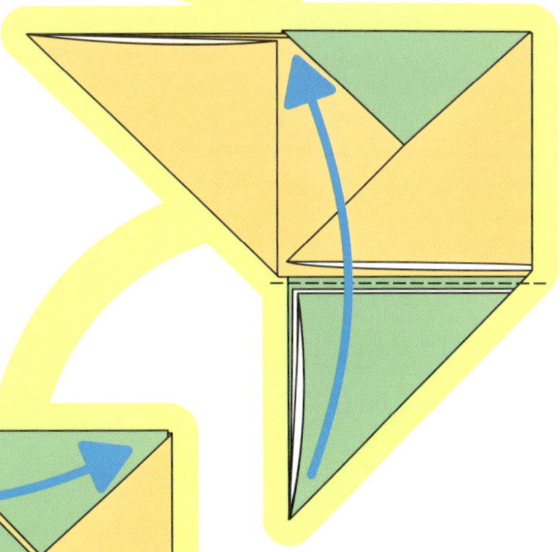

7

ひだりのかどを、いちどたたみます。

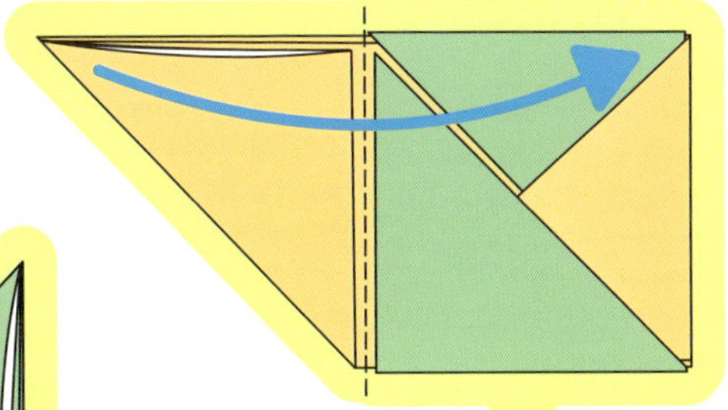

8

ひだりのかどはなかにおりいれます。

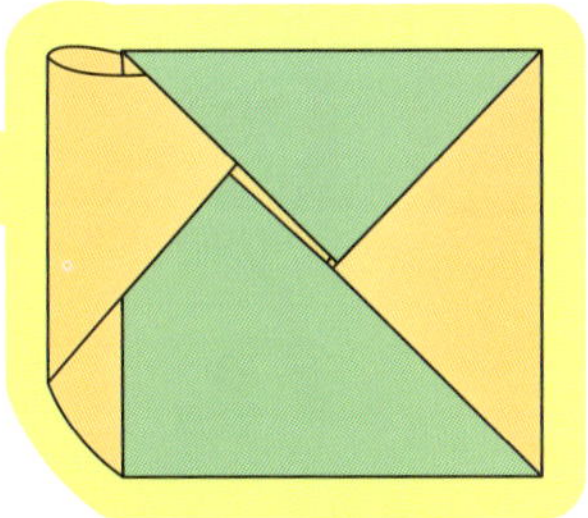

\できあがり/

あなをあけてひもをとおしてね。

親子であそぼ！

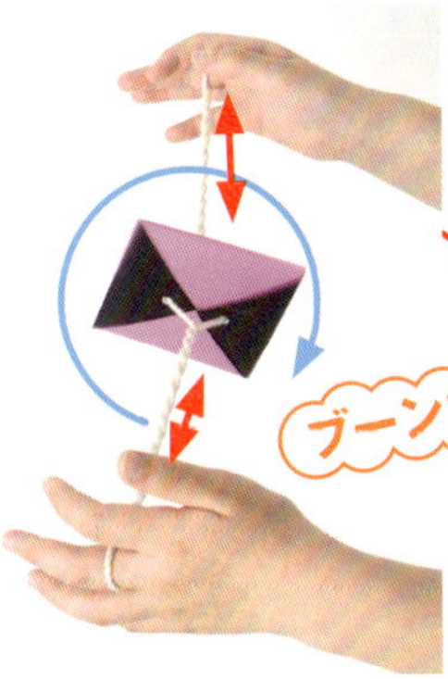

ねじれたひもが元に戻ろうとする力を利用して回します。24cm四方など大きなおりがみで折り、60cm程度のひもをつけましょう。
❶輪の両端を指にかけ、クルクル回してひもをねじります。
❷引っぱったりゆるめたりすると、こまが連続で回って音がします。

この作品は15cm四方のおりがみで作ると「めんこ」になります。相手のめんこに打ちつけて、ひっくり返せたほうが勝ち！　日本の古来の遊びを親子で楽しんでみては？

みんなであそぼう!

しゅりけんとクロスしゅりけん

にんじゃごっこに、ぴったりの2つだよ

しゅりけん

おりがみを
2まい
つかいます。

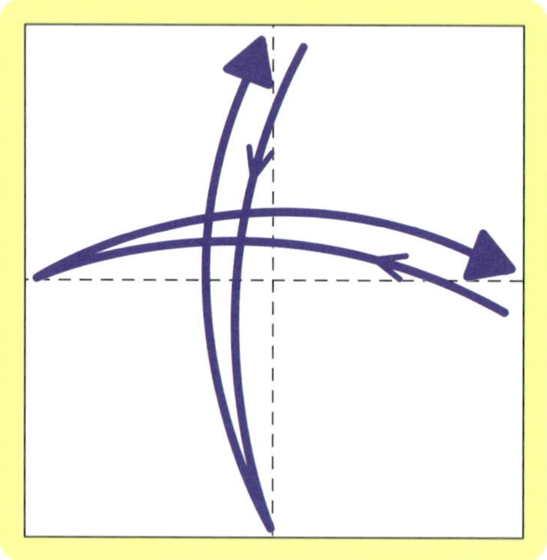

1 おりすじを
２つつけます。

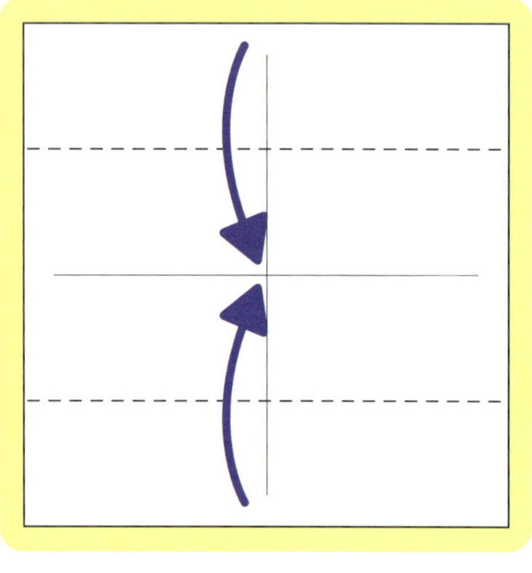

2 おりすじにあわせて
おります。

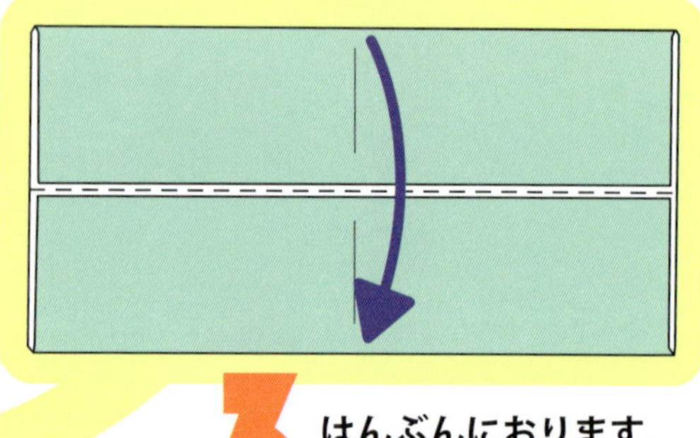

3 はんぶんにおります。
いろちがいで
もう１つおりましょう。

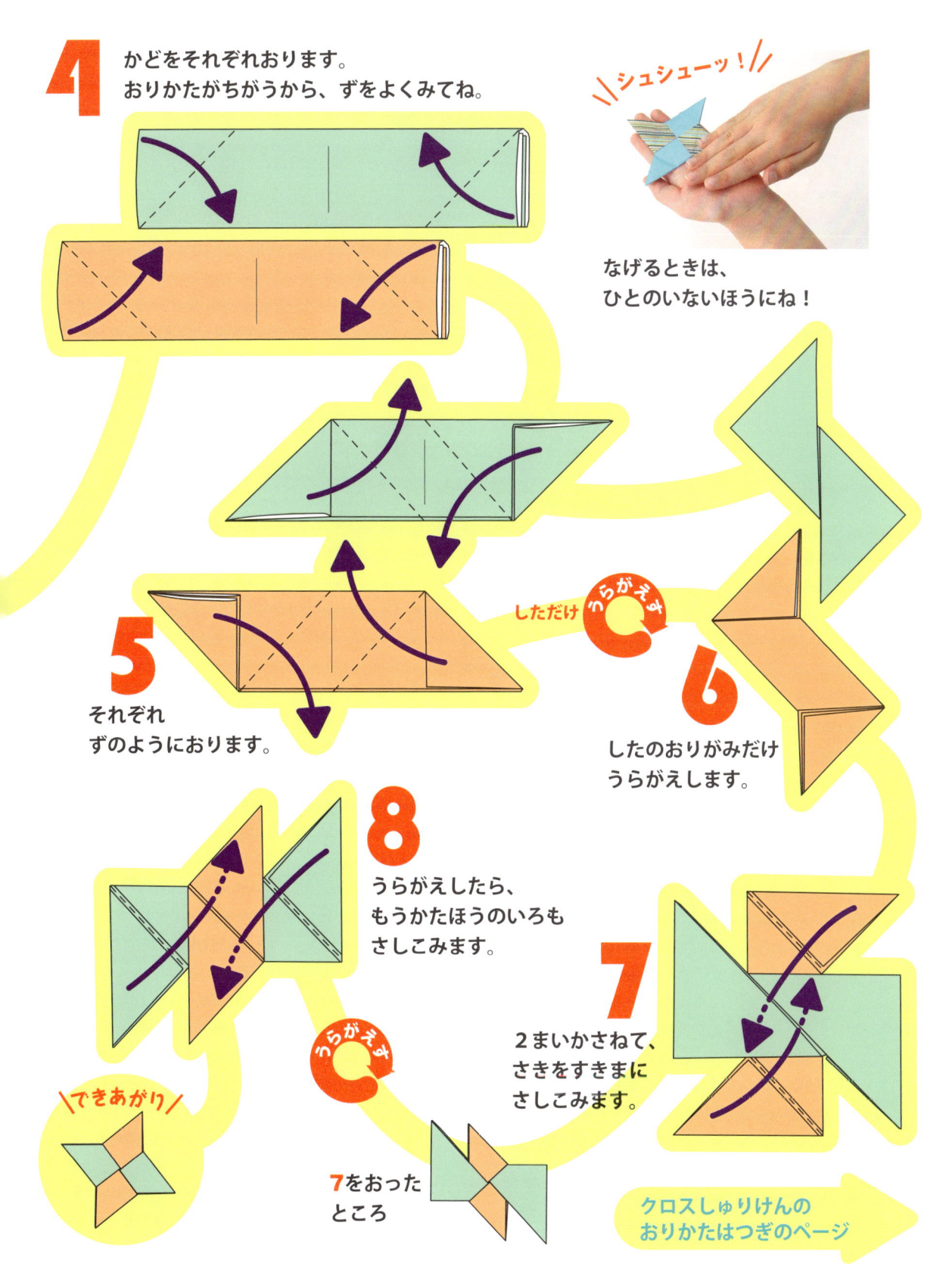

4

かどをそれぞれおります。
おりかたがちがうから、ずをよくみてね。

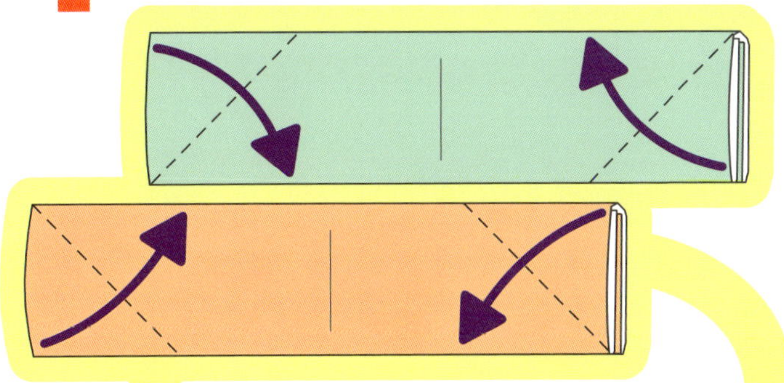

なげるときは、
ひとのいないほうにね！

5

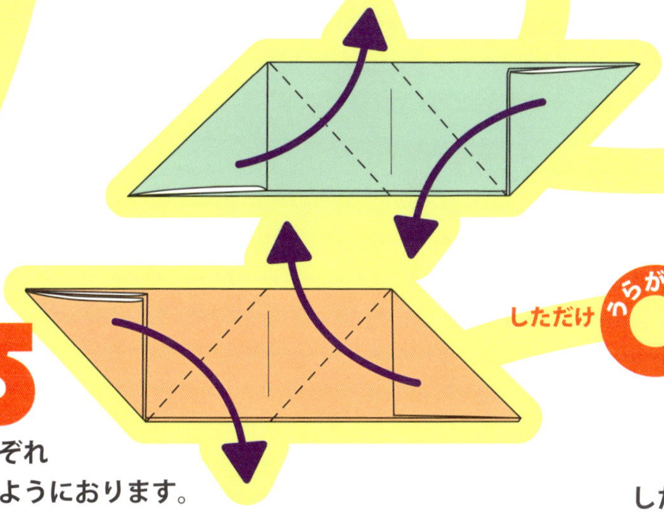

それぞれ
ずのようにおります。

したたけ　うらがえす

6

したのおりがみだけ
うらがえします。

7

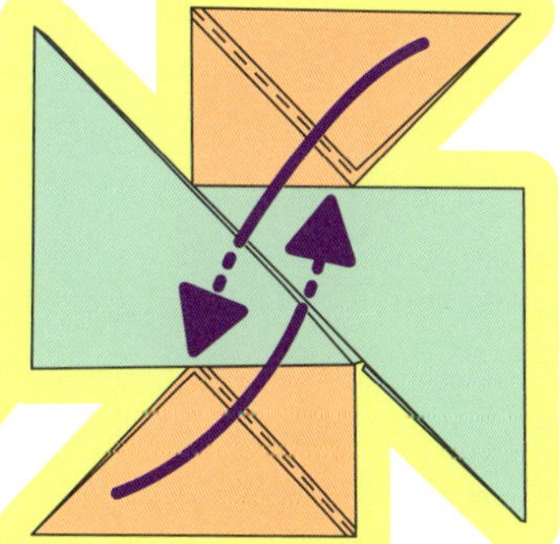

２まいかさねて、
さきをすきまに
さしこみます。

うらがえす

7をおった
ところ

8

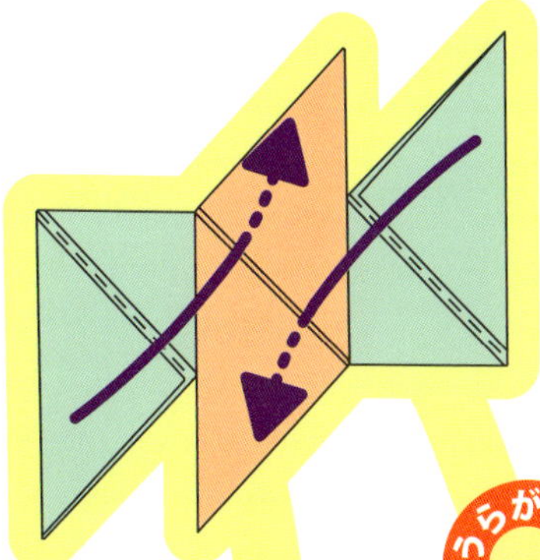

うらがえしたら、
もうかたほうのいろも
さしこみます。

できあがり

クロスしゅりけんの
おりかたはつぎのページ

みんなであそぼう!

クロスしゅりけん

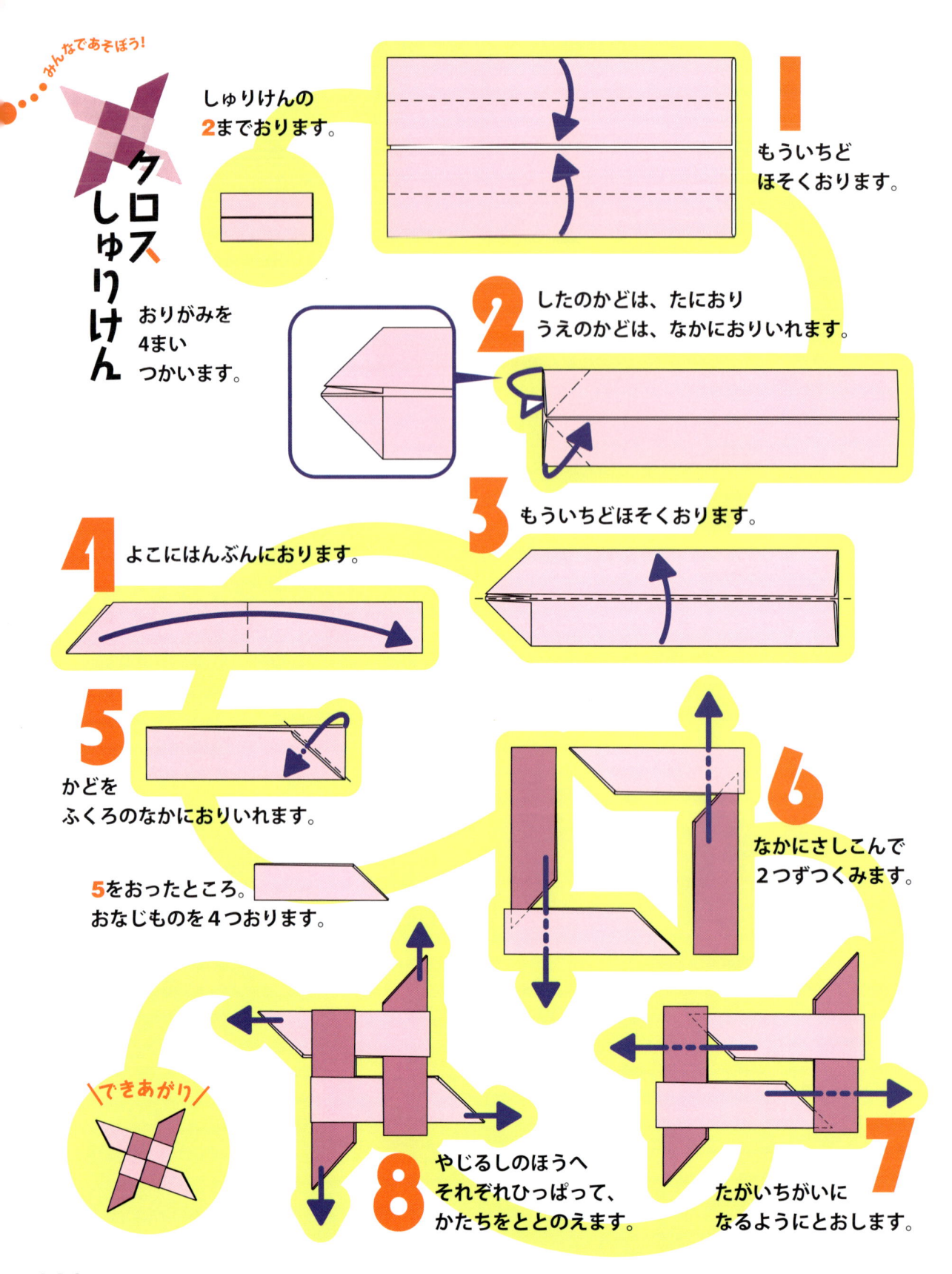

おりがみを4まいつかいます。

しゅりけんの2までおります。

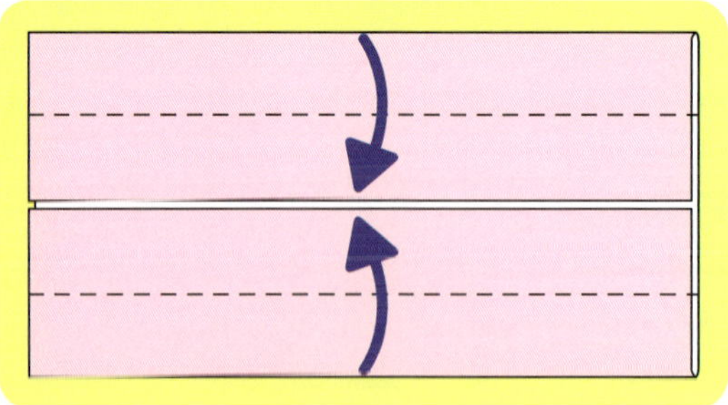

1

もういちどほそくおります。

2

したのかどは、たにおり
うえのかどは、なかにおりいれます。

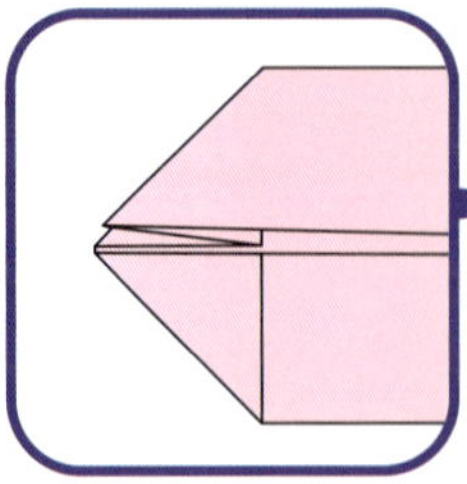

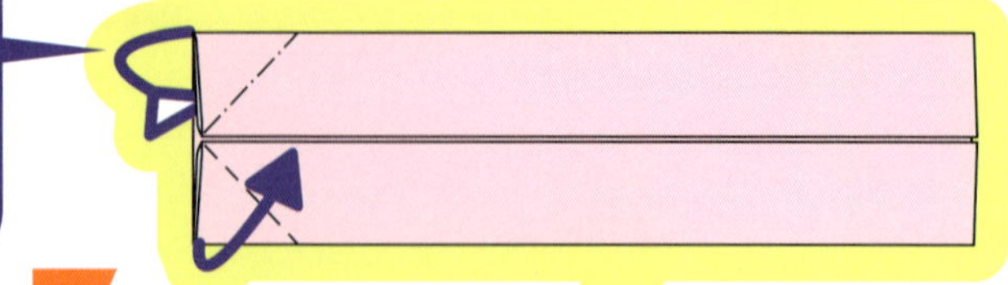

3

もういちどほそくおります。

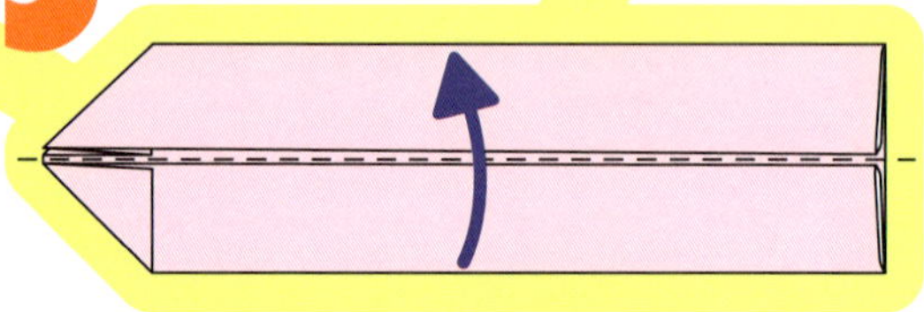

4

よこにはんぶんにおります。

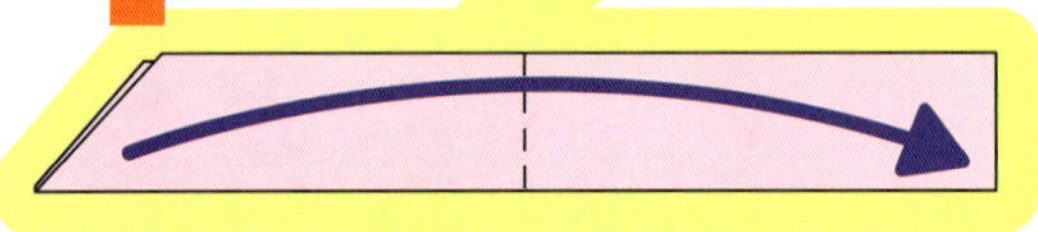

5

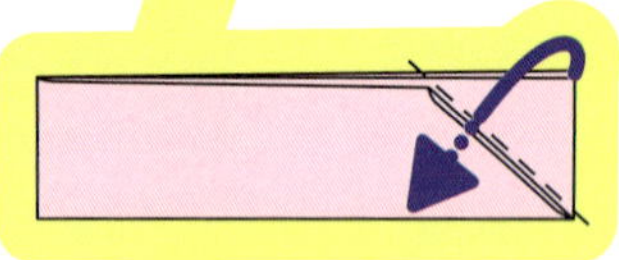

かどを
ふくろのなかにおりいれます。

5をおったところ。

おなじものを4つおります。

6

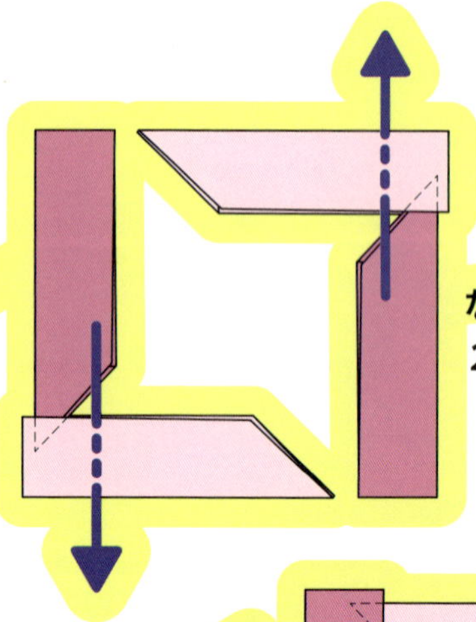

なかにさしこんで
2つずつくみます。

7

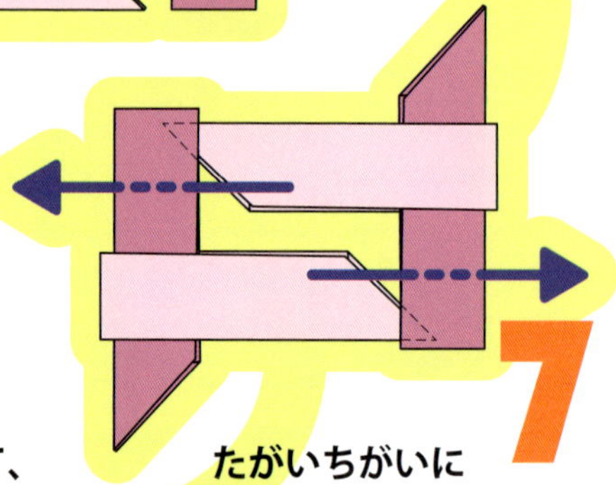

たがいちがいに
なるようにとおします。

8

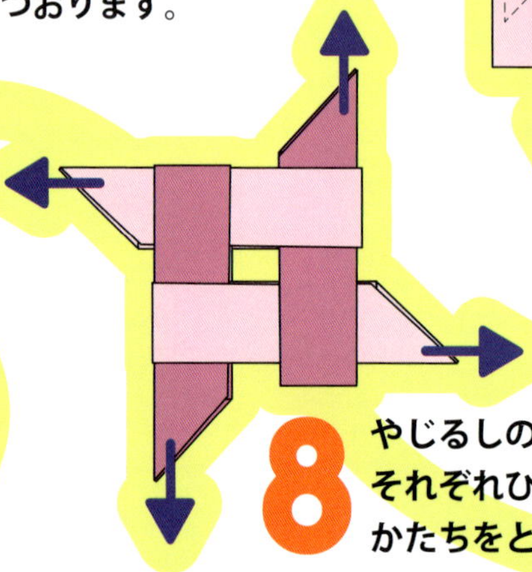

やじるしのほうへ
それぞれひっぱって、
かたちをととのえます。

\できあがり/

パート

5

いれてつかおう！

はこ、いれもの、ケースなど

いれてつかおう!

だいじなカードをいれておけるよ

カードケース

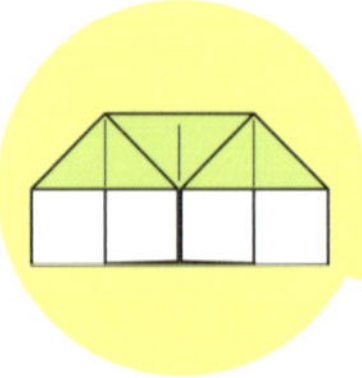

いえ（10ページ）をおります。

1 それぞれむこうがわへおります。

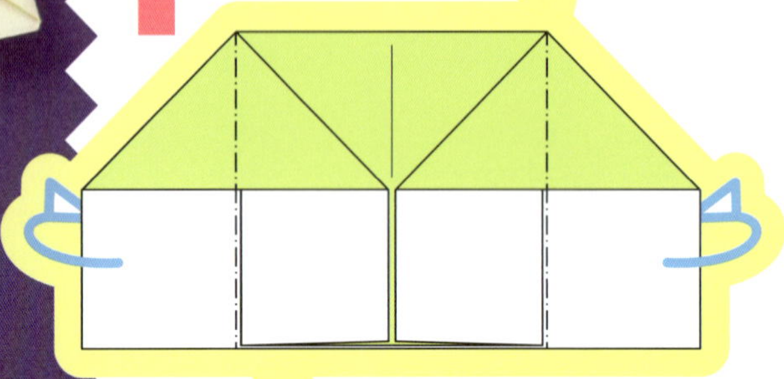

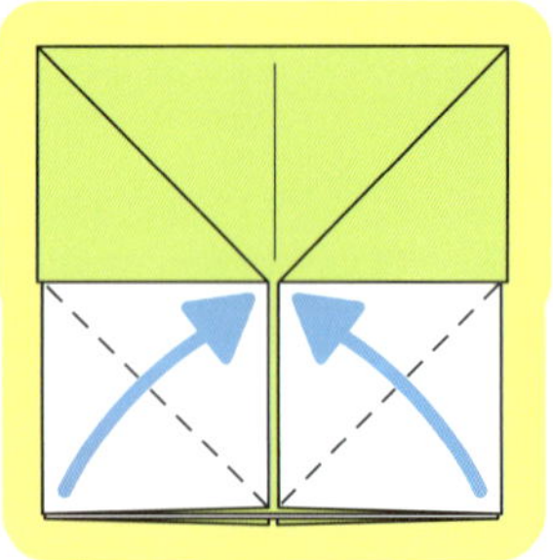

2 よせるようにかどをおります。

3 てんせんのところでうえへおります。

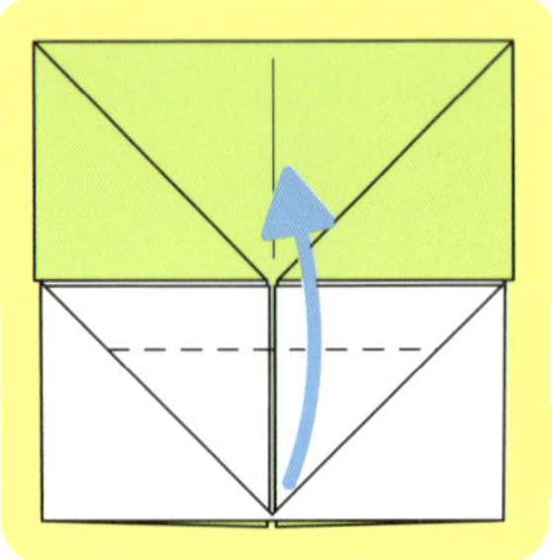

4 もういちどおります。

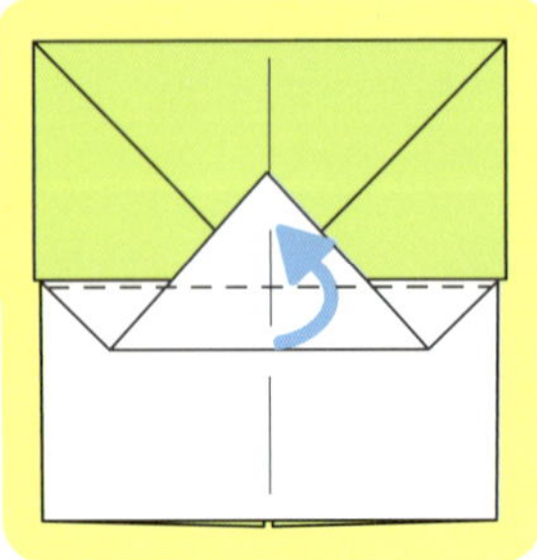

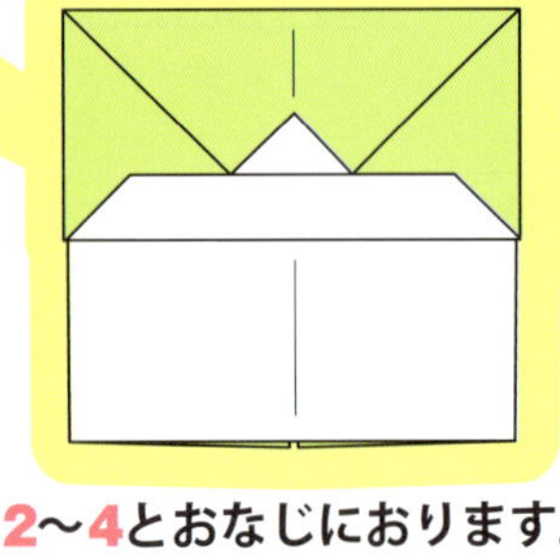

5 うらも2〜4とおなじにおります。

むきをかえる

できあがり

20cm四方の紙で折ると、名刺が入るサイズに折り上がります。

「わし」みたいな、やわらかいかみでおってね

ティッシュケース

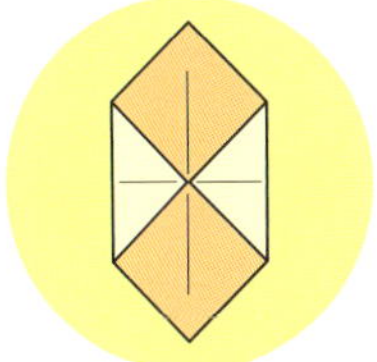

かたつむり
（68ページ）の
2までおります。

うらがえす

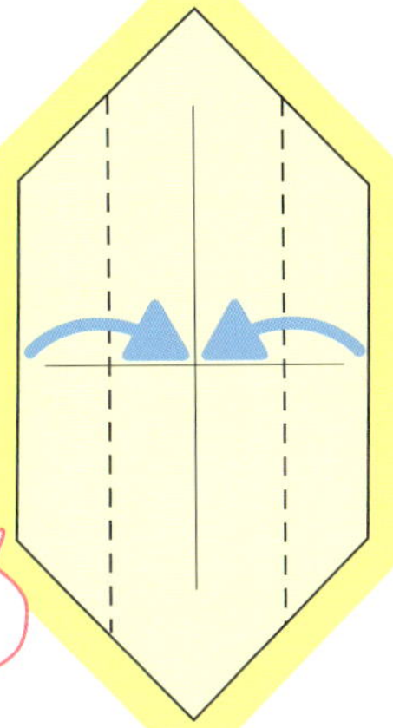

1

うらがえしたら、
おりすじにあわせて
おります。

うらのかみは
いっしょにおらないよ

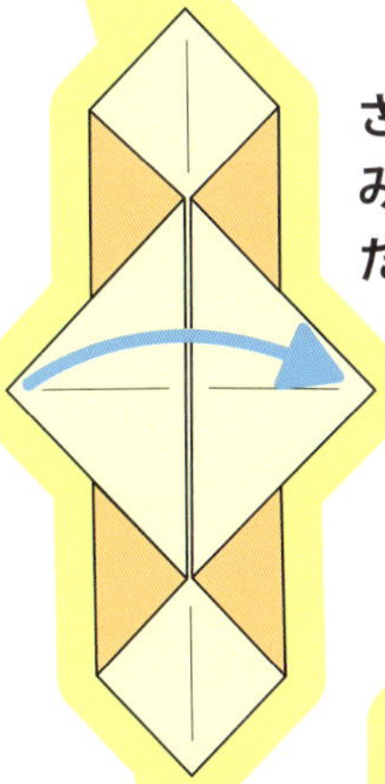

2

さんかくを
みぎへ
たおします。

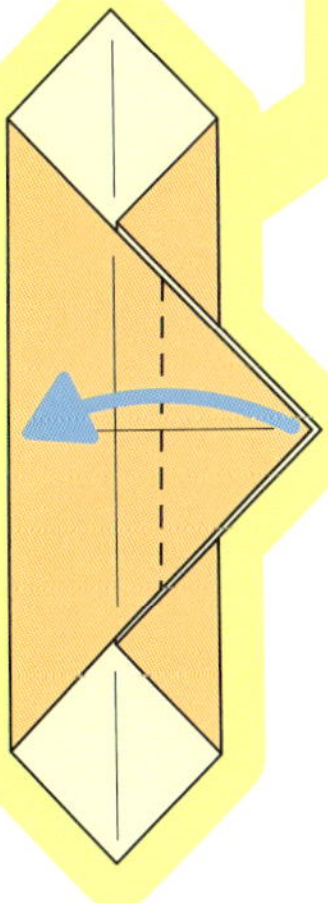

3

てまえの１まいを
ふちまで
おりかえします。

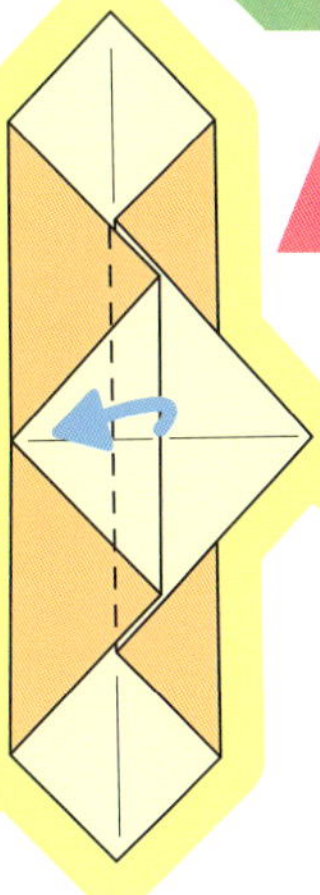

4

おりすじのところで
もういちど
おりかえします。

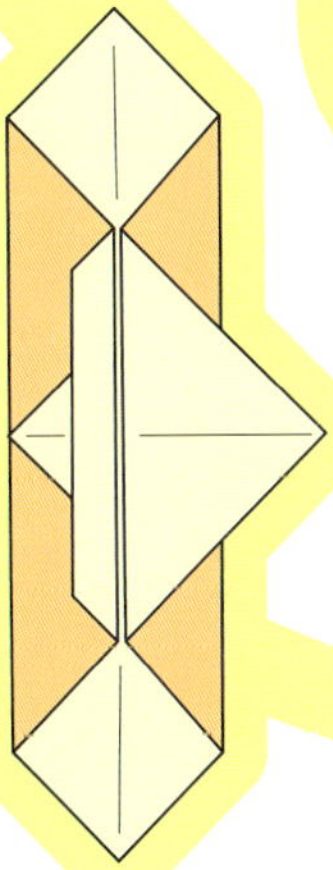

5

みぎはんぶんも
2〜4とおなじに
おります。

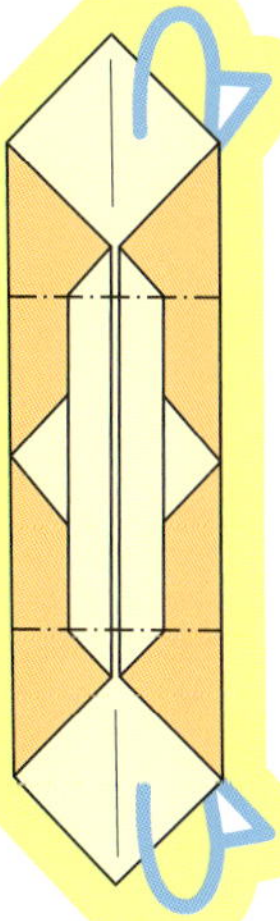

6

なかに
ティッシュをいれ、
むこうがわへ
おってとめます。

24cm四方の紙で折ると、
ちょうどポケットティッシュが収まる大きさに。

できあがり

いれてつかおう!

ふたとはこ、いろちがいでおるとたのしいよ

ふたつきのはこ

はこ

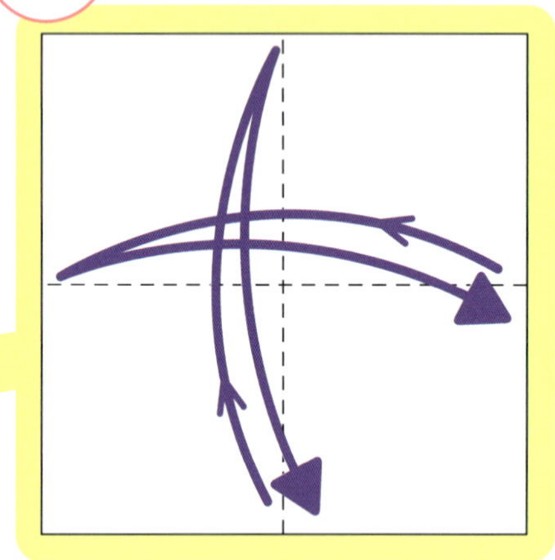

1 おりすじを2つつけます。

むきをかえる

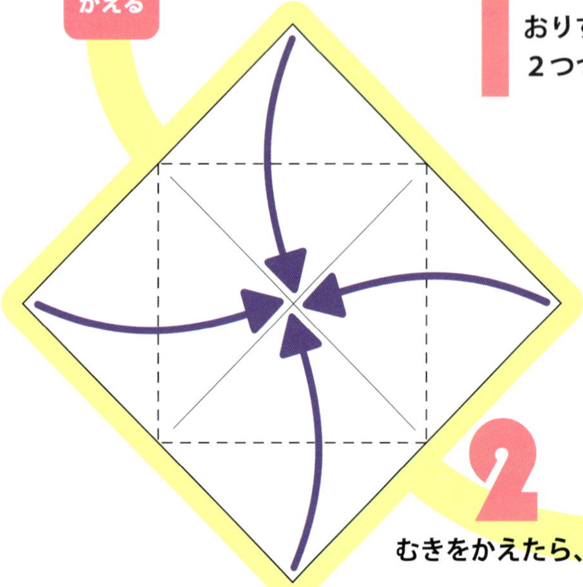

2 むきをかえたら、まんなかによせてかどをおります。

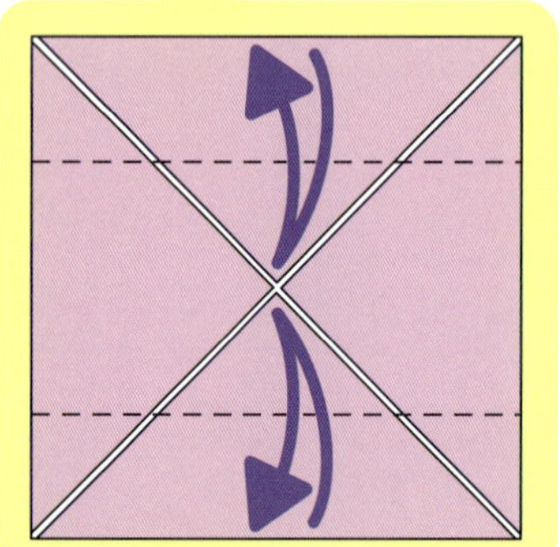

3 まんなかまでよこにおってもどします。

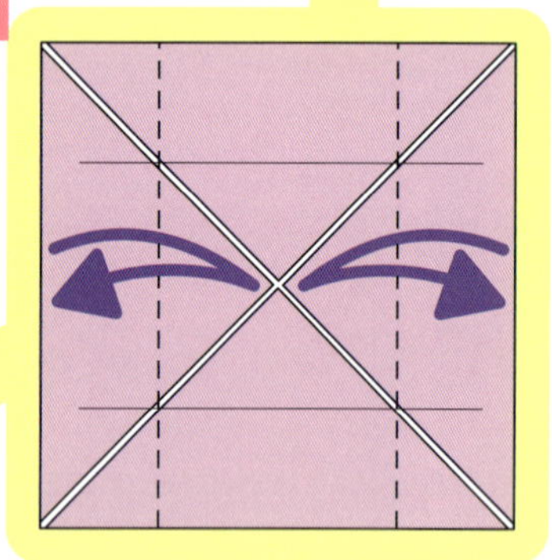

4 まんなかまでたてにおってもどします。

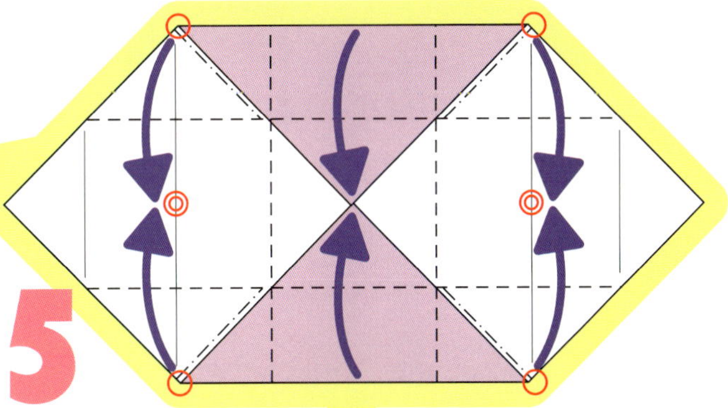

5

ずのかたちまでひらいたら
てんせんのとおりに、いちどおりすじをつけましょう。
つぎに、◯のかどを◎によせるようにおこします。

親子であそぼ！

　1枚の紙が立体になる様子を親子で楽しみましょう。お手本を見せてあげるときに、「変身したよ、すごいね」「不思議だね」などの声かけをしながら立体に起こすと、形への興味をもちやすくなります。
　図を読み解いたり、6分の1に折ったりなど、難しい箇所は手助けしてあげてください。

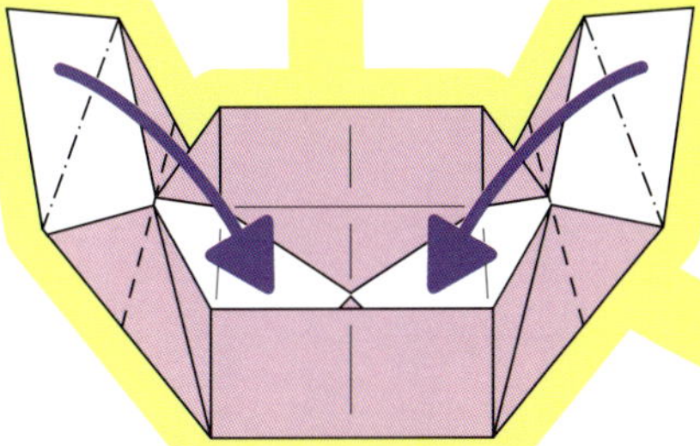

6

とびだしたところを
おりこんで、そこに
はわせます。

できあがり

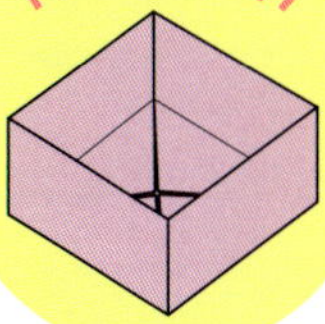

ふた

1

はこの1～2とおなじにおったら
6ぶんの1のところで、おりすじをつけます。
うえとした、みぎとひだりをそれぞれおります。

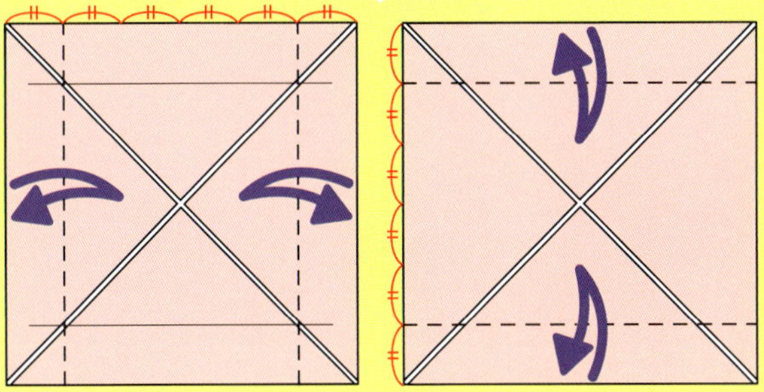

写真の作品は
【大】箱29.5×29.5cm、ふた23×23cm
【中】箱22.5×22.5cm、ふた17×17cm
【小】箱17×17cm、ふた13×13cm
の紙で折っています。
でき上がりはたて横が【大】10cm四方【中】8cm四方【小】6cm四方です。

はこの5～6とおなじように
ひらいて、いちど
おりすじをつけてから
おこします。

2

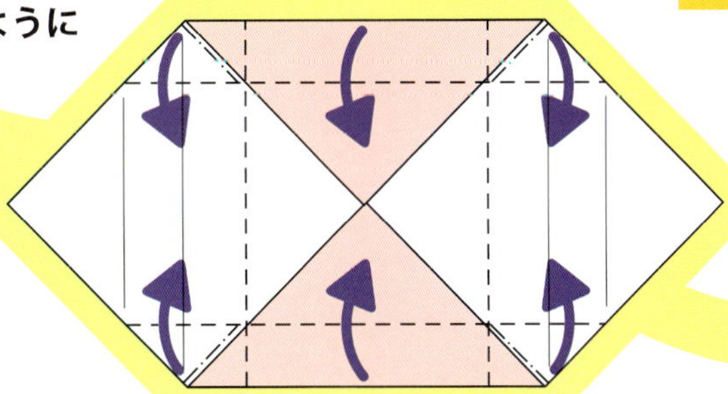

できあがり

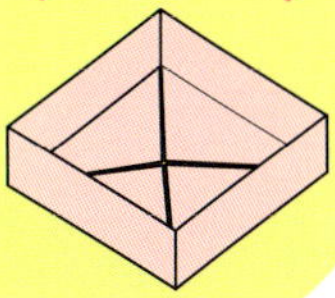

いれてつかおう!

ほうせきばこ

なにをいれようか、ワクワクするね!

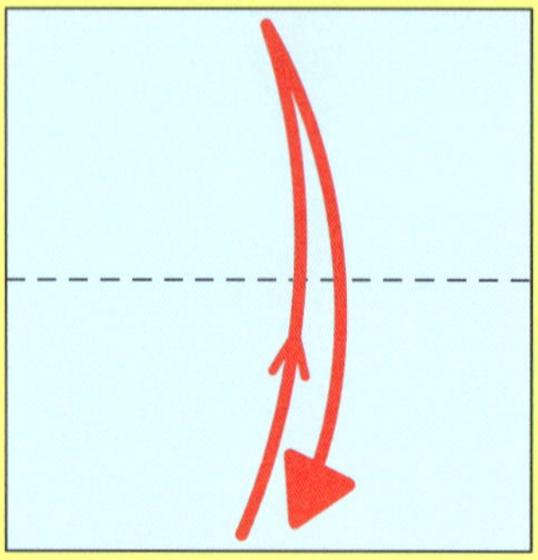

1

おりすじをつけます。

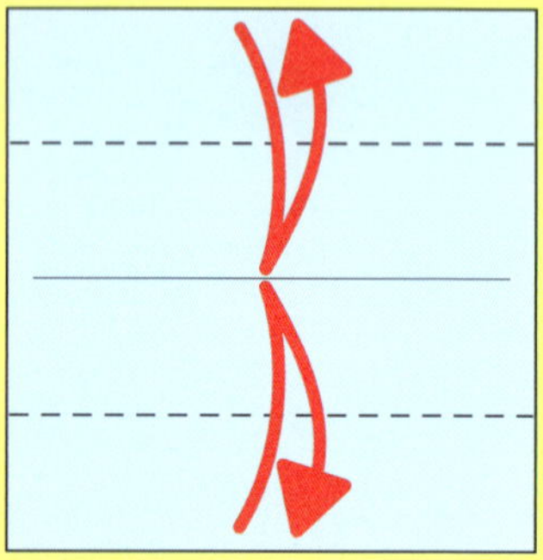

2

まんなかまでおって
おりすじをもう２つつけます。

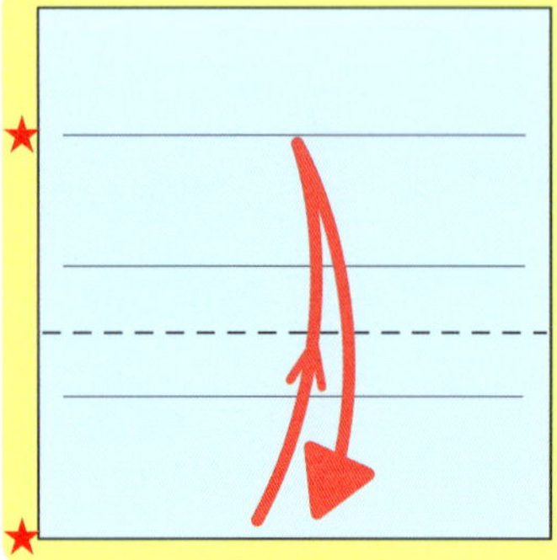

3

★と★をあわせて
おりすじをつけます。

4

●と●をあわせて
おりすじをつけます。

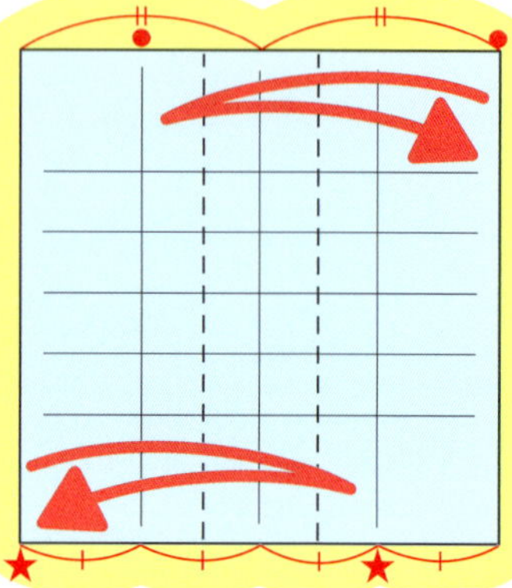

5

こんどはおりすじを
たてにつけていきます。
かみのむきをかえて
1～4とおなじにおります。

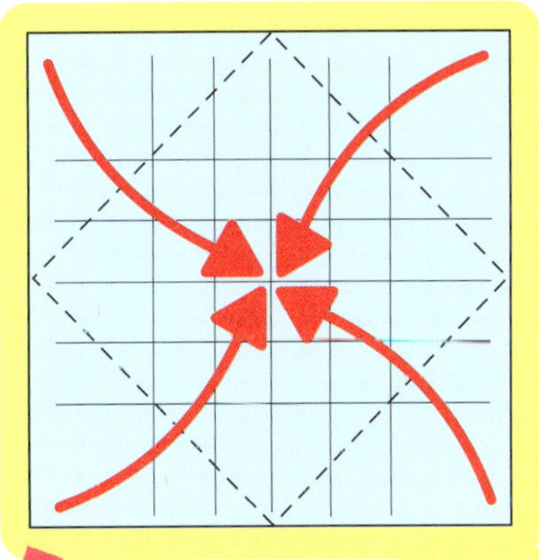

6

まんなかによせて
かどをおります。

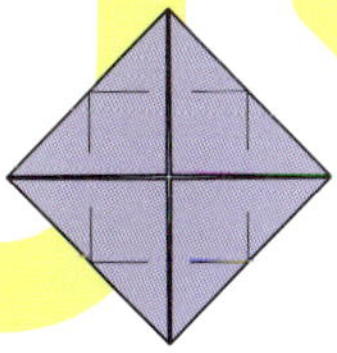

6をおったところ

うらがえす

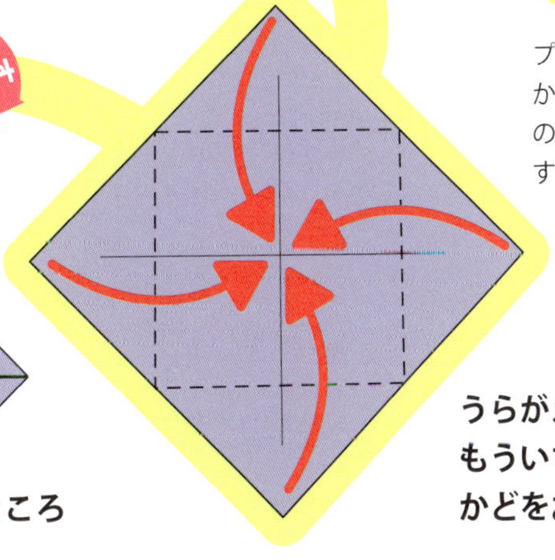

7

うらがえしたら、
もういちど
かどをおります。

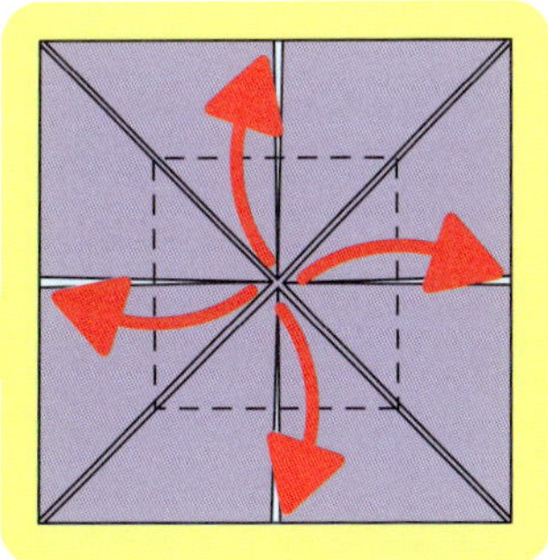

8

こんどは、かどをそとへ
おりかえします。

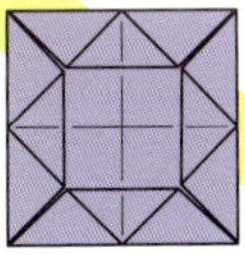

8をおったところ

うらがえす

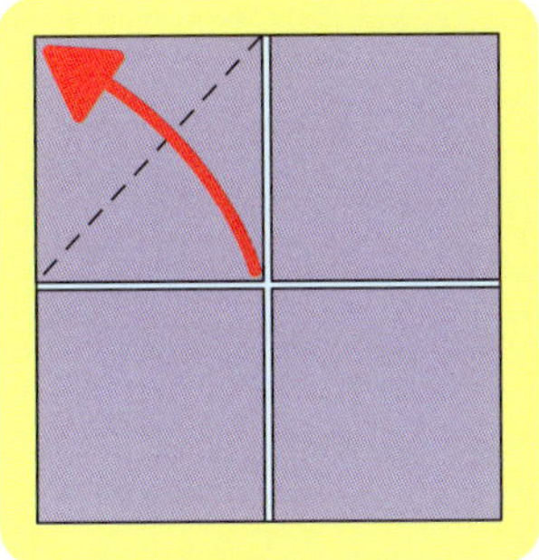

9

うらがえしたら
かどをそとむきに
おります。

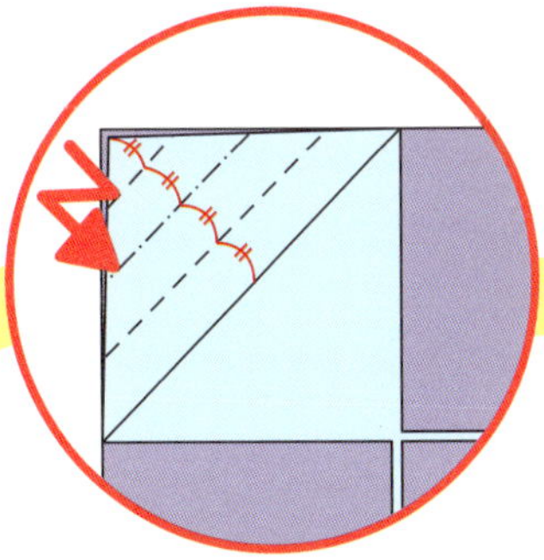

10

かどのアップです。
9でおったところを
たに・やま・たにと
だんおりにします。

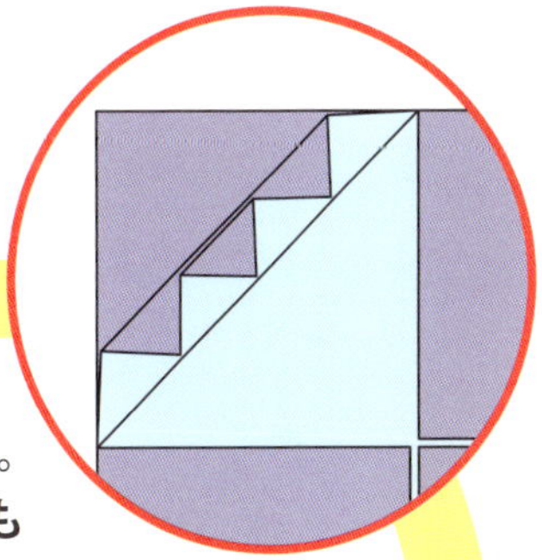

11

10をおったところ。
ほかの３つのかども
おなじように9〜10をおります。

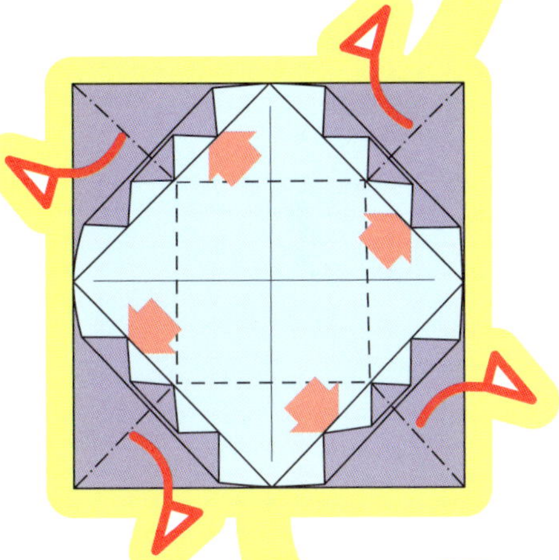

12

からゆびをいれて、かどをひろげます。
おりすじをつかって、そこをへこませます。

\できあがり/

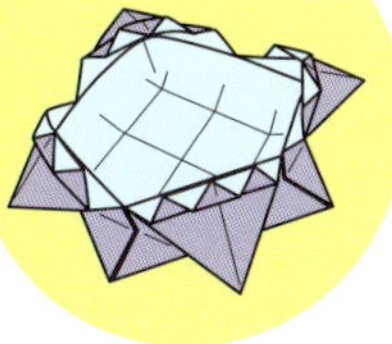

プロセス10が細
かいので、大きめ
の紙で折るのがお
すすめです。

いれてつかおう！

おいしいおやつをめしあがれ〜！

かしばち

つる（42ページ）の4までおります。

むきをかえる

1

さかさまにしたら、かどをしたまでおります。うらもおなじに。

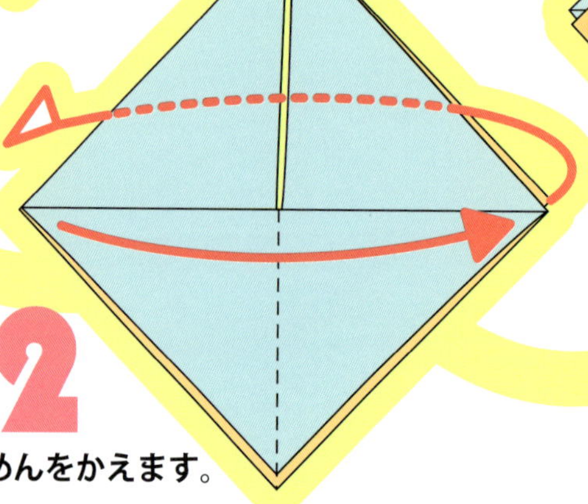

2

おりずらして、おるめんをかえます。

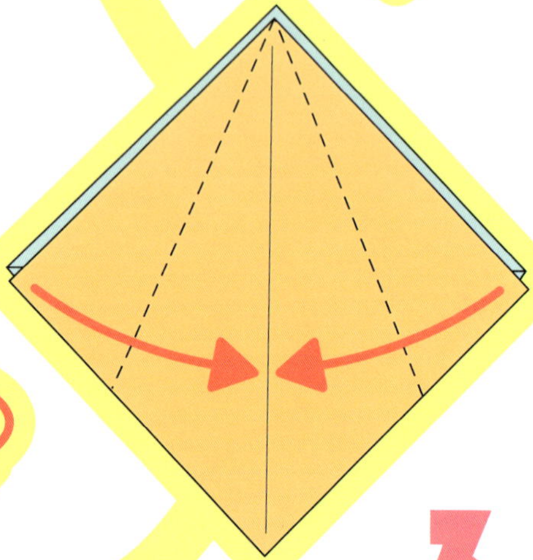

3

てまえの１まいをおりすじにあわせております。うらもおなじに。

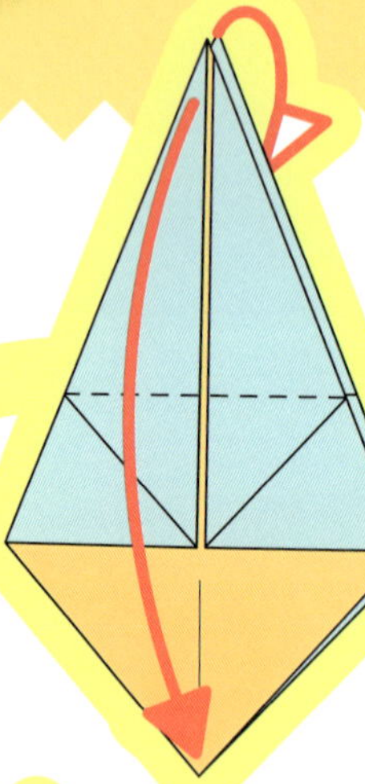

4

したまでおります。

5

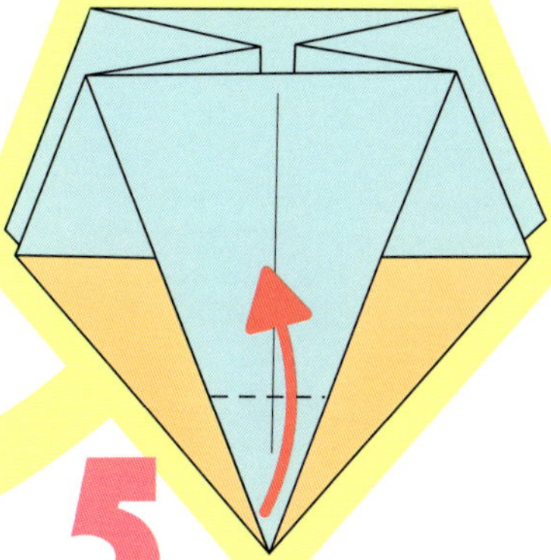

かどをすこしうえへおります。
うらもおなじに。

6

てんせんのところで
なかにおりいれます。
うらもおなじに。

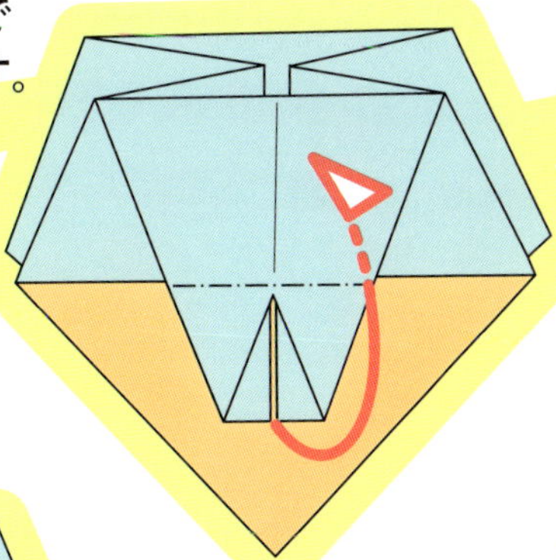

7

おりずらして、おるめんをかえます。

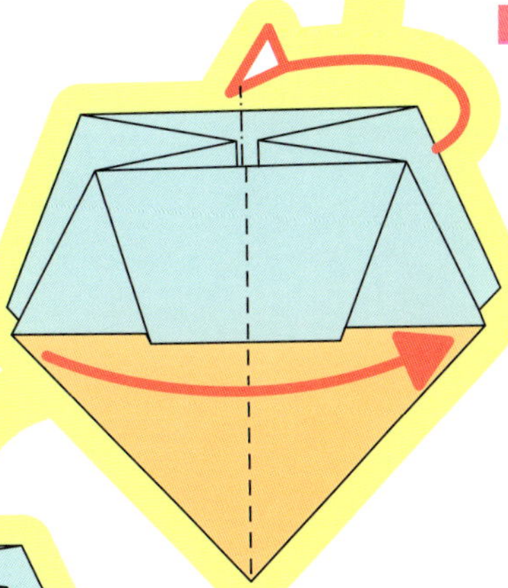

8

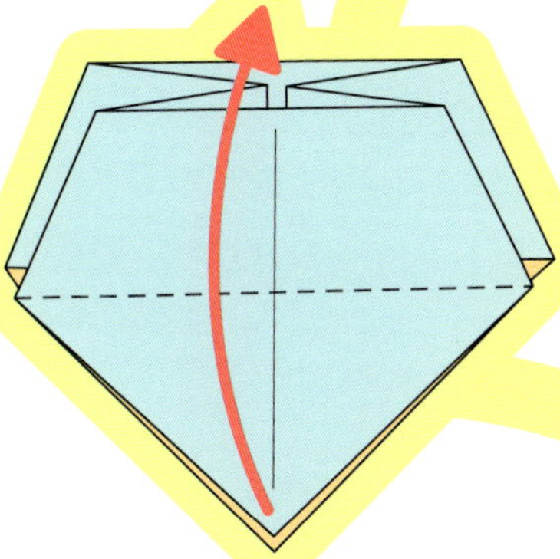

かどをうえへおります。

9

とびだしたところを
なかにおりいれます。
うらもおなじに8～9を
おります。

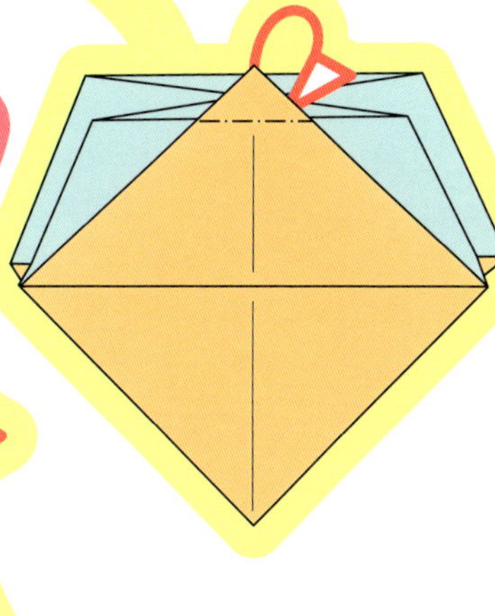

10

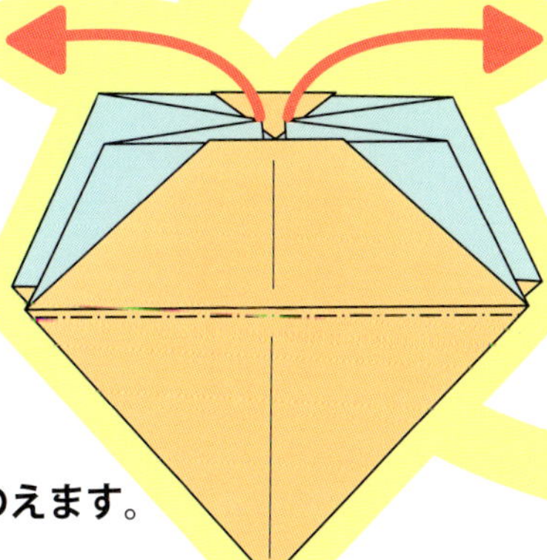

おってそこをつくったら、
なかをひろげて、かたちをととのえます。

25cm四方の包装紙などで折ると、たて横9cmくらいの小鉢サイズに折り上がります。

\できあがり/

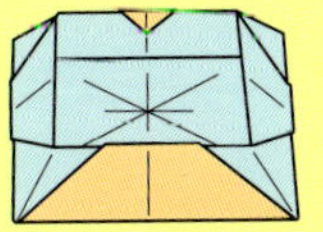

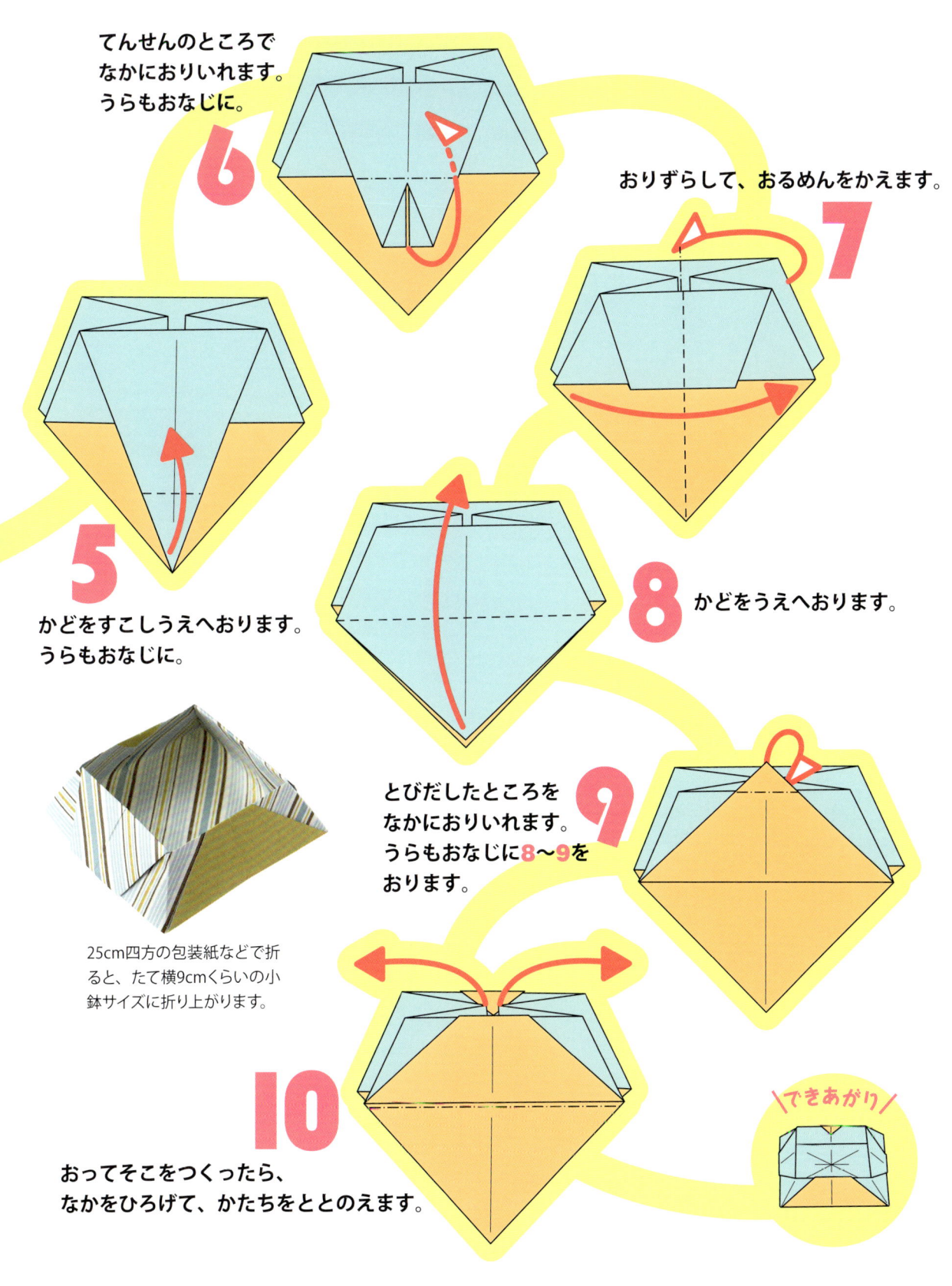

いれてつかおう！

つのこうばこ

おほしさまみたいな、かたちがきれい！

つる（42ページ）の
4までおります。

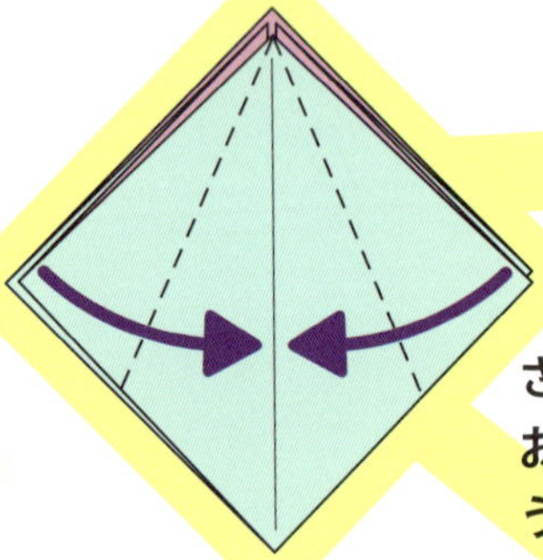

1
さかさまにしたら、
おりすじにあわせております。
うらもおなじに。

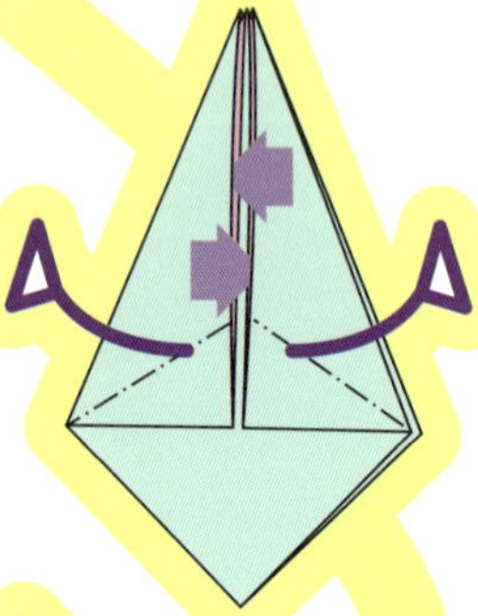

2
からふくろに
ゆびをいれ、
ひらいてつぶします。
うらもおなじに。

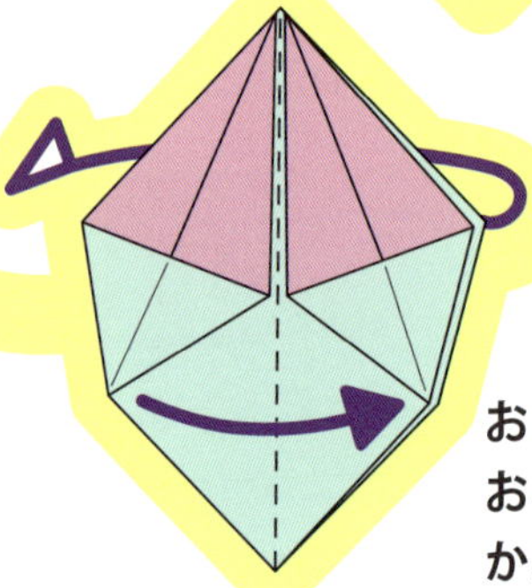

3
おりずらして
おるめんを
かえます。

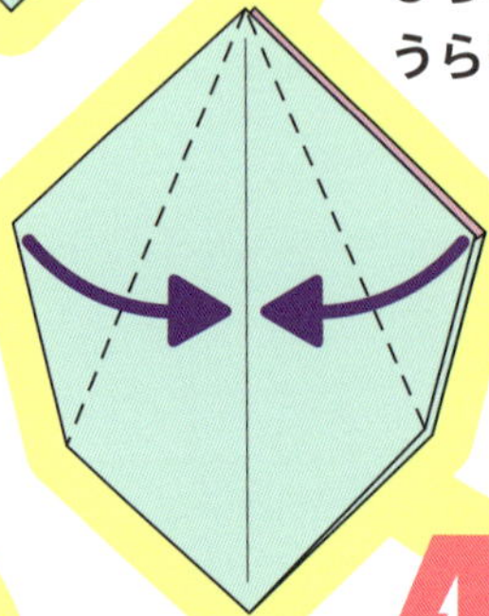

4
おりすじに
あわせております。
うらもおなじに。

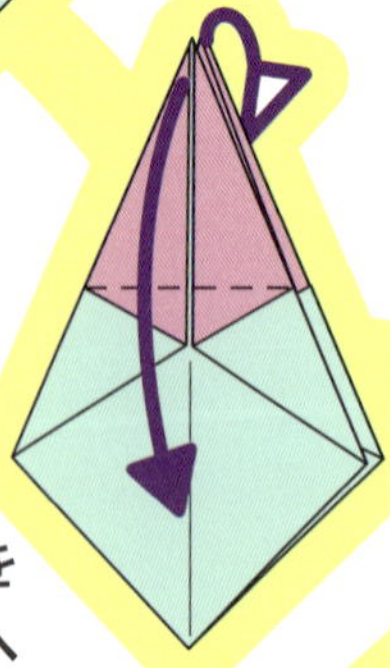

5
ツノを
したへ
おります。

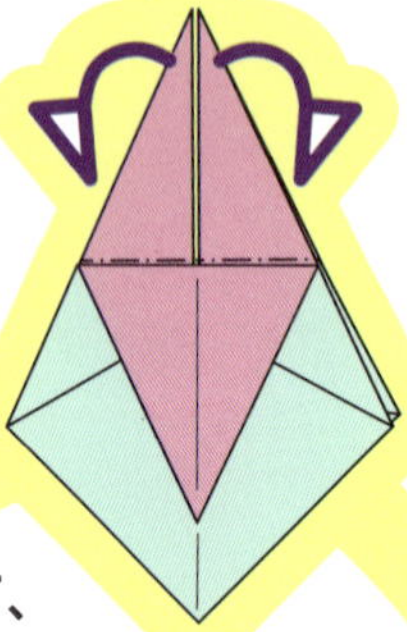

6
おるめんをかえて、
のこりのツノもおります。

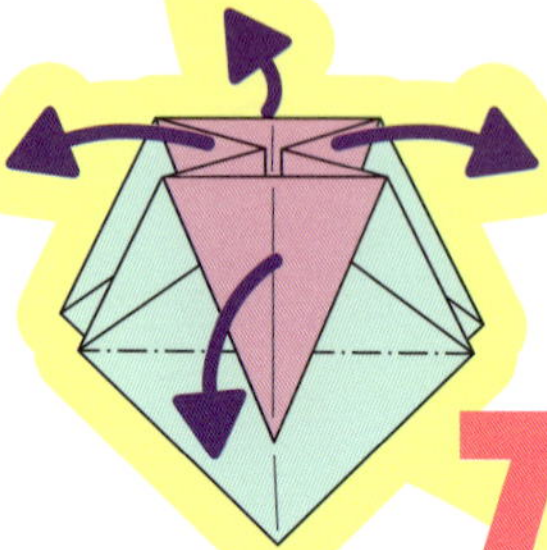

7
おってそこをつくったら、
なかをひろげます。

できあがり

20cm四方の包装紙などで折ると、たて横8cmくらい（ツノを除く）に折り上がります。

まほうのはこ

どんなながしかくのかみからも、おれるよ

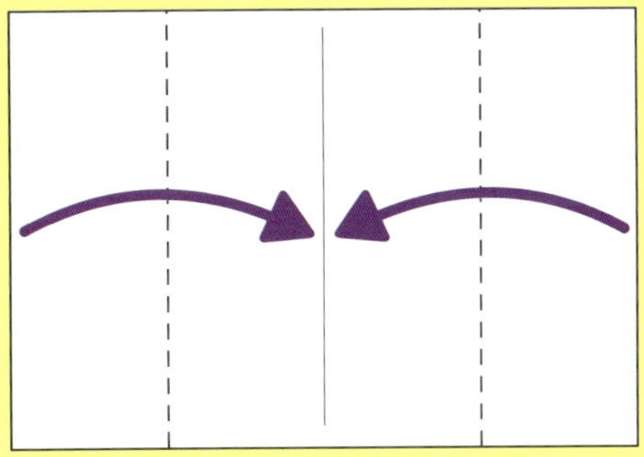

1 ながしかくのかみの
まんなかにおりすじをつけたら、
それにあわせております。

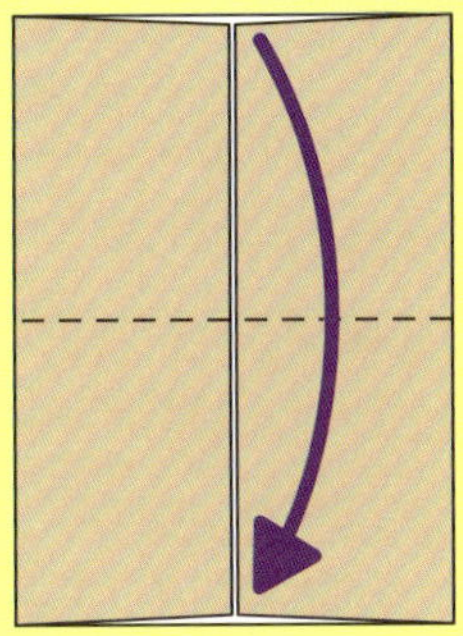

2 はんぶんに
おります。

3 ⬆からゆびをいれ、
ひらいてつぶします。

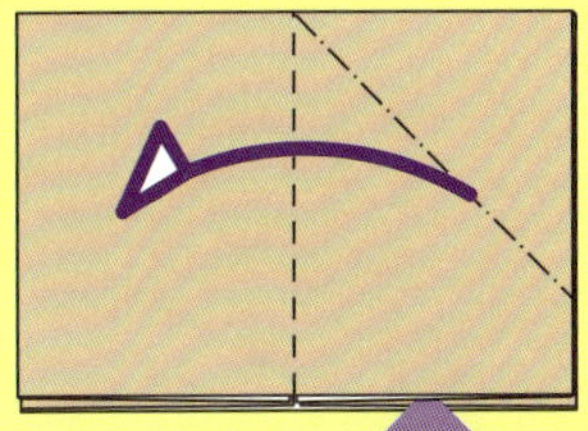

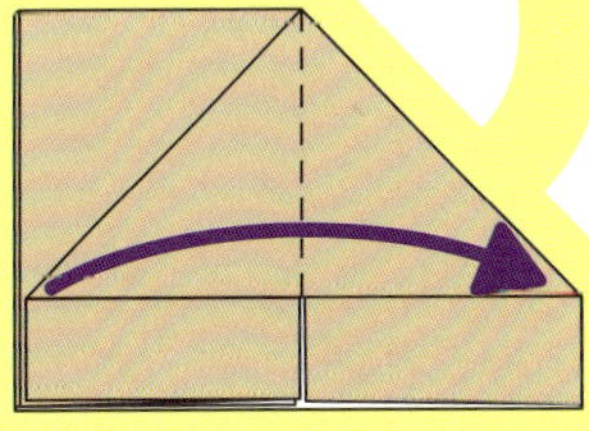

4 みぎにもどします。
うらもおなじように
3〜4をおります。

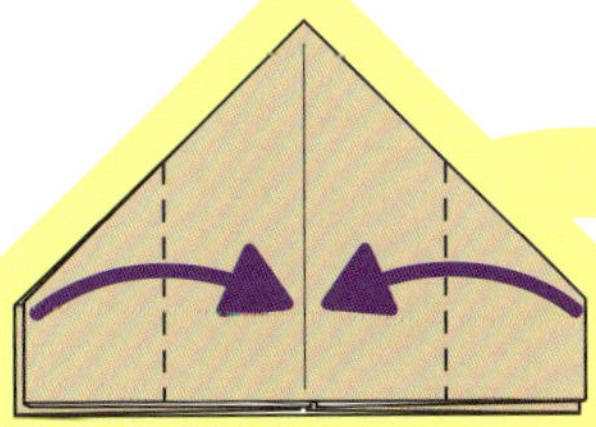

5 てまえの1まいを
おりすじにあわせて
おります。
うらもおなじに。

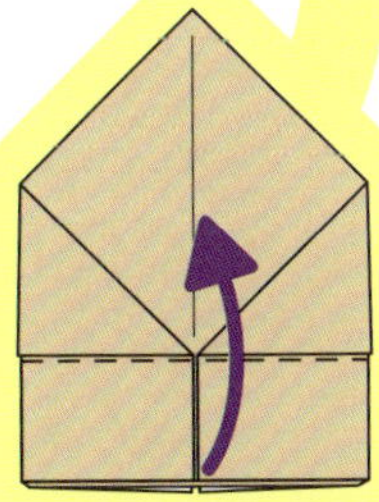

6 うえへおります。
うらもおなじに。

むきを
かえる

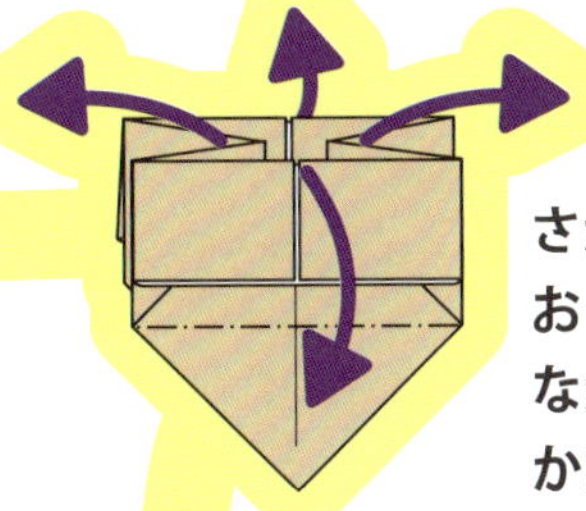

7 さかさまにしたら、
おってそこをつくり、
なかをひろげて
かたちをととのえます。

\できあがり/

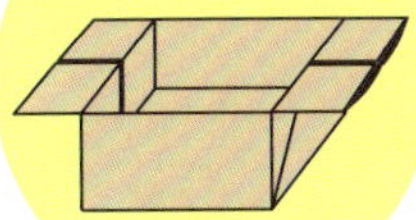

チラシなどで折ると、ミカンの皮やナッツの殻など、入れてそのままゴミ箱に捨てられる便利な箱です。B5判の紙なら、箱部分はたて横9cmくらいの折り上がりに。

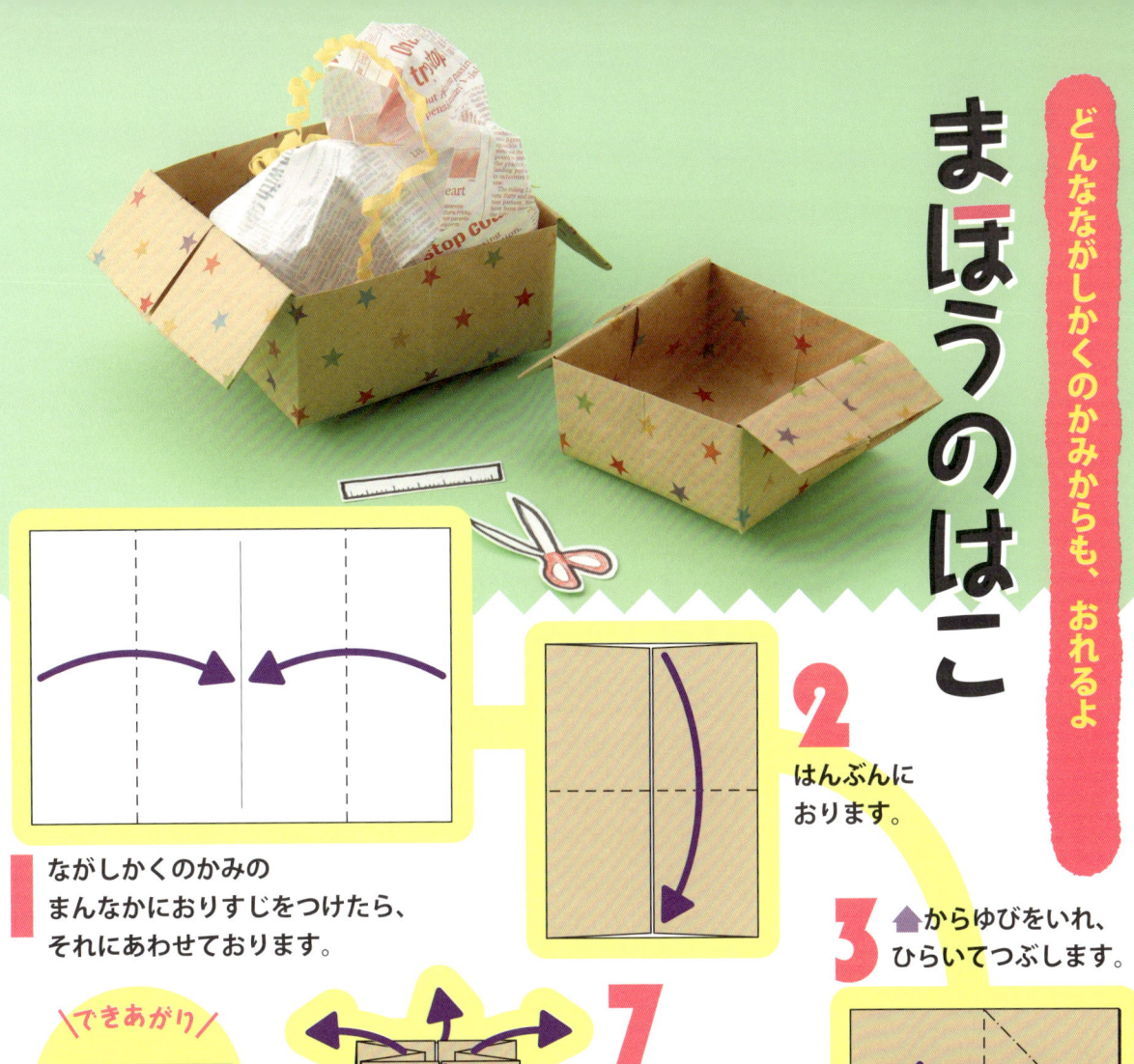

さくいん

Staff

装丁／大薮胤美（フレーズ）
本文レイアウト／落合光恵
イラスト・小物作成／神農繪吏
折り図トレース／西紋三千代
撮影／三富和幸（DNPメディア・アート）　目黒-MEGURO.8
モデル／小宮桜子ちゃん、西條瑛馬くん（Comoモデル）
　　　　西紋愛華ちゃん・瑞遥ちゃん
作品製作・構成・編集／唐木順子　鈴木キャシー裕子
編集担当／松本可絵（主婦の友社）

親《おや》子《こ》で遊《あそ》べる だいにんきおりがみ100

編　者／主婦の友社
発行者／矢﨑謙三
発行所／株式会社主婦の友社
　　　　〒112-8675東京都文京区関口1-44-10
　　　　電話 03-5280-7537（編集）
　　　　　　 03-5280-7551（販売）
印刷所／大日本印刷株式会社

©Shufunotomo Co., Ltd. 2015 Printed in Japan
ISBN978-4-07-410092-7

Ⓡ本書を無断で複写複製（電子化を含む）することは、著作権法上の例外を除き、禁じられています。本書をコピーされる場合は、事前に公益社団法人日本複製権センター（JRRC）の許諾を受けてください。
また本書を代行業者等の第三者に依頼してスキャンやデジタル化することは、たとえ個人や家庭内での利用であっても一切認められておりません。
JRRC〈 https://jrrc.or.jp eメール：jrrc_info@jrrc.or.jp 電話03-3401-2382 〉

●本書の内容に関するお問い合わせ、また、印刷・製本など製造上の不良がございましたら、主婦の友社（電話03-5280-7537）まで。
●主婦の友社が発行する書籍・ムックのご注文は、お近くの書店か主婦の友社コールセンター（電話0120-916-892）までご連絡ください。
※お問い合わせ受付時間　月～金（祝日を除く）　9：30～17：30

主婦の友社ホームページ　https://shufunotomo.co.jp/

と-052006